Das Selbstleseverfahren – Grund und Grenzen

Criminalia

Herausgegeben von Klaus Volk

Band 61

PETER LANG

Manuela Schlund

Das Selbstleseverfahren – Grund und Grenzen

Unter besonderer Berücksichtigung der Perspektive der Strafverteidigung

PETER LANG

Bibliografische Information der Deutschen Nationalbibliothek
Die Deutsche Nationalbibliothek verzeichnet diese Publikation
in der Deutschen Nationalbibliografie; detaillierte bibliografische
Daten sind im Internet über http://dnb.d-nb.de abrufbar.

Zugl.: Freiburg (Breisgau), Univ., Diss., 2018

Umschlaggestaltung: Pierre Mendell

D 25
ISSN 0945-1811
ISBN 978-3-631-76997-3 (Print)
E-ISBN 978-3-631-76998-0 (E-PDF)
E-ISBN 978-3-631-76999-7 (EPUB)
E-ISBN 978-3-631-77000-9 (MOBI)
DOI 10.3726/b14752

Peter Lang – Berlin · Bern · Bruxelles · New York ·
Oxford · Warszawa · Wien

Diese Publikation wurde begutachtet.

www.peterlang.com

Meinen Eltern

Vorwort

Diese Arbeit wurde im Sommersemester 2018 von der Rechtswissenschaftlichen Fakultät der Albert-Ludwigs-Universität Freiburg im Breisgau als Dissertation angenommen.

Meinem Doktorvater, Herrn Professor Dr. Gerson Trüg, danke ich herzlich für seine unkomplizierte und stets motivierende Betreuung sowie seine konstruktiven Anregungen und Ideen.

Für die Erstellung des Zweitgutachtens und die Unterstützung während des Promotionsverfahrens möchte ich Herrn Professor Dr. Dr. h.c. Walter Perron Dank aussprechen.

Herrn Professor Dr. Dr. h.c. Klaus Volk danke ich für die Aufnahme meiner Arbeit in seine Reihe.

Meinen lieben Kollegen bei Lohberger & Leipold danke ich herzlich für ihre Unterstützung und ihr Verständnis.

Allen voran möchte ich Herrn Dr. Stephan Beukelmann für seine Denkanstöße und Ideen, seine kritischen Anmerkungen und seine bestärkenden Worte danken. Ihm und Herrn Dr. Klaus Leipold gilt ganz besonderer Dank dafür, dass sie mich jederzeit unterstützt, mir den notwendigen Freiraum gewährt und mich in vielfältiger Weise gefördert haben. Raphaela Queck und Moritz Lochmann danke ich sehr für ihre selbstlose Hilfe beim Korrekturlesen und bei der Beschaffung von Literatur.

Das wahrscheinlich wichtigste „Dankeschön" richtet sich an meine Familie und meine Freunde. Sie mussten nicht nur immer wieder zurückstehen, sondern boten mir stets einen Ort, an dem ich Kraft schöpfen konnte und machten mir Mut und auch Beine, wenn es nötig war.

Von Herzen danke ich meinen Eltern und meiner Schwester Kati. Sie haben mich immer liebevoll unterstützt, geleitet und in allem bestärkt, was ich mir vorgenommen habe. Ihr könnt euch nicht vorstellen, wie wichtig dieser Rückhalt für mich ist.

München, Juli 2018

Inhaltsverzeichnis

A. Einführung

Das Selbstleseverfahren im Strafprozess – jeder Verteidiger, jeder Richter und jeder Staatsanwalt kennt es aus seinem Arbeitsalltag.

Gerade in Umfangsverfahren, hier insbesondere in Wirtschaftsstrafverfahren, ist eine Hauptverhandlung ohne Selbstleseverfahren nahezu nicht mehr vorstellbar. Die Flut an Urkunden ist heute anders nicht mehr zu beherrschen. Ein Hauptverfahren, in dem jede entscheidungserhebliche Urkunde mittels Verlesung eingeführt werden muss, würde sich über die Maßen in die Länge ziehen. Viele Strafkammern – die ohnehin schon mehr als ausgelastet sind – kämen ohne die Prozessökonomisierung durch das Selbstleseverfahren an ihre Belastungsgrenze.

Dies scheint der Gesetzgeber bereits bei der Einführung des Selbstleseverfahrens erkannt zu haben. In den Gesetzgebungsmaterialen aus dem Jahr 1978 wurde davon ausgegangen, dass Wirtschaftsstrafverfahren der Hauptanwendungsfall des Selbstleseverfahrens sein werden.[1] Dies hat sich in der Praxis bestätigt. Das Selbstleseverfahren kam im Zeitraum von 2009 bis 2014 in 47% bis 75% aller Wirtschaftsstrafverfahren zur Anwendung.[2]

Das heutige Strafverfahren zeichnet sich häufig – insbesondere in Wirtschaftsstrafverfahren und sonstigen Umfangsverfahren – dadurch aus, dass im Ermittlungsverfahren große Datenmengen sichergestellt oder erhoben werden und zu den Akten gelangen. Der größte Teil der StPO trat aber zu einer Zeit in Kraft, in der diese Entwicklung nicht abzusehen war. Seit seiner Einführung wurde das Selbstleseverfahren bereits zweimal überarbeitet. Der Koalitionsvertrag zwischen CDU, CSU und SPD zeigt, dass eine erneute Modernisierung geplant ist.[3]

Es wäre wünschenswert, dass der Gesetzgeber diese Gelegenheit nutzt, um die gesetzliche Regelung des Selbstleseverfahrens an die Bedürfnisse der Strafjustiz im digitalen Zeitalter anzupassen und bekannt Probleme und Lücken zu beseitigen. Es gilt Themen wie die Erstattung von Kosten für den Ausdruck von Teilen der E-Akte und die Beweisaufnahme betreffend Audiodateien außerhalb der Hauptverhandlung zu berücksichtigen.

---

1 BT-Drs. 8/976, S. 23.

2 Ferber, Strafkammerbericht, S. 119.

3 Ein neuer Aufbruch für Europa Eine neue Dynamik für Deutschland Ein neuer Zusammenhalt für unser Land Koalitionsvertrag zwischen CDU, CSU und SPD, 19. Legislaturperiode, S. 123, Zeile 5794; abrufbar unter http://www.cdu.de/koalitionsvertrag-2018, zuletzt abgerufen am 11.04.2018.

Auch wenn das Selbstleseverfahren von Strafverteidigern aufgrund der beschleunigenden Wirkung und der größeren Freiheit beim Zeitmanagement geschätzt wird, hat es doch einen entscheidenden Nachteil. Durch die fehlende Diskussion der Urkunden in der Hauptverhandlung hat die Verteidigung keine Anhaltspunkte, wie das Gericht die erhobenen Beweise würdigt. Werden umfangreiche Urkunden oder gar ganze Konvolute von einer Selbstleseanordnung umfasst, fehlt der Verteidigung jeglicher Hinweis, welchen Dokumenten das Gericht welche Bedeutung für die Urteilsfindung beimisst. Die Schaffung einer Regelung gleichlaufend zu den §§ 139 Abs. 2, 279 Abs. 3 ZPO, die den Verfahrensbeteiligten ein Recht auf richterlicher Erklärung zur Würdigung eines erhobenen Beweises einräumt, würde Abhilfe schaffen.

Ein weiteres Problem stellt die im Moment bestehende Möglichkeit, sämtliche relevanten Urkunden im Wege des Selbstleseverfahrens einzuführen, dar.

Die Einschränkung der Transparenz der Hauptverhandlung durch das Selbstleseverfahren wird grundsätzlich von allen Seiten aufgrund der positiven Auswirkungen auf die Prozessökonomie akzeptiert. Dies kann jedoch nicht gelten, wenn in der Hauptverhandlung keine einzige Urkunde verlesen wird und die Öffentlichkeit dadurch von einem großen Teil der Urteilsfindung ausgeschlossen wird. Dies führt zwangsläufig zu Misstrauen in der Öffentlichkeit gegenüber der Strafjustiz.

Eine Regelung, dass ein „All-In“ unzulässig ist und zumindest der Inhalt der Urkunden, die für die Entscheidung des Gerichts wesentlich sind, in der Hauptverhandlung zur Sprache kommen muss, ist daher unumgänglich.

Eine gesetzliche Normierung des Ersatzes von Kosten, die durch die Anordnung des Selbstleseverfahrens entstehen, fehlt bislang. So ist eine Vergütung der Durchführung des Selbstleseverfahrens im RVG nicht vorgesehen. Diese fehlende Vergütung im Rahmen der gesetzlichen Gebühren ist nicht weiter hinnehmbar.

Daneben können Aufwendungen, die zur Schaffung von Barrierefreiheit bei der Durchführung des Selbstleseverfahrens erforderlich sind – Vorleser für Sehbehinderte und Analphabeten, Übertragung in für Sehbehinderte wahrnehmbare Formate und Übersetzungen in Fremdsprachen – nur durch einen Rückgriff auf das GVG und die EMRK erstattet werden. Hier würde eine auf das Selbstleseverfahren zugeschnittene Regelung Rechtssicherheit schaffen.

Zur Durchsetzung prozessualer Rechte wie dem Widerspruch gegen die Durchführung des Selbstleseverfahrens oder die erfolgreiche Begründung einer Revision wäre es wichtig, dass den Verfahrensbeteiligten die Möglichkeit zur Überprüfung der Kenntnisnahme der Urkunden durch das Gericht zur Verfügung steht. Durch ein Antragsrecht auf einen Bericht des Vorsitzenden über den wesentlichen Inhalt der mittels Selbstleseverfahren einzuführenden Urkunden in der Hauptverhandlung könnte sichergestellt werden, dass Berufsrichter wie Laienrichter von allen in den Urkunden enthalten Beweistatsachen, die Teil der Grundlage des Urteils werden, Kenntnis genommen haben.

B. Gesetzliche Regelung

Das Selbstleseverfahren ist im Rahmen des Urkundenbeweises in § 249 Abs. 2 StPO gesetzlich geregelt.

I. Der Begriff

Die Strafprozessordnung sieht für die Einführung des Urkundenbeweises zwei Möglichkeiten vor, die Verlesung gemäß § 249 Abs. 1 StPO und das Selbstleseverfahren gemäß § 249 Abs. 2 StPO. Der Vorhalt von Schriftstücken ist keine Form des Urkundebeweises, sondern eine Vernehmungshilfe bei der Vernehmung von Zeugen und Sachverständigen.[4]

Verlesen bedeutet, dass eine Urkunde durch lautes Lesen der Öffentlichkeit zur Kenntnis gebracht wird.[5] Bei der Verlesung von Urkunden werden diese ganz oder, falls sie nicht vollständig verwertet werden sollen, in Teilen durch den Vorsitzenden oder in dessen Auftrag durch ein Gerichtsmitglied oder den Protokollführer verlesen.[6] Der Verlesung kann ein entsprechender Beschluss vorausgehen, dies ist aber nicht erforderlich.[7]

Im Selbstleseverfahren gemäß § 249 Abs. 2 StPO hingegen wird der Inhalt der Urkunden der Öffentlichkeit nicht bekannt gemacht. Das Gericht bestimmt in einer Selbstleseanordnung den Umfang der von den Verfahrensbeteiligten selbst zu lesenden Schriftstücke.[8] Nach Abschluss des Selbstleseverfahrens gelten die Urkunden als in das Verfahren eingeführt und können im Urteil verwertet werden.[9] Der Inhalt der vom Selbstleseverfahren umfassten Urkunden wird der Öffentlichkeit – zumindest im Ansatz – nur dann bekannt, wenn in der mündlichen Verhandlung Stellungnahmen dazu abgegeben werden oder ein Vorhalt erfolgt. Die Benennung der vom Selbstleseverfahren umfassten Urkunden kann bei der Verlesung der Selbstleseanordnung vorgenommen werden.[10]

---

4 Beck'scher Online-Kommentar, StPO, Ganter, § 249, Rn. 27.

5 BGH Beschluss vom 12.01.2011 – GSSt 1/10, NJW 2011, 1687 (1690); Kirchner, StraFo 2015, 52 (52).

6 BGH Beschluss vom 12.01.2011 – GSSt 1/10, NJW 2011, 1687 (1690).

7 Meyer-Goßner/Schmitt, StPO, § 249, Rn. 15.

8 Löwe-Rosenberg, StPO, Mosbacher, 26. Auflage, § 249, Rn. 64.

9 Meyer-Goßner/Schmitt, StPO, § 249, Rn. 17; MüKo, StPO, Kreicker, § 249, Rn. 50.

10 Zur Frage, ob die Selbstleseanordnung in der Hauptverhandlung zu verlesen ist vgl. unten E. III. 2. a.

II. Entstehungsgeschichte

Das Selbstleseverfahren wurde im Jahr 1979 eingeführt. Der Gesetzesbegründung ist zu entnehmen, dass es der Beschleunigung und Konzentration der Hauptverhandlung dienen sollte.[11] Eine erste Änderung erfolgte 1987. 1994 führte eine Erweiterung des Anwendungsbereiches zu der heute gültigen Fassung.

1. Fassung von 1979

Das Selbstleseverfahren wurde durch das Strafverfahrensänderungsgesetz 1979 vom 05.10.1978 erstmals in § 249 Abs. 2 StPO (1979) geregelt. Es sollte zur Beschleunigung und Konzentration der Hauptverhandlung[12] und zur Entlastung der Gerichte ein vereinfachtes Verfahren beim Urkundenbeweis geschaffen werden.[13] Der Gesetzgeber strebte „eine Beschleunigung und Konzentration der Hauptverhandlung auf das Wesentliche […] durch die Möglichkeit einer vereinfachten Einführung von Urkunden und andere[r] als Beweismittel dienenden Schriftstücke in die Verhandlung“[14] an. Die neue Regelung sollte die bisherige BGH-Rechtsprechung, die in Fällen, in denen es auf den Wortlaut der Urkunde nicht ankam, einen streng sachlichen Bericht des Vorsitzenden über die Urkunde zuließ[15], dahingehend erweitern, dass bei Einverständnis aller Beteiligten ein Absehen von der Verlesung möglich ist.[16] Bereits bei der Einführung des § 249 Abs. 2 StPO wurde der Hauptanwendungsfall des Selbstleseverfahrens in Umfangsverfahren, insbesondere Wirtschaftsstrafverfahren, gesehen.[17]

Der Einführung des Selbstleseverfahrens ging in der Literatur erhobene Forderung voraus, dass der Gesetzgeber eine Möglichkeit zur vereinfachten Erhebung des Urkundenbeweises schaffen muss.[18]

Hermann[19] forderte noch kein Selbstleseverfahren in dem später Gesetz gewordenen Umfang, sondern dachte an eine Überlassung von Urkunden an Verteidigung und Staatsanwaltschaft in Verbindung mit der Verlesung von wichtigen

11 BT-Drs. 8/976, S. 23.

12 BT-Drs. 8/976, S. 23.

13 KK StPO-Diemer, § 249, Rn. 31; Rudolphi in JuS 1978, 864 (866); Schroeder in NJW 1979, 1527 (1530).

14 BT-Drs. 8/976, S. 23.

15 BGH, Urteil vom 23.10.1957 – 3 StrR 37/57, BGH, NJW 1957, 1846 (1846).

16 BT-Drs. 8/976, S. 23.

17 BT-Drs. 8/976, S. 23; Rudolphi in JuS 1978, 864 (866).

18 Grünwald, Verh., 50. DJT, Bd. I S. C 17, C 76; Hermann, ZStW 85, 255 (283 f).

19 Hermann, ZStW 85, 255 (283 f).

Passagen und zusammenfassenden Berichten durch den Vorsitzenden. Er prangerte an, dass die tagelange Verlesung von Urkunden eine reine Wahrung der Form darstelle und keinerlei Erkenntnisgewinn mit sich bringe.

Grünwald erkannte bereits 1974 mögliche Vorzüge und Probleme bei der Beweisaufnahme mittels vereinfachtem Urkundenbeweis:

> „Die unmittelbare Wahrnehmung der Beweismittel durch die Mitglieder des Gerichts könnte auch so erfolgen, daß die Schriftstücke ihnen außerhalb der Hauptverhandlung vorgelegt werden und daß sie sie lesen. Hiermit und damit, daß die Schriftstücke auch den Parteien zugänglich sind, wäre auch die Möglichkeit einer Auseinandersetzung über Inhalt und Wert des Beweismittels – auch dies ist ein Aspekt des Unmittelbarkeitsprinzips – in der Hauptverhandlung geboten. Im übrigen wäre es, ohne daß das Unmittelbarkeitsprinzip tangiert wird, sogar möglich, sich in der Hauptverhandlung auf eine Bezugnahme auf die Schriftstücke zu beschränken.
>
> Geht man von einer solchen Konzeption aus, so wird man den Verzicht auf die Verlesung für jede Art von Urkunden in Erwägung ziehen können. Gerade für komplizierte, mehrdeutige und solche, bei denen es auf den genauen Wortlaut ankommt, scheint das Studium durch alle Richter außerhalb der Hauptverhandlung die beste Methode der Wahrheitsfindung zu sein. Aber die Konzeption hat einen Fehler: Sie wäre nur akzeptabel, wenn es sicher wäre, daß alle Richter (einschließlich der Laienrichter) die Schriftstücke lesen und ihren Inhalt aufnehmen. Aber es ist schlechterdings nicht möglich, das sicherzustellen.
>
> Darum sollte nur eine Regelung in Betracht gezogen werden, die gewährleistet, daß der Inhalt der Schriftstücke tatsächlich, wenn auch durch eine Zusammenfassung vermittelt, allen Mitgliedern des Gerichts zur Kenntnis gelangt. Dafür ist der Vortrag in der Hauptverhandlung der geeignete Weg."[20]

Grünwald führt weiter aus, dass zur Wahrung des Mündlichkeitsprinzips ein Verlesungsverzicht nur bei Schriftstücken, die verkürzt wiedergegeben werden können, in Betracht kommt, womit Urkunden, bei denen es auf den genauen Wortlaut ankommt, nicht vom Anwendungsbereich des vereinfachten Beweisverfahrens erfasst sein könnten.[21]

Damit vertraten sowohl *Hermann* als auch *Grünwald* die Ansicht, dass der vereinfachte Urkundenbeweis mittels Selbstlesung nur durchgeführt werden kann, wenn eine ergänzende Zusammenfassung des Inhalts der Urkunden in der Hauptverhandlung vorgenommen wird. Diese Sichtweise spiegelt sich in der Fassung des § 249 Abs. 2 StPO von 1979 wieder:

---

20 Grünwald, Verh., 50. DJT, Bd. I, S. C76 f.

21 Grünwald, Verh., 50. DJT, Bd. I, S. C77 f.

„Von der Verlesung einer Urkunde oder eines anderen als Beweismittel dienenden Schriftstücks kann abgesehen werden, wenn die Staatsanwaltschaft, der Verteidiger und der Angeklagte hierauf verzichten. Der wesentliche Inhalt soll mitgeteilt werden. Die Richter müssen vom Wortlaut Kenntnis genommen haben; Schöffen ist hierzu jedoch erst nach Verlesung des Anklagesatzes Gelegenheit zu geben. Die Beteiligten müssen Gelegenheit gehabt haben, vom Wortlaut Kenntnis zu nehmen. Die Feststellungen hierüber und der Verzicht auf die Verlesung sind in das Protokoll aufzunehmen. Auf Verlesungen nach §§ 251, 253, 254 und 256 findet Satz 1 keine Anwendung.“[22]

Die ursprüngliche Fassung von 1979 weist gegenüber der geltenden Fassung zwei entscheidende Unterschiede auf:

Das Selbstleseverfahren war nur möglich, wenn Staatsanwaltschaft, Verteidiger und Angeklagter kumulativ auf die Verlesung verzichteten. Diese Regelung war nicht unumstritten. Es wurde auch ein Entwurf diskutiert, in dem eine Zustimmung der Verfahrensbeteiligung zur Ersetzung der Verlesung durch die Selbstlesung nicht vorgesehen war. Dies wurde damit begründet, dass die Verfahrensbeteiligten in aller Regel zwar der Durchführung des Selbstleseverfahrens zustimmen werden, es aber auch Ausnahmefälle geben könne, in denen dies nicht der Fall sei und die Verlagerung der Erhebung des Urkundenbeweises in die Zeiträume außerhalb der Hauptverhandlung zur Verfahrensbeschleunigung geboten sei.[23] Der Bundestag brachte in seiner Beschlussempfehlung jedoch zum Ausdruck, dass ein Verzicht auf die Zustimmungserklärung der Verfahrensbeteiligten den Zweck der Verfahrensbeschleunigung konterkarieren könnte:

„In Übereinstimmung mit dem Regierungsentwurf hält der Ausschuß es für sachgerecht, den Verzicht auf die Verlesung an das Einverständnis der Prozeßbeteiligten zu knüpfen. Würde hiervon gegen den Willen eines Prozeßbeteiligten abgesehen werden, so müßte in der Hauptverhandlung mit verfahrensverzögernden Erörterungen und Beweisantritten gerechnet werden.“[24]

Der Verzicht auf die Verlesung musste nicht ausdrücklich erklärt werden. Es war jedoch zu protokollieren, dass ein Verzicht erfolgt ist.[25] Durch eine Verweigerung der Verzichtserklärung konnten die Verfahrensbeteiligten – die Staatsanwaltschaft, anwesende Verteidiger und Angeklagte – eine Verlesung der einzuführenden Urkunde erzwingen. Der Verzicht war zwar unwiderruflich und bedingungsfeindlich, die Beteiligten konnten jedoch bei Fragen, § 240 Abs. 2 StPO, und im Plädoyer wesentliche Passagen der Urkunden, die durch

22 Strafverfahrensänderungsgesetz 1979 vom 05.10.1978, BGBl I S. 1645 (1648).

23 BT-Drs. 8/1988, S. 4.

24 BT-Drs. 8/1844, S. 32.

25 Kleinknecht, StPO, § 249, Rn. 23.

das Selbstleseverfahren eingeführt worden waren, durch wörtliches Zitieren hervorheben.[26] Dies galt insbesondere auch dann, wenn der Vorsitzende den Inhalt zuvor nicht zusammenfassend bekannt gemacht hatte.[27]

Dies führt zu einem weiteren Unterschied der Fassung von 1979 im Vergleich zur Regelung von 1994, die bis heute geltendes Gesetz ist[28]: Es war eine Mitteilung des wesentlichen Inhalts der vom Selbstleseverfahren umfassten Urkunden geregelt, § 249 Abs. 2 S. 2 StPO (1979). Zwar handelte es sich auch damals nur um eine Sollvorschrift, eine Information der Öffentlichkeit war jedoch grundsätzlich vorgesehen. Dies ist heute nicht mehr der Fall und daher im Rahmen der Vereinbarkeit des Selbstleseverfahrens mit dem Öffentlichkeitsgrundsatz zu diskutieren.[29]

Zweck der Mitteilung war, dass der Inhalt der Schriftstücke zum Gegenstand der öffentlichen Hauptverhandlung gemacht wird. Diese Notwendigkeit wurde zum einen darin gesehen, dass nicht mit Sicherheit festgestellt werden konnte, dass alle Beteiligten vom Inhalt der Urkunden ausreichend Kenntnis genommen haben. Zum anderen sollte der Öffentlichkeitsgrundsatz gewahrt werden.[30]

Die neu geschaffene Möglichkeit des Urkundenbeweises wurde durchaus kritisch gesehen. So bemängelte *Schroeder*, dass durch die Voraussetzung, dass der Angeklagte und der Verteidiger auf die Verlesung verzichten müssen, zwar die Rechte der Verteidigung gewahrt werden, das Ziel der Einführung des Selbstleseverfahrens, die Verhinderung von Verfahrensverzögerungen, jedoch gefährdet sei.[31]

Er führt weiter aus, dass aus seiner Sicht die in Kraft getretene Regelung des Selbstleseverfahrens, die den Bericht des Vorsitzenden über den wesentlichen Inhalt der Urkunden als Sollvorschrift ausgestaltet, zu einem Verstoß gegen § 261 StPO führt, sobald sich das Urteil auf eine Urkunde, die im Selbstleseverfahren eingeführt wurde und über deren Inhalt nicht berichtet wurde, bezieht.[32] Dieser Auffassung ist entgegenzuhalten, dass aus heutiger Sicht die Beweiserhebung durch Einführung von Urkunden durch das Selbstleseverfahren lediglich das Studium der Urkunden in den Zeitraum außerhalb der Hauptverhandlung verschiebt. Die Beweiserhebung durch Anordnung des Selbstleseverfahrens und Protokollierung der Durchführung in der Hauptverhandlung bewirken, dass

26 Kleinknecht, StPO, § 249, Rn. 24.
27 Kleinknecht, StPO, § 249, Rn. 24.
28 Vgl. B. II. 3.
29 Vgl. D. I. 1.
30 Kleinknecht, StPO, § 249, Rn. 25.
31 Schroeder in NJW 1979, 1527 (1530).
32 Schroeder in NJW 1979, 1527 (1530).

auch Urkunden, die im Wege des Selbstleseverfahrens eingeführt werden ohne dass der Vorsitzende zusammenfassend über deren Inhalt berichtet, zum Inbegriff der Hauptverhandlung werden.[33]

Auch der Einwand, dass das Studium der Urkunden durch die Schöffen einen absoluten Revisionsgrund nach § 338 Nr. 5 StPO schaffen könnte, wenn nicht der Vorsitzende mit der weiteren Beweiserhebung wartet, bis die Schöffen die Urkunden zur Kenntnis genommen haben,[34] greift nicht. Die Selbstlesung findet, auch nach dem Verständnis der ursprünglichen Fassung von 1979, nicht während der Hauptverhandlung, sondern während Unterbrechungen und in Sitzungspausen statt.[35] Ansonsten könnte auch das Ziel der Verfahrensbeschleunigung[36] nicht erreicht werden.

Rudolphi hingegen begrüßte die Einführung des Selbstleseverfahrens:

> „Durch die Regelung des § 249 II [...] hat der Gesetzgeber mit Recht einer bereits vielfacht erhobenen Reformforderung entsprochen. Damit wird erstmals die Möglichkeit eröffnet, das bisher vor allem in Wirtschaftsstrafverfahren notwendige und oft tagelang andauernde sinnlose Verlesen von Urkunden zu vermeiden. Den sich aus dieser neuen Form des Urkundebeweises ergebenden Gefahren für die Wahrheitsfindung ist dadurch vorgebeugt, daß alle Richter von dem Wortlaut der Urkunden Kenntnis genommen haben müssen und zudem wichtige Stellen auch weiterhin zu verlesen sein werden."[37]

2. Fassung von 1987

Bereits kurz nach der Einführung des Selbstleseverfahrens wurde bei dem Entwurf des Strafverfahrensänderungsgesetzes 1984 (StVÄG 1984) die Notwendigkeit gesehen, die Regelung des Selbstleseverfahrens in der Neufassung vereinfacht und klarer zu formulieren, um dadurch eine häufigere Anwendung zu erreichen.[38]

Die durch Art. 1 Nr. 16 StVÄG 1987 eingeführte Fassung des § 249 Abs. 2 StPO von 1987 war bereits weitgehend identisch mit der heute gültigen:

> „[1]Von der Verlesung kann, außer in den Fällen der §§ 251, 253, 254 und 256, abgesehen werden, wenn die Richter und Schöffen vom Wortlaut der Urkunde oder des

---

33 BGH, Beschluss vom 20.07.2010 – 3 StR 76/10, NJW 2010, 3382 (3383); BGH, Beschluss vom 14.09.2010 – 3 StR 131/10, NStZ-RR 2011, 20; MüKo, StPO, Miebach, § 261, Rn. 46.

34 Schroeder in NJW 1979, 1527 (1530).

35 Kleinknecht, StPO, § 249, Rn. 28; Löwe-Rosenberg, StPO, Gollwitzer, 24. Auflage, § 249, Rn. 64.

36 BT-Drs. 8/976, S. 23.

37 Rudolphi in JuS 1978, 864 (866).

38 BT-Drs. 10/6592, S. 22.

> Schriftstücks Kenntnis genommen haben und die übrigen Beteiligten hierzu Gelegenheit hatten. ²Widerspricht der Staatsanwalt, der Angeklagte oder der Verteidiger unverzüglich der Anordnung des Vorsitzenden nach Satz 1 zu verfahren, so entscheidet das Gericht. ³Die Anordnung des Vorsitzenden, die Feststellungen über die Kenntnisnahme und die Gelegenheit hierzu und der Widerspruch sind in das Protokoll aufzunehmen."[39]

Die zuvor zwingend erforderliche Verzichtserklärung wurde durch die Möglichkeit des unverzüglichen Widerspruchs gegen die Durchführung des Selbstleseverfahrens ersetzt, da den Prozessbeteiligten eine formalisierte Einflussnahme auf die Entscheidung des Gericht über die Art und Weise der Erhebung des Urkundenbeweises erhalten bleiben sollte.[40] Dies wurde als notwendig erachtet, da die Justizreferenten von Bund und Ländern in einer Arbeitsunterlage 1982 argumentierten, dass Verteidiger und Angeklagte oft aus sachfremden Gründen keine Verzichtserklärung abgeben und damit die Durchführung des Selbstleseverfahrens blockieren würden.[41] Die in § 249 Abs. 2 S. 2 StPO (1979) vorgesehene Mitteilung durch das Gericht entfiel im selben Zug, wie auch die Vorschrift, dass Schöffen erst nach Verlesung des Anklagesatzes von den Urkunden Kenntnis nehmen dürfen.

Kempf kritisierte diese Neuerungen, da das Mündlichkeitsprinzip und der Anspruch auf rechtliches Gehör verletzt seien und der Angeklagte in Verfahren, in denen ganze Ordner mittels des Selbstleseverfahrens eingeführt werden, nicht mehr wisse, wogegen er sich verteidigen muss. Dies sind bis heute vorgebrachte Kritikpunkte, die im Folgenden noch ausführlich zu diskutieren sind.[42]

Im Gegensatz zur aktuellen Fassung waren die Verlesung von Protokollen, § 251 StPO, und die Verlesung von Behörden- und Ärzteerklärungen, § 256 StPO, noch vom Anwendungsbereich des Selbstleseverfahrens ausgenommen.

3. Fassung von 1994

Im Zuge dieser bislang letzten Überarbeitung der gesetzlichen Regelung des Selbstleseverfahrens stellte der Gesetzgeber fest, dass diese alternative Regelung der Erhebung des Urkundenbeweises zur Entlastung der Gerichte beiträgt:

> „Hauptverhandlungen in Großverfahren benötigten oft insbesondere wegen des Umfangs der gemäß § 249 Abs. 1 StPO zu verlesenden Urkunden viel Zeit. Deswegen hat das Strafverfahrensänderungsgesetz 1979 das Selbstleseverfahren geschaffen, das es

39 Strafverfahrensänderungsgesetz 1987 vom 27.01.1987, BGBl I S. 475 (476).
40 BT-Drs. 10/6592, S. 22.
41 Kempf, StV 1987, 215 (221).
42 Vgl. unten D. I. 1. und 5., E. IV. 4.

ermöglicht, von der Verlesung abzusehen, wenn alle Richter und Schöffen eine Urkunde gelesen und die Verfahrensbeteiligten hierzu Gelegenheit hatten. Das Strafverfahrensänderungsgesetz 1987 hat diese Möglichkeit durch Beseitigung hemmender Verfahrensregelungen vereinfacht. Das Selbstleseverfahren dürfte zwar für Hauptverhandlungen vor dem Amtsgericht nur selten in Betracht kommen, weil dort meist nur kurze oder wenige Urkunden als Beweis benötigt werden. In Großverfahren, in denen oft umfangreiche oder zahlreiche Urkunden oder Schriftstücke in die Hauptverhandlung einzubringen sind, ermöglicht es jedoch eine spürbare Entlastung der Gerichte."[43]

Diese positive Bilanz sollte durch eine Erweiterung des Anwendungsbereichs des § 249 Abs. 2 StPO um Urkunden nach §§ 251, 256 StPO noch intensiviert werden.[44] Die vorgenannten, in der Fassung von 1987 noch vorhandenen Ausnahmen wurden daher durch das Gesetz zur Änderung des Strafgesetzbuches, der Strafprozessordnung und anderer Gesetze (Verbrechensbekämpfungsgesetz) vom 28.10.1994 ebenfalls mit in den Anwendungsbereich des § 249 Abs. 2 StPO aufgenommen.[45] Heute ist das Selbstleseverfahren nur noch bei Verlesungen gemäß §§ 253, 254 StPO unanwendbar.

Die Streichung der Ausnahme für die §§ 251, 256 StPO hat zur Folge, dass das Selbstleseverfahren nun auch auf die Einführung von Protokollen über die Vernehmung von Sachverständigen, Zeugen und Mitbeschuldigten sowie auf die Einführung von behördliche Zeugnissen und Gutachten Anwendung findet. Eine Beeinträchtigung der Verteidigungsrechte des Angeklagten, dem weiterhin das Erklärungsrecht zur Seite steht, hat der Gesetzgeber darin nicht gesehen.[46] Vielmehr hat er deutlich gemacht, dass die Entscheidung, ob verstärkt von der erweiterten Möglichkeit der Durchführung des Selbstleseverfahrens Gebrauch gemacht werden soll, beim jeweiligen Vorsitzenden liege.[47]

Diese erneute Erweiterung des Anwendungsbereichs des § 249 Abs. 2 StPO wurde von *Dahs* scharf kritisiert.[48] Er führt an, dass er ein Problem in der fehlenden Verlesung von Vernehmungsprotokollen, die häufig entscheidenden Einfluss auf das Ergebnis der Beweisaufnahme hätten, sehe. Zudem bestünde die Gefahr, dass die Hauptverhandlung durch die Einschränkung der Grundsätze der Unmittelbarkeit, Mündlichkeit und Öffentlichkeit an Transparenz verliert. Zuletzt bewirke diese Gesetzesänderung eine weitere Einschränkung der Rechte der Verteidigung.

---

43 BT-Drs. 12/6853, S. 33.
44 BT-Drs. 12/6853, S. 33.
45 Verbrechensbekämpfungsgesetz vom 28.10.1994, BGBl I S. 3186 (3191).
46 BT-Drs. 12/6853, S. 33.
47 BT-Drs. 12/6853, S. 34.
48 Dahs, NJW 1995, 553 (555 f).

Dies sind schwerwiegende Bedenken, die nicht ohne weiteres von der Hand gewiesen werden können. Eine eingehende Thematisierung der Kritikpunkte wird im Folgenden jeweils an passender Stelle vorgenommen.

III. Gesetzliche Voraussetzungen

Das Selbstleseverfahren ist als eine Form des Urkundenbeweises umfassend in § 249 Abs. 2 StPO geregelt. Einschränkungen ergeben sich aus den §§ 250 bis 256 StPO.[49]

1. Anwendungsbereich

Das Selbstleseverfahren ist neben der Verlesung die zweite mögliche Art des Urkundenbeweises, § 249 StPO. Die Vorschrift regelt die Form der Beweiserhebung, also das „Wie". Die Frage, ob ein Beweis zu erheben ist, ist mit Hilfe der §§ 244 Abs. 2, 3 und 245 StPO zu beantworten.[50]

a. Strafprozessualer Urkundenbegriff

Nach dem Verständnis der StPO sind Urkunden Dokumente, die verlesbar und aufgrund ihres gedanklichen Inhalts geeignet sind, Beweis über Tatsachen zu erbringen.[51] Der gedankliche Inhalt der Urkunde muss aus sich heraus verständlich, oder zumindest auslegungsfähig sein.[52]

Der strafprozessuale Urkundenbegriff stimmt damit nicht mit dem materiell-rechtlichen Urkundenbegriff überein. Die vom materiell-rechtlichen Begriff umfassten Beweiszeichen können beispielsweise nicht verlesen werden. Ihr Gedankeninhalt ist mittels der Inaugenscheinnahme zu erfassen. Dagegen ist es bei Urkunden im strafprozessualen Sinn weder erforderlich, dass es sich um echte Urkunden handelt, noch dass diese ihren Aussteller erkennen lassen.[53]

Die Begriffe „Urkunde" und „Schriftstück" haben in diesem Zusammenhang identische Bedeutung.[54]

---

49 KMR StPO, Heintschel-Heinegg, § 249, Rn. 18; Meyer-Goßner/Schmitt, StPO, § 249, Rn. 1.

50 KMR StPO, Heintschel-Heinegg, § 249, Rn. 18; SK-StPO, Frister, § 249, Rn. 2, 8.

51 Meyer-Goßner/Schmitt, StPO, § 249, Rn. 3; SK-StPO, Frister, § 249, Rn. 11.

52 Meyer-Goßner/Schmitt, StPO, § 249, Rn. 3; SK-StPO, Frister, § 249, Rn. 12.

53 Zum Ganzen: KMR StPO, Heintschel-Heinegg, § 249, Rn. 23; SK-StPO, Frister, § 249, Rn. 14.

54 Meyer-Goßner/Schmitt, StPO, § 249, Rn. 3; SK-StPO, Frister, § 249, Rn. 11.

b. *Einführungsfähige Urkunden*

Urkunden können in das Verfahren eingeführt werden, solange dem die §§ 250 bis 256 StPO und allgemeine Beweisverwertungsverbote nicht entgegenstehen.[55] Gegenstand des Urkundenbeweises können sowohl die in § 249 Abs. 1 S. 2 StPO genannten, als auch andere Schriftstücke sein.

aa. *Exemplarische Urkunden des § 249 Abs. 1 S. 2 StPO*

§ 249 Abs. 1 S. 2 StPO nennt exemplarisch („insbesondere") einige Urkunden, die im Rahmen des Urkundenbeweises in der Hauptverhandlung eingeführt werden können.

Früher ergangene Strafurteile umfassen auch Gerichtsbeschlüsse und andere verfahrensabschließende Entscheidungen, wie die Einstellungsverfügung der Staatsanwaltschaft.[56] Nicht erfasst sind hingegen die persönlichen Notizen des Richters zur Vorbereitung eines Urteils.[57]

Erfasst sind sowohl Urteile gegen den Angeklagten, als auch gegen Dritte.[58] Diese können nicht nur aus anderen Strafverfahren, sondern beispielsweise auch aus Verfahren vor Zivil-, Verwaltungs- und Finanzgerichten stammen.[59]

Die Entscheidung muss noch nicht rechtskräftig sein.[60] Die Unschuldsvermutung steht dem grundsätzlich nicht entgegen, jedoch darf vor Eintritt der Rechtskraft dem Angeklagten durch die Zurechnung der Tat kein Nachteil widerfahren.[61]

Das früher ergangene Urteil darf nicht ungeprüft in das neue Strafverfahren eingeführt werden[62]. Die Aufklärungspflicht des Gerichts und Beweisanträge können andere Formen der Beweiserhebung neben dem Verlesen des früheren Urteils erforderlich machen.[63]

An diese Überprüfung sind jedoch scheinbar keine allzu hohen Anforderungen zu stellen: Der BGH ließ es 1983 bereits genügen, dass das Tatgericht seine Überzeugungsbildung nicht ausschließlich auf das frühere Urteil gestützt hat. Es bestehe keine Verpflichtung des Gerichts, diese weiteren Faktoren aus

55 Dazu ausführlich unten D. I. 3.
56 Meyer-Goßner/Schmitt, StPO, § 249, Rn. 9; SK-StPO, Frister, § 249, Rn. 17.
57 Meyer-Goßner/Schmitt, StPO, § 249, Rn. 9; SK-StPO, Frister, § 249, Rn. 17.
58 Meyer-Goßner/Schmitt, StPO, § 249, Rn. 9; SK-StPO, Frister, § 249, Rn. 17.
59 Meyer-Goßner/Schmitt, StPO, § 249, Rn. 9; SK-StPO, Frister, § 249, Rn. 17.
60 KMR StPO, Heintschel-Heinegg, § 249, Rn. 29; SK-StPO, Frister, § 249, Rn. 18.
61 SK-StPO, Frister, § 249, Rn. 18.
62 BGH, Urteil vom 22.04.1983 – 3 StR 420/82, NJW 1983, 2335 (2337); Meyer-Goßner/Schmitt, StPO, § 249, Rn. 9.
63 BGH, Beschluss vom 03.06.1997 – 1 StR 183/97, NJW 1997, 2828 (2828).

der neuen Hauptverhandlung im Urteil mitzuteilen, § 267 Abs. 1 S. 2 StPO.[64] In einem Beschluss vom 03.06.1997 fordert der BGH zwar bei Einwendungen anderer Verfahrensbeteiligter eine Überprüfung der Feststellungen des Gerichts im früheren Urteil. Er lässt es aber grundsätzlich noch immer genügen, dass sich der Tatrichter im neuen Verfahren auf der Grundlage der Urteilsgründe von der Richtigkeit der Entscheidung des früheren Tatrichters überzeugt:

> „Der nunmehr entscheidende Tatrichter darf sie [Feststellungen rechtskräftiger Urteile zum früheren Tatgeschehen oder zur Strafzumessung] aber nicht ungeprüft übernehmen. Er kann sich allerdings von der Richtigkeit der Schlüsse des früheren Tatrichters aufgrund der in dessen Urteil mitgeteilten Gründe überzeugen. Beanstandet jedoch ein Verfahrensbeteiligter die Richtigkeit der dort getroffenen Feststellungen, muß der neue Tatrichter prüfen, ob diese Beanstandungen nach seiner Auffassung geeignet sind, die dort gezogenen Schlüsse zu erschüttern. Ist dies nicht der Fall, so kann er einen Beweisantrag, der gestellt wird, um die Unrichtigkeit der früheren Feststellungen zu beweisen, als bedeutungslos ablehnen. Hält er den Beweisantrag dagegen für geeignet, das Beweisgebäude zu erschüttern, muß er ihm nachgehen, sofern die Feststellung der früheren Tatbegehung für seine eigene Entscheidung von Bedeutung ist.“[65]

Daraus folgt auch, dass eine andere Beweiswürdigung als im früheren Verfahren möglich und zulässig ist, sofern eine umfassende Bewertung aller früheren und neu hinzugekommenen Umstände stattfindet.[66]

Im Rahmen des § 249 StPO verlesbare Straflisten sind insbesondere Auszüge aus dem Bundeszentralregister, § 41 BZRG, Auskünfte aus dem Erziehungsregister, § 61 BZRG, aus dem Verkehrszentralregister, § 30 StVG, und dem Gewerbezentralregister, §§ 149 ff GewO. Der Verlesung können die Verwertungsverbote aus §§ 51, 63 BZRG und § 153 Abs. 5 S. 1 GewO entgegenstehen.[67] Bestreitet der Angeklagte die Richtigkeit des Auszugs oder der Auskünfte, hat das Gericht nach den allgemeinen Grundsätzen Beweis zu erheben.[68]

Aus Kirchenbüchern und Personenstandsregistern, § 61a PersonenstandsG, sind insbesondere Geburts-, Heirats-, Sterbe- und Abstammungsurkunden sowie Auszüge aus dem Familienbuch für ein Strafverfahren von Bedeutung und können als Urkunden eingeführt werden.[69]

---

64 Zum Ganzen BGH, Urteil vom 22.04.1983 – 3 StR 420/82, NJW 1983, 2335 (2337).

65 BGH, Beschluss vom 03.06.1997 – 1 StR 183/97, NJW 1997, 2828 (2828).

66 BGH, Beschluss vom 03.06.1997 – 1 StR 183/97, NJW 1997, 2828 (2828); Meyer-Goßner/Schmitt, StPO, § 249, Rn. 9.

67 SK-StPO, Frister, § 249, Rn. 25.

68 Meyer-Goßner/Schmitt, StPO, § 249, Rn. 10; SK-StPO, Frister, § 249, Rn. 26.

69 KMR StPO, Heintschel-Heinegg, § 249, Rn. 31; SK-StPO, Frister, § 249, Rn. 27.

Zuletzt nennt die Aufzählung in § 249 Abs. 1 S. 2 StPO Protokolle über die Einnahme des richterlichen Augenscheins. Das Protokoll muss unter Beachtung der §§ 168d Abs. 1 und 2, 168c Abs. 5, 224, 255 StPO zustande gekommen sein.[70] Das Verbot des § 250 S. 2 StPO greift nicht, da die Inaugenscheinnahme nicht durch das erkennende Gericht erfolgen muss.[71] Dies dient der Prozessökonomie und der Vermeidung von Beweisverlusten.[72] Protokolle über die Inaugenscheinnahme durch das erkennende Gericht dürfen nicht verlesen werden. Vielmehr sind hier die individuelle Wahrnehmung der Richter und deren Bericht als unmittelbare Beweisquelle heranzuziehen.[73] Es dürfen nur Protokolle über Inaugenscheinnahmen aus dem anhängigen Verfahren eingeführt werden[74], da nicht sichergestellt werden kann, ob in einem anderen Verfahren die Beteiligungsrechte der Staatsanwaltschaft, des Angeklagten und des Verteidigers eingehalten worden sind.[75] Erfasst sind auch Protokolle über Durchsuchungen und Leichenschauen in Anwesenheit eines Richters, nicht aber Protokolle über Leichenöffnungen, da es sich hierbei nicht um eine Inaugenscheinnahme, sondern einen Sachverständigenbeweis handelt.[76]

bb. Digital gespeicherte Dokumente

Ein in der Praxis immer häufiger herangezogenes Beweismittel sind digital gespeicherte Dokumente. Es wird kaum einen Verteidiger geben, der nicht schon an einer Durchsuchung teilgenommen hat, in deren Rahmen digital gespeicherte Dokumente durch Beschlagnahme der Datenträger oder Spiegelung der gespeicherten Daten im Giga- oder gar Terabytebereich sichergestellt wurden. Es stellt sich daher die Frage, ob es sich bei diesen Dokumenten um dem Urkundenbeweis

70 KMR StPO, Heintschel-Heinegg, § 249, Rn. 32; Meyer-Goßner/Schmitt, StPO, § 249, Rn. 12; SK-StPO, Frister, § 249, Rn. 29.

71 KMR StPO, Heintschel-Heinegg, § 249, Rn. 32; SK-StPO, Frister, § 249, Rn. 28.

72 KK StPO-Diemer, § 249, Rn. 20; KMR StPO, Heintschel-Heinegg, § 249, Rn. 32.

73 SK-StPO, Frister, § 249, Rn. 29.

74 KK StPO-Diemer, § 249, Rn. 20; SK-StPO, Frister, § 249, Rn. 28.

75 KK StPO-Diemer, § 249, Rn. 20; a.A. KMR StPO, Heintschel-Heinegg, § 249, Rn. 32; es wird teilweise vertreten, dass richterliche Augenscheinsprotokolle aus anderen Verfahren zum Beweis, dass der Augenschein stattgefunden hat oder als Vorhalt eingeführt werden dürfen, nicht jedoch zum Beweis des festgestellten Tatsachen, KK StPO-Diemer, § 249, Rn. 20.

76 KMR StPO, Heintschel-Heinegg, § 249, Rn. 32; SK-StPO, Frister, § 249, Rn. 32.

nach § 249 StPO unterliegende Urkunden oder eine andere Art von Beweismitteln handelt.[77]

Es wird vertreten, dass es sich bei den Speichermedien trotz der Möglichkeit, die enthaltenen Daten beispielsweise über die Bildschirmanzeige sichtbar zu machen, um Augenscheinsobjekte handelt.[78] Gleiches gelte für Computerausdrucke der gespeicherten Medien, da diese als Beweis über den Speicherinhalt zu sehen seien.[79]

Dieser Ansicht kann nicht gefolgt werden. Zunächst stellt sich im Hinblick auf Dokumente die Frage nach der Abgrenzung von Urkundenbeweis und Beweis durch Augenschein. Urkunden sind Dokumente mit allgemein verständlichem oder durch Auslegung ermittelbarem Gedankeninhalt, der zu Beweiszwecken verlesen werden kann, wobei die Art der stofflichen Fixierung und der verwendeten Schriftzeichen unerheblich ist.[80] Der Augenschein hingegen beinhaltet die sinnliche Wahrnehmung, die nicht durch den Zeugen-, Urkunden- oder Sachverständigenbeweis erfasst ist.[81]

Bei Ausdrucken von digital gespeicherten Dokumenten kommt es bei der Beweiserhebung entscheidend auf den gedanklichen Inhalt des Dokuments an. Zwar kann der Ausdruck auch beweisen, dass das Dokument digital gespeichert vorliegt. Diese Information dürfte für die Urteilsfindung aber meist von untergeordneter Bedeutung sein.[82] Bei den Ausdrucken der digitalen Dokumente handelt es sich daher um Urkunden. Dies wird auch durch eine einfache praktische Überlegung sehr deutlich: Werden beispielsweise E-Mails, die sich weiterhin auf dem Mail-Server befinden, bereits vor der Durchsuchung ausgedruckt und werden beide Versionen später bei einer Durchsuchung beschlagnahmt, handelt es sich nach der abzulehnenden Sichtweise bei ein und derselben E-Mail mit identischem Inhalt einmal um ein Beweismittel, das mittels Inaugenscheinnahme in das Verfahren einzuführen ist, und einmal um ein Beweismittel, über das durch Verlesung oder die Durchführung des Selbstleseverfahrens Beweis zu erheben ist. Dieses Ergebnis kann nicht gewollt sein.

---

77 Ausführlich dazu Trüg, StV 2016, 343 (344).

78 Eisenberg, Beweisrecht StPO, Rn. 2323; Redeker, NJW 1984, 2390 (2394).

79 Eisenberg, Beweisrecht StPO, Rn. 2023.

80 Eisenberg, Beweisrecht StPO, Rn. 2000; Löwe-Rosenberg, StPO, Mosbacher, 26. Auflage, § 249, Rn. 7; Trüg, StV 2016, 343 (344).

81 Eisenberg, Beweisrecht StPO, Rn. 2220; Trüg, StV 2016, 343 (344).

82 Trüg, StV 2016, 343 (344).

Es handelt sich daher bei Ausdrucken digital gespeicherter Dokumente um Urkunden, die im Wege des Urkundenbeweises und damit auch mittels Selbstleseverfahren in die Hauptverhandlung eingeführt werden können.

cc. Andere Schriftstücke

Darüber hinaus können auch andere Schriftstücke durch den Urkundenbeweis in das Verfahren eingeführt werden. Entscheidend ist, dass das Schriftstück eine eigene Gedankenerklärung zum Ausdruck bringt, die den Verfahrensbeteiligten durch eigenständiges Lesen – im Fall der Verlesung zusätzlich der Öffentlichkeit – bekannt gemacht werden kann. In Betracht kommen beispielsweise Schriftstücke, die die Strafbarkeit eines Angeklagten nachweisen, schriftliche Willenserklärungen aus dem Bereich des Öffentlichen Rechts und des Zivilrechts sowie schriftliche Dokumentationen und Beschreibungen von Tatsachen.[83]

Bei dem Schriftstück, das in das Verfahren eingeführt werden soll, muss es sich nicht um das Original handeln. Auch Reproduktionen wie Ablichtungen, Abschriften, mechanische Vervielfältigungen und Durchschläge sind dem Urkundenbeweis zugänglich.[84]

Eine Beglaubigung des vervielfältigten Dokuments ist nicht erforderlich.[85] Die Kopie muss jedoch mit dem Original übereinstimmen. Diese Voraussetzung hat das Gericht im Strengbeweisverfahren zu überprüfen. Hier ist die Inaugenscheinnahme des Originals der zu verlesenden Urkunden vorzunehmen. Bei verbleibenden Zweifeln ist der Urheber der Urkunde zu vernehmen.[86] Kann auch dieser nicht die erforderliche Klarheit verschaffen, sind die Restzweifel im Rahmen der Beweiswürdigung zu berücksichtigen.[87]

Bei der Einführung von fremdsprachigen Texten kann nur in absoluten Ausnahmefällen, wenn alle Prozessbeteiligten die Fremdsprache hinreichend beherrschen, auf eine Übersetzung verzichtet werden. Dies gilt insbesondere im Hinblick auf § 184 GVG.[88]

In aller Regel ist eine Übersetzung des Schriftstücks in die deutsche Sprache vorzunehmen. Diese kann zum einen von einem Mitglied des Spruchkörpers

---

83 SK-StPO, Frister, § 249, Rn. 34.

84 KK StPO-Diemer, § 249, Rn. 12; KMR StPO, Heintschel-Hei., § 249, Rn. 25; SK-StPO, Frister, § 249, Rn. 41.

85 KK StPO-Diemer, § 249, Rn. 12; SK-StPO, Frister, § 249, Rn. 41.

86 KK StPO-Diemer, § 249, Rn. 12; KMR StPO, Heintschel-Heinegg, § 249, Rn. 25; SK-StPO, Frister, § 249, Rn. 41.

87 SK-StPO, Frister, § 249, Rn. 42.

88 KMR StPO, Heintschel-Heinegg, § 249, Rn. 26; SK-StPO, Frister, § 249, Rn. 43.

mit den erforderlichen Sprachkenntnissen vorgenommen werden, zum anderen kann ein externer Übersetzer hinzugezogen werden. Es kommen sowohl die Übertragung des fremdsprachigen Textes unmittelbar in der Hauptverhandlung, als auch die Einführung einer schriftlichen Ausfertigung in Betracht.[89]

Eine fehlerfreie Übersetzung ist nicht Voraussetzung für die Verlesbarkeit der Urkunde. Die Überprüfung der Richtigkeit der Übertragung in die Gerichtssprache ist eine Frage der Beweiswürdigung.[90] Vorzug gebührt der Vernehmung des Übersetzers in der Hauptverhandlung, der in dieser Situation als Sachverständiger auftritt.[91] Bei öffentlich bestellten oder allgemein vereidigten Übersetzern kann es auch ausreichend sein, wenn die schriftliche Niederlegung der Übersetzung nebst einer Bestätigung über deren Richtigkeit und Vollständigkeit im Rahmen des Urkundenbeweises in die Hauptverhandlung eingeführt werden.[92]

In diesen Fällen ist damit eine Einführung im Rahmen des Selbstleseverfahrens statthaft. Auch § 250 StPO steht der Verlesung der Niederschrift einer zuverlässigen Übersetzung oder der Einführung mit Hilfe des Selbstleseverfahrens nicht entgegen. Bei der Vernehmung eines Übersetzers handelt es sich nicht um die Wiedergabe von persönlicher Wahrnehmung, es wird vielmehr von der technischen Hilfstätigkeit der Übertragung eines Textes von einer Sprache in eine andere berichtet.[93]

Wird hingegen in einem Dokument die Wahrnehmung einer Person wiedergegeben, sind das Verlesungsverbot des § 250 S. 2 StPO und dessen Ausnahmen zu beachten.[94]

Der von einer Minderheit vertretenen Ansicht, dass Urkunden, die in gebräuchlicher Kurzschrift abgefasst sind, grundsätzlich zum Gegenstand des Urkundenbeweises gemacht werden können[95], kann nicht gefolgt werden. Zum einen beherrschen immer weniger Menschen Stenographie, zum anderen hat das Gericht im selben Maß wie bei fremdsprachigen Texten sicherzustellen, dass

---

89 KMR StPO, Heintschel-Heinegg, § 249, Rn. 26; SK-StPO, Frister, § 249, Rn. 44.

90 Es besteht Uneinigkeit darüber, ob das Freibeweisverfahren (KMR StPO, Heintschel-Heinegg, § 249, Rn. 26) oder das Strengbeweisverfahren (SK-StPO, Frister, § 249, Rn. 45) zu Anwendung kommt.

91 KK StPO-Diemer, § 249, Rn. 16; KMR StPO, Heintschel-Hei., § 249, Rn. 26; SK-StPO, Frister, § 249, Rn. 44.

92 SK-StPO, Frister, § 249, Rn. 45.

93 Beck'scher Online-Kommentar, StPO, Ganter, § 249, Rn. 11; KK StPO-Diemer, § 249, Rn. 15; SK-StPO, Frister, § 249, Rn. 44.

94 Siehe D. I. 3. b.

95 KMR StPO, Heintschel-Heinegg, § 249, Rn. 24.

wirklich jeder Prozessbeteiligte über die erforderlichen Kenntnisse für ein sicheres Verständnis verfügt.[96]

In Kurzschrift verfasste Texte müssen daher in eine allgemein verständliche Sprache übertragen werden. Für die Übertragung und die Einführung in das Verfahren gelten dieselben Regeln, wie für fremdsprachige Texte.[97] Damit ist im Gleichklang zu fremdsprachigen Texten bei in Kurzschrift abgefassten Dokumenten die Übertragung in Langschrift durch einen Spezialisten als – auch im Selbstleseverfahren – einführungsfähige Urkunde anzusehen.

Texte, die in Geheimsprache oder Geheimschrift abgefasst sind, sind zu entschlüsseln und ebenfalls in eine allgemein verständliche Sprache zu übertragen. Anders als bei der Übertragung von Fremdsprachen und Kurzschriften handelt es sich bei der Entschlüsselung von Geheimsprachen und Geheimschriften mangels Standardisierung jedoch nicht um eine rein technische Hilfstätigkeit. Die Übertragung hat daher durch einen Sachverständigen zu erfolgen. Dies hat zur Folge, dass es nicht ausreichend ist, den Klartext im Rahmen des Urkundebeweises in das Verfahren einzuführen. Es ist die ergänzende Vernehmung des Sachverständigen erforderlich, der über den Entschlüsselungsvorgang Aufschluss gibt. Damit kann eine in Geheimsprache oder Geheimschrift abgefasste Urkunde nur unter den Beschränkungen der §§ 250 ff StPO Gegenstand des Selbstleseverfahrens sein. Im Übrigen ist wie bei der Übertragung von Fremdsprachen zu verfahren.[98]

c. *Ersetzung der Inaugenscheinnahme*

Neben den Beweismitteln Zeuge, Sachverständiger und Urkunde kennt die Strafprozessordnung den Beweis durch Augenschein. Die Inaugenscheinnahme umfasst verschiedene Spektren der sinnlichen Wahrnehmungen. So kann ein Beweisstück durch Sehen, Hören, Fühlen, Riechen und Schmecken erfasst werden.[99] Typische Ausprägungen des Augenscheinbeweises sind die Besichtigung von Tatorten und Tatwaffen sowie das Betrachten von Fotografien und Bildern. Darüber hinaus sind insbesondere Pläne, Zeichnungen, Skizzen, Filme,

---

96 Meyer-Goßner/Schmitt, StPO, § 249, Rn. 4; SK-StPO, Frister, § 249, Rn. 47.

97 Beck'scher Online-Kommentar, StPO, Ganter, § 249, Rn. 11; SK-StPO, Frister, § 249, Rn. 47.

98 Zum Ganzen SK-StPO, Frister, § 249, Rn. 48.

99 KMR StPO, Heintschel-Heinegg, § 249, Rn. 16; Meyer-Goßner/Schmitt, StPO, § 86, Rn. 1.

Videoaufzeichnungen und Tonaufnahmen Augenscheinobjekte.[100] Aber auch Urkunden können Gegenstand des Augenscheinbeweises sein. Dies ist der Fall, wenn es nicht (nur) auf ihren Inhalt, sondern (auch) auf ihre Beschaffenheit ankommt und wenn sie nicht verlesbar sind.[101]

Das Abhören von Tonbandaufnahmen stellt eine Inaugenscheinnahme dar.[102] Niederschriften der Aufnahmen können jedoch im Wege des Urkundenbeweises[103] in den Prozess eingeführt werden[104]. § 250 S. 2 StPO steht der Verlesung nicht entgegen, da die Niederschrift zwar auf der Wahrnehmung einer Person beruht, jedoch nicht an sie gebunden ist und jederzeit durch nochmaliges Vorspielen nachgeprüft werden kann.[105]

In der Praxis wäre es jedoch wünschenswert, wenn die Tonbandaufnahmen als Ergänzung des Selbstleseverfahrens den Verfahrensbeteiligten außerhalb der Hauptverhandlung zur Verfügung gestellt werden würden.[106]

Die Abgrenzung von Urkundenbeweis und Augenschein bereitet im Zusammenhang mit § 249 StPO Schwierigkeiten.[107] Dies zeigt sich nicht nur darin, dass vertreten wird, dass das Abhören von Tonaufnahmen der Beweisaufnahme mittels Urkunden sehr nahe steht, da es sich in beiden Fällen um die Erfassung von Gedankeninhalten handelt.[108] Die Problematik kann auch an einem alltäglichen Beispiel veranschaulicht werden.

So ist beispielweise die Kenntnisnahme von Lichtbildern bei der Geschwindigkeitsmessung nur im Wege des Augenscheins möglich.[109] Die ergänzenden oder erklärenden Texte können hingegen Gegenstand des Urkundenbeweises sein.[110]

---

100 MüKo, StPO, Trüg/Habetha, § 244, Rn. 39; Pfeiffer, StPO, § 249, Rn. 4; SK-StPO, Frister, § 249, Rn. 40.

101 KMR StPO, Heintschel-Heinegg, § 249, Rn. 21; Meyer-Goßner/Schmitt, StPO, § 86, Rn. 13.

102 MüKo, StPO, Trüg/Habetha, § 244, Rn. 39; Pfeiffer, StPO, § 249, Rn. 4; SK-StPO, Frister, § 249, Rn. 40.

103 Ausführlich dazu unten E. I. 8.

104 Meyer-Goßner/Schmitt, StPO, § 249, Rn. 7; Pfeiffer, StPO, § 249, Rn. 4; SK-StPO, Frister, § 249, Rn. 38.

105 Beck'scher Online-Kommentar, StPO, Ganter, § 249, Rn. 11; SK-StPO, Frister, § 249, Rn. 38.

106 Vgl. unten E. 9.

107 Zur Abgrenzung von Augenscheinbeweis und Urkundenbeweis vgl. bereits oben B. I. b. bb.

108 Grünwald, Beweisrecht, S. 82.

109 KMR StPO, Heintschel-Heinegg, § 249, Rn. 21; SK-StPO, Frister, § 249, Rn. 40.

110 KK StPO-Diemer, § 249, Rn. 23–27.

Bei der Beweisaufnahme durch Verlesung in der Hauptverhandlung kann diese Abgrenzung verwischen: Der Vorsitzende verliest eine Urkunden, gleichzeitig haben die Verfahrensbeteiligten eine Abschrift aus der Akteneinsicht zum Mitlesen vor sich oder die Unterlagen werden gemeinsam am Richtertisch besichtigt. Hier findet die Beweisaufnahme durch zwei unterschiedliche Arten von Beweismitteln parallel statt, sodass sich die Vorzüge der jeweiligen Beweismittel gut gegenseitig ergänzen. Im Selbstleseverfahren ist dies grundsätzliche in gleicher Weise möglich, außer wenn die Inaugenscheinnahme von Originalen erforderlich ist.

Das Selbstleseverfahren ersetzt die Verlesung von Urkunden. Eine Anwendung des Selbstleseverfahrens auf die Inaugenscheinnahme ist dagegen unzulässig.[111] Daher ist es im Verfahren nach § 249 Abs. 2 StPO nicht möglich, Beweis über die äußere Beschaffenheit von Urkunden zu erheben. Ist eine Urkunde, deren äußere Beschaffenheit beweiserheblich ist, Gegenstand des Selbstleseverfahrens, ist sie zusätzlich von den Beteiligten in der Hauptverhandlung in Augenschein zu nehmen. Umstritten ist die Frage, ob Comics oder andere Dokumente, deren Aussagegehalt sich nur aus der Verbindung von Texten und Bildern ergibt, im Wege des Selbstleseverfahrens eingeführt werden können.[112]

Bei dem Urkundenbeweis und der Inaugenscheinnahme handelt es sich um zwei unterschiedliche Beweiserhebungsvorgänge, die jeweils für sich anzuordnen und zu protokollieren sind.[113] Dies zeigt auch die Tatsache, dass die Inaugenscheinnahme einer Urkunde nicht als ordnungsgemäße Erhebung des Urkundenbeweises gesehen wird.[114]

Das Lesen der Schriftstücke durch die einzelnen Verfahrensbeteiligten enthält daher nicht auch gleichzeitig die Inaugenscheinnahme der dazugehörigen Grafiken, da im Zuge des Selbstleseverfahrens nur die Selbstlesung als Substitut der Verlesung angeordnet wird, nicht aber die Inaugenscheinnahme. Diese hat gesondert durch alle Beteiligten in der Hauptverhandlung zu erfolgen. § 249 Abs. 2 StPO bezieht sich explizit nur auf die Ersetzung der Verlesung durch die Selbstlesung, nicht hingegen auf die Ersetzung des Augenscheins.

Auch in Anbetracht der klassischen Gegenstände der Inaugenscheinnahme – die Besichtigung von Tatorten und Tatwaffen, das Betrachten von Fotografien und Bildern, Plänen, Zeichnungen, Skizzen, Filmen, Videoaufzeichnungen und

---

111 Trüg, StV 2016, 343 (343).

112 Vgl. unten E. I. 9. b.

113 BGHSt 11, 29; Löwe-Rosenberg, StPO, Mosbacher, 26. Auflage, § 249, Rn. 30.

114 OLG Düsseldorf, Beschluss vom 22.03.2017 – 3 RVs 4/17, BeckRS 2017, 112749.

das Abhören von Tonaufnahmen[115] – muss man sich fragen, wo genau hier eine Selbstlesung stattfinden kann. Es ist schlicht nicht möglich, einen verkörperten gedanklichen Inhalt aufzunehmen. Bei der Inaugenscheinnahme wird die äußere Beschaffenheit, eine tatsächliche physische Gegebenheit oder eine visuelle oder auditive Kopie eines tatsächlich erfolgten Geschehens oder Gesprächs zur Kenntnis genommen. Eine grundsätzliche Ersetzungsmöglichkeit der Inaugenscheinnahme durch das Selbstleseverfahren kommt daher nicht in Betracht.

Der Gesetzgeber könnte jedoch erwägen, die eigenständige Kenntnisnahme von Augenscheinobjekten durch die Verfahrensbeteiligten außerhalb der Hauptverhandlung gesetzlich zu regeln.[116] Hier gilt es jedoch zu beachten, dass, wie bereits erwähnt, logistische Probleme auftauchen werden, wenn die Kenntnisnahme von Originalen erforderlich sein sollte. Es stellt sich dann die Frage, wie viel von der angestrebten Ökonomisierung des Verfahrens übrig bleibt, wenn alle Verfahrensbeteiligten und (inhaftierten) Angeklagten Termine zur Besichtigung von Asservaten in amtlichen Räumen finden müssen, etwa wenn Tatwerkzeuge oder Originalschriftstücke, bei denen Beweis über deren Beschaffenheit zu erheben ist, zu besichtigen sind.

Eine praktikable Ausnahme kann hier bei der Beweiserhebung über Tonbandaufnahmen, die ergänzend zur Einführung von verschrifteten Protokollen der Aufnahmen eingeführt werden sollen, und grafischen Darstellungen gefunden werden. In beiden Fällen ist es nicht erforderlich, die Beweisobjekte im Original zu besichtigten, da der Beweiswert durch die Kenntnisnahme einer Kopie der Kenntnisnahme des Originals um nichts nachsteht.[117]

Auch der BGH[118] und Teile der Literatur[119] sind der Ansicht, dass dies möglich ist. Demnach soll bei Urkunden, deren gedanklicher Inhalt sich aus der engen Verbindung von Text und Bild ergibt, das Selbstleseverfahren auch im Hinblick

---

115 MüKo, StPO, Trüg/Habetha, § 244, Rn. 39; Pfeiffer, StPO, § 249, Rn. 4; SK-StPO, Frister, § 249, Rn. 40.

116 Dem Forderungskatalog zum Strafkammertag 2017 in Würzburg ist unter Punkt 12. zu entnehmen, dass die Selbstaugenscheinnahme und die Augenscheinnahme durch die Öffentlichkeit diskutiert wurden, abrufbar unter https://rsw.beck.de/aktuell/meldung/strafkammertag-in-wuerzburg-richter-formulieren-forderungskatalog-fuer-effektivere-strafverfahren, zuletzt abgerufen am 06.04.2018.

117 Vgl. unten E. I. 9.

118 BGH, Urteil vom 15.12.1999 – 2 StR 365/99, BGH NStZ 2000, 307 (309).

119 KK StPO-Diemer, § 249, Rn. 33; KMR StPO, Heintschel-Heinegg, § 249, Rn. 39.

auf die enthaltenen Grafiken zulässig sein[120], so beispielweise bei Comics oder Zahlenwerken in Tabellenform[121].

Dennoch ist festzuhalten, dass eine Ersetzung der Beweisaufnahme durch Augenschein durch die Durchführung des Selbstleseverfahrens nach geltendem Recht nicht möglich ist. Die Ergänzung des Selbstleseverfahrens durch eigenständige Inaugenscheinnahme außerhalb der Hauptverhandlung durch die Verfahrensbeteiligten scheint jedoch in speziell gelagerten Fällen und unter bestimmten Voraussetzungen denkbar und wünschenswert.[122]

2. Anordnung durch den Vorsitzenden

Der Vorsitzende entscheidet, ob eine Urkunde gemäß § 249 Abs. 1 StPO verlesen wird oder ob das Selbstleseverfahren gemäß § 249 Abs. 2 StPO durchzuführen ist.[123] Die Anordnung erfolgt nach pflichtgemäßem Ermessen des Vorsitzenden als sachleitende Maßnahme, § 238 S. 1 StPO.[124] Hierbei hat der Vorsitzende neben der sinnvollen und prozesswirtschaftlichen Gestaltung des Hauptverfahrens die Bedeutung der Urkunde und die Auswirkungen der Selbstlesung auf die Transparenz der Strafrechtspflege zu beachten.[125]

Eine Anhörung der Prozessbeteiligten ist seit der Änderung durch das StVÄG 1987 nicht mehr erforderlich.[126] Gerade in Fällen von sehr umfangreichen Selbstleseanordnungen kann es jedoch sinnvoll sein, darauf hinzuweisen, dass die Durchführung eines Selbstleseverfahrens beabsichtigt ist.

Das Gesetz sieht keinen bestimmten Zeitpunkt für die Anordnung vor. Das Selbstleseverfahren ist Teil der Beweisaufnahme und hat daher grundsätzlich nach der Vernehmung des Angeklagten zur Sache, § 244 Abs. 1 StPO, und vor den Schlussvorträgen, § 258 Abs. 1 StPO, zu erfolgen. Innerhalb dieses Zeitraums kann der Vorsitzende den Zeitpunkt der Anordnung des Selbstleseverfahrens frei wählen.[127]

---

120 BGH, Urteil vom 15.12.1999 – 2 StR 365/99, BGH NStZ 2000, 307 (309); KK StPO-Diemer, § 249, Rn. 33; KMR StPO, Heintschel-Heinegg, § 249, Rn. 39.

121 KK StPO-Diemer, § 249, Rn. 33.

122 Vgl. unten E. I. 9.

123 KMR StPO, Heintschel-Heinegg, § 249, Rn. 40; SK-StPO, Frister, § 249, Rn. 62.

124 Vgl. zur Anordnung des Selbstleseverfahrens ausführlich unten E. III. 1. mit weiteren Nachweisen.

125 Löwe-Rosenberg, StPO, Mosbacher, 26. Auflage, § 249, Rn. 65.

126 Vgl. B. II. 2.; SK-StPO, Frister, § 249, Rn. 63.

127 SK-StPO, Frister, § 249, Rn. 65.

In manchen Fällen, insbesondere, wenn der Umfang der von der Selbstleseanordnung umfassten Schriftstücke sehr groß ist, kann es sinnvoll sein, bereits vor der Vernehmung des Angeklagten zur Sache mit dem Selbstleseverfahren zu beginnen oder zumindest, wie oben bereits angesprochen, die Absicht, ein Selbstleseverfahren durchzuführen, anzukündigen. Inzwischen ist es auch Schöffen gestattet, bereits vor Verlesung des Anklagesatzes Einsicht in die Akten zu nehmen.[128] Daher ist es grundsätzlich möglich, den Hinweis auf die Selbstleseanordnung schon zu diesem frühen Zeitpunkt zu erteilen.

Gerade bei sehr umfangreichen Selbstleseverfahren ist dies, sobald feststeht, welche Urkunden in welchem Umfang als Beweisgrundlage benötigt werden, auch sinnvoll. Das Lesen der Urkunden bedeutet neben den Hauptverhandlungsterminen einen erheblichen Zeitaufwand. Ein möglichst früher Hinweis mit Bezug auf die vom Selbstleseverfahren umfassten Urkunden ermöglicht es, den Arbeitsaufwand zu koordinieren und stellt damit sicher, dass alle Beteiligten ausreichend Möglichkeit hatten, die Beweise zur Kenntnis zu nehmen und gegebenenfalls darauf zu reagieren.

Im digitalen Zeitalter stellt auch die Einsichtnahme in die Akten kein großes Problem mehr dar. In der Regel kann allen Beteiligten zeitgleich eine digitale Kopie der Akten zur Verfügung gestellt werden. Sollte dies einmal nicht der Fall sein, bietet die frühzeitige Ankündigung die Gelegenheit die Einsichtnahme zu koordinieren und allen Beteiligten ausreichende Zeit für die Erstellung von Kopien und die Kenntnisnahme der Urkunden einzuräumen.[129]

Die Anordnung muss die vom Selbstleseverfahren umfassten Schriftstücke so genau bezeichnen, dass es für die Prozessbeteiligten ohne weiteres möglich ist, die einzelnen Urkunden zu individualisieren. In Fällen, in denen sich die Selbstleseanordnung nur auf Teile der Schriftstücke bezieht, sind diese exakt zu bezeichnen. Allerdings sollte sich die Anordnung im Zweifel immer auf das gesamte Dokument beziehen, um das Verständnis des Inhalts zu gewährleisten, da bei der Selbstlesung auf die klärende mündliche Erörterung verzichtet werden muss.[130]

3. Widerspruch

Nach dem Wegfall des Erfordernisses der Verzichtserklärung durch das StVÄG von 1987 steht den Verfahrensbeteiligten heute nur noch die Möglichkeit des

---

128 Dazu ausführlich unten D. I. 7.

129 Vgl. dazu Löwe-Rosenberg, StPO, Mosbacher, 26. A., § 249, Rn. 69 und SK-StPO, Frister, § 249, Rn. 65 f.

130 SK-StPO, Frister, § 249, Rn. 64.

förmlichen Widerspruchs offen, § 249 Abs. 2 S. 2 StPO.[131] Sie sind nicht mehr im Vorfeld in die Entscheidung des Vorsitzenden, ob der Urkundenbeweis durch Verlesen oder Selbstlesung eingeführt wird, eingebunden. Die Verfahrensbeteiligten haben aber das Recht und die Obliegenheit[132] sachliche Bedenken gegen die Anordnung des Selbstleseverfahrens unverzüglich vorzutragen, über die das Gericht sodann zu entscheiden hat[133].

Die Möglichkeit zum Widerspruch ersetzt im Falle der Anordnung des Selbstleseverfahrens den Antrag auf Entscheidung des Gerichts gemäß § 238 Abs. 2 StPO[134]. Gegen die Verwendung einer bestimmten Urkunde als Beweismittel ist bei der Beweiserhebung mittels Selbstlesung, § 249 Abs. 2 StPO, ebenso wie bei der Beweiserhebung mittels Verlesung, § 249 Abs. 1 StPO, der Antrag auf Entscheidung des Gerichts gemäß § 238 Abs. 2 StPO zulässig[135].

Widerspruchsberechtigt sind neben Staatsanwalt, Angeklagtem und Verteidiger auch andere Verfahrensbeteiligte, denen in der Hauptverhandlung die gleichen Rechte wie dem Angeklagten zustehen. Somit sind auch Einziehungs- und Verfallsbeteiligte, §§ 433 Abs. 1, 442 Abs. 1 StPO, Vertreter von juristischen Personen und Personenvereinigungen, § 44 Abs. 2 StPO, und Beistände im Jugendstrafverfahren, § 69 Abs. 3 JGG[136], widerspruchsberechtigt.[137]

Dagegen sind gesetzliche Vertreter im Jugendstrafverfahren[138], § 67 Abs. 1 JGG, Vertreter der Finanzbehörde im Steuerstrafverfahren, § 407 AO, Nebenkläger, § 397 Abs. 1 StPO, Privatkläger, § 385 Abs. 1 StPO und der Beistand des Verletzten, §§ 406f, 406g StPO, nicht widerspruchsberechtigt.[139] Dies führt zu dem Problem, dass nicht alle Verfahrensbeteiligten, die zur Kenntnisnahme der beweiserheblichen Urkunden berechtigt sind, auch ein Widerspruchsrecht haben. Ihnen ist daher ein Anhörungsrecht einzuräumen, sodass sich ihnen die Möglichkeit bietet, den Vorsitzenden auf mögliche Schwierigkeiten bei der

---

131 Vgl. zum Widerspruch ausführlich unten E. III. 4. und E. IV. 1 mit weiteren Nachweisen.

132 Vgl. unten E. IV. 1.

133 Löwe-Rosenberg, StPO, Mosbacher, 26. Auflage, § 249, Rn. 70.

134 KMR StPO, Heintschel-Heinegg, § 249, Rn. 46; Meyer-Goßner/Schmitt, StPO, § 249, Rn. 21.

135 Meyer-Goßner/Schmitt, StPO, § 249, Rn. 21; SK-StPO, Frister, § 249, Rn. 107.

136 Vgl. zum Selbstleseverfahren im Jugendstrafverfahren E. I. 4., es ist umstritten, ob Erziehungsberechtigten und gesetzlichen Vertretern im Jugendstrafverfahren ebenfalls ein Widerspruchsrecht zusteht.

137 KK StPO-Diemer, § 249, Rn. 35; SK-StPO, Frister, § 249, Rn. 67.

138 Umstritten, vgl. unten E. I. 4.

139 KK StPO-Diemer, § 249, Rn. 35; SK-StPO, Frister, § 249, Rn. 67.

Durchführung des Selbstleseverfahrens hinzuweisen.[140] Bei Beeinträchtigungen ihres Informationsrechts ist ein Antrag auf Entscheidung des Gerichts gem. § 238 Abs. 2 StPO möglich.[141]

Der Widerspruch ist unverzüglich, also ohne jedes schuldhafte Zögern[142], zu erheben, § 249 Abs. 2 S. 2 StPO. Dies bedeutet in aller Regel, dass der Widerspruch sofort nach der Anordnung durch den Vorsitzenden erhoben werden muss. Diese Einordnung ist sachgerecht, da insbesondere der Staatsanwaltschaft und der Verteidigung die Aktenteile ohnehin bereits bekannt sein sollten oder ihnen zumindest bei der Anordnung vorliegen und sie daher zeitnah einschätzen können, ob für ihre Zwecke eine Verlesung vorzuziehen ist oder nicht.[143] Die Situation stellt sich jedoch anders dar, wenn die Verwertung einer bestimmten Urkunde für die Prozessbeteiligten überraschend kommt, da diese nicht damit gerechnet haben, dass das Gericht dem entsprechenden Dokument bei der Urteilsfindung Bedeutung beimisst und sie deshalb nicht im erforderlichen Maß mit dem Inhalt der Urkunde vertraut sind. In diesen Fällen muss den Widerspruchsberechtigten eine angemessene Frist eingeräumt werden, um vom Inhalt der Urkunde Kenntnis zu nehmen. Diese zusätzliche Zeit ist auch dann zu gewähren, wenn der Beteiligte die Urkunde selbst verfasst hat – was vor allem im Falle des Angeklagten, aber auch bei Anwaltsschriftsätzen möglich ist – und sich an den Inhalt des Textes nicht mehr genau erinnern kann.[144]

Das Erfordernis des unverzüglichen Handelns stellt eine Benachteiligung gegenüber dem Beanstandungsrecht gemäß § 238 Abs. 2 StPO dar, das eine entsprechende zeitliche Limitierung nicht vorsieht. In Anbetracht der vorgenannten Besonderheiten im Selbstleseverfahren scheint diese Limitierung jedoch angemessen.[145]

Der Widerspruch kann schon vorzeitig, wenn der Vorsitzende die Anordnung des Selbstleseverfahrens in Aussicht stellt, angekündigt werden. Der

140 Löwe-Rosenberg, StPO, Mosbacher, 26. Auflage, § 249, Rn. 70; SK-StPO, Frister, § 249, Rn. 68.

141 Löwe-Rosenberg, StPO, Mosbacher, 26. Auflage, § 249, Rn. 73.

142 Löwe-Rosenberg, StPO, Mosbacher, 26. Auflage, § 249, Rn. 75; SK-StPO, Frister, § 249, Rn. 70.

143 Löwe-Rosenberg, StPO, Mosbacher, 26. Auflage, § 249, Rn. 75; SK-StPO, Frister, § 249, Rn. 71.

144 Löwe-Rosenberg, StPO, Mosbacher, 26. Auflage, § 249, Rn. 75; SK-StPO, Frister, § 249, Rn. 71.

145 Vgl. auch SK-StPO, Frister, § 249, Rn. 70; a.A. KMR StPO, Heintschel-Heinegg, § 249, Rn. 46.

Verfahrensbeteiligte ist nach der Anordnung trotzdem verpflichtet, unverzüglich Widerspruch zu erheben.[146] Es ist lediglich möglich, sich bei der Begründung des Widerspruchs auf die vorangegangene Erklärung zu beziehen.[147]

Die Begründung des Widerspruchs ist nicht erforderlich aber zweckmäßig, da sie darlegt, aus welchen Gründen der Urkundenbeweis durch das Selbstleseverfahren im vorliegenden Fall zu beanstanden ist.[148]

Nach erfolgtem Widerspruch kann der Vorsitzende die Verlesung der betroffenen Urkunde anordnen. Falls dies nicht erfolgt, ergeht ein Gerichtsbeschluss. Das Gericht entscheidet sodann nach pflichtgemäßem Ermessen, in welcher Form der Urkundenbeweis zu erheben ist. Dies stellt einen weiteren Unterschied zu § 238 Abs. 2 StPO dar, in dessen Rahmen das Gericht nur über die Unzulässigkeit einer beanstandeten Maßnahme zu entscheiden hat. Bestimmt das Gericht die Verlesung der Urkunde, sind keine weiteren Schritte veranlasst.[149]

Wird der Widerspruch zurückgewiesen, was auch bei Widerspruch durch Nichtberechtigte und bei nicht unverzüglich erhobenem Widerspruch der Fall ist, hat das Gericht die Zurückweisung als unzulässig oder unbegründet zu begründen.[150]

4. Kenntnisnahme

Wird der Urkundenbeweis im Wege des Selbstleseverfahrens durchgeführt, so erfolgt die Kenntnisnahme der Urkunden durch die Prozessbeteiligten außerhalb der Hauptverhandlung. Wo, wann und wie diese Kenntnisnahme zu erfolgen hat, ist nicht geregelt. Der Vorsitzende entscheidet darüber im Rahmen seiner Sachleitungsbefugnis gemäß § 238 Abs. 1 StPO.[151]

§ 249 Abs. 2 S. 1 StPO sieht zwei unterschiedliche Ausprägungen der Kenntnisnahme vor. Die Richter und Schöffen müssen die Urkunde zur Kenntnis

---

146 Ausführlich dazu unten E. III. 1. b.

147 SK-StPO, Frister, § 249, Rn. 72.

148 Löwe-Rosenberg, StPO, Mosbacher, 26. Auflage, § 249, Rn. 72.

149 Zum Ganzen Löwe-Rosenberg, StPO, Mosbacher, 26. Aufl., § 249, Rn. 76 f; SK-StPO, Frister, § 249, Rn. 73.

150 Löwe-Rosenberg, StPO, Mosbacher, 26. Auflage, § 249, Rn. 77; SK-StPO, Frister, § 249, Rn. 73.

151 SK-StPO, Frister, § 249, Rn. 76.

genommen, das bedeutet sie gelesen haben.[152] Bei den übrigen Prozessbeteiligten ist es ausreichend, wenn die Möglichkeit dazu bestanden hat.[153]

„Übrige Beteiligte“ sind nicht nur die oben genannten Widerspruchsberechtigten, sondern auch die Personen, die sich durch Anträge und Erklärungen am Verfahren beteiligen können, also insbesondere auch Nebenkläger und Privatkläger sowie gesetzliche Vertreter und Erziehungsberechtigte im Jugendstrafverfahren.[154]

Den Richtern, Schöffen und anderen Beteiligten ist ausreichend Zeit für die Kenntnisnahme einzuräumen.

Zwar ist davon auszugehen, dass Vorsitzende, Berichterstatter, ermittelnde Staatsanwälte und Verteidiger bereits in der Vorbereitung auf die Hauptverhandlung sämtliche Urkunden, die Gegenstand des Selbstleseverfahrens sein können, gelesen haben. Dennoch ist ihnen die Gelegenheit zu einem erneuten Studium zu gewähren. Dies ist insbesondere damit zu begründen, dass die Beteiligten nach dem bisherigen Lauf der Beweisaufnahme oder aufgrund der Tatsache, dass das Gericht durch die Anordnung des Selbstleseverfahrens den Urkunden besondere Bedeutung für die Entscheidung beimisst, den Inhalt der Urkunde möglicherweise in neuem Licht sehen.[155] Ihnen ist daher vor Abschluss der Beweisaufnahme ausreichend Zeit für die Lektüre der Urkunden zu gewähren, wobei der Umfang und die Komplexität der Urkunden zu berücksichtigen sind.[156]

Die Richter sind verpflichtet, alle Vorgänge in der Hauptverhandlung aufmerksam zu verfolgen, da sie sich aus dem Inbegriff der Hauptverhandlung ihre Überzeugung zu bilden haben, § 261 StPO. Die Selbstlesung kann daher nicht während der Hauptverhandlung stattfinden, sondern ist außerhalb der Sitzungen durchzuführen.[157]

Weder den Richtern, noch den übrigen Beteiligten müssen die Originale der Urkunden zur Selbstlesung zur Verfügung gestellt werden. Es ist ausreichend, wenn vollständige und gut leserliche Kopien überlassen werden.[158] Wie oben bereits dargestellt[159] ist heute die zeitgleiche Bereitstellung von Kopien für alle Beteiligten auch bei Umfangsverfahren unproblematisch möglich. Es können

152 BGH, Urteil vom 30.8.2000 – 2 StR 85/00, NStZ 2001, 161 (161); KK StPO-Diemer, § 249, Rn. 36.

153 Ausführlich dazu unten E. II. 2.

154 KK StPO-Diemer, § 249, Rn. 37; SK-StPO, Frister, § 249, Rn. 75.

155 KK StPO-Diemer, § 249, Rn. 37.

156 Kirchner in StraFo 2/2015, 52 (55); SK-StPO, Frister, § 249, Rn. 74.

157 KK StPO-Diemer, § 249, Rn. 36; SK-StPO, Frister, § 249, Rn. 74.

158 SK-StPO, Frister, § 249, Rn. 76.

159 Vgl. B III. 2.

zum einen Papierkopien, beispielsweise in Selbstleseordnern, ausgegeben oder die Blattzahlen der gegenständlichen Urkunden mitgeteilt werden, wenn alle zur Kenntnisnahme Berechtigten und Verpflichteten über eine vollständige Ablichtung der Akten verfügen.

Den Berechtigten ist auf Verlangen Einsicht in die Originalurkunden zu gewähren. Dies gilt auch dann, wenn eigentlich kein Einsichtsrecht besteht, wie beispielsweise bei Verschlusssachen.[160] In diesen Fällen sollte jedoch abgewogen werden, ob nicht eine Verlesung und Inaugenscheinnahme der Urkunde in der Hauptverhandlung die prozessökonomischere Variante darstellt. Die Koordination der Einsichtnahme der verschiedenen Beteiligten sowie eines möglicherweise inhaftieren Angeklagten in der Geschäftsstelle stellt einen hohen organisatorischen[161] wie auch zeitlichen Aufwand dar.

5. Protokollierung

Die erfolgte Kenntnisnahme bzw. die Gelegenheit dazu, hat der Vorsitzende ausdrücklich zu Protokoll festzustellen, § 249 Abs. 2 S. 3 StPO. Fehlt diese Feststellung im Protokoll, so ist der Urkundenbeweis durch Selbstleseverfahren nicht abgeschlossen und damit nicht wirksam erhoben.[162]

a. Feststellung der Kenntnisnahme durch Richter

Es ist nicht geregelt, in welcher Art und Weise sich der Vorsitzende über die Kenntnisnahme der Richter zu überzeugen hat. Er muss nach pflichtgemäßem Ermessen handeln, was in der Regel bedeutet, dass er sich von den anderen Berufsrichtern und den Schöffen versichern lässt, dass sie die Urkunden, die von der Selbstleseanordnung umfasst sind, gelesen haben. Diese Nachfrage kann auch außerhalb der Hauptverhandlung erfolgen.[163]

Für den Fall, dass ein Richter erklärt, er habe die umfassten Urkunden noch nicht vollständig gelesen, stehen dem Vorsitzenden zwei Möglichkeiten offen:

---

160 Löwe-Rosenberg, StPO, Mosbacher, 26. Auflage, § 249, Rn. 81; SK-StPO, Frister, § 249, Rn. 77.

161 Löwe-Rosenberg, StPO, Mosbacher, 26. Auflage, § 249, Rn. 81; SK-StPO, Frister, § 249, Rn. 77.

162 BGH, Urteil vom 28.11.2012 – 5 StR 412/12, NJW 2013, 404 (404); BGH, Beschluss vom 20.07.2010 – 3 StR 76/10, NJW 2010, 3382 (3383); Kirchner, StraFo 2015, 52 (57); MüKo, StPO, Kreicker, § 249, Rn. 61; SK-StPO, Frister, § 249, Rn. 78.

163 SK-StPO, Frister, § 249, Rn. 78.

die Verlesung in der Hauptverhandlung oder das Nachholen der Lektüre durch den einzelnen Richter.[164]

Es ist insbesondere dann sinnvoll, den einzelnen Richtern Gelegenheit zu geben, das Lesen bestimmter Urkunden selbst nachzuholen, wenn bis zum Ende der Beweisaufnahme ohnehin noch ausreichend Zeit bleibt, die Lektüre nachzuholen. Ansonsten ist abzuwägen, ob das Abwarten der Selbstlesung durch den einzelnen Richter oder die Verlesung in der Hauptverhandlung, obwohl die anderen Prozessbeteiligten bereits Kenntnis genommen haben, die prozessökonomischere Variante ist. Bei Urkunden mit nicht zu großem Umfang bietet sich auch eine kurzzeitige Unterbrechung der Hauptverhandlung oder eine angemessene Sitzungspause an. In dieser Zeit hat der einzelne Richter Gelegenheit, die Urkunde zu lesen und den übrigen Beteiligten wird nicht eine erneute Kenntnisnahme durch Verlesung zugemutet.

Die Verlesung des noch nicht gelesenen Teils der Selbstleseanordnung in der Hauptverhandlung ist insbesondere dann sinnvoll, wenn zu dem Zeitpunkt der Feststellung der Kenntnisnahme die Beweisaufnahme bereits hätte abgeschlossen werden sollen. Gleiches gilt, wenn es sich um Urkunden mit nur sehr geringem Umfang handelt. In beiden Fällen wäre eine Unterbrechung der Verhandlung für die Selbstlesung deutlich zeitaufwendiger und würde zudem organisatorische Schwierigkeiten mit sich bringen, wenn beispielsweise ein zusätzlicher Verhandlungstag anberaumt werden müsste.

Der Vorsitzende ist nicht verpflichtet nachzuprüfen, ob die weiteren Richter die Urkunden tatsächlich gelesen haben.[165] Wenn er aber Zweifel hegt, ob auch wirklich alle weiteren Richter alle Urkunden tatsächlich zu Kenntnis genommen haben, hat er immer die Verlesung der betreffenden Urkunden anzuordnen.[166] Nur so kann sichergestellt werden, dass alle Richter über die für die Entscheidung erforderliche Kenntnis der Beweise verfügen.

Die übrigen Verfahrensbeteiligten sind bei begründeten Zweifeln an der Kenntnisnahme durch Gerichtspersonen berechtigt, die Verlesung der Urkunden anzuregen. Es steht ihnen jedoch, wie auch bei jeder anderweitigen Beweiserhebung, nicht zu, die Lektüre durch Kontrollfragen zum Inhalt der Urkunden oder Nachfragen zum Umstand der Selbstlesung zu überprüfen.[167]

---

164 SK-StPO, Frister, § 249, Rn. 79.

165 Löwe-Rosenberg, StPO, Mosbacher, 26. Auflage, § 249, Rn. 85; SK-StPO, Frister, § 249, Rn. 78.

166 KK StPO-Diemer, § 249, Rn. 39; SK-StPO, Frister, § 249, Rn. 79.

167 Ausführlich dazu unten E. II. 3.; Löwe-Rosenberg, StPO, Mosbacher, 26. Auflage, § 249, Rn. 85; SK-StPO, Frister, § 249, Rn. 79.

b. Feststellung der Kenntnisnahme durch übrige Beteiligte

Die weiteren Beteiligten sind nicht verpflichtet, die Urkunden zur Kenntnis zu nehmen.[168] Daher ist es ausreichend, wenn der Vorsitzende sich durch Nachfrage versichert, ob die Gelegenheit zur Kenntnisnahme bestand. Weitergehende Nachforschungen werden nur dann erforderlich, wenn ein Prozessbeteiligter nicht bestätigt, dass er ausreichend Gelegenheit zur Kenntnisnahme aller von der Selbstleseanordnung umfassten Urkunden hatte.[169]

c. Protokollierung der Feststellung

In das Protokoll sind die Anordnung des Selbstleseverfahrens durch den Vorsitzenden, ein unter Umständen erfolgter Widerspruch, die Kenntnisnahme der Urkunden durch die Berufsrichter und Schöffen, die Gelegenheit zur Kenntnisnahme der Urkunden durch die übrigen Beteiligten und die Feststellung der Kenntnisnahme der Urkunden und die Gelegenheit dazu aufzunehmen.[170]

IV. Verhältnis zu § 249 Abs. 1 StPO

Der BGH hat festgestellt, dass dem Selbstleseverfahren bei der Erhebung des Urkundenbeweises Ausnahmecharakter zukommt:

> „Bereits aus dem u.a. in §§ 250, 261, 264 StPO zum Ausdruck kommenden Prinzip der Mündlichkeit der Beweisaufnahme, das auch gewährleisten soll, dass den Beteiligten der Prozessstoff zur Kenntnis gebracht und zur Diskussion gestellt wird [...], lässt sich der Ausnahmecharakter des Selbstleseverfahrens – gegenüber dem Regelfall der Urkundenverlesung in der Hauptverhandlung gemäß § 249 Abs. 1 StPO – ableiten. Dieser findet in der speziell für das Selbstleseverfahren als besondere Form der Einführung von Urkunden geregelten Widerspruchsmöglichkeit und dem durch den Widerspruch begründeten Erfordernis eines Gerichtsbeschlusses seinen gesetzlichen Ausdruck."[171]

Diese Auffassung widerspricht der Sichtweise des Gesetzgebers, der klar zum Ausdruck gebracht hat, dass es sich bei der Verlesung und dem Selbstleseverfahren um zwei gleichwertige Varianten der Einführung des Urkundenbeweises handelt, die auch in keinem Regel-Ausnahme-Verhältnis stehen.[172] Darauf weist

---

168 Ausführlich dazu unten E. II. 2.

169 SK-StPO, Frister, § 249, Rn. 80.

170 Ausführlich dazu unten E. III. 5.; Kirchner, StraFo 2015, 52 (53).

171 BGH, Beschluss vom 28.08.2012 – 5 StR 251/12, StV 2013, 71 (72).

172 BT-Drs. 10/1313, S. 28.

auch *Mosbacher* hin und ergänzt, dass diese Sichtweise nicht der üblichen, in der Rechtsprechung vertretenen Meinung entspricht:

> „Entgegen der Auffassung des BGH ist das Selbstleseverfahren auch keineswegs als Ausnahme vom Grundsatz des Verlesens nach § 249 I StPO konzipiert, sondern vielmehr als gleichwertige Alternative. Aus der Gesetzesformulierung ergibt sich nicht, dass die Anwendung von § 249 II StPO eine begründungsbedürftige Ausnahme wäre; davon steht nichts im Gesetz. In der Gesetzesbegründung heißt es hierzu ausdrücklich: '... die Einführung einer Urkunde in die Hauptverhandlung nach Absatz 2 [bedeutet] gegenüber der Verlesung nach Absatz 1 keinen Verzicht auf ein Beweismittel oder auf eine nach der Vorstellung des Gesetzes höherwertige Art der Beweisaufnahme, sondern lediglich die Wahl zwischen zwei für die Prozessbeteiligten gleichwertigen Arten der Einführung eines Beweismittels in die Hauptverhandlung ... Ebenso wenig kann Absatz 2 sachlich als eine Ausnahmeregelung vom Grundsatz des Absatz 1 verstanden werden ... Lediglich gesetzestechnisch stellt sich Absatz 2 als Ausnahme vom Verlesungsgebot des Absatzes 1 dar, sachlich sind beide Alternativen als gleichwertig anzusehen'.
>
> Wie der BGH angesichts dieser eindeutigen und klaren Gesetzesbegründung zu der Auffassung gelangt, der Gesetzgeber habe das Selbstleseverfahren als sachliche Ausnahme vom Grundsatz des Verlesens nach § 249 I StPO konzipiert, ist schwer nachvollziehbar. In der gesamten Rechtsprechung des BGH zu § 249 II StPO war – soweit ersichtlich – bislang noch nie die Rede von einem Ausnahmecharakter des Selbstleseverfahrens. Vielmehr wird in allen Entscheidungen inzident davon ausgegangen, dass es sich im Vergleich zu § 249 I StPO um eine gleichwertige Form der Erhebung des Urkundenbeweises handelt. Das Argument des BGH, aus der Einführung von § 249 II 2 StPO durch den Rechtsausschuss ergebe sich – entgegen der ausdrücklich anderweitig geäußerten Rechtsauffassung des Regierungsentwurfs – der Ausnahmecharakter von Absatz 2, trägt nicht. Wie oben dargestellt, ging es dem Rechtsausschuss bei seinem Änderungsvorschlag lediglich darum, den Verfahrensbeteiligten auch in Hinblick auf die Wahl zwischen dem Verlesen von Urkunden nach § 249 I und dem Selbstleseverfahren nach § 249 II StPO einen förmlichen Zwischenrechtsbehelf ähnlich § 238 II StPO an die Hand zu geben. Mit keinem Wort stellt der Rechtsausschuss in der Begründung seines Änderungsvorschlags die grundsätzlichen Erwägungen des Gesetzgebers zum Verhältnis von § 249 I zu § 249 II StPO infrage. Gerade dies wäre doch zu erwarten gewesen, wenn der Rechtsausschuss dieses Verhältnis grundlegend anders gesehen hätte als der Regierungsentwurf. Aus der Einführung der Widerspruchsmöglichkeit darauf zu schließen, dass der Gesetzgeber von seiner ausdrücklich im Regierungsentwurf geäußerten und ausführlich begründeten Vorstellung der Gleichwertigkeit beider Formen der Einführung des Urkundenbeweises abrücken würde, obwohl in der Begründung des Änderungsvorschlags davon kein Wort steht, verkehrt den Willen des Gesetzgebers geradezu in sein Gegenteil."[173]

---

173 Mosbacher, NStZ 2013, 199 (202).

Dieser Sichtweise ist zuzustimmen. Im Schrifttum wird zwar nicht überall eindeutig geklärt, ob es sich bei der Verlesung und dem Selbstleseverfahren um ein Regel-Ausnahme-Verhältnis, oder zwei gleichwertig nebeneinander stehende Möglichkeiten der Einführung von Urkunden in das Verfahren handelt. Es wird jedoch grundsätzlich vertreten, dass die Verlesung und das Selbstleseverfahren zwei gleichwertig nebeneinanderstehende Alternativen zur Einführung des Urkundenbeweises darstellen. Dies wird nicht immer ausdrücklich erklärt, sondern ist aus Formulierungen wie „tritt an die Stelle“ oder „ersetzt“ zu schließen.[174]

Ganter formuliert ausdrücklich, dass „keine Rangfolge zwischen dem Verlesen und dem Selbstleseverfahren“[175] besteht. Auch *Mosbacher* bezeichnet beide Formen der Erhebung des Urkundebeweises als gleichwertig.[176]

Frister bringt mit Bezug auf die Gesetzesbegründung[177] zum Ausdruck, dass durch das Selbstleseverfahren „der Inhalt der Urkunde in gleichem Maße zum Gegenstand des Verfahrens wie durch die Verlesung in der Hauptverhandlung“[178] gemacht wird und beide Varianten gleichwertig nebeneinander stehen[179].

Zudem wird auch die Ansicht vertreten, dass es sich bei der Verlesung um die regelmäßige Form des Urkundebeweises handelt[180], bzw. dass Urkunden grundsätzlich zu verlesen sind[181]. Auch *Frister* formuliert sowohl, dass es sich bei beiden Formen des Urkundenbeweises um gleichwertige Vorgänge handelt[182], als auch, dass es sich bei der Verlesung um die regelmäßige Form des Urkundenbeweises handelt[183]. Dies zeigt deutlich, dass die Ansicht, die die Verlesung als regelmäßige Form des Urkundenbeweises sieht, hiermit kein Rangverhältnis sondern die Häufigkeit der Durchführung in der Praxis zum Ausdruck bringen will. Es handelt sich nicht um ein „Regel-Ausnahme-Verhältnis“.

Diese Wertung scheint sachgerecht. Die Abfolge im Gesetz, Verlesung in § 249 Abs. 1 StPO und Selbstleseverfahren in § 249 Abs. 2 StPO, ist allein darauf zurückzuführen, dass die Verlesung die ältere Form des Urkundenbeweises ist.

---

174 KK StPO-Diemer, § 249, Rn. 32f.
175 Beck'scher Online-Kommentar, StPO, Ganter, § 249, Rn. 23.
176 Mosbacher, NStZ 2013, 199 (203).
177 BT-Drs. 10/1313, S. 28.
178 SK-StPO, Frister, § 249, Rn. 53.
179 SK-StPO, Frister, § 249, Rn. 57.
180 Meyer-Goßner/Schmitt, StPO, § 249, Rn. 15; Pfeiffer, StPO, § 249, Rn. 1; SK-StPO, Frister, § 249, Rn. 49.
181 Radtke/Hohmann, Pauly, § 249, Rn. 25.
182 SK-StPO, Frister, § 249, Rn. 53, 57.
183 SK-StPO, Frister, § 249, Rn. 49.

Das Selbstleseverfahren wurde schlicht erst 1979 eingeführt[184], während der Urkundenbeweis durch Verlesung bereits 1877 in der Reichsstrafprozessordnung vorgesehen war und seitdem unverändert geblieben ist[185]. Das Selbstleseverfahren wurde zur Verfahrensbeschleunigung und Verfahrensvereinfachung eingeführt[186] und führt durch die Verlagerung der Beweisaufnahme in den Zeitraum außerhalb der Hauptverhandlung zu Abstrichen bei den Prozessmaximen des Öffentlichkeits-, Mündlichkeits- und Unmittelbarkeitsgrundsatz[187]. Deshalb ist es – gerade in Umfangsverfahren – richtig und wichtig, dass das Selbstleseverfahren zwar gleichwertig neben der Verlesung von Urkunden steht, aber trotzdem die Verlesung von Urkunden, soweit möglich, der Regelfall bleibt, um die Transparenz der Urteilsfindung und Rechtsprechung zu bewahren.

V. Zusammenfassung

Die Ausführungen zur gesetzlichen Regelung des Selbstleseverfahrens zeigen, dass sich dessen Anwendungsbereich trotz kritischer Stimmen seit der Einführung 1979 immer weiter ausgedehnt hat. Dabei sind die beanstandeten Punkte nahezu identisch geblieben: Es stehen die Einschränkung des Mündlichkeits-, Öffentlichkeits- und Unmittelbarkeitsgrundsatzes, sowie die nicht nachprüfbare Kenntnisnahme durch das Gericht und die Beschneidung von Rechten der Verteidigung im Fokus.[188]

Dennoch zeigt diese Ausweitung deutlich, dass der positive Effekt auf die Prozessökonomie durchaus erkannt und geschätzt wird. Gerade im Hinblick auf die immer größer werdenden Datenmengen die bei Durchsuchungen gesichert werden und so den Einzug in die Strafakten finden, ist eine Hauptverhandlung ohne Selbstleseverfahren in Umfangsverfahren kaum noch denkbar. Umso wichtiger ist es, die Schwachstellen des Selbstleseverfahrens zu identifizieren und somit zu einer Optimierung der vereinfachten Beweiserhebung mittels Urkunden beizutragen.

---

184 Vgl. oben B. II. 1.

185 SK-StPO, Frister, § 249, Rn. 1.

186 Vgl. unten C. I. und II.

187 Vgl. unten D. I. 1.-3.

188 Sämtliche Punkte werden im Folgenden ausführlich behandelt.

C. Grund

Als Grund für die Einführung des Selbstleseverfahrens als Ergänzung der Erhebung des Urkundebeweises durch Verlesung wird unisono die Entlastung der Gerichte angeführt.[189] Dieser legitime Zweck wird durch die Ausprägungen Verfahrensbeschleunigung[190] und Verfahrensvereinfachung[191] konkretisiert.

Das Selbstleseverfahren bietet zudem noch die individuell unterschiedlich empfundenen Vorteile, dass Texte oft besser verstanden werden, wenn sie selbst gelesen werden[192] und dass durch die Selbstlesung das oft sehr langwierige und ermüdende Verlesen vermieden werden kann[193].

I. Verfahrensbeschleunigung

Das Selbstleseverfahren kann das Hauptverfahren durch eine Verlagerung des Urkundenbeweises in die Zeiträume außerhalb der Hauptverhandlung entlasten und damit zur Verfahrensbeschleunigung beitragen.

1. Beschleunigungsgebot im Strafverfahren

Im deutschen Strafverfahren, insbesondere in Haftsachen, § 121 StPO, gilt das Beschleunigungsgebot. Dieser Grundsatz leitet sich zum einen aus Art. 6 Abs. 1 S. 1 EMRK ab, wonach jede Person das Recht auf ein faires Verfahren hat. Dazu gehört auch, dass innerhalb angemessener Frist verhandelt wird. Zum anderen ist das Beschleunigungsgebot auf nationaler Ebene Ausfluss des Rechtsstaatsprinzips Art. 20 Abs. 3 GG und des Art. 2 Abs. 1 GG. Daher gilt das Beschleunigungsgebot nicht nur in Haftsachen, sondern in jedem Strafverfahren, egal ob es sich um umfangreiche Wirtschaftsprozesse oder einfache Verkehrsstrafsachen handelt. Es erfasst nicht nur das Ermittlungsverfahren und die Eröffnung des Hauptverfahrens, sondern gilt ab Beginn der Ermittlungen bis zum Abschluss

---

189 Statt vieler KK StPO-Diemer, § 249, Rn. 31; Löwe-Rosenberg, StPO, Mosbacher, 26. Auflage,§ 249, Rn. 53.

190 BT-Drucks. 8/976 S. 23; Löwe-Rosenberg, StPO, Mosbacher, 26. Auflage, § 249, Rn. 53; SK-StPO, Frister, § 249, Rn. 56.

191 KK StPO-Diemer, § 249, Rn. 32; Meyer-Goßner/Schmitt, StPO, § 249, Rn. 17.

192 BT-Drs. 10/1313, S. 28.

193 Löwe-Rosenberg, StPO, Mosbacher, 26. Auflage, § 249, Rn. 53.

des gesamten Rechtsmittelverfahrens.[194] Daher ist die Rechtssache in jedem Stadium des Verfahrens in angemessener Weise zu fördern.[195]

2. Beschleunigungswirkung des Selbstleseverfahrens

Auch das Selbstleseverfahren kann zur Verfahrensbeschleunigung beitragen. Durch die Verlagerung des Lesens von Urkunden in die Zeit außerhalb der Hauptverhandlung entlastet es diese.[196]

Die Einführung des Urkundebeweises in die Hauptverhandlung wurde zur Verfahrenskonzentration und -beschleunigung um die Möglichkeit des Selbstleseverfahrens erweitert.[197] Durch die Vermeidung einer zeitraubenden Verlesung von Urkunden im Sitzungssaal kann die Dauer der Hauptverhandlung erheblich vermindert werden.[198]

Dadurch lässt sich die Zeitspanne, in der die mündliche Verhandlung stattfindet, deutlich verkürzen und das Verfahren beschleunigen. Die Praxis zeigt uns, dass es insbesondere, aber nicht nur, in umfangreichen Wirtschaftsverfahren mit mehreren Angeklagten und zahlreichen Verteidigern auch bei frühzeitiger und sorgfältiger Planung durch das Gericht außerordentlich schwierig ist, Verhandlungstage zu finden, an denen alle Beteiligten erscheinen können. Diesem Problem kann zwar teilweise durch die Bestellung zusätzlicher Pflichtverteidiger als Sicherungsverteidiger begegnet werden, das Vorgehen löst jedoch nicht das eigentliche Problem. Die Überlastung der Gerichte macht es oft unmöglich, die Anklage bereits zeitnah nach Abschluss des Ermittlungsverfahrens zuzulassen, in das Hauptverfahren einzutreten und mit den Hauptverhandlungen zu beginnen. Auf der Suche nach möglichen Verhandlungsterminen zieht sich die Hauptverhandlung schnell über große Zeiträume, in denen ohne weiteres Wochen mit nur einem oder sogar keinem Verhandlungstag die Regel werden.

An dieser Stelle weist das Verfassungsrecht dem Alltag an den Strafgerichten Grenzen auf. In Umfangsverfahren ist in Haftsachen an mehr als einem Tag pro Woche ein Termin zur Hauptverhandlung anzuberaumen.[199]

---

194 Vgl. zum Ganzen Tepperwien, NStZ 2009 1 (1).

195 Tepperwien, NStZ 2009 1 (2).

196 Knierim, FD-StrafR 2007, 213622.

197 OLG Stuttgart, Beschluss vom 24.09.2014 – 6-2 StE 1/14, BeckRS 2015, 00280.

198 OLG Stuttgart, Beschluss vom 24.09.2014 – 6-2 StE 1/14, BeckRS 2015, 00280; KK StPO-Diemer, § 249, Rn. 32.

199 BVerfG, Entscheidung vom 24.08.2010 – 2 BvR 1113/10, BeckRS 2010, 53051; BVerfG, Beschluss vom 17.07.2006 – 2 BvR 1190/06, BeckRS 2007, 21015; Beck'scher Online-Kommentar, StPO, Krauß, § 120, Rn. 20.

Wird die Anzahl an erforderlichen Hauptverhandlungstagen in verschiedenen Verfahren durch Verlagerung der Beweisaufnahme mit Hilfe der Selbstleseanordnung in Zeiträume außerhalb der Hauptverhandlung gemindert, führt dies zu einer Entlastung der Gerichte. Der Termindruck sinkt, da zum einen die Gerichte durch weniger Hauptverhandlungstage in den einzelnen Verfahren wieder mehr freie Sitzungstage zur Verfügung haben und zum anderen die Verteidiger durch weniger Hauptverhandlungstage in anderen Verfahren wieder an mehr Tagen für ein neues Verfahren zur Verfügung stehen. Dies führt zu einem positiven Effekt in allen Strafverfahren eines Gerichts.

Die Anordnung des Selbstleseverfahrens wirkt sich daher sehr förderlich auf die Prozessökonomie sowohl für die Gerichte, als auch für die weiteren Verfahrensbeteiligten aus. Daher empfiehlt sich die Durchführung des Selbstleseverfahrens gerade in Umfangsverfahren, aber auch in kleineren Verfahren, jeweils bei unstreitigen, sehr umfangreichen Dokumenten, die einem Großteil der Prozessbeteiligten ohnehin schon bekannt sind.[200]

Gerade in Umfangsverfahren stellt sich die Frage, ob nicht der Urkundenbeweis mittels Selbstleseverfahren im Hinblick auf das Beschleunigungsgebot zur Regel gemacht werden sollte. Der Gerichtsalltag von Wirtschaftskammern zeigt, dass genau diese Entwicklung in der Praxis bereits Einzug gehalten hat. Kaum ein Verfahren wird noch ohne die Anordnung des Selbstleseverfahrens geführt. Die isolierte Verlesung von Urkunden in der Hauptverhandlung findet immer seltener statt. Häufig werden nur noch im Rahmen von Vorhalten Teile von Urkunden verlesen. Ob dies eine gezielte Reaktion der Gerichte zur Wahrung des Beschleunigungsgebots darstellt oder lediglich ein Reflex, angesichts deren eigener terminlicher Engpässe und Überlastung ist, bleibt offen.

Ein weiteres, in der Praxis sehr relevantes Anwendungsfeld, sind Verfahren, in denen ein leseberechtigter Verfahrensbeteiligter – in der Regel der Angeklagte – die deutsche Sprache nicht ausreichend gut beherrscht, um den Inhalt der Urkunden vollständig zu erfassen. In diesen Fällen ist ein Dolmetscher hinzuzuziehen.[201] In Verfahren, in denen eine vorab angefertigte Übersetzung dem Selbstleseordner hinzugefügt wird und insbesondere in Haftsachen, wenn ein Dolmetscher umfangreiche Urkunden aus einer Selbstleseanordnung in der Haftanstalt übersetzt, kann den Beteiligten eine langwierige und ermüdende Übersetzung in der Hauptverhandlung erspart werden.[202]

200 Vgl. auch SK-StPO, Frister, § 249, Rn. 58.

201 Vgl. unten D. II. 1. b. bb.

202 Löwe-Rosenberg, StPO, Mosbacher, 26. Auflage, § 249, Rn. 80.

Zudem besteht die Möglichkeit, die Varianten der Beweiseinführung nach § 249 Abs. 1 StPO und § 249 Abs. 2 StPO zu kombinieren. Passagen, bei denen der exakte Wortlaut entscheidend ist, sollten in der Hauptverhandlung verlesen werden.[203] Dies bringt drei Vorteile mit sich:

Zunächst besteht eine erhöhte Wahrscheinlichkeit, dass alle Verfahrensbeteiligten von dem genauen Wortlaut Kenntnis genommen haben.

Zudem ist es möglich, den Auszug aus der Urkunde mit den Verfahrensbeteiligten direkt zu diskutieren.

Insbesondere kann auch die unmittelbare Reaktion bestimmter Verfahrensbeteiligter auf den Wortlaut beobachtet werden, was in manchen Fällen neue Ansätze für die Beweiswürdigung offenbart.[204] Der Rest der Urkunde kann, sofern er für die Beweisaufnahme von Bedeutung ist, zum Gegenstand des Selbstleseverfahrens gemacht werden.[205] Werden nur Teile von Urkunden verlesen und der Rest mittels Selbstleseverfahren eingeführt, ist es sinnvoll, wenn das Gericht im Protokoll auf die genaue Fundstelle des verlesenen Textes, wie auch auf den Zweck der Verlesung hinweist.[206]

3. Kritik

Es ist jedoch fraglich, ob das Selbstleseverfahren das Strafverfahren über die Reduzierung der erforderlichen Hauptverhandlungstage hinaus tatsächlich beschleunigt. Der Inhalt der Urkunden, die von einer Selbstleseanordnung umfasst werden, ist für das Strafverfahren von Bedeutung und daher von den Beteiligten zur Kenntnis zu nehmen. Dafür muss Zeit aufgewendet werden, unerheblich davon, ob die Urkunden öffentlich in der Hauptverhandlung verlesen werden oder von jedem Beteiligten für sich in den Zeiträumen zwischen den Hautverhandlungstagen selbst gelesen werden.[207]

Das Selbstleseverfahren bringt nur dann eine echte Zeitersparnis[208], wenn die umfassten Urkunden bereits in der Vorbereitung auf die Hauptverhandlung gelesen wurden und ein erneutes Lesen nach Anordnung des Selbstleseverfahrens

---

203 Löwe-Rosenberg, StPO, Mosbacher, 26. Auflage, § 249, Rn. 53; SK-StPO, Frister, § 249, Rn. 59.

204 Löwe-Rosenberg, StPO, Mosbacher, 26. Auflage, § 249, Rn. 53; SK-StPO, Frister, § 249, Rn. 59.

205 SK-StPO, Frister, § 249, Rn. 59.

206 BGH Beschluss vom 21.11.2006, 1 StR 477/06, NStZ-RR 2007, 52 (52).

207 Vgl. Kirchner, StraFo 2015, 52 (58).

208 Dem kann jedoch entgegengehalten werden, dass die Durchführung des Selbstleseverfahrens in Summe möglicherweise keine Zeitersparnis mit sich bringt, die

nicht mehr erforderlich scheint. Dies wird jedoch, insbesondere auf Seiten der Verteidigung, nur selten der Fall sein. Durch die Anordnung des Selbstleseverfahrens macht das Gericht deutlich, dass es den Inhalt eines Dokuments als für die Urteilsfindung erheblich erachtet. Der Verteidiger ist daher ebenso wie der Vertreter der Staatsanwaltschaft gut beraten, wenn er die betreffenden Unterlagen nochmals durcharbeitet und deren Inhalt überprüft. Dies insbesondere im Hinblick darauf, wie sich die Hauptverhandlung bis zum Zeitpunkt der Selbstleseanordnung bereits entwickelt hat und welche Hinweise auf die Einstellung des Gerichts sich bis dahin ergeben haben.

Nichtsdestotrotz stellt die Verlagerung des Urkundenbeweises in die Zeit außerhalb der Hauptverhandlung im Endeffekt eine Beschleunigung des Verfahrens dar. Denn werden weniger Hauptverhandlungstage für die Beweisaufnahme benötigt, vereinfacht dies die Terminierung und verkürzt die Zeitspanne der Dauer des Hauptverfahrens. Damit trägt das Selbstleseverfahren dazu bei, dass das Verfahren in kürzerer Zeit abgeschlossen werden kann, was eine Verfahrensbeschleunigung zum Wohle des Angeklagten darstellt.

II. Verfahrensvereinfachung

Neben der Verfahrensbeschleunigung wird auch immer wieder die Verfahrensvereinfachung als positiver Effekt der Selbstleseverfahrens angeführt.

Eine Erklärung, worin sich diese Verfahrensvereinfachung äußert, bleiben sämtliche Quellen schuldig.[209] Es wird lediglich darauf hingewiesen, dass das Selbstleseverfahren bei der Beweiserhebung durch umfangreiches Urkundenmaterial Vorteile mit sich bringt.[210]

1. Vereinfachende Faktoren für die Hauptverhandlung

Der pauschale Hinweis auf die Verfahrensvereinfachung ist zu weitreichend. Dies zeigt auch die Kommentarliteratur, die auf die verfahrensvereinfachende Wirkung hinweist, größtenteils sehr deutlich, indem explizit formuliert wird, dass es sich bei dem Selbstleseverfahren um ein strafprozessuales Instrument handelt, das zu einer Vereinfachung der Beweisaufnahme[211], nicht des ganzen Verfahrens führt.

Ökonomisierung des „Engpasses Hauptverhandlung" jedoch zu einer für die Verteidigung günstigeren Zeiteinteilung führt.

209 Statt vieler: Beck'scher Online-Kommentar, StPO, Ganter, § 249, Rn. 23.

210 Pfeiffer, StPO, § 249, Rn. 6.

211 Beck'scher Online-Kommentar, StPO, Ganter, § 249, Rn. 23; KK StPO-Diemer, § 249, Rn. 32.

Wenn überhaupt wird nur diese Formulierung dem tatsächlichen Effekt des Selbstleseverfahrens gerecht. Es ist nicht ersichtlich, in welcher Weise es eine Vereinfachung für die Hauptverhandlung darstellt, wenn Urkunden nicht in der öffentlichen Sitzung verlesen, sondern von den Verfahrensbeteiligten zwischen den Terminen selbstständig gelesen werden. Diese Vorgehensweise trägt zwar zweifelsohne zur Verkürzung der Hauptverhandlung bei[212], eine Vereinfachung kann sie aber kaum herbeiführen. Denn eine vereinfachende Wirkung kann nicht schon darin gesehen werden, dass einzelne Verfahrensbeteiligte unter Umständen die Urkunden nicht mehr zu lesen brauchen, da Sie dies bereits in der Vorbereitung der Hauptverhandlung getan haben.

Man kann allenfalls annehmen, dass die Vereinfachung für den Vorsitzenden Richter gegeben ist. Diese kann darin gesehen werden, dass es mit weniger Aufwand verbunden ist, Urkunden, die zumindest der Vorsitzende bereits in der Verfahrensvorbereitung zur Kenntnis genommen hat, in einer Liste aufzuführen und die Selbstlesung anzuordnen, als diese langwierig in der Hauptverhandlung zu verlesen. Die gegebenenfalls erforderliche Vervielfältigung der Urkunden übernimmt die Geschäftsstelle, sodass die betreffenden Urkunden nur einmal durch die Hand des Richters gehen. Aber auch dieser Blickwinkel verdeutlicht vielmehr die beschleunigende Wirkung, als dass eine Vereinfachung der Beweisaufnahme angenommen werden kann.

2. Stimmen aus der Gesetzgebung und Literatur

Diese Auffassung vertreten viele Stimmen in der Literatur wie auch der Gesetzgeber selbst. Sie alle weisen auf die prozessökonomische und beschleunigende Wirkung einer Selbstleseanordnung hin, lassen jedoch die vereinfachende Wirkung in ihren Ausführungen außer Acht.

Bereits im Entwurf des Strafverfahrensänderungsgesetzes 1984 vom 13.04.1984 wird ausgeführt, dass der Vorzug des Selbstleseverfahrens in der Verkürzung der Hauptverhandlung, insbesondere bei Großverfahren zu finden ist:

> „Die danach weder aus dogmatischen noch aus rechtsstaatlichen Gründen zu beanstandende Ersetzung der Verlesung von Beweisurkunden hat namentlich in Großverfahren mit umfangreichen Urkundenmaterial offensichtliche, erhebliche prozeßökonomische Vorteile und kann zu einer wesentlichen Verkürzung der Hauptverhandlungsdauer beitragen.“[213]

212 Vgl. C. I.
213 BT-Drucks. 10/1313 S. 28.

In dieselbe Richtung argumentiert beispielsweise *Mosbacher*, indem er als legitimen Zweck des Selbstleseverfahrens die Straffung und Entlastung der Hauptverhandlung anführt.[214] Durch diese Formulierung wird auf den eigentlichen Effekt des Lesens von Urkunden außerhalb der Hauptverhandlung hingewiesen: Die Beweisaufnahme findet außerhalb eben dieser Hauptverhandlung statt, was zu weniger erforderlichen Hauptverhandlungstagen führt. Nicht mehr, aber auch nicht weniger. Damit entgeht *Mosbacher* auch der undankbaren bis unmöglichen Aufgabe nachvollziehbar zu begründen, wie eine Verfahrensbeschleunigung im Hinblick auf den tatsächlichen Zeitaufwand im Ganzen[215] und eine generelle Verfahrensvereinfachung für das gesamte Verfahren erreicht werden sollen.

Auch *Diemer* spricht von einem „vereinfachten Verfahren" zur „Entlastung der Gerichte", das ein „zeitraubendes und ermüdendes Vorlesen in der Hauptverhandlung vermeiden" soll[216] und richtet damit das Augenmerk auf die tatsächliche Wirkung der Durchführung des Selbstleseverfahrens. Ganz ähnlich formulieren *Sommer* und *v. Heintschel-Heinegg*.[217] Ebenso weist *Frister* lediglich auf die „Entlastung und Beschleunigung der Hauptverhandlung" hin.[218] *Pauly* führt als einzige Wirkung des Selbstleseverfahrens die Verkürzung der Hauptverhandlung bei der Beweiserhebung durch Urkunden an.[219] *Knierim* hebt die verfahrensbeschleunigende, nicht jedoch die verfahrensvereinfachende Wirkung hervor[220].

Diese Literaturstimmen belegen eindringlich, dass das Selbstleseverfahren aus prozessökonomischer Sicht sinnvoll und wünschenswert ist. Es wird jedoch auch deutlich, dass die positiven Effekte des Selbstleseverfahrens begrenzt sind und sich in erster Linie in einer Straffung der Hauptverhandlung und Reduzierung der erforderlichen Sitzungstage manifestieren. Auch die Praxis vertritt diese Einschätzung, was die grundsätzliche Zustimmung – auch von Strafverteidigern – zu dieser Art der Beweisaufnahme bestätigt.[221]

---

214 Löwe-Rosenberg, StPO, Mosbacher, 26. Auflage, § 249, Rn. 53; Mosbacher, Jus 2011, 137 (141).

215 Vgl. C. I. 3.

216 KK StPO-Diemer, § 249, Rn. 31f.

217 KMR StPO, Heintschel-Heinegg, § 249, Rn. 38.

218 SK-StPO, Frister, § 249, Rn. 56.

219 Radtke/Hohmann, Pauly, § 249, Rn. 31.

220 Knierim/Rettenmaier StV 2006, 155 (155).

221 Vgl. C. III. 1. und E. I. 1.

III. Vorteile gegenüber der Verlesung

Trotz der bereits angeführten Kritikpunkte sind viele Verfahrensbeteiligte, insbesondere Verteidiger in Wirtschafts- und sonstigen Umfangsverfahren, dem Selbstleseverfahren gegenüber grundsätzlich positiv eingestellt, da es große Vorteile für das Zeitmanagement und die ökonomische Verfahrensbearbeitung mit sich bringt. Darüber hinaus wird angeführt, dass das Selbstlesen zu einem besseren Verständnis der Inhalte der Texte führt und dass durch das Selbstleseverfahren die langwierige und ermüdende Verlesung von Dokumenten in der Hautverhandlung vermieden werden kann.

1. Praktikabilität in Umfangsverfahren

Wie bereits oben angesprochen, findet das Selbstleseverfahren grundsätzlich großen Zuspruch bei den Verfahrensbeteiligten. Gerade im Hauptanwendungsfall des Selbstleseverfahrens – den Wirtschafts- und sonstigen Umfangsverfahren – erfreut es sich großer Beliebtheit.[222]

Insbesondere die bereits erörterte Straffung der Hauptverhandlung macht durch ihren prozess- und arbeitsökonomischen Nutzen den Reiz dieser Methode der Beweisaufnahme aus, da die Verfahrensbeteiligten ihre Arbeitszeit effektiver nutzen können.[223] An zwei Beispielen lässt es sich sehr anschaulich belegen, weshalb Verfahrensbeteiligte trotz aller bestehenden Kritikpunkte das Selbstleseverfahren schätzen.

Häufig handelt es sich bei den Urkunden, die zum Gegenstand der Beweisaufnahme nach § 249 Abs. 2 StPO gemacht werden sollen, um gleichförmige Tabellen oder auch Zahlenwerke. Bei einer Einführung durch Verlesung muss das Gericht jede einzelne Position dieser Schriftstücke verlesen, was langwierig und ermüdend sein kann und es in den allermeisten Fällen auch ist. Dabei genügt bei vielen derartigen Urkunden ein Blick, um festzustellen, dass beispielsweise in regelmäßigen Abständen Zahlungen von einem Konto auf ein anderes in immer gleicher Höhe erfolgten, oder dass ein Verbindungsnachweis fast ausschließlich und sehr zahlreich Verbindungen zwischen zwei bestimmten Anschlüssen aufweist. In beiden Beispielen ist es nicht erforderlich, die gesamte Urkunde zu verlesen, um den Beweiswert des Dokuments nutzen zu können. Da es sich um

222 Vgl. unten E. I. 1. und 2.
223 Vgl. oben C. I. 2.

eine verlesbare Urkunde handelt, kommt jedoch die in diesem Fall prozessökonomischere Inaugenscheinnahme nicht in Betracht.[224]

Wird diese Urkunde Teil des Selbstleseverfahrens, können die Verfahrensbeteiligten den Aussagegehalt des Dokuments ohne weiteres sehr schnell, ohne die komplette Urkunde Wort für Wort, Ziffer für Ziffer zu lesen, erfassen. Dies bringt eine enorme Zeitersparnis mit sich, ohne der Beweisfindung und -würdigung zu schaden.

Ein weiteres Beispiel sind umfangreiche Buchhaltungsunterlagen, wie sie gerade in Wirtschaftsverfahren häufig vorkommen. In der Vorbereitung der Hauptverhandlung haben der Vorsitzende, Staatsanwaltschaft und Verteidiger diese Dokumente in der Regel mindestens einmal gelesen und sorgfältig durchgearbeitet. Für sie bringt eine erneute Verlesung keinen Mehrwert. Insbesondere wenn man bedenkt, dass ein monotones Verlesen von Daten nicht die Möglichkeit bietet verschiedene Positionen zu vergleichen, Unterschiede und Gemeinsamkeiten herauszuarbeiten und ein System im Ganzen zu erkennen.

In diesen Fällen ist das Selbstleseverfahren nicht nur für einen Großteil der Verfahrensbeteiligten ökonomischer, sondern für die Verfahrensbeteiligten, die die Urkunden noch nicht zur Kenntnis genommen haben, auch effektiver als deren Verlesung durch das Gericht.

2. Besseres Verständnis durch selbstständiges Lesen

In der Gesetzesbegründung wird als Vorzug des Selbstleseverfahrens angeführt, dass die Verfahrensbeteiligten den Inhalt der Urkunde besser und schneller verstehen wenn sie ihn selbst lesen, als wenn sie ihn in der Hauptverhandlung vorgelesen bekommen.[225] Und auch in der Literatur wird von Anfang an[226] vertreten, dass das Selbstleseverfahren gegenüber der Verlesung Verständnisvorteile mit sich bringt[227]. Eine Begründung oder einen wahrnehmungspsychologischen oder anderweitigen wissenschaftlichen Beleg bleiben sämtliche Quellen jedoch schuldig.

Es stellt sich daher die Frage, ob durch das Selbstlesen tatsächlich ein besseres Verständnis erreicht werden kann, als durch das Vorlesen von Texten.

---

224 Vgl. oben B. III. 1.c.

225 BT-Drucks. 10/1313 S. 28.

226 Löwe-Rosenberg, StPO, Gollwitzer, 24. Auflage, § 249, Rn. 53.

227 Löwe-Rosenberg, StPO, Mosbacher, 26. Auflage, § 249, Rn. 53; Mosbacher, NStZ 2013, 199 (202); SK-StPO, Frister, § 249, Rn. 55.

a. Allgemeine Eindrücke

Fragt man im Kreis von Familie, Freunden, Bekannten und Kollegen stellt sich heraus, dass ein Großteil das Selbstlesen im Vergleich zum Vorgelesen bekommen als vorzugswürdig erachtet. Es herrscht die Erfahrung aus Schule, Studium und Fortbildungen vor, dass es oft leichter fällt einen Text zu erfassen, den man direkt vor Augen hat, als wenn man ihn nur hört. Dieses subjektive Empfinden stimmt mit der These überein, dass durch das Selbstlesen ein höherer Erkenntnisgewinn erzielt werden kann, als durch die Verlesung von Urkunden in der Hauptverhandlung.

Zudem wird vielfach berichtet, dass es als deutlich angenehmer und effektiver empfunden wird, wenn ein mündlicher Vortrag durch eine Präsentation der dazugehörenden Stichpunkte ergänzt wird. Dagegen empfinden es viele als eher kontraproduktiv, wenn nicht einzelne Schlagworte, sondern der gesamte Vortrag im Fließtext zur Verfügung gestellt wird.

Es ist gut nachvollziehbar, dass das Verständnis bei selbst gelesenen Texten als besser empfunden wird, wenn man sich überlegt, dass man beim Selbstlesen das Dokument im eigenen Tempo lesen kann und Passagen, die man nicht auf Anhieb verstanden hat, nochmals lesen kann. Auch kann man beim Selbstlesen einen Zeitpunkt wählen, zu dem man ausgeruht und konzentriert ist, und nicht bereits über längere Zeit an der Verlesung von zahlreichen weiteren Urkunden teilgenommen hat.

Hier gilt es aber auch zu beachten, dass die Verlesung in der Regel in keinem allzu hohen Tempo erfolgen wird. Der Vorsitzende oder ein von ihm bestimmtes Mitglied der Kammer können den Text nur so schnell verlesen, wie sie auch sprechen können. Damit sollte es für keinen der Beteiligten ein größeres Problem darstellen, der Verlesung zu folgen.

Im Zeitalter der digitalisierten Akteneinsicht ist es gerade in Wirtschafts- und sonstige Umfangsverfahren, den Hauptanwendungsfällen des Selbstleseverfahrens[228], die Regel, dass Verteidiger die Akten in die Hauptverhandlung mitbringen und die entsprechenden Urkunden während der Verlesung aufrufen und selbst mitlesen können.[229] Auch der Vertreter der Staatsanwaltschaft ist üblicherweise in solchen Verfahren nicht nur mit einer Handakte, sondern mit dem gesamten Akteninhalt ausgestattet. Damit kann dem Problem der fehlenden Visualisierung bei der Verlesung ohne weiteres entgegen getreten werden

228 Siehe unten E. I. 1.

229 Vgl. SK-StPO, Frister, § 249, Rn. 55.

und einzelnen Textpassagen können bei Verständnisproblemen ein zweites Mal selbstständig gelesen werden.

Fraglich ist, ob die Beteiligten eines Strafverfahrens einen Zeitpunkt zur Selbstlesung finden können, in dem sie konzentrierter und ausgeruhter sind, als in der Hauptverhandlung. Die Arbeitsbelastung wird in vielen Fällen außerhalb der Verhandlungstermine so hoch sein, dass es schon problematisch wird nur ausreichend Zeit zum Lesen der Urkunden zu finden. Nichtsdestotrotz kann nicht in Abrede gestellt werden, dass es von Vorteil ist, den Zeitpunkt der Kenntnisnahme der Urkunden selbst frei wählen zu können.

Daneben ist einzugestehen, dass es auch Urkunden, wie Tabellen und Zahlenwerke, gibt, die sich aus allgemeiner Erfahrung durch das eigenständige Lesen deutlich besser erfassen lassen, als durch Verlesung.[230] In diesen Fällen kann dem Selbstleseverfahren der Vorteil gegenüber der Verlesung in der Hauptverhaltung jedenfalls nicht abgesprochen werden.

b. Erkenntnisse der Wissenschaft

Die Frage ist jedoch, ob aus wahrnehmungspsychologischer Sicht tatsächlich durch das Selbstlesen ein höherer Erkenntnisgewinn erzielt werden kann, als durch das Zuhören bei der Verlesung.

Eine erste Onlinerecherche führt schnell zu dem Ergebnis, dass die Wahrscheinlichkeit etwas im Gedächtnis zu behalten beim Lesen bei 10% und beim Hören bei 20% liegt.[231] Diese Zahlen geben jedoch keinen Aufschluss über das Verständnis der Lesenden bzw. Hörenden, sondern zeigen lediglich auf, was in Erinnerung bleibt.

Zudem sind diese veröffentlichten Zahlen mit großer Vorsicht zu genießen. Eine Quellenangabe oder ein Nachweis, wie diese Prozentzahlen ermittelt wurden, finden sich in den Texten nicht. Eine Veröffentlichung bezieht sich auf eine Studie

---

230 Vgl. oben C. III. 1.

231 www.fokuswechsel-training.de/index.php/Blog_Archiv/wieviel-rpzent-behalten-wir-im-gedaechtins.html, zuletzt abgerufen am 06.04.2018; http://www.business-wissen.de/artikel/schlauer-werden-tipps-fuer-schnelles-und-effizientes-lernen/, zuletzt abgerufen am 06.04.2018; https://www.unternehmer.de/management-people-skills/129600-10-tipps-die-ihnen-das-lernen-erleichtern, zuletzt abgerufen am 06.04.2018; http://www.uwelehnert.de/ausbildung/Microsoft_Word_KAPIT1.5.pdf, zuletzt abgerufen am 27.03.2017; http://www.fu-berlin.de/sites/studienberatung/team/hwr/dokumente/lernenhwr.pdf, zuletzt abgerufen am 06.04.2018.

der American Audiovisual Society, ohne diese jedoch weiter zu konkretisieren.[232] *Weidenmann*[233] vertritt die Ansicht, dass es sich bei den genannten Zahlen um die wohl populärste Darstellung aus der Medien- und Instruktionspsychologie handelt, der jedoch keine wissenschaftlichen Quellen zu Grunde liegen[234].

Ein bei der allgemeinen Internetrecherche sofort ins Auge springender Ansatz ist die Beurteilung der optimalen Wissensvermittlung nach Lerntypen. Hier finden sich unterschiedliche Einteilungen, wie beispielsweise die Unterscheidung zwischen auditivem und visuellem Typ. Dem Laien drängt sich damit auf, dass nicht grundsätzlich festgestellt werden kann, ob das Lesen oder das Vorgelesen bekommen die effektivere Lernvariante ist, sondern dass es auf die Präferenz jedes Einzelnen ankommt.

Schrader[235] geht bei seinen Analysen betreffend das Lernverhalten von Erwachsenen ebenfalls von unterschiedlichen Lerntypen aus. Hierbei unterscheidet er den Theoretiker, den Anwendungsorientierten, den Musterschüler, den Gleichgültigen und den Unsicheren.[236]

Hierbei kam er zu Ergebnissen, die die Ansicht von Gesetzgeber und Literatur, dass die Wahrnehmung beim Selbstlesen besser ist als beim Zuhören, bestätigen. Nur 43,9% aller Lerntypen im Durchschnitt lernten viel oder sehr viel durch einen Vortrag des Kursleiters. Dagegen stehen 68,5% bei selbstständigem Durcharbeiten von schriftlichen Materialien.[237]

Schrader stellte bei seinen Erhebungen auch fest, dass sich im Durchschnitt alle Lerntypen manchmal dabei ertappten, etwas gelesen zu haben, ohne zu wissen, worum es ging.[238] Zudem gaben die Teilnehmer der Studie an, manchmal Texte öfter lesen zu müssen, um diese verstehen zu können.[239]

Diese Erkenntnisse zeigen, dass das Selbstlesen nicht unbedingt Vorteile gegenüber dem Zuhören bei einer Verlesung hat, wenn man davon ausgeht, dass

---

232 http://www.uwelehnert.de/ausbildung/Microsoft_Word_KAPIT1.5.pdf, zuletzt abgerufen am 27.03.2017.

233 Emeritierter Professor für Pädagogische Psychologie an der Universität der Bundeswehr München.

234 Weidenmann, Online-Lernen, S. 74.

235 Inhaber des Lehrstuhls Erwachsenenbildung/Weiterbildung am Institut für Erziehungswissenschaften der Eberhard Karls Universität Tübingen und Wissenschaftlicher Direktor/Vorstand im Deutschen Institut für Erwachsenenbildung, Leibniz-Zentrum für Lebenslanges Lernen e. V., Bonn.

236 Schrader, Lerntypen bei Erwachsenen, S. 110–119.

237 Schrader, Lerntypen bei Erwachsenen, S. 123.

238 Schrader, Lerntypen bei Erwachsenen, S. 126.

239 Schrader, Lerntypen bei Erwachsenen, S. 126.

beim Zuhören, wie beim Selbstlesen, die Konzentration nachlassen kann und der Informationsempfänger nicht weiß, worum es genau geht.

Die Tatsache, dass Texte in manchen Fällen mehrmals gelesen werden müssen, um den Inhalt zu erfassen, spricht jedoch für einen Vorteil des Selbstleseverfahrens gegenüber der Verlesung. Bei der Selbstlesung ist es durchaus denkbar, dass ein Verfahrensbeteiligter eine Passage mehrmals liest, um diese wirklich zu verstehen. Die Wahrscheinlichkeit, dass ein Verfahrensbeteiligter in der laufenden Hauptverhandlung den Vorsitzenden bittet, eine Urkunde zwecks besseren Verständnisses ein weiteres Mal zu verlesen, dürfte hingegen gegen Null gehen. Zwar besteht in diesen Fällen die Möglichkeit, dass die Verfahrensbeteiligten, sofern ihnen die Akten vorliegen, die betreffende Passage selbstständig nochmals lesen. Dies führt jedoch zu einem Erkenntnisverlust im Hinblick auf die weitere Beweiserhebung, der während des „Nach-Lesens" nicht gefolgt werden kann.

Die Forschungen von *Schrader* zeigen daneben aber auch, dass ein pauschales Urteil, welche Lernmethode die effektivste ist, nicht möglich ist, da seine Ergebnisse stets zwischen den unterschiedlichen Lerntypen variieren und auch der soziale Hintergrund ganz offensichtlich eine Rolle bei der Bewertung des eigenen Lernverhaltens spielt.[240]

Auch *Hörnig*, *Eyferth* und *Berry* beschäftigten sich mit der unterschiedlichen Wahrnehmungsqualität bei der Erfassung von Informationen durch Selbstlesen und durch Hören. Ihre Untersuchungen beschäftigten sich mit der Lokalisierung von Objekten im Raum.[241] In einem Teil des Experiments wurden die Ergebnisse einer Versuchsanordnung, in der die Informationen zur räumlichen Lage von Objekten auditiv wahrgenommen wurden, mit einer weiteren, in der diese Informationen selbst gelesen wurden, verglichen. Das Experiment kam zu dem Ergebnis, dass die Fehlerraten beim Hören deutlich niedriger waren, als beim Selbstlesen.[242]

Dieses Experiment zeigt, dass es nicht nur auf den jeweiligen Lerntyp ankommt, sondern auch darauf, welche Art von Information wahrgenommen werden soll. Folgt man den Ergebnissen dieses Experiments, wäre anzuraten, dass bei Beweiserhebungen, in denen es auf die räumliche Lage von Personen und Objekten ankommt (beispielsweise bei einem Schusswechsel) der Verlesung von Urkunden der Vorzug gegeben werden sollte.

240 Schrader, Lerntypen bei Erwachsenen, S. 127–143.

241 Hörnig, Eyferth, Berry, Egozentrische Inferenz, S. 140 ff.

242 Hörnig, Eyferth, Berry, Egozentrische Inferenz, S. 150 f.

Eine weitere Überlegung macht deutlich, dass es nicht nur auf die Qualität der Wahrnehmung und die Art der wahrzunehmenden Information, sondern auch auf die Formulierung der Urkunde selbst ankommt, wenn man beurteilen möchte, ob die Selbstlesung zu einem besseren Verständnis führt als die Verlesung.

Immel beleuchtet die Unterschiede in der Wahrnehmung durch Hören und Lesen aus Sicht des Hörfunks. Er beschreibt das Hören als linearen Vorgang, bei dem eine Wiederholung nicht möglich ist und daher alles, was nicht auf Anhieb verstanden wird, nicht erfasst werden kann.[243] Als weiteres Problem führt er an, dass Pausen nicht möglich seien und daher nicht über Gehörtes nachgedacht werden könne, da dadurch die darauf folgende Information verpasst werde.[244]

Er zieht daraus für den Hörfunk die Konsequenz, dass eine Aussage bereits in dem Moment, in dem sie getätigt wird, aus sich heraus verständlich sein muss. Der Inhalt darf für den Hörer nicht erst mit Hilfe des nächsten oder gar übernächsten Satzes verständlich werden. Zudem seien kurze Sätze ohne Einschübe zu verwenden und Schachtelsätze zu vermeiden. *Immel* macht deutlich, dass das Formulieren von Sprechtexten ganz besondere Anforderungen an den Autor stellt, wenn sichergestellt werden soll, dass die Informationen auch beim Hörer ankommen.[245]

All dies ist bei der Durchführung des Selbstleseverfahrens nicht gegeben. In aller Regel werden Texte und Urkunden verlesen, die der Urheber zur Dokumentation von Fakten erstellt hat, wie Buchhaltungsunterlagen oder Sitzungsprotokolle. Diese Schriftstücke waren nie dazu bestimmt, einem Zuhörer vorgetragen zu werden. Es ist im Hinblick auf die Ausführungen von *Immel* daher anzuzweifeln, dass der Inhalt derartiger Texte gut erfasst werden kann, wenn er nicht selbst gelesen, sondern vorgelesen wird.

c. *Ergebnis*

Auch wenn die Gesetzesbegründung und die Literatur einen anderen Anschein vermitteln – belastbare Studien, die belegen, dass das Verständnis und der Erkenntnisgewinn beim Selbstlesen grundsätzlich besser sind als bei Verlesen, scheint es nicht zu geben.

Vielmehr drängt es sich auf, dass eine pauschale Beantwortung der Frage, welche der beiden Formen der Beweiserhebung durch Urkundenbeweis die effektiver ist, nicht möglich ist. Allein die wenigen aufgeführten Studien und Forschungsansätze zeigen, dass es eine Vielzahl von Faktoren gibt, die die Qualität

243 Immel, Hörfunk, S. 15.
244 Immel, Hörfunk, S. 15.
245 Zum Ganzen Immel, Hörfunk, S. 16.

der Wahrnehmung beeinflussen. Daneben steht das subjektive Empfinden einer nicht repräsentativen Gruppe von Familie, Freunden und Kollegen, dass ein großer Teil, jedoch nicht alle, das Selbstlesen dem Hören vorzieht.

Es ist daher festzustellen, dass es Aufgabe des Gerichts ist, in jedem einzelnen Fall der Beweiserhebung durch Urkunden zu beurteilen, ob die Verlesung oder die Selbstlesung die bessere Wahl ist. Eine Berücksichtigung der speziellen Vorlieben und Lerntypen der Prozessbeteiligten wird in keinem Fall möglich sein. Jedoch ist eine Orientierung an der Art der Information, wie auch der Formulierung und graphischen Aufbereitung der Urkunde möglich. So bietet es sich beispielsweise an, Tabellen, Zahlenwerke und Protokolle eher im Selbstleseverfahren einzuführen.

3. Kein ermüdendes Verlesen

Ein ganz klarer Vorteil des Selbstlesens besteht darin, dass das langwierige ermüdende Verlesen von eintönigen Dokumenten vermieden werden kann.[246] Gerade die Verlesung von umfangreichen Tabellen, Abrechnungen und Zahlenwerken oder auch Verbindungsnachweisen und Kontoabfragen[247] stellt die Verfahrensbeteiligten regelmäßig auf eine harte Probe. In diesen Fällen ist die Selbstleseanordnung, gerade wenn es sich um unstreitige Dokumente handelt, deshalb richtig und wichtig.

IV. Zusammenfassung

Der Gesetzgeber führte verschiedene Gründe für die Einführung des Selbstleseverfahren an: Die Verfahrensbeschleunigung, die Verfahrensvereinfachung, das bessere Verständnis beim Selbstlesen und die Vermeidung von ermüdendem Verlesen.

Von den beiden „Hauptgründen" Verfahrensbeschleunigung und Verfahrensvereinfachung wird durch das Selbstleseverfahren nur die Verfahrensbeschleunigung erkennbar umgesetzt. Durch die Verlagerung der Beweisaufnahme in die Zeit außerhalb der Hauptverhandlung wird diese entlastet, was zu weniger Termindruck bei der Festlegung von Hauptverhandlungstagen und zu einer freieren Zeiteinteilung für die Verfahrensbeteiligten führt. Durch die Reduzierung der benötigten Hauptverhandlungstage kann die für das Verfahren benötigte Zeitspanne verkürzt und damit der Abschluss des Verfahrens früher erreicht

246 Löwe-Rosenberg, StPO, Mosbacher, 26. Auflage, § 249, Rn. 53.
247 Vgl. C. III. 1.

werden. Dies bedeutet im Ergebnis eine Verfahrensbeschleunigung, auf die der Angeklagte einen Anspruch hat. Anhaltspunkte, worin die Verfahrensvereinfachung bei der Durchführung des Selbstleseverfahrens anstelle der Verlesung bestehen soll, finden sich hingegen nicht.

Die Behauptung, dass das Selbstlesen zu einem besseren Verständnis führt als das Hören einer Verlesung ist soweit ersichtlich wissenschaftlich nicht belegt. Ein Blick in die Forschungsergebnisse der Wahrnehmungspsychologie zeigt hingegen, dass die konkreten Umstände des Einzelfalls, wie Inhalt und graphische Aufarbeitung der Urkunde und die Konstitution der Verfahrensbeteiligten den Ausschlag geben, ob der Erkenntnisgewinn beim Selbstlesen dem beim Verlesen überlegen ist. Daher ist es Aufgabe des Gerichts im Einzelfall zu entscheiden, welche Methode der Erhebung des Urkundenbeweises die sinnvollere ist.

Zuletzt dürfte unstreitig sein, dass die Verlesung von umfangreichen, oft eintönigen Urkunden eine ermüdende Wirkung auf die Verfahrensbeteiligten haben kann. Dieser Effekt kann durch die Durchführung des Selbstleseverfahrens erfolgreich vermieden werden.

D. Grenzen

Den nicht zu verkennenden Vorzügen der Beweisaufnahme in Form des Selbstleseverfahrens stehen jedoch rechtliche wie auch praktische Grenzen gegenüber.

I. Rechtliche Grenzen

Die rechtlichen Grenzen finden sich insbesondere in den Prozessmaximen – Öffentlichkeitsgrundsatz, Mündlichkeitsgrundsatz und Unmittelbarkeitsgrundsatz. Daneben gilt es die allgemeinen Beweisverwertungsverbote, das Akteneinsichtsrechts von Schöffen, die formalen Vorgaben der Durchführung des Selbstleseverfahrens sowie dessen Wirkung auf die Beweisaufnahme und Beweiswürdigung im Ganzen im Auge zu behalten.

1. Mündlichkeitsgrundsatz

Der Mündlichkeitsgrundsatz gebietet, dass nur der mündlich vorgetragene und erörterte Prozessstoff dem Urteil zugrunde gelegt werden darf. Durch die §§ 261, 264 StPO fand er auch Eingang in die StPO.

Die Vereinbarkeit des Selbstleseverfahrens mit dem Mündlichkeitsgrundsatz wird durch den Gesetzgeber und das Schrifttum nicht einheitlich bewertet. Während der Gesetzgeber davon ausging, dass das Selbstleseverfahren das Mündlichkeitsprinzip im Kern unberührt lässt, sieht die Literatur die Verfahrensmaxime als durchbrochen, teilweise sogar als aufgegeben an.

a. Vereinbarkeit aus Sicht des Gesetzgebers und der Rechtsprechung

Der Gesetzgeber vertritt die Auffassung, dass bereits durch die Möglichkeit der Prozessbeteiligten sich im Rahmen des § 257 Abs. 1 StPO (der ebenfalls durch das StVÄG 1987 geändert wurde[248]) und in den Schlussvorträgen zu den im Selbstleseverfahren eingeführten Urkunden zu äußern, ein ausreichender Ausgleich bestehe, um dem Gebot der Mündlichkeit Genüge zu tun.

> „Die Prozeßbeteiligten können sich (vgl. dazu auch die vorgeschlagene Neufassung des § 257 Abs. 1) nach der Mitteilung der Verwertungsabsicht durch das Gericht und

248 Strafverfahrensänderungsgesetz 1987 vom 27.01.1987, BGBl I S. 475 (476).

> in ihren Schlußvorträgen zu dem Inhalt dieser Urkunden erklären. Damit ist auch das Mündlichkeitsprinzip im Kern nicht berührt."[249]

Auf diese Ausführungen greift das OLG Stuttgart in seinem Beschluss vom 24.09.2014 zurück und ergänzt, dass das Selbstleseverfahren lediglich eine Einschränkung des Mündlichkeitsgrundsatzes bewirkt:

> „Vor diesem Hintergrund wird auch der Grundsatz der Mündlichkeit der Beweisaufnahme, dessen Einschränkung der Gesetzgeber mit der Einführung der Regelung des § 249 Abs. 2 StPO bewusst in Kauf genommen hat, in seinem Kern nicht tangiert (vgl. L-R-Mosbacher, a.a.O., § 249 Rdnr. 56). Da den Verfahrensbeteiligten das vom Verfahren nach § 249 Abs. 2 StPO erfasst Schriftwerk vollumfänglich zugänglich und dadurch gewährleistet ist, dass das entsprechende Beweismaterial selbstständig aufgenommen bzw. erfasst und bewertet werden kann, bleiben damit verknüpfte Beweisthemen, deren konkrete Verfahrensrelevanz und hieraus ableitbare Einschätzungen insbesondere auch für die Verteidigung und die Angeklagten ausreichend erkenn-/fixier- sowie in mündlicher Verhandlung (ggf.) ohne Einschränkungen hinterfragbar."[250]

Dies zeigt, dass eine Einschränkung des Mündlichkeitsgrundsatzes durch den Gesetzgeber und die Rechtsprechung gesehen und bewusst in Kauf genommen wurde.

b. Vereinbarkeit aus Sicht der Literatur

Damit besteht aus Sicht des Gesetzgebers schon gar kein wirkliches Konfliktpotential das es abzuwägen gilt. Die Literatur vertritt in diesem Punkt eine gegenläufige Auffassung in unterschiedlich starken Ausprägungen, von denen hier einige beispielhaft aufgeführt werden sollen. Die Einschränkung des Mündlichkeitsprinzips wird jedoch, um das Ergebnis vorweg zu nehmen, als rechtlich vertretbarer Kompromiss angesehen.[251]

Grünwald erklärt, das Selbstleseverfahren stelle „eine – und zwar die einzige – Durchbrechung des Mündlichkeitsprinzips dar"[252].

Meyer-Goßner sieht mit der Aufgabe des Mündlichkeitsprinzips den größtmöglichen Konflikt der Beweiserhebung nach § 249 Abs. 2 StPO. Dies wird damit begründet, dass der Inhalt, der durch das Selbstleseverfahren eingeführten Urkunden, auch dann Grundlage des Urteils sein kann, wenn zu diesen weder

249 BT-Drucks. 10/1313, S. 28.

250 OLG Stuttgart, Beschluss vom 24.09.2014 – 6-2 StE 1/14, BeckRS 2015, 00280.

251 KMR StPO, Heintschel-Heinegg, § 249, Rn. 38; Löwe-Rosenberg, StPO, Mosbacher, 26. Aufl., § 249, Rn. 56; SK-StPO, Frister, § 249, Rn. 56.

252 Grünwald, Beweisrecht, S. 128.

im Rahmen des § 257 Abs. 1 StPO noch in den Schlussvorträgen Stellung genommen worden ist.[253] In diesen Fällen komme, seitdem die in der ursprünglichen Fassung des § 249 Abs. 2 StPO enthaltene Anregung, dass der wesentliche Inhalt der Urkunden mitgeteilt werden soll, mit dem StVÄG 1987 entfallen ist, der Inhalt der vom Selbstleseverfahren erfassten Urkunden in der Hautverhandlung nicht mehr mündlich zur Sprache.

Frister führt aus, dass das Gericht entgegen des Mündlichkeitsprinzips seine Entscheidung nicht mehr auf Grundlage des Inbegriffs der mündlichen Verhandlung fällt, da der Vorgang der Beweisaufnahme beim Selbstleseverfahren außerhalb der Hauptverhandlung stattfindet.

Auch hier wird darauf verwiesen, dass seit dem StVÄG 1987 der Inhalt der nicht verlesenen Urkunden nur noch in der Hauptverhandlung zur Sprache kommt, wenn er durch direkte Fragen und Vorhalte thematisiert oder über das Erklärungsrecht in § 257 StPO eingeführt wird.[254] Er sieht daher im Zusammenhang mit dem Mündlichkeitsgrundsatz zwei wesentliche Probleme bei der Durchführung des Selbstleseverfahrens: Sowohl der dialektische Prozess der Wahrheitsfindung, als auch die Möglichkeit zur öffentlichen Kontrolle des Strafverfahrens werden aus seiner Sicht nicht unerheblich beeinträchtigt.[255]

Heintschel-Heinegg erklärt ohne weitere Begründung oder Stellungnahme, dass die Prozessbeschleunigung durch das Selbstleseverfahren die Prozessbeteiligten auf Kosten der Mündlichkeit, Unmittelbarkeit und Öffentlichkeitskontrolle entlastet.[256]

Mosbacher sieht in der Durchführung des Selbstleseverfahrens einen „vertretbare[n] Kompromiss zwischen nicht absolut geltenden Verfahrensprinzipien“[257]. Auch er erkennt das Problem, dass außer bei der formalen Anordnung des Selbstleseverfahrens die davon umfassten Urkunden in der Hauptverhandlung nicht mehr zur Sprache kommen, wenn nicht eine Diskussion der Urkunden in Erklärungen gemäß § 257 StPO oder in den Plädoyers erfolgt.[258]

Eisenberg gibt zu bedenken, dass das Selbstleseverfahren das Mündlichkeitsprinzip durchbreche und die Öffentlichkeit daher von diesem Teil der Beweisaufnahme kaum Kenntnis nehme, wenn nicht Erklärungen gemäß § 257 StPO

253 Meyer-Goßner/Schmitt, StPO, § 249, Rn. 17.
254 SK-StPO, Frister, § 249, Rn. 54.
255 SK-StPO, Frister, § 249, Rn. 55.
256 KMR StPO, Heintschel-Heinegg, § 249, Rn. 38.
257 Löwe-Rosenberg, StPO, Mosbacher, 26. Auflage, § 249, Rn. 56.
258 Löwe-Rosenberg, StPO, Mosbacher, 26. Auflage, § 249, Rn. 56.

erfolgen oder Vorhalte aus den vom Selbstleseverfahren umfassten Urkunden gemacht werden.[259] Er fordert daher, von dem Selbstleseverfahren nur dann Gebrauch zu machen, wenn die Urkunden nicht unmittelbar beweiserheblich sind, da nur so der Grundsatz der Mündlichkeit zumindest im Kern erhalten bleiben könne.[260]

Kühne vertritt die Ansicht, das Mündlichkeitsprinzip sei formaler Natur und erfordere nur, dass „der der Urteilsfindung dienende Verhandlungsstoff mündlich ausgebreitet wird“[261]. Das Selbstleseverfahren stelle daher nur eine Modifikation des Mündlichkeitsgrundsatzes dar und beseitige diesen nicht.[262]

c. Eigene Stellungnahme

Das Selbstleseverfahren hebt den Grundsatz der Mündlichkeit ganz offensichtlich auf – die einzuführenden Urkunden werden in der Hauptverhandlung nicht verlesen und damit der Öffentlichkeit nicht zugänglich gemacht, sondern außerhalb der Hauptverhandlung durch die Verfahrensbeteiligten eigenständig zur Kenntnis genommen. Die §§ 261, 264 StPO schreiben im Gesetzeswortlaut fest: Das Gericht hat seine Überzeugung aus dem Inbegriff der (mündlichen) Hauptverhandlung zu schöpfen und Gegenstand der Urteilfindung ist die Anklage, wie sie sich nach dem Ergebnis der (mündlichen) Hauptverhandlung darstellt.

Es gilt daher zu beurteilen, ob das Selbstleseverfahren eine zu akzeptierende Ausnahme vom Grundsatz der Mündlichkeit darstellt oder nicht. Hierbei ist zunächst festzustellen, dass das Selbstleseverfahren eine gesetzlich normierte Ausnahme vom Grundsatz der Mündlichkeit ist und der Gesetzgeber dies bei Einführung des Selbstleseverfahrens ausweislich der Gesetzesmaterialien auch im Blick hatte.[263] Die Einschränkung des Mündlichkeitsgrundsatzes wurde also durch den Gesetzgeber bewusst in Kauf genommen, um das Selbstleseverfahren umsetzen zu können.

Die Aufhebung des Mündlichkeitsgrundsatzes durch das Selbstleseverfahren kann daher zwar nicht geleugnet werden, sie ist verfahrensrechtlich jedoch nicht zu beanstanden.

---

259 Eisenberg, Beweisrecht StPO, Rn. 2034.
260 Eisenberg, Beweisrecht StPO, Rn. 2035.
261 Löwe-Rosenberg, StPO, Kühne, 26. Auflage, Einleitung I, Rn. 59.
262 Löwe-Rosenberg, StPO, Kühne, 26. Auflage, Einleitung I, Rn. 59.
263 BT-Drs. 10/1313 S. 28.

2. Öffentlichkeitsgrundsatz

Das Selbstleseverfahren stellt ferner einen offensichtlichen Gegensatz zum Öffentlichkeitsgrundsatz dar. Im Selbstleseverfahren nehmen ausschließlich die Verfahrensbeteiligten den Inhalt von Urkunden für sich „im stillen Kämmerlein" zur Kenntnis. Die Öffentlichkeit erlangt nur in den Fällen, in denen die Beteiligten von ihrem Rechte aus § 257 Abs. 1 StPO Gebrauch machen oder im Schlussvortrag auf die Urkunden eingehen, Kenntnis vom Inhalt der vom Selbstleseverfahren umfassten Urkunden.

Grundpfeiler des Öffentlichkeitsgrundsatzes ist § 169 S. 1 GVG:

> „Die Verhandlung vor dem erkennenden Gericht einschließlich der Verkündung der Urteile und Beschlüsse ist öffentlich."

Die Maxime ist als wesentlicher Bestandteil eines fairen Verfahrens ebenfalls in Art. 6 Abs. 1 S. 1 u. 2 EMRK verankert.

Ursprünglich wurde der Grundsatz der Öffentlichkeit eingeführt, um das Strafverfahren und dessen Beteiligte vor Willkür, Heimlichkeiten und sachfremden Eingriffen und Einflüssen zu schützen. Inzwischen rechtfertigt insbesondere das Informationsinteresse der Allgemeinheit die Öffentlichkeit des Verfahrens. Aus Sicht des BGH verlangt der Öffentlichkeitsgrundsatzes, dass

> „jedermann ohne Ansehung seiner Zugehörigkeit zu bestimmten Gruppen der Bevölkerung und ohne Ansehung bestimmter persönlicher Eigenschaften die Möglichkeit hat, an den Verhandlungen der Gerichte als Zuhörer teilzunehmen."[264]

Aus dieser Formulierung ist zu schließen, dass die Öffentlichkeit des Verfahrens all diejenigen Handlungen und Äußerungen umfasst, die tatsächlich in der Hauptverhandlung stattfinden. Es lässt sich jedoch kein Hinweis finden, dass Teile des Prozesses, die außerhalb der Verhandlung stattfinden, der Öffentlichkeit zugänglich gemacht werden müssen.

Diese Sichtweise wird auch vom Gesetzgeber und der Literatur vertreten. Es wird dahingehend argumentiert, dass der Grundsatz der Öffentlichkeit lediglich gebietet, dass mögliche Zuhörer der Hauptverhandlung in der Weise und in dem Umfang beiwohnen und folgen können, wie sie tatsächlich im Rahmen der Verfahrensordnung abläuft. Ihnen muss nicht dieselbe Kenntnis wie den Gerichtspersonen vermittelt werden.[265]

---

264 BGH, Beschluss vom 07.03.1979 – 3 StR 39/79 (S), NJW 1979, 2622 (2622).

265 BT-Drucks. 10/1313, S. 28; Löwe-Rosenberg, StPO, Mosbacher, 26. Auflage, § 249, Rn. 59.

a. Vereinbarkeit mit dem Verfahrensgrundsatz

Mit Blick auf die soeben dargestellte Definition der Prozessmaxime „Öffentlichkeit des Verfahrens" wird deutlich, dass das Selbstleseverfahren diese nicht verletzt. Zuschauer haben ohne Weiteres die Möglichkeit, sämtlichen Schritten des Verfahrens, die im Gerichtssaal vollzogen werden, zu folgen. Die Beweisaufnahme durch das Selbstleseverfahren wird durch die Anordnung desselben ebenfalls der im Sitzungssaal anwesenden Öffentlichkeit bekannt. Der Inhalt der Urkunden kann, solange er nicht auf Hinwirken eines Beteiligten thematisiert wird oder in den Schlussvorträgen zu Sprache kommt, der Öffentlichkeit nicht zur Kenntnis gelangen. Entsprechend der oben genannten Voraussetzungen ist dies jedoch auch nicht notwendig, da es ausreichend ist, wenn Zuhörer dem Ablauf der Verhandlung im Sitzungssaal uneingeschränkt folgen können.

Nichtsdestotrotz kann ein gewisses Spannungsverhältnis zwischen Öffentlichkeitsgrundsatz und Selbstleseverfahren nicht geleugnet werden. Auch der Gesetzgeber hat diesen Konflikt bei der Einführung des Selbstleseverfahrens durchaus erkannt. Er vertritt jedoch die Ansicht, dass der Transparenzverlust aufgrund der prozessökonomischen Vorteile des Selbstleseverfahrens hinzunehmen ist.[266]

Dieser Sichtweise kann gefolgt werden. Das Beispiel der Inaugenscheinnahme kann verdeutlichen, dass auch nicht jede Art der Beweisaufnahme, die zeitlich und physisch im Sitzungssaal stattfindet, vollumfänglich von allen Zuhörern wahrgenommen werden kann.[267] Immer mehr, aber längst nicht alle, Sitzungssäle sind mit Beamern oder anderen technischen Vorrichtungen, die eine Einsichtnahme aller Anwesenden in vorgelegtes Beweismaterial ermöglichen, ausgestattet. Wird nun am Richtertisch beispielsweise eine Grafik oder ein kleiner Gegenstand von den Verfahrensbeteiligten in Augenschein genommen, bietet sich für nicht beteiligte Anwesende keine Möglichkeit, den Beweisgegenstand

---

266 BT-Drucks. 10/1313, S. 28.

267 Vgl. zur Thematik MAH, Strafvereidigung, Beukelmann/Bröckers, § 38, Rn. 65 ff; Diese Überlegungen führen auch zu der Frage, ob es sinnvoll/zulässig/erforderlich ist, Selbstleseordner für die Öffentlichkeit zur Verfügung zu stellen, um so dem interessierten Prozessbeobachter die Möglichkeit zu eröffnen, vom Inhalt der im Selbstleseverfahren einzuführenden Urkunden Kenntnis zu nehmen. Im Hinblick auf die Vereinbarkeit mit dem Öffentlichkeitsgrundsatz scheint es nicht erforderlich zu sein. Gerade bei öffentlichkeitswirksamen Verfahren ist es jedoch wahrscheinlich nur eine Frage der Zeit, bis (insbesondere durch die Presse) die Forderung nach Einsicht in die Selbstleseordner laut wird. Hier wird es unvermeidlich zu Reibungen mit dem in Deutschland nur für sehr begrenzte Personengruppen zulässigen Akteneinsichtsrecht kommen.

ebenfalls zu betrachten. Sie können nur den Kommentaren und der Diskussion der Beteiligten folgen. Beim Selbstleseverfahren wird der Öffentlichkeit allenfalls mitgeteilt, welche Urkunden vom Selbstleseverfahren umfasst sind[268], eine Bekanntgabe oder Zusammenfassung des Inhalts ist nicht mehr vorgesehen. Damit ist der Erkenntnisgewinn zwar noch etwas geringer als der bei der Inaugenscheinnahme am Richtertisch, eine eigene Meinung zu den Beweismitteln kann sich der Zuhörer jedoch in beiden Fällen nicht bilden.

b. Selbstleseverfahren anstatt Ausschluss der Öffentlichkeit

Die Öffentlichkeit kann im Rahmen der Vorschiften der §§ 171 ff GVG von der Hauptverhandlung ausgeschlossen werden. Im Gegensatz zur Beweiserhebung im Rahmen des Selbstleseverfahrens wird bei der Urkundenverlesung in der Hauptverhandlung unter Ausschluss der Öffentlichkeit der Öffentlichkeitsgrundsatz offensichtlich eingeschränkt: Potentiell interessierte Zuschauer haben hier nicht die Gelegenheit, der Hauptverhandlung so zu folgen, wie sie stattfindet. In dieser Situation ist das Selbstleseverfahren sogar geeignet, einen Konflikt mit der Prozessmaxime zu vermeiden.

Das Selbstleseverfahren bietet zudem in manchen Fällen weitere Vorteile gegenüber dem Ausschluss der Öffentlichkeit, da es kollidierende und schützenswerte Interessen besser miteinander vereinbaren kann.[269] Soll beispielsweise eine Urkunde verlesen werden, aus deren Inhalt Geheimnisse gemäß § 172 Nr. 2 GVG hervorgehen, wie Geschäfts- oder Betriebsgeheimnisse, ist es für die Geheimniswahrung deutlich vorteilhafter, wenn die entsprechende Urkunde lediglich auf einer Selbstleseliste zu finden ist und als ein Punkt unter vielen vom Vorsitzenden einmal angesprochen wird, als wenn in öffentlicher Sitzung darüber befunden wird, dass die Öffentlichkeit während der Verlesung dieser bestimmten Urkunde auszuschließen ist.

c. Beweisaufnahme ausschließlich durch Selbstleseverfahren – „All-In"

Fraglich ist, was passiert, wenn man es auf die Spitze treibt und die gesamte Beweisaufnahme betreffend den Urkundenbeweis in das Selbstleseverfahren verlagert. Ein solches „All-In" würde dazu führen, dass die Öffentlichkeit, außer bei der Verlesung der Anklageschrift und der Urteilsverkündung, keinerlei Einblick in den Prozessstoff bekommen würde, wenn in einem Verfahren ausschließlich

268 Vgl. unten E. III. 2. b.

269 Eisenberg, Beweisrecht StPO, Rn. 2037; Löwe-Rosenberg, StPO, Mosbacher, 26. Auflage, § 249, Rn. 55; SK-StPO, Frister, § 249, Rn. 60.

der Urkundenbeweis zu führen wäre. Faktisch käme dies einem Wegfall der öffentlichen Hauptverhandlung gleich, ohne dass die Voraussetzungen für den Ausschluss der Öffentlichkeit, §§ 171 ff GVG, gegeben sind. Der Gedanke an die Rückkehr zum Inquisitionsprozess drängt sich hier unvermeidlich auf.

Zwar wurde oben festgestellt, dass der Grundsatz der Öffentlichkeit durch das Selbstleseverfahren nicht verletzt wird, da nur erforderlich ist, dass die Öffentlichkeit der Hauptverhandlung genauso folgen und diese so nachvollziehen kann, wie sie durchgeführt wird. Dies wäre auch bei einem „All-In" gewährleistet. Jedoch geht sämtliche Transparenz der Urteilsfindung verloren, wenn nicht zumindest im Ansatz die Möglichkeit besteht, dass die Öffentlichkeit der Entscheidungsfindung folgen kann.

In der Praxis ist es ausgesprochen unwahrscheinlich, dass eine Entscheidung ausschließlich auf Grundlage des Urkundenbeweises gefällt werden kann. Sobald die Aussagen von Zeugen oder Sachverständigen erforderlich sind, findet aufgrund des Grundsatzes der persönlichen Vernehmung, § 250 StPO[270], mit den in den §§ 251, 256 StPO geregelten Ausnahmen, auch eine Beweiserhebung in der Hauptverhandlung statt. Ebenso verhält es sich mit der Erhebung des Augenscheinbeweises[271] und der fakultativen Einlassung des Angeklagten. Zudem sind die Regelungen der §§ 252 bis 255 StPO zu beachten[272]. Eine vollkommene Aufhebung der Transparenz der Entscheidungsfindung des Gerichts durch den vollständigen Wegfall der Beweisaufnahme in der Hauptverhandlung wird daher nur in absoluten Ausnahmefällen in Betracht kommen.

aa. Gesetzliche Regelung

Dennoch ist die Frage nach der Möglichkeit, die komplette Erhebung des Urkundenbeweises in das Selbstleseverfahren zu verlagern, durchaus eine Diskussion wert. Denn auch wenn in einem Verfahren neben dem Urkundenbeweis noch weitere Beweiserhebung stattfindet, stellt es dennoch einen erheblichen Eingriff in das Informationsinteresse der Öffentlichkeit dar, wenn in einer öffentlichen Hauptverhandlung keinerlei Urkunden verlesen werden.

Zunächst ist festzustellen, dass die Verlagerung der kompletten Erhebung des Urkundenbeweises in das Selbstleseverfahren grundsätzlich auf Grundlage des § 249 Abs. 2 StPO möglich wäre. Der Wortlaut der Vorschrift steht einem solchen Vorgehen nicht entgegen.

---

270 Vgl. unten D. I. 3. b.

271 Vgl. oben B. 3. I. c.

272 Vgl. unten D. I. 3. c. bis h.

Im Hinblick auf die Kommentarliteratur ist bemerkenswert, dass sich kein Autor der gängigen Werke ausdrücklich mit dieser Frage beschäftigt hat. *Kreicker* und *Pfeiffer* führen lediglich aus, dass das Selbstleseverfahren zur Anwendung kommen kann, wenn eine besonders große Zahl an Urkunden eingeführt werden soll.[273] Ob sich dies nun auf alle einzuführenden Urkunden bezieht, kann der Formulierung nicht entnommen werden. Es ist jedoch auch nicht ausgeschlossen. *Mosbacher* erklärt, dass in der Literatur teilweise vertreten wird, dass das Selbstleseverfahren zurückhaltend anzuwenden sei, dies vom Gesetzgeber jedoch nicht so beabsichtigt gewesen sei.[274] Dies deutet darauf hin, dass gegen eine ausschließlich im Selbstleseverfahren durchgeführte Einführung von Urkunden aus seiner Sicht keine Bedenken bestehen. Eine eindeutige Stellungnahme ist es jedoch ebenfalls nicht. In der Praxis jedenfalls ist dieses Vorgehen scheinbar nicht unbekannt. So führt *Meyer-Lohkamp* aus:

> „Mitunter entsteht der Eindruck, als füge das Gericht sämtliche Urkunden, die für die Urteilsfindung auch nur in irgendeiner Weise von Bedeutung sein könnten, weitgehend wahllos in Ordnern zusammen, beschrifte sie mit ‚Selbstleseordner' oder ‚Urkundenband' und zeichne damit ihr Schicksal vor."[275]

Der Unterton des Zitats zeigt zwar, dass *Meyer-Lohkamp* an der Sinnhaftigkeit dieser Art der Einführung des Urkundenbeweises Zweifel hegt, es belegt aber auch, dass die Gerichte in der Praxis teils in sehr großem Umfang von der Möglichkeit der Einführung von Urkunden mittels Selbstleseverfahren Gebrauch machen.

Mosbacher stellt fest, dass das Selbstleseverfahren keine Ausnahme zu der Verlesung von Urkunden in der Hauptverhandlung darstellt, sondern als gleichwertige Alternative konzipiert wurde.[276] Er bezieht sich hierbei auf die Gesetzesbegründung:

> „Anders als etwa in den Fällen des § 245 Abs. 1 Satz 2 und des § 251 Abs. 1 Nr. 4 bedeutet die Einführung einer Urkunde in die Hauptverhandlung nach Absatz 2 gegenüber der Verlesung nach Absatz 1 keinen Verzicht auf ein Beweismittel oder auf eine an sich nach der Vorstellung des Gesetzes höherwertige Art der Beweisaufnahme, sondern lediglich die Wahl zwischen zwei für die Prozeßbeteiligten gleichwertigen Arten der Einführung eines Beweismittels in die Hauptverhandlung. [...] Ebensowenig kann Absatz 2 sachlich als eine Ausnahmeregelung vom Grundsatz des Absatzes 1 verstanden werden [..., die] einen Zustimmungsvorbehalt rechtfertigen könnte. Lediglich gesetzestechnisch stellt

273 MüKo, StPO, Kreicker, § 249, Rn. 52; Pfeiffer, StPO, § 249, Rn. 6.
274 Löwe-Rosenberg, StPO, Mosbacher, 26. Auflage, § 249, Rn. 65.
275 Meyer-Lohkamp, StV 2014, 122.
276 Mosbacher, NStZ 2013, 199 (202).

sich Absatz 2 als Ausnahme vom Verlesungsgebot des Absatzes 1 dar, sachlich sind beide Alternativen als gleichwertig anzusehen."[277]

Von diesem Standpunkt ausgehend stellt sich die Frage, weshalb es ohne weiteres möglich sein soll, sämtliche Urkunden durch Verlesung in die Hauptverhandlung einzuführen, die Einführung durch das Selbstleseverfahren jedoch nur bei einer begrenzten Zahl von Urkunden als zulässig erachtet wird. Aus Sicht des Gesetzgebers stellen sich die Beweiseinführung durch Verlesung und Selbstlesung für die Verfahrensbeteiligten als absolut gleichwertig dar. Eine Differenzierung bei der Zulässigkeit des „All-In" zwischen den beiden Arten der Beweiserhebung ist daher aus sachlichen Erwägungen nicht schlüssig. Dennoch: die Beweiswürdigung und Entscheidungsfindung durch das Gericht scheint bei der Durchführung des Selbstleseverfahrens sowohl für die Verteidigung, als auch für die Öffentlichkeit deutlich intransparenter als bei der Verlesung.

Die Verteidigung kann nicht nachvollziehen, ob und mit welcher Sorgfalt die Berufsrichter und Schöffen von dem Inhalt der Urkunden Kenntnis genommen haben und welche Bedeutung sie den Urkunden für die Urteilsfindung beimessen. Doch es stellt sich die Frage, ob dies im Falle der Verlesung der Urkunden tatsächlich nachvollziehbarer ist, als bei der Einführung im Selbstleseverfahren. Denn auch bei der Verlesung in öffentlicher Hauptverhandlung kann die Verteidigung nicht in die Köpfe des Gerichts blicken. Ist der Richter mit dem starren Blick in Richtung Decke hoch konzentriert bei der Sache oder in Gedanke bei der Wochenendplanung oder Einkaufsliste? Kann das Gericht dem bereits 20 Minuten andauernden monotonen Vortrag zu Buchungen und Geschäftszahlen noch folgen oder ist das gelegentliche Nicken ein Automatismus? Es wird sich auch kaum ein Verteidiger finden, der nicht schon einen gähnenden oder gar dösenden Schöffen in einer Sitzung mit umfangreichen Verlesungen erlebt hat. Stellt man dem nun die Situation gegenüber, dass die Verteidigung bei Durchführung des Selbstleseverfahrens nicht nachvollziehen kann, ob und mit welcher Sorgfalt, das Selbststudium der Unterlagen vorgenommen wurde, bleibt im Ergebnis in beiden Situationen dieselbe Ungewissheit zurück. Die Problematik dieser Situation beschreibt *Kudlich*, wenn auch mit Blick auf den bereits angesprochenen Mündlichkeitsgrundsatz:

„Die mit dem Mündlichkeitsgrundsatz mit Blick auf rechtliches Gehör und Reaktionsmöglichkeit verfolgten Ziele werden in der Praxis freilich kaum vollständig erreicht: Geht es nämlich – vorbehaltlich der Interessen der die Öffentlichkeit verkörpernden Zuschauer – für die Verfahrensbeteiligten vor allem darum, dass sie aufgrund der

277 BT-Drs. 10/1313 S. 28.

> mündlichen Verhandlung wissen, was Gegenstand der Entscheidung des Gerichts sein wird, um sich in ihrem Prozessverhalten darauf einstellen zu können, scheitert dies nicht selten schon daran, dass die Beteiligten nicht wissen, was das Gericht wahrnimmt, sondern dies gerade erst im Urteil erfahren."[278]

Demnach macht es für die Verteidigung keinen Unterschied, ob das Gericht den Inhalt von Urkunden durch Verlesen oder Selbstlesung zur Kenntnis nimmt – die tatsächliche Wahrnehmung des Gerichts bleibt bis zum Urteil eine Blackbox.

Etwas anders stellt sich der Vergleich von Verlesung und Selbstleseverfahren aus Sicht der Öffentlichkeit dar, wie auch *Kudlich* in der oben zitierten Kommentierung feststellt. Hier steht die Möglichkeit der Kenntnisnahme des Inhalts der einzuführenden Urkunden der Bekanntgabe der Selbstleseliste gegenüber. Das bereits diskutierte Problem der Intransparenz lässt sich nicht leugnen. Verfahrensrechtliche Probleme stellen sich hingegen, wie bereits erläutert, nicht.

Als Zwischenergebnis ist daher festzuhalten, dass gegen ein „All-In" grundsätzlich keine rechtlichen Bedenken bestehen und nur ein „ungutes Gefühl" ob der fehlenden Transparenz der Beweisaufnahme diesem Vorgehen entgegensteht.

bb. Vergleich mit dem Strafbefehlsverfahren

Geht man nun von dem Extremfall aus, dass wirklich ausschließlich Urkunden in der Beweisaufnahme herangezogen und im Wege des Selbstleseverfahrens eingeführt werden sollen, drängt sich auf den ersten Blick ein Vergleich mit dem Strafbefehlsverfahren auf.

In beiden Fällen erfolgt die Entscheidungsfindung durch reines Selbststudium der Akten. Grundsätzlich besteht auch in beiden Verfahren für den Angeklagten die Möglichkeit, sich zu den Vorwürfen zu äußern. Allerdings ist im Strafbefehlsverfahren eine Anhörung des Angeschuldigten durch den Richter vor Erlass des Strafbefehls nicht erforderlich, § 407 Abs. 3 StPO.

Hierin liegt der entscheidende Unterschied zwischen dem Strafbefehlsverfahren und dem „All-In" im Selbstleseverfahren, an dem der Vergleich auf den zweiten Blick scheitert. Denn dem Beschuldigten ist zwar auch im Strafbefehlsverfahren die Gelegenheit zu bieten, sich zu den Schuldvorwürfen zu äußern, § 163a StPO, der Strafbefehl ist jedoch auch dann wirksam, wenn dies nicht der Fall war.[279] Im Strafbefehlsverfahren ist das Recht auf rechtliches Gehör zudem

---

278 MüKo, StPO, Kudlich, Einleitung, Rn. 186.

279 Beck'scher Online-Kommentar, StPO, Temming, § 407, Rn. 25; KK StPO-Maur, § 407, Rn. 20; KMR StPO, Metzger, § 407, Rn. 40; Meyer-Goßner/Schmitt, StPO, § 407, Rn. 24.

durch den bereits erwähnten § 407 Abs. 3 StPO stark eingeschränkt, da dieses auch erst in der Hauptverhandlung nach erfolgtem Einspruch verwirklicht werden kann. Mithin zu einem Zeitpunkt, zu dem das Gericht seine erste Entscheidung bereits gefällt hat und aufgrund des Strafbefehls eine Verurteilung des Angeklagten gegeben ist.

Diese Abweichung vom regulären Strafverfahren mit Durchführung einer Hauptverhandlung rechtfertigt die Limitierung des Strafbefehlsverfahrens auf den Rechtsfolgenkatalog des § 407 Abs. 2 StPO. Denn auch wenn ein Strafbefehl nur ergehen darf, wenn der Richter sich eine sichere Überzeugung aufgrund der Aktenlage bilden konnte und daher davon auszugehen ist, dass die Qualität der Beweiserhebung mittels Urkunden sich nicht von der des Selbstleseverfahrens unterscheidet, so ist es doch ein enormer Unterschied, ob ein Angeschuldigter im Zwischenverfahren über den Schuldvorwurf informiert wird und dazu Stellung nehmen kann[280], bevor der Richter sein Urteil fällt, oder nicht. Die Frage, ob bei einem „All-In" im Selbstleseverfahren eine Regelung dahingehend, dass die Sanktionierungsmöglichkeiten beschränkt werden müssen, eingeführt werden sollte, stellt sich somit mangels Vergleichbarkeit nicht.

cc. Auswirkungen auf das Revisionsverfahren

Sollte es vorkommen, dass ein Strafverfahren tatsächlich allein auf der Grundlage von Urkunden, die allesamt mittels Selbstleseverfahren in die Hauptverhandlung eingeführt wurden, entschieden wird, kann dies auch Auswirkungen auf das Revisionsverfahren haben. Die Revisionsbegründung ist so zu verfassen, dass das Revisionsgericht allein auf deren Grundlage prüfen kann, ob ein Verfahrensfehler vorliegt.[281]

Dies hat zur Folge, dass davon auszugehen ist, dass der Revisionsführer im Zweifel sämtliche vom Selbstleseverfahren umfassten Urkunden in die Revisionsbegründungsschrift einkopiert. Nur so kann er sicher gehen, dass sein Rechtsmittel nicht als unzulässig verworfen wird. Ein derartiges Vorgehen führt jedoch dazu, dass die Revisionsbegründungen unüberschaubare Ausmaße annehmen. Dies kann nicht gewollt sein. Aus reinem Selbstschutz ist davon auszugehen, dass der BGH ein derartiges Vorgehen nicht akzeptieren wird. In diesem Zusammenhang wird dann auch zu entscheiden sein, ob und wenn ja in welchem Umfang und in welcher Art und Weise das „All-In" im Selbstleseverfahren zulässig ist.

---

280 SK-StPO, Weßlau, § 407, Rn. 11.

281 Statt vieler KK StPO-Gericke, § 344, Rn. 39; Meyer-Goßner/Schmitt, StPO, § 344, Rn. 21.

dd. Ergebnis

Gegen die Zulässigkeit der vollständigen Verlagerung der Beweiserhebung mittels Urkunden in das Selbstleseverfahren sprechen lediglich die fehlende Transparenz und die möglichen Folgen für das Revisionsverfahren.

Werden die Urkunden außerhalb der öffentlichen Hauptverhandlung zur Kenntnis genommen, wird der Öffentlichkeit ein großer Teil der für die Überzeugungsbildung maßgeblichen Fakten vorenthalten. Diese Tatsache ist geeignet, Misstrauen gegenüber der Urteilsfindung und Rechtsprechung zu wecken. Findet die Beweisaufnahme „im stillen Kämmerlein" statt, hat die Öffentlichkeit keine Gelegenheit, sich ein umfassendes Bild vom Sachverhalt und der Beweislage zu machen und ist somit nicht in der Lage, die Entscheidungsfindung des Gerichts nachzuvollziehen. Gerade in öffentlichkeitswirksamen Wirtschafts- und sonstigen Umfangsverfahren, die für die Anwendung des Selbstleseverfahrens prädestiniert sind, besteht daher die Gefahr, dass der Verdacht aufkommt, dass Fakten unter der Decke gehalten oder Absprachen zwischen den Verfahrensbeteiligten verschleiert werden sollen. Dieses Problem stellt sich vielfach auch in Fällen der Einstellung nach § 153a StPO im Verfahren und bei Absprachen gemäß § 257c StPO.

Für die Zulässigkeit der Durchführung der gesamten Beweisaufnahme mittels Urkunden spricht zuallererst der Wortlaut des § 249 Abs. 2 StPO. Diesem ist an keiner Stelle zu entnehmen, dass das Selbstleseverfahren nur auf einen begrenzten Teil der einzuführenden Urkunden angewendet werden kann.

Im Hinblick auf die rechtlichen Grundlagen ist insbesondere anzumerken, dass die Verlesung und das Selbstleseverfahren, schon aus Sicht des Gesetzgebers[282] und auch nach einer überwiegenden Meinung in der Literatur[283], zwei gleichwertig nebeneinanderstehende Varianten der Erhebung des Urkundenbeweises sind. Keiner der beiden Möglichkeiten ist ein Vorrang in der Anwendung und eine Überlegenheit in der Qualität der Beweiserhebung zuzusprechen.[284] Die Urteilsfindung und der Entscheidungsprozess des Gerichts nehmen daher keinen Schaden, wenn der gesamte Urkundenbeweis im Wege des Selbstleseverfahrens in die Hauptverhandlung eingeführt wird.

Zuletzt ist anzumerken, dass erhebliche Praktikabilitätsgründe für die Anordnung des Selbstleseverfahrens betreffend sämtliche einzuführenden Urkunden sprechen können. Gerade in umfangreichen Wirtschaftsverfahren, in den

282 BT-Drs. 10/1313 S. 28.

283 Vgl. oben B. IV.

284 Vgl. oben B. IV.

Unmengen an Geschäftsdaten und Zahlenwerken einzuführen sind, erschließt sich nicht, weshalb es geboten sein sollte, einen Teil der Urkunden zu verlesen. Vielmehr scheint es der Beweiserhebung dienlich zu sein, wenn die Prozessbeteiligten das komplette Konvolut an Unterlagen zur Kenntnisnahme ausgehändigt bekommen und dadurch in der Lage sind, die Unterlagen so zu strukturieren und die Lektüre zeitlich individuell einzuteilen, dass für jeden Einzelnen eine effektive Kenntnisnahme möglich ist. Es würde die Beweiserhebung zerreißen und erschweren, wenn in diesen Fällen Teile der Urkunden aus dem Verband der Selbstleseanordnung herausgenommen werden müssten.

Natürlich kommt den gängigen Kritikpunkten am Selbstleseverfahren bei solch ausufernden Selbstleseanordnung ganz besondere Bedeutung zu. Neben dem Öffentlichkeitsprinzip ist auch besonderes Augenmerk auf die bereits erörterte Vereinbarkeit des Selbstleseverfahrens mit dem Mündlichkeitsprinzip zu werfen. In Fällen des „All-In" kommt der Verteidigung, wie auch der Staatsanwaltschaft, die nicht zu unterschätzende Aufgabe einer Kontrollinstanz zu. Sollten Zweifel an der Effektivität, der Genauigkeit und dem Umfang der tatsächlich durch das Gericht durchgeführten Selbstlesung aufkommen, sind diese geltend zu machen. Ebenso ist, soweit erforderlich, das Erklärungsrecht des Angeklagten, § 257 Abs. 1 StPO, auszuüben.

Zusammenfassend ist festzustellen, dass ein „All-In" im Selbstleseverfahren zwar eine Einschränkung des Mündlichkeitsgrundsatzes und der Öffentlichkeit des Verfahrens mit sich bringt. Dies führt jedoch nicht dazu, dass eine Verlagerung der kompletten Erhebung des Urkundenbeweises in das Selbstleseverfahren nach geltendem Recht unzulässig wäre.

Allerdings sticht, insbesondere aus Verteidigersicht, ins Auge, dass durch ein „All-In" der Dialog zwischen Gericht und Verteidigung betreffend den Urkundenbeweis nicht stattfinden würde, solange nicht vom Erklärungsrecht nach § 257 StPO Gebrauch gemacht wird. Sollte es außer dem Urkundenbeweis in einem Verfahren kaum andere Beweismittel geben, sieht sich die Verteidigung in die Zeiten des Inquisitionsverfahrens zurückversetzt: Die Transparenz für die Öffentlichkeit wäre aufgehoben. Auf die Verlesung der Anklageschrift würden sogleich der Schluss der Beweisaufnahme, die Plädoyers und die anschließende Urteilsverkündung folgen. Dies würde eine unzumutbare Einschränkung des Rechtes des Angeklagten auf eine faire und transparente Urteilsfindung darstellen. Eine gesetzliche Regelung, die die Zulässigkeit eines „All-Ins" ausschließt, ist daher dankbar.

Eine zweite, weniger einschneidende Möglichkeit ist der Bericht des Vorsitzenden über den wesentlichen Inhalt von Urkunden. Dieses Vorgehen ist neben der Verlesung und dem Selbstleseverfahren als dritte Form der Erhebung des Urkundenbeweises zulässig.[285] Durch diesen Bericht kann die Transparenz der Hauptverhandlung für die Öffentlichkeit wiederhergestellt werden. Dazu ist es erforderlich, dass der Bericht des Vorsitzenden sich jedoch nicht auf zwei allgemeine Sätze zur Urkunde beschränkt, sondern in einem angemessenen Verhältnis zum Umfang und zur Bedeutung der vom Selbstleseverfahren umfassten Urkunde steht. Eine generelle Pflicht zum Bericht über den wesentlichen Inhalt der mittels Selbstleseverfahren einzuführenden Urkunden würde uns zurück zur Fassung des § 249 Abs. 2 StPO von 1979 führen. Ein obligatorischer Bericht über den wesentlichen Inhalt ist jedoch nicht erforderlich. Er würde vielmehr das Ziel des Selbstleseverfahrens, die Verfahrensbeschleunigung, konterkarieren. Es ist daher ausreichend, wenn die Widerspruchsberechtigten im Verfahren, die sich ohnehin mit der Durchführung und Zulässigkeit des Selbstleseverfahrens auseinandersetzen, in die Pflicht genommen werden. Ihnen sollte ein Antragsrecht betreffend den Bericht des Vorsitzenden zustehen.

3. Unmittelbarkeitsgrundsatz, § 250 StPO

Im Rahmen seiner Aufklärungsplicht, § 244 Abs. 1 StPO, obliegt es dem Gericht, die Wahrheit in der Beweisaufnahme zu erforschen. Die Beweisaufnahme hat sich auf alle Tatsachen und Beweismittel zu erstrecken, die für die Entscheidung des Gerichts bedeutsam sind. Hierbei hat sich das Gericht immer um den bestmöglichen Beweis für eine Tatsache zu bemühen – in aller Regel ist dies der unmittelbare Beweis.[286]

a. Vereinbarkeit mit dem Unmittelbarkeitsgrundsatz

Das Selbstleseverfahren ist eine Form des Urkundenbeweises. Wann der Urkundenbeweis für sich genommen zulässig ist, regeln die Vorschriften der §§ 249 bis 256 StPO. Bewegt sich die Beweisaufnahme mittels des Selbstleseverfahrens im Rahmen dieser rechtlichen Grenzen, liegt keine Verletzung des Unmittelbarkeitsgrundsatzes vor. Das selbstständige Lesen einer Urkunde ist die unmittelbarste Möglichkeit der Kenntnisnahme eines Schriftstücks.[287] Damit wird der Unmittelbarkeitsgrundsatz bei der Durchführung des Selbstleseverfahrens nicht

285 Vgl. unten F. II.

286 Cornelius, NStZ 2008, 244 (245); Volk/Engländer, StPO, § 18, Rn. 26.

287 Löwe-Rosenberg, StPO, Mosbacher, 26. Auflage, § 249, Rn. 58.

tangiert, solange Richter und Schöffen vom Wortlaut der Urkunden Kenntnis genommen haben.[288]

b. Grundsatz der persönlichen Vernehmung, § 250 StPO

Durch den Grundsatz der persönlichen Vernehmung, § 250 StPO, wurde der Unmittelbarkeitsgrundsatz gesetzlich normiert.[289] Kern der Vorschrift ist der Vorrang des Personalbeweises in den Fällen, in denen der Beweis einer Tatsache auf den Wahrnehmungen einer Person beruht.

In derartigen Konstellationen soll das Ersetzungsverbot des § 250 S. 2 StPO verhindern, dass das Gericht auf die Vernehmung des Zeugen, der über seine Wahrnehmung berichten kann, verzichtet und stattdessen Protokolle über erfolgte Vernehmungen oder schriftliche Erklärungen des Zeugen zur Beweiserhebung durch Urkundenbeweis heranzieht. Hintergrund ist der Gedanke, dass die Person, die über ihre Wahrnehmung berichtet, näher an der Beweistatsache ist – und damit das unmittelbarere Beweismittel darstellt – als eine schriftliche Dokumentation ihrer Aussage.[290]

Das sachnächste Beweismittel ist jedoch nicht auch automatisch das bestmögliche Beweismittel. Der Grundsatz der persönlichen Vernehmung regelt nur, dass der Personalbeweis nicht durch den Urkundenbeweis ersetzt werden darf.[291] Dies hat zur Folge, dass eine Verlesung oder die Durchführung des Selbstleseverfahrens zur Ergänzung der Zeugenaussage möglich ist, solange der Zeuge oder Sachverständige in der Hauptverhandlung vernommen worden ist, und der Urkundenbeweis diese Aussage nicht ganz oder in Teilen ersetzten, sondern ergänzen soll.[292] Die ergänzende Verlesung hat mehrere Funktionen. Sie kann der Unterstützung der getätigten Aussage und der Überprüfung der Aussage auf Wahrheit dienen.[293]

288 Grünwald, Beweisrecht, S. 128.

289 Ausführlich zur Zulässigkeit der vernehmungsergänzenden Verlesung: Mosbacher, NStZ 2014, 1.

290 Zum Ganzen Cornelius, NStZ 2008, 244 (245); Grünwald, Beweisrecht, S. 115.

291 Volk/Engländer, StPO, § 18, Rn. 26.

292 BGH, Beschluss vom 04.06.1970 – 4 StR 540/69, NJW 1970, 1558 (1559); Beck'scher Online-Kommentar, StPO, Ganter, § 250, Rn. 4; Meyer-Goßner/Schmitt, StPO, § 250, Rn. 12; Mosbacher, NStZ 2014, 1 (1ff); Pfeiffer, StPO, § 250, Rn. 4; SK-StPO, Schlüchter, § 250, Rn. 17; a.A. Grünwald, JZ 1966, 489 (493); Peters, JZ 1965, 650 (650); Cornelius NStZ 2008, 244 (245) erachtet die Verlesung nur unter den Voraussetzungen des § 251 StPO als zulässig.

293 LG Lübeck, Entscheidung vom 07.06.1983 – Ia Ks 8/82, StV 1984, 111 (111); Meyer-Goßner/Schmitt, StPO, § 250, Rn. 12.

Es können zudem Feststellungen über den Inhalt und die Richtigkeit der Urkunde, wenn der Zeuge erklärt, sich nicht mehr zu erinnern, in seiner früheren Befragung aber die Wahrheit gesagt zu haben, getroffen werden.[294]

Die Ergänzung durch Urkundenbeweis soll sogar zulässig sein, wenn der Zeuge die Aussage gemäß § 55 StPO teilweise verweigert hat, solange eine von ihm selbst verfasste schriftliche Stellungnahme vorliegt.[295]

Nun stellt sich die Frage, ob die vorangegangenen Feststellungen in gleicher Weise auf die Verlesung von Urkunden und das Selbstleseverfahren Anwendung finden. Es wird durchaus vertreten, dass die vernehmungsergänzende Einführung von Urkunden durch das Selbstleseverfahren unzulässig ist, da die Urkunden in Anwesenheit der Auskunftsperson möglichst unmittelbar im Anschluss an deren Vernehmung zu verlesen sind.[296]

Wie bereits mehrfach ausgeführt, stehen die Verlesung und das Selbstleseverfahren als gleichwertige Varianten der Erhebung des Urkundenbeweises nebeneinander. Eine Einführung der vernehmungsergänzenden Urkunde durch das Selbstleseverfahren ist daher zulässig[297], wie auch der BGH bestätigt[298].

c. *Urkundenbeweis mit Protokollen, § 251 StPO*

In § 251 StPO ist geregelt, in welchen Fällen die Vernehmung von Zeugen, Sachverständigen und Mitbeschuldigten trotz des Grundsatzes der persönlichen Vernehmung, § 250 StPO, durch eine Protokollverlesung ersetzt werden kann. Die Regelung ist auch für das Selbstleseverfahren als zweite mögliche Form des Urkundenbeweises von Bedeutung. Diese Ausnahmen vom Beweisverwertungsverbot des § 250 StPO dienen der Wahrheitsfindung und der Erleichterung und Beschleunigung des Verfahrens.[299]

§ 251 Abs. 1 StPO regelt die Verlesung von Protokollen über frühere Vernehmungen oder Urkunden mit schriftlichen Erklärungen unter bestimmten Voraussetzungen. Dies sind das Einverständnis des verteidigten Angeklagten, des Verteidigers und der Staatsanwaltschaft, § 251 Abs. 1 Nr. 1 StPO, die

---

294 OLG Hamm, Beschluss vom 23.01.2007 – 3 Ss 584/06, NStZ 2007, 542 (543); Meyer-Goßner/Schmitt, StPO, § 250, Rn. 12.

295 BGH, Urteil vom 23.12.1986 – 1 StR 514/86, BGH NJW 87, 1093 (1093); Beck'scher Online-Kommentar, StPO, Ganter, § 250, Rn. 6; Mosbacher, NStZ 2014, 1 (2).

296 Löwe-Rosenberg, StPO, Sander/Cirener, 26. Auflage, § 250, Rn. 17.

297 Mosbacher, NStZ 2014, 1 (8).

298 BGHSt Urteil vom 29.08.2007 – 5 StR 103/07.

299 BVerfG, Beschluss vom 26.05.1981 – 2 BvR 215/81, NJW 1981, 1719 (1722 f); Meyer-Goßner/Schmitt, StPO, § 251, Rn. 1.

Unmöglichkeit der Vernehmung eines Zeugen, Sachverständigen oder Mitbeschuldigten, wenn dieser verstorben ist oder aus anderen Gründen in absehbarer Zeit nicht vernommen werden kann, § 251 Abs. 1 Nr. 2 StPO, oder zum Beweis des Vorliegens und der Höhe eines Vermögensschadens, § 251 Abs. Nr. 3 StPO.

An die Ersetzung durch Verlesung von Protokollen aus einer früheren richterlichen Vernehmung sind etwas niederere Anforderungen geknüpft, § 251 Abs. 2 StPO. So genügt das Entgegenstehen von Krankheit, Gebrechen oder anderen nicht zu beseitigenden Hindernissen für eine längere oder ungewisse Zeit, § 251 Abs. 2 Nr. 1 StPO, die Unzumutbarkeit des Erscheinens in der Hauptverhandlung aufgrund zu großer Entfernung unter Berücksichtigung der Bedeutung der Aussage, § 251 Abs. 2 Nr. 2 StPO, oder das Einverständnis der Prozessbeteiligten, wobei es nicht erforderlich ist, dass der Angeklagte verteidigt ist, § 251 Abs. 2 Nr. 3 StPO.

Darüber hinaus ist die Verlesung zu anderen Zwecken als der Urteilsfindung, insbesondere zur Vorbereitung der Entscheidung, ob die Ladung zu einer persönliche Vernehmung erfolgen soll, an keine bestimmten Voraussetzungen geknüpft, § 251 Abs. 3 StPO.

Nicht möglich ist die Ersetzung der früheren Vernehmungen von Personen, die von ihrem Recht zu Schweigen Gebrauch machen. Für den Zeugen ist dies klar in § 252 StPO geregelt.[300]

d. Verbot der Protokollverlesung nach Zeugnisverweigerung, § 252 StPO

§ 252 StPO postuliert nach seinem Wortlaut ein eindeutiges und uneingeschränktes Verlesungsverbot für Vernehmungsprotokolle, wenn ein Zeuge erst in die Hauptverhandlung von seinem Recht zu Schweigen Gebrauch macht:

> „Die Aussage eines vor der Hauptverhandlung vernommen Zeugen, der erst in der Hauptverhandlung von seinem Recht, das Zeugnis zu verweigern, Gebrauch macht, darf nicht verlesen werden."

Diese Vorschrift ist die konsequente und notwendige Ergänzung der §§ 52 ff StPO, um die darin garanitieren Rechte auch bei nachträglicher Zeugnisverweigerung umfassend zu schützen. Für das Selbstleseverfahren folgt hieraus, dass Vernehmungsprotokolle im Falle einer rechtmäßigen nachträglichen Aussageverweigerung nicht zum Gegenstand desselben gemacht werden dürfen. Die bekannte Ausnahme für frühere richterliche Vernehmungen[301] greift bei der Beweisaufnahme durch das Selbstleseverfahren nicht, da die von der

300 Vgl. D. I. 3. d.

301 BGH, Urteil vom 29.06.1983 - 2 StR 150/83, NJW 1984, 621 (622).

Rechtsprechung entwickelte Ausnahme nur für die Vernehmung der Verhörsperson, sprich den Richter, in der aktuellen Hauptverhandlung gilt und nicht die Verlesung des Protokolls ermöglicht.[302]

e. *Protokollverlesung zur Gedächtnisunterstützung, § 253 StPO*

Die Regelung des § 253 StPO wird durch § 249 Abs. 2 S. 1 StPO vom Anwendungsbereich des Selbstleseverfahrens ausgeschlossen. Dies ist nur logisch, denn § 253 StPO regelt die Protokollverlesung zum Zweck der Gedächtnisunterstützung eines Zeugen oder Sachverständigen und die Verlesung zur Feststellung und Ausräumung von Widersprüchen zwischen früheren Vernehmungen und der Aussage in der Hauptverhandlung, wenn dies ohne Unterbrechung derselben auf andere Weise nicht möglich ist.

Diese Zwecke könnten durch den Urkundenbeweis im Wege des Selbstleseverfahrens nicht erreicht werden, da nur die Prozessbeteiligten, nicht aber die zu vernehmende Person vom Inhalt der Urkunde Kenntnis erlangen. Die Unabwendbarkeit auf das Selbstleseverfahren ergibt sich daher schon aus dem Inhalt der Vorschrift selbst.

Dennoch ist die Regelung des § 253 StPO und deren Auswirkungen auf die Beweiserhebung für das Selbstleseverfahren von Interesse. Die Frage, ob die Verlesung von Protokollen und zu Beweiszwecken angefertigten Schriftstücken nach § 253 StPO nicht nur ergänzend zu der Vernehmung der vernommenen Person selbst, sondern auch zur Gedächtnisunterstützung der Vernehmungsperson zulässig ist, ist hoch umstritten.[303]

Zunächst sind für die Durchführung des Selbstleseverfahrens die zu dem Anwendungsbereich von § 253 StPO vertretenen Ansichten zu beachten.

> „Das Gesetz hat insofern in § 253 StPO nur eine besondere Vorkehrung für die Verwendung von Protokollen getroffen, deren Verlosung [sic] zum Zweck des Urkundenbeweises es erst (als letzten Ausweg) zuläßt, nachdem Vorhalte aus dem Protokoll keine Übereinstimmung der gegenwärtigen Aussage mit dem Inhalt des Protokolls bewirkt und auch nicht dazu geführt haben, daß der Zeuge bekundete, bei der Aufnahme des Protokolls abweichend von seiner gegenwärtigen Aussage tatsächlich das im Protokoll Festgehaltene ausgesagt zu haben. Indessen kann hieraus nicht der Schluß gezogen werden, daß das Gesetz die Verwertung schriftlicher Erklärungen neben der Zeugenaussage überhaupt verbiete […] noch kann daraus gefolgert werden, daß § 253 StPO auf schriftliche

---

302 BGH, Urteil vom 21.06.1956 – 3 StR 158/56, NJW 1956, 1527 (1528); Beck'scher Online-Kommentar, StPO, Ganter, § 252, Rn. 27; Meyer-Goßner/Schmitt, StPO, § 252, Rn. 13 „Ausnahme vom Vernehmungsverbot".

303 Vgl. zu diesem Problem Mosbacher in NStZ 2014, 1 (1ff).

Erklärungen entsprechend anzuwenden, die Verlesung zum Zweck des Urkundenbeweises also erst nach vergeblichen Vorhalten zulässig sei. Es ist vielmehr von dem der Systematik des Gesetzes zu entnehmenden allgemeinen Grundsatz auszugehen, daß das Gesetz den Urkundenbeweis zuläßt, wo es ihn nicht ausdrücklich untersagt [...].“[304]

Dieser Auszug aus der BGH-Entscheidung vom 16.02.1965 zeigt deutlich, dass im Rahmen des § 253 StPO Vernehmungsprotokolle und schriftliche Erklärungen von Zeugen nicht auf eine Stufe gestellt werden können. Auch die Kommentarliteratur sieht nur schriftliche Erklärungen der Beweisperson, auf die im Protokoll Bezug genommen wird, vom Anwendungsbereich des § 253 StPO erfasst.[305] Es wird sogar, wie in der oben zitierten Entscheidung, ganz ausdrücklich vertreten, dass bei schriftlichen Erklärungen von Zeugen oder Sachverständigen ein Rückgriff auf § 253 StPO nicht erforderlich ist, sondern bereits unter den Voraussetzungen des § 250 StPO eine ergänzende Verlesung möglich ist.[306]

Daraus ist zu schließen, dass schriftliche Erklärungen von Zeugen unter den Voraussetzungen des § 250 StPO stets ergänzend zu erfolgten Zeugenvernehmungen in der Hauptverhandlung verlesen werden können und damit nicht durch § 249 Abs. S. 1 StPO vom Anwendungsbereich des Selbstleseverfahrens ausgeschlossen sind. Der BGH führt in seiner auch später zitierten[307] Entscheidung vom 16.02.1965 weiter aus:

„Indessen sprechen auch wichtige sachliche Gesichtspunkte dafür, den Urkundenbeweis durch schriftliche Erklärung im Sinne des § 250 Satz 2 StPO als ergänzendes Beweismittel neben der Zeugenaussage des Ausstellers der schriftlichen Erklärung und gleichsam in diese eingebettet unbeschränkt zuzulassen. In diesem Sinne ist insbesondere beachtlich, daß hier von einer Unterdrückung des Grundsatzes der Mündlichkeit und Unmittelbarkeit des Verfahrens, welcher den in den §§ 250 f StPO vorgeschriebenen Beschränkungen des Urkundenbeweises zugrunde liegt, nicht die Rede sein kann, sondern es sich vielmehr so verhält, daß diese leitenden verfahrensrechtlichen Prinzipien sich gerade in der zeugenschaftlichen Äußerung und Stellungnahme zu den vor allen Verfahrensbeteiligten ausgebreiteten Inhalt der Urkunde verwirklichen. Insbesondere kann es im Interesse der Wahrheitsfindung als einer der wichtigsten Aufgaben des strafgerichtlichen Verfahrens nicht verantwortet werden, einen Beweisgegenstand ungenutzt zu lassen, der nicht nur unmittelbar für die Feststellungen von erheblicher

304 BGH, Urteil vom 16.2.1965 – 1 StR 4/65, NJW 1965, 874 (874 f).

305 Löwe-Rosenberg, StPO, Mosbacher, 26. Auflage, § 253, Rn. 14; Meyer-Goßner/Schmitt, StPO, § 253, Rn. 7.

306 Beck’scher Online-Kommentar, StPO, Ganter, § 253, Rn. 8.

307 U.a. zitiert in BGH, Urteil vom 25.09.2001 – 1 StR 264/01, NStZ 2002, 46 (46) und BGH, Beschluss vom 12.02.2004 – 1 StR 566/03, NStZ 2004, 348 (349).

Bedeutung sein kann, sondern unter Umständen auch für die Frage der Glaubwürdigkeit des Zeugen von großer Wichtigkeit ist.

Anders als bei Protokollen, über deren Entstehung und Inhalt regelmäßig die beteiligten Verhörspersonen als Beugen [sic] vernommen werden können, kann bei schriftlichen Erklärungen in der Regel nur der Aussteller selbst die Art der Entstehung und den Inhalt der Erklärung aus eigenem Wissen wiedergeben. Deren Wortlaut hat andererseits im Verhältnis zum Protokoll meist auch deshalb ein besonderes Gewicht, weil er den Sachverhalt regelmäßig mit den eigenen Worten des Zeugen festgehalten hat, während bei Protokollen der Vernehmende die Angaben des Zeugen meist in eine andere Form bringt. Auch aus diesem Grunde wird es für den Tatrichter von großer Bedeutung sein, die mündlichen Erklärungen des Zeugen in der Hauptverhandlung im Zusammenhang mit dem Wortlaut seiner früheren schriftlichen Erklärung würdigen zu können. Die Möglichkeit dazu hat er in verfahrensrechtlich einwandfreier Weise jedoch nur, wenn die Urkunde zum Zweck des Urkundenbeweises vorlesen und ihr wörtlicher Inhalt damit dem Gericht in einer Form zur Kenntnis gebracht wird, die seine Verwertung bei der Tatsachenfeststellung zulässig macht."[308]

Vernehmungsprotokolle werden zu Dokumentationszwecken erstellt, wodurch gewährleistet werden soll, dass auch zu einem späteren Zeitpunkt, zu dem Zeugen und Vernehmungsbeamte die Einzelheiten nicht mehr in Erinnerung haben, auf die Erkenntnisse der Vernehmung zurückgegriffen werden kann.[309] Aus der vorgenannten, teilweise auch vom BGH in anderen Entscheidungen und auch von *Mosbacher*[310] vertretenen Sicht würde es schlicht der Aufklärungspflicht des Gerichts widersprechen, wenn es im Rahmen der Beweiserhebung das Vernehmungsprotokoll oder die frühere schriftliche Erklärung ungenutzt lassen würde. Auch in anderen Entscheidungen hielt der BGH eine Verlesung von schriftlichen Erklärungen für zulässig.[311]

Allerdings kann diese Frage im Hinblick auf die Anwendung des Selbstleseverfahrens, wenn es um das hohe Ziel der Wahrheitsfindung geht, dahinstehen. Denn in den Fällen, in denen die Beweisaufnahme durch Urkundenbeweis die Aussage eines Zeugen verifizieren oder ergänzen soll, macht es wenig Sinn, dies im Selbstleseverfahren vorzunehmen. Hat ein Zeuge ausgesagt und soll diese Aussage über § 253 StPO hinaus durch die Einführung von Vernehmungsprotokollen und schriftlichen Erklärungen des Zeugen ergänzt werden, ist eine bestmögliche Aufklärung des Sachverhalts nur dann möglich, wenn die entsprechende

308 BGH, Urteil vom 16.2.1965 – 1 StR 4/65, NJW 1965, 874 (874 f).

309 vgl. Mosbacher, NStZ 2014, 1 (5).

310 vgl. Mosbacher, NStZ 2014, 1 (5).

311 BGH, Urteil vom 30.05.1950, Az.: 2 StR 50/50, BGHSt 1,4 (5); BGH, Beschluss vom 12.02.2004 – 1 StR 566/03, NStZ 2004, 348 (348 f).

Urkunde direkt im Anschluss an diese Vernehmung in der Hauptverhandlung verlesen und gegebenenfalls diskutiert wird. Eine Selbstlesung ohne unmittelbaren zeitlichen und sachlichen Zusammenhang kann diesen Zweck nicht erfüllen.

f. Verlesung von Geständnisprotokollen, § 254 StPO

Die Vorschrift des § 254 StPO gestattet die Verlesung von Protokollen einer richterlichen Vernehmung des Angeklagten zum Zweck der Beweisaufnahme über ein Geständnis und zum Ausräumen von Widersprüchen. Die Regelung stellt damit eine weitere Ausnahme von dem Ersetzungsverbot des § 250 StPO dar.

Es muss sich um ein Geständnis in der verhandelten Strafsache handeln. Durch die Verlesung kann Beweis darüber erhoben werden, dass ein Geständnis abgelegt worden ist, dass es einen bestimmten Inhalt hatte und dass es wahr ist.[312] Sinn der Regelung ist es, die Verlesung von nicht richterlichen Protokollen zu verhindern. Hier ist die Verhörsperson selbst zu vernehmen.[313] Die Ausnahme für richterliche Vernehmungsprotokolle wird zum einen gewährt, da dem Richter ein besonderes Vertrauen im Hinblick auf seine Zuverlässigkeit entgegengebracht wird und zum anderen, da in richterlichen Vernehmungen der Verteidigung verstärkte Mitwirkungsrechte zustehen.[314]

Schriftliche Erklärungen des Angeklagten, die Geständnisse enthalten, können uneingeschränkt im Rahmen des § 249 StGB eingeführt werden.[315] Ebenso bleibt die Beweiserhebung durch Zeugeneinvernahme oder Vorhalte von der Vorschrift unberührt.[316]

Auch aus der Vorschrift des § 254 StPO sind trotz seiner Unanwendbarkeit auf das Selbstleseverfahren wichtige Rückschlüsse für dessen Durchführung zu ziehen.

Der nur im Hinblick auf richterliche Vernehmungsprotokolle zur Beweiserhebung über Geständnisse eingeschränkte Anwendungsbereich zeigt, dass alle anderen Schriftstücke, wie beispielsweise persönliche Niederschriften des Angeklagten, im Rahmen der §§ 250 bis 253 StPO in die Hauptverhandlung eingeführt werden

312 Meyer-Goßner/Schmitt, StPO, § 254, Rn. 2.

313 Beck'scher Online-Kommentar, StPO, Ganter, § 254, Rn. 1.

314 Löwe-Rosenberg, StPO, Mosbacher, 26. Auflage, § 254, Rn. 1.

315 Beck'scher Online-Kommentar, StPO, Ganter, § 249, Rn. 14; KK StPO-Diemer, § 254, Rn. 1; Löwe-Rosenberg, StPO, Mosbacher, 26. Auflage, § 252, Rn. 3.

316 KK StPO-Diemer, § 254, Rn. 1; Löwe-Rosenberg, StPO, Mosbacher, 26. Auflage, § 254, Rn. 4.

können. Entsprechend der bereits getätigten Ausführungen kann daher auch ein Selbstleseverfahren bezüglich dieser Urkunden durchgeführt werden.

Zudem ist auch im Selbstleseverfahren das aus § 254 StPO folgende Verwertungsverbot[317] für alle nicht richterlichen Protokolle über Geständnisse zu beachten.

Es stellt sich die Frage, weshalb die Beweiserhebung nach § 254 StPO vom Anwendungsbereich des Selbstleseverfahrens ausgeschlossen ist.

Für § 254 Abs. 2 StPO liegt dies klar auf der Hand. Die Verlesung des richterlichen Protokolls zur Ausräumung von Widersprüchen ist nur in Anwesenheit der Angeklagten möglich, da ein Widerspruch der getätigten Aussagen nur aufkommen kann, wenn der Angeklagte sich in der Hauptverhandlung zur Sache einlässt und die Angaben zum Geständnis von denen in einer früher getätigten geständigen Einlassung abweichen.

Die Beweiserhebung über ein schriftlich festgehaltenes Geständnis im Wege des Selbstleseverfahrens begegnet aus Sicht der Verteidigung erheblichen Bedenken. Man stelle sich die Situation vor, in der die Verfahrensbeteiligten – insbesondere die Schöffen – für sich allein und ohne die Möglichkeit einer unmittelbar auf die Lektüre folgende Stellungnahme der Verteidigung zu dem gelesenen Geständnis, den Inhalt des Geständnisprotokolls zur Kenntnis nehmen. Das unkommentierte und möglichweise auch unreflektierte Geständnis verfestigt sich in der Sichtweise der Verfahrensbeteiligten. Bis zu dem Zeitpunkt, zu dem es der Verteidigung möglich ist, gemäß § 257 StPO zu dem Geständnisprotokoll Stellung zu nehmen, ist es nicht unwahrscheinlich, dass sich in den Köpfen der Verfahrensbeteiligten bereits eine Beweiswertung und Entscheidung über die Schuld des Angeklagten gefestigt hat, die nicht mehr rückgängig zu machen ist.

Deshalb ist es aus Sicht der Verteidigung elementar, dass die Verlesung von Geständnisprotokollen, § 254 StPO, weiterhin vom Anwendungsbereich des Selbstleseverfahrens ausgeschlossen bleibt. Nur so ist eine effektive Verteidigung in Fällen, in denen ein Geständnisprotokoll vorliegt, möglich.

g. Protokollierung der Verlesung und audio-visuelle Aufzeichnungen von Zeugenvernehmungen §§ 255, 255a StPO

Die Vorschriften der §§ 255, 255a StPO spielen für die Beweiserhebung mittels des Selbstleseverfahrens keine Rolle.

§ 255 StPO regelt, dass in den Fällen der §§ 253, 254 StPO die Verlesung und deren Grund auf Antrag im Protokoll festzuhalten sind. Da diese Vorschriften

---

317 Löwe-Rosenberg, StPO, Mosbacher, 26. Auflage, § 254, Rn. 8.

vom Anwendungsbereich des § 249 Abs. 2 StPO ausgeschlossen sind, ist die Regelung ohne Bedeutung für das Selbstleseverfahren.

In § 255a StPO wird die Vorführung von Bild-Ton-Aufzeichnungen behandelt. Diese sind kein tauglicher Gegenstand des Selbstleseverfahrens und die Vorschrift daher ebenfalls nicht anzuwenden.

h. Erweiterter Urkundenbeweis, § 256 StPO

Seit der Fassung von 1994 gilt die in § 256 StPO geregelte Ausnahme vom Unmittelbarkeitsgrundsatz der §§ 250, 251 StPO auch für das Selbstleseverfahren.[318] Die Vorschrift regelt in § 256 Abs. 1 StPO, dass bestimmte schriftliche Dokumente verlesen werden können, ohne dass zusätzlich eine Vernehmung eines Bediensteten der ausstellenden Behörde, des berichtenden Arztes oder Gutachters erforderlich ist.[319]

Hintergrund der Vorschrift ist, dass den Bediensteten öffentlicher Behörden, vereidigten Gutachtern, Sachverständigen und Ärzten ein besonders Vertrauen entgegengebracht wird, sodass alleine auf die schriftliche Berichterstattung vertraut werden kann. Eine zusätzliche Vernehmung der Beweispersonen wird nicht für erforderlich erachtet[320], wodurch das Verfahren beschleunigt werden kann.[321]

Es sind jedoch Fälle denkbar, in denen die Aufklärungspflicht, § 244 StPO, es gebietet, die Beweisperson in der Hauptverhandlung ergänzend als Zeugen zu vernehmen.[322] Ist dies der Fall, stellt sich die Fragen, wie sinnvoll die Einführung des entsprechenden Urkundenbeweises mit Hilfe des Selbstleseverfahrens ist.

Meist dürfte bereits im Ermittlungsverfahren oder spätestens im Zwischenverfahren klar werden, welche nach § 256 StPO verlesbaren Urkunden ihren vollen Aufklärungswert erst in Verbindung mit der Vernehmung der dazu gehörenden Beweisperson entfalten werden. In dieser Situation wird es am effektivsten sein, die Urkunde in der Hauptverhandlung zu verlesen und im direkten Zusammenwirken mit der Zeugenvernehmung in die Hauptverhandlung

---

318 Vgl. oben B. II. 3.; Beck'scher Online-Kommentar, StPO, Ganter, § 256, Rn. 1; Meyer-Goßner/Schmitt, StPO, § 249, Rn. 19.

319 Beck'scher Online-Kommentar, StPO, Ganter, § 256, Rn. 1; Meyer-Goßner/Schmitt, StPO, § 256, Rn. 1.

320 BR-Drucks. 378/03 S. 61; Meyer-Goßner/Schmitt, StPO, § 256, Rn. 1; kritisch zur Ausweitung durch das 1. JuMoG Meyer-Goßner/Schmitt, StPO, § 256, Rn. 1.

321 Grünwald, Beweisrecht, S. 115; KK StPO-Diemer, § 256, Rn. 1; Pfeiffer, StPO, § 256, Rn. 1.

322 Beck'scher Online-Kommentar, StPO, Ganter, § 256, Rn. 2; Meyer-Goßner/Schmitt, StPO, § 256, Rn. 2.

einzuführen. So kann gewährleistet werden, dass allen Verfahrensbeteiligten der Inhalt der Urkunde bei der Zeugenbefragung präsent ist und der maximale Nutzen aus dem Schriftstück und der Zeugenaussage gezogen werden kann.

Sollte eine Urkunde trotz der offensichtlichen oder auch nur wahrscheinlichen Notwendigkeit einer ergänzenden Zeugenvernehmung dennoch ihren Weg in eine Selbstleseanordnung finden, so ist es an den Prozessbeteiligten, auf diese Tatsache aufmerksam zu machen und darauf hinzuwirken, dass das Schriftstück durch Verlesung und nicht im Selbstleseverfahren eingeführt wird.

Somit bleiben die Fälle, in denen die Notwendigkeit der zusätzlichen Anhörung der Beweisperson erst im Nachhinein offenbar wird oder das Gericht die Durchführung des Selbstleseverfahrens trotz Einwände der anderen Verfahrensbeteiligten anordnet. Um hier eine optimale Beweiserhebung und die Chance zur umfassenden Beweiswürdigung zu erreichen, wird es in aller Regel erforderlich sein, die Urkunden im Wortlaut, auch wenn diese den Beteiligten bereits durch Selbstlesung bekannt sind, nochmals in der Hauptverhandlung zur Sprache zu bringen. Handelt es sich um Schriftstücke von nur geringem Umfang, wird das Gericht schnell bereit sein, den Inhalt in der Verhandlung zu verlesen. Oft erfolgt die Beweisaufnahme durch das Selbstleseverfahren jedoch vor allem auch aufgrund des großen Umfangs von Schriftstücken. Hier wird es schwer werden, das Gericht zur Verlesung des Dokuments zu bewegen, wenn es schon Teil einer Selbstleseliste war. Sollten es Prozessbeteiligte dennoch für erforderlich erachten, die gesamte Urkunde oder zumindest Passagen daraus in der Hauptverhandlung zur Sprache zu bringen, ist der Vorhalt der Urkunde möglich. Diese Methode bietet gerade bei sehr umfangreichen Dokumenten entscheidende Vorteile: Zunächst können der Wortlaut des Schriftstücks und die Aussage des Zeugen in unmittelbaren zeitlichen Zusammenhang gebracht werden. Ein weiterer Vorteil besteht darin, dass der Inhalt der Urkunden in „kleinen Portionen" in die Hauptverhandlung eingeführt wird, womit die Chance, dass der Wortlaut allen Beteiligten im entscheidenden Moment präsent ist deutlich erhöht wird. Zuletzt und für die Strategie der Verfahrensbeteiligten, insbesondere der Verteidigung, am wichtigsten ist die Möglichkeit, gezielt bestimmte Teile einer Urkunde herauszuarbeiten und, wenn nötig, andere nicht in den Fokus zu bringen.

4. Anspruch auf rechtliches Gehör

Die Frage, ob das Selbstleseverfahren gegen das Recht auf rechtliches Gehör verstößt, ist umstritten.

Eisenberg sieht das Recht auf rechtliches Gehör durch das Selbstleseverfahren verletzt, da zwar die Gewährung der Gelegenheit zur Kenntnisnahme der

Urkunden durch den Angeklagten und die Verteidigung gesetzlich vorgeschrieben ist, aus seiner Sicht aber die Gefahr besteht, dass der Angeklagte bei Durchführung des Selbstleseverfahrens verunsichert ist, welche Urkunden tatsächlich zur Urteilsfindung herangezogen werden und wozu folglich Stellung zu nehmen wäre.[323]

Mosbacher hingegen sieht keine Verletzung des Art. 103 Abs. 1 GG, da dem Angeklagten gesetzlich geregelt die Gelegenheit zur Kenntnisnahme einzuräumen ist und die Möglichkeit zur Stellungnahme und dem Stellen von Anträgen besteht. Auch *Eisenbergs* Sorge hält er für unbegründet. Gerade bei der Durchführung des Selbstleseverfahrens sei der Angeklagte durch das Vorliegen der vollumfänglichen Urkunden bestens in der Lage, sich selbst ein Bild von den Beweisen zu machen.[324]

Das Oberlandesgericht Stuttgart führt dementsprechend in seinem Beschluss vom 24.09.2014 auf Seite 2 aus:

> „Der (verfassungsrechtlich garantierte) Anspruch auf rechtliches Gehör wird durch das Selbstleseverfahren nicht eingeschränkt: Jeder Verfahrensbeteiligte behält das Recht und die Möglichkeit, vom Inhalt der jeweiligen, in die Selbstleseliste aufgenommenen Urkunden Kenntnis zu nehmen, sich in der Hauptverhandlung hierzu zu äußern und gegebenenfalls für erforderlich gehaltene Anträge zu stellen."[325]

Im Hinblick darauf obliegt es der Verteidigung, die Rechte des Angeklagten hier umfassend zu wahren und durchzusetzen. Insbesondere die Äußerung in der Hauptverhandlung und das Stellen von Anträgen zu gelesenen Inhalten sind für juristische Laien strafprozessuale Möglichkeiten, die schwierig einzusetzen sind. Daraus ergibt sich gerade für unverteidigte oder schlecht verteidigte Angeklagte ein Nachteil. Zum einen wird ein im juristischen Bereich unkundiger Angeklagter kaum feststellen können, ob und welche Passagen einer Selbstleseurkunde der kritischen Nachfrage und Stellungnahme für eine effektive Verteidigung bedürfen. Zum anderen ist es fraglich, ob ein Angeklagter in der Lage ist oder überhaupt die Courage aufbringt, in der Hauptverhandlung seine Anliegen verständlich vorzutragen, sich dafür effektiv einzusetzen und damit bei den Mitgliedern des Gerichts durchzudringen.

5. Unanwendbarkeit des Selbstleseverfahrens

Das Selbstleseverfahren ist nicht immer eine zulässige Alternative zur Erhebung des Urkundenbeweises durch Verlesung.

---

323 Eisenberg, Beweisrecht StPO, Rn. 2036.

324 Löwe-Rosenberg, StPO, Mosbacher, 26. Auflage, § 249, Rn. 57.

325 OLG Stuttgart, Beschluss vom 24.09.2014 – 6-2 StE 1/14, BeckRS 2015, 00280.

a. Anwendungsbereich

Die §§ 253 und 254 StPO sind vom Anwendungsbereich des Selbstleseverfahrens ausgeschossen, § 249 Abs. 2 S. 1 StPO.[326] Seit den Änderungen durch das Verbrechensbekämpfungsgesetz vom 28.10.1994 ist auch die Ersetzung der persönlichen Vernehmung durch das Selbstleseverfahren möglich, da die §§ 251, 256 StPO nicht mehr im Katalog des § 249 Abs. 2 StPO enthalten sind. Im Übrigen ist das Selbstleseverfahren grundsätzlich immer dann anwendbar, wenn eine Beweisaufnahme mittels Urkundenbeweis erfolgen soll. Es ergeben sich jedoch Einschränkungen durch den Unmittelbarkeitsgrundsatz.[327]

Bei der Durchführung des Selbstleseverfahrens gilt es immer im Auge zu behalten, dass es sich um eine Ausformung des Urkundenbeweises und nicht des Augenscheins handelt. Dies bedeutet, dass nur über den Inhalt der umfassten Urkunden, nicht aber über deren Beschaffenheit Beweis erhoben werden kann. Hierfür ist ergänzend eine Inaugenscheinnahme erforderlich.[328]

b. Anklagesatz

Der Anklagesatz kann aus Sicht des Großen Senats in Strafsachen von 2011 nicht zum Gegenstand des Selbstleseverfahrens gemacht werden:

> „Die Regelungen über das Selbstleseverfahren sind auf die Verlesung des Anklagesatzes nicht übertragbar. Die Anklage ist Grundlage der Hauptverhandlung; die Anklageschrift selbst kann daher nicht Gegenstand der Beweisaufnahme in der Hauptverhandlung sein. Im Übrigen ist die Einführung des Inhalts der Anklageschrift in die Hauptverhandlung in § 243 Abs. 3 S. 1 StPO abschließend geregelt; die Verlesung des Anklagesatzes ist nicht Teil der Beweisaufnahme, sondern muss dieser vorausgehen."[329]

Der Entscheidung lag eine Verhandlung zugrunde, in der die Verlesung des Anklagesatzes nebst Anlagen, die sehr gleichförmige Tabellen und Ähnliches zu Betrugstaten, die immer nach demselben Schema begangen worden waren, enthielt, eine außergewöhnlich lange Zeit in Anspruch genommen hätte. Dies zeigt, dass auch in Ausnahmesituationen eine Einführung des Anklagesatzes mittels des Selbstleseverfahrens als nicht zulässig erachtet werden muss. Der Entscheidung des Landgerichts Mühlhausen vom 16.06.2007 wurde damit eine Absage erteilt.[330]

---

326 Vgl. oben D. I. 3. e. und f.

327 Vgl. unten D. I. 5. c.

328 Vgl. oben B. III. 1. c.; Ausnahmen sind denkbar vgl. E. I. 9.

329 BGH, Beschluss vom 12.01.2011 – GSSt 1/10, NJW 2011, 1687 (1688).

330 LG Mühlhausen 16.06.2006 – 500 Js 53638/05, NStZ 2007, 358; Der zu verlesende Anklagesatz umfasste 296 teils eng mit Tabellen beschriebene Seiten, die Hochrechnung

Allerdings ist die Formulierung des Großen Senats geeignet, Verwirrung zu stiften, da neben dem Anklagesatz auch von der Anklage und der Anklageschrift gesprochen wird.

Der Anklagesatz ist in § 200 Abs. 1 S. 1 StPO legaldefiniert und umfasst lediglich die dem Anklagten zur Last gelegte Tat, Tatzeit, Tatort, die gesetzlichen Merkmale der Straftat und die anzuwendenden Strafvorschriften.

In der Anklageschrift wird neben dem Anklagesatz auch das wesentliche Ergebnis der Ermittlungen dargestellt, § 200 Abs. 2 S. 1 StPO.

Die Anklage oder öffentliche Klage erfolgt durch die Einreichung der Anklageschrift bei Gericht verbunden mit dem Antrag, das Hauptverfahren zu eröffnen[331], §§ 170 Abs. 1, 199 Abs. 2 StPO.

§ 243 Abs. 3 S. 1 StPO regelt, dass in der Hauptverhandlung nur der Anklagesatz verlesen wird. Daraus ist zu folgern, dass nicht die gesamte Anklageschrift, insbesondere nicht das wesentliche Ergebnis der Ermittlungen zu verlesen ist. Dies ist darauf zurückzuführen, dass das wesentliche Ergebnis der Ermittlungen sämtliche Beweisgrundlagen, aus denen sich der hinreichende Tatverdacht ergibt, enthält und damit die Beweiswürdigung der Staatsanwaltschaft darlegt. Würde das wesentliche Ergebnis der Ermittlungen verlesen werden, würde das zu einer Vorwegnahme der Beweisaufnahme führen, die entsprechend §§ 243 Abs. 3 S. 1, 244 Abs. 1 StPO nach der Verlesung des Anklagesatzes erfolgt und den entscheidenden Teil der Hauptverhandlung darstellt, denn sie dient der Erforschung der Wahrheit und wird zur Grundlage der Entscheidung des Gerichts gemacht, § 244 Abs. 2 StPO.

Die oben zitierten Ausführungen des Großen Senats in Strafsachen sind daher so zu verstehen, dass der Anklagesatz, der gemäß § 243 Abs. 3 S. 1 StPO zu verlesen ist, nicht zum Gegenstand des Selbstleseverfahrens gemacht werden darf. Die gesamte Anklageschrift kann aufgrund des oben Genannten generell nicht Gegenstand der Beweisaufnahme sein und unterliegt daher nicht der Einführung durch Erhebung des Urkundenbeweises. Die Anklage kann aufgrund ihrer Natur nicht zum Gegenstand des Selbstleseverfahrens werden, da es sich bei der Anklageerhebung um eine tatsächliche Handlung der Staatsanwaltschaft und nicht um ein Schriftstück, das zur Beweiserhebung durch Urkundenbeweis geeignet ist, handelt.

---

ergab, dass eine Verlesung ca. 40 Stunden in Anspruch genommen hätte. Nachdem an drei Hauptverhandlungstagen bereits der Anklagesatz verlesen worden war und die Beteiligten nicht in der Lage waren, dem Inhalt zu folgen, wurde die Einführung des Anklagesatzes nach § 249 Abs. 2 StPO analog als zulässig erachtet.

331 KK StPO-Diemer, § 151, Rn. 3; Meyer-Goßner/Schmitt, StPO, Einl., Rn. 60b; Pfeiffer, StPO, § 151, Rn. 1.

In der Literatur wurde diese Sichtweise übernommen.[332] *Diemer* weißt zusätzlich darauf hin, dass durch eine Einführung des Anklagesatzes mittels des Selbstleseverfahrens dessen verfahrensumgrenzende Funktion und der Öffentlichkeitsgrundsatz verletzt werden würden.[333]

c. Einschränkungen durch Unmittelbarkeitsgrundsatz

Die aus dem Unmittelbarkeitsgrundsatz folgenden Einschränkungen des Anwendungsbereichs des Selbstleseverfahrens wurden bereits oben erörtert.[334]

6. Beweisverwertungsverbote

§ 249 StPO bestimmt nur die beiden möglichen Varianten der Erhebung des Urkundenbeweises. Regelungen, ob und wann die Beweiserhebung und -verwertung zulässig sind, enthält die Vorschrift nicht. Hierzu ist auf die allgemein gültigen Beweisverwertungsverbote zurückzugreifen.[335]

a. Unmittelbarkeitsgrundsatz

Die Beweisverwertungsverbote der §§ 250 bis 256 StPO wurden bereits oben behandelt.[336] Diese untersagen bereits die Beweiserhebung im Rahmen des Urkundenbeweises in bestimmten Fällen. Daneben sind noch weitere allgemeine und besondere Beweisverwertungsverbote bei der Durchführung des Selbstleseverfahrens zu beachten.

Hierzu kann nochmals zusammengefasst werden, dass die Vernehmung eines Zeugen oder Sachverständigen außer in den Ausnahmefällen der §§ 251, 255 und 256 StPO nicht durch die Einführung des Protokolls über eine frühere Vernehmung oder eine schriftliche Erklärung ersetzt werden darf, § 250 S. 2 StPO. Macht ein Zeuge erst in der Hauptverhandlung von seine Zeugnisverweigerungsrecht Gebrauch, darf die frühere Vernehmung in der Hauptverhandlung nicht durch die Aufnahme des Protokolls der früheren Vernehmung in eine Selbstleseanordnung eingeführt werden, § 252 StPO.

---

332 Beck'scher Online-Kommentar, StPO, Ganter, § 249, Rn. 23; KK StPO-Diemer, § 249, Rn. 33; Löwe-Rosenberg, StPO, Mosbacher, 26. Auflage, § 249, Rn. 60.

333 KK StPO-Diemer, § 249, Rn. 33.

334 Vgl. oben D. I. 3.

335 SK-StPO, Frister, § 249, Rn. 5.

336 Vgl. D. I. 3.

b. Verwertungsverbot § 51 BZRG

Eintragungen über Verurteilungen, die aus dem Register getilgt worden sind oder zu tilgen sind, dürfen dem Betroffenen im Rechtsverkehr nicht mehr vorgehalten oder zu seinem Nachteil verwertet werden, § 51 Abs. 1 BZRG.

Dies hat zur Folge, dass getilgte oder tilgungsreife Eintragungen nur dann Gegenstand des Urkundenbeweises und somit auch des Selbstleseverfahrens sein können, wenn sich der Angeklagte selbst auf diese Eintragungen zu seiner eigenen Entlastung beruft.[337] Vor die Beweiserhebung sollte daher geprüft werden, ob Tilgungsreife vorliegt, §§ 45 ff BRZG.

c. Allgemeine Beweisverwertungsverbote

Darüber hinaus sind bei der Anordnung des Selbstleseverfahrens die folgenden allgemeinen Beweisverwertungsverbote im Blick zu behalten.[338] Gerade bei der Anordnung des Selbstleseverfahrens ist in solchen Fällen insbesondere auf Seiten der Verteidigung große Sorgfalt geboten. Werden entsprechende Urkunden nicht verlesen, sondern lediglich in der Selbstleseliste aufgeführt, besteht das Risiko, dass die Urkunden trotz bestehendem Beweisverwertungsverbot in die Hauptverhandlung eingeführt werden, da das Verbot entweder komplett übersehen oder in manchen Fällen der Verstoß nicht rechtszeitig gerügt wird.

In § 97 StPO ist die Beschlagnahmefreiheit bestimmter Gegenstände geregelt. Ein Verstoß gegen ein Beschlagnahmeverbot zieht stets ein Verwertungsverbot nach sich. Zudem ist eine Verwertung beschlagnahmter Gegenstände nur in dem Umfang zulässig, in dem die Beschlagnahmevoraussetzungen gegeben sind. Die Verwertung in einem Verfahren zulässig beschlagnahmter Gegenständen ist in einem anderen Verfahren aufgrund einer anderen Tat, in dem die Beschlagnahme nicht möglich gewesen wäre, unzulässig. Ein späterer Wegfall der Beschlagnahmevoraussetzungen führt hingegen nicht zu einem Beweisverwertungsverbot.[339]

Im Zusammenhang mit der Rasterfahndung, § 98b StPO, ergibt sich ein Beweisverwertungsverbot, wenn willkürlich gegen die Voraussetzungen des § 98 a StPO verstoßen wird, zum Zeitpunkt der Anordnung die Voraussetzungen einer Katalogtat rechtsfehlerhaft bejaht werden, gegen die Zuständigkeitsregelungen

---

337 SK-StPO, Frister, § 249, Rn. 19.

338 Außer § 81a Abs. 1 S. 2 StPO u. §§ 136, 136a StPO entnommen aus SK-StPO, Frister, § 249, Rn. 5.

339 Zum Ganzen KK StPO-Greven, § 97, Rn. 9 f; Meyer-Goßner/Schmitt, StPO, § 97, Rn. 47.

verstoßen wird[340] oder wenn Beweisergebnisse ohne richterliche Bestätigung erst nach Ablauf der 3-Tages-Frist erlangt wurden[341].

Gemäß § 100a Abs. 4 StPO unterliegen Erkenntnissen aus dem Kernbereich der privaten Lebensgestaltung, die bei der Telekommunikationsüberwachung nach § 100a Abs. 1 StPO erlangt werden, einem Beweisverwertungsverbot.

Gleiches gilt, wenn bei der Wohnraumüberwachung Erkenntnisse aus dem Kernbereich der privaten Lebensgestaltung erlangt werden, § 100c Abs. 5 S. 3 StPO, oder die Überwachung von Zeugnisverweigerungsberechtigten entgegen § 53 StPO, § 100c Abs. 6 S. 1 StPO erfolgt. Die aus der Überwachung von nach § 52 StPO und § 53a StPO Zeugnisverweigerungsberechtigten gewonnenen Erkenntnisse sind nur verwertbar, wenn dies unter Berücksichtigung der Bedeutung des zugrunde liegenden Vertrauensverhältnisses nicht außer Verhältnis zur Erforschung des Sachverhalts oder der Ermittlung des Aufenthaltsortes des Beschuldigten steht, § 100c Abs. 6 S. 2 StPO.

Personenbezogene Daten aus der akustischen Wohnraumüberwachung sind zur Weiterverwendung außerhalb des Ausgangsverfahren, in dem sie erhoben wurden, nur unter den Voraussetzungen des § 100d Abs. 5 StPO verwertbar.

Zufallsfunde bei einem Arzt, die auf den Schwangerschaftsabbruch einer Patientin hinweisen sind gemäß § 108 Abs. 2 StPO in einem gegen sie gerichteten Verfahren wegen einer Straftat gemäß § 218 StGB unverwertbar. Zufallsfunde bei Medienmitarbeitern, die ein Zeugnisverweigerungsrecht nach § 53 Abs. 1 S. 1 Nr. 5 StPO haben, unterliegen nur dann einem Beweisverwertungsverbot, wenn sie sich nicht auf eine Straftat beziehen, die im Höchstmaß mindesten 5 Jahre Freiheitsstrafe androht, oder wenn sie in einem Strafverfahren wegen Verletzung des Dienstgeheimnisses, § 353b StGB, verwertet werden sollen, § 108 Abs. 3 StPO.

Im Hinblick auf die Einführung von schriftlichen Protokollen von Beschuldigtenvernehmungen sind die §§ 136, 136a StPO zu beachten. Aussagen, die unter Anwendung der verbotenen Vernehmungsmethoden des § 136a Abs. 1 und 2 StPO zustande kommen, sind unabhängig von einer Einwilligung des Beschuldigten nicht verwertbar, § 136a Abs. 3 S. 2 StPO. Entsprechendes gilt über § 69 Abs. 3 StPO für die Vernehmung von Zeugen.

Wurde der Beschuldigte in seiner ersten Vernehmung nicht auf sein Recht zu schweigen, § 136 Abs. 1 S. 2 StPO, hingewiesen, so besteht grundsätzlich ein Beweisverwertungsverbot, es sei denn es steht fest, dass dem Beschuldigten sein

---

340 KK StPO-Greven, § 98b, Rn. 5; Löwe-Rosenberg, StPO, Menges, 26. Auflage, § 98b, Rn. 27.

341 Beck'scher Online-Kommentar, StPO, Graf, § 98b, Rn. 4; KK StPO-Greven, § 98b, Rn. 5.

Schweigerecht auch ohne Belehrung hinreichend bekannt war.[342] Gleiches gilt für die mangelnde oder unzureichende Belehrung über das Recht auf Verteidigerkonsultation oder die Verwehrung der entsprechenden Bitte nach ordnungsgemäßer Belehrung, § 136 Abs. 1 S. 2 StPO.[343] Aufgrund der Widerspruchslösung des BGH ist es für die Entstehung des Verwertungsverbots erforderlich, dass der verteidigte Angeklagte der Verwertung der Aussage rechtzeitig widerspricht. Der Widerspruch ist aus Sicht des BGH bis zu dem in § 257 StPO genannten Zeitpunkt zu erheben.[344]

Hier ergeben sich bei der Beweiserhebung im Zuge des Selbstleseverfahrens Unschärfen und Risiken. Zum einen obliegt es dem Verteidiger, die Unterlagen in den Selbstleselisten gründlich auf das mögliche Erfordernis eines Widerspruchs zu untersuchen. Mangelnde Sorgfalt in diesem Bereich ist zweifellos als Kunstfehler zu bewerten. Zum anderen stellt sich die Frage, wann im Selbstleseverfahren der Zeitpunkt des § 257 StPO eintritt.

Der späteste Zeitpunkt der Erklärung gemäß § 257 StPO ist dem Wortlaut entsprechend „nach" der Beweiserhebung, zu der eine Erklärung abgegeben werden soll.[345] Eine Erklärung unmittelbar im Anschluss an die Beweiserhebung ist hingegen nicht erforderlich.[346] Teilweise wird vertreten, dass eine Erklärung auch zu einem späteren Zeitpunkt abgegeben werden kann, wenn eine Stellungnahme einer genaueren Analyse der Beweiserhebung bedarf und daher nicht spontan erfolgen kann, oder wenn später gewonnene Erkenntnisse die frühere Beweisaufnahme in ein anderes Licht rücken.[347] Daneben besteht die Ansicht, dass sie nur bis zum Beginn einer neuen Beweisaufnahme oder bis zum Abschluss der Beweisaufnahme insgesamt vor den Schlussvorträgen erfolgen muss.[348]

---

342 BGH, Beschluss vom 27.02.1992 – 5 StR 190/91 (Ergangen auf Vorlagebeschluss des OLG Celle), NJW 1992, 1463 (1464 f); Meyer-Goßner/Schmitt, StPO, § 136, Rn. 20.

343 Meyer-Goßner/Schmitt, StPO, § 136, Rn. 21.

344 BGH, Beschluss vom 11.09.2007 – 1 StR 273/07, NStZ 2008, 55 (56); BGH, Beschluss vom 09.11.2005 – 1 StR 447/05, NJW 2006, 707 (707); BGH, Beschluss vom 27.02.1992 – 5 StR 190/91, NJW 1992, 1463 (1466).

345 Beck'scher Online-Kommentar, StPO, Eschelbach, § 257, Rn. 14; Löwe-Rosenberg, StPO, Stuckenberg, 26. Auflage, § 257, Rn. 17; MüKo, StPO, Ciernaik/Niehaus, § 257, Rn. 17; SK-StPO, Velten, § 257, Rn. 9.

346 Beck'scher Online-Kommentar, StPO, Eschelbach, § 257, Rn. 14; SK-StPO, Velten, § 257, Rn. 9.

347 SK-StPO, Velten, § 257, Rn. 9.

348 Beck'scher Online-Kommentar, StPO, Eschelbach, § 257, Rn. 14; Löwe-Rosenberg, StPO, Stuckenberg, 26. Auflage, § 257, Rn. 17; MüKo, StPO, Ciernaik/Niehaus, § 257, Rn. 17.

Um Nachteile für den Angeklagten zu vermeiden, sollte der Widerspruch zum frühesten geforderten Zeitpunkt erfolgen. Da eine Erklärung unmittelbar im Anschluss an die Beweiserhebung nicht erforderlich ist, ist der „nächste früheste Zeitpunkt" der Beginn einer neuen Beweisaufnahme.

Hier stellt sich die Frage, wann bei der Erhebung des Urkundenbeweises im Wege des Selbstleseverfahrens eine neue Beweisaufnahme beginnt. Der Beweis durch Selbstlesung gilt erst dann als erhoben, wenn diese protokolliert wurde.[349] Damit ist die Beweisaufnahme durch das Selbstleseverfahren erst zu diesem Zeitpunkt abgeschlossen. Daher kann auch erst nach der Protokollierung eine neue Beweisaufnahme erfolgen, unabhängig davon, ob die Anordnung des Selbstleseverfahrens bereits zu einem deutlich früheren Zeitpunkt erfolgt ist. Damit besteht auch kein Risiko, dass möglicherweise bestehende Beweisverwertungsverbote nicht durch Widerspruch aktiviert werden, wenn die Verteidigung von ihrem Recht auf Kenntnisnahme der vom Selbstleseverfahren umfassten Urkunden Gebrauch macht. Vor der Erklärung, dass Gelegenheit zur Kenntnisnahme bestand, kann problemlos der Widerspruch gegen die Verwertung der Protokolle erhoben werden.

Nichtsdestotrotz ist die Verteidigung gut beraten, im Zweifel so früh wie möglich, also bestenfalls bereits bei der Anordnung des Selbstleseverfahrens, Widerspruch gegen die Verwertung zu erheben.

Aus einem Verstoß gegen § 81a Abs. 1 S. 2 StPO folgt nur dann ein Beweisverwertungsverbot, wenn der körperliche Eingriff ohne Anordnung und Einwilligung oder unter der Zuhilfenahme von Methoden, die den Grundsätzen eines gerechten Verfahrens zuwiderlaufen, durchgeführt wurde.[350]

Ein Rückgriff auf § 136a StPO ist im Rahmen des § 81a StPO nicht zulässig, da in jedem Fall die Möglichkeit bestehen würde, das Untersuchungsergebnis auf gesetzmäßigem Wege zu erlangen.[351] Die Annahme eines Verwertungsverbots bildet mithin bei einem Verstoß gegen § 81a StPO die Ausnahme. Dennoch sind in solchen Fällen die Umstände des Einzelfalls stets in Betracht zu ziehen, wenn

---

349 Vgl. oben B. III. 5.

350 BGH, Beschluss vom 17.03.1971 – 3 StR 189/70 (Ergangen auf Vorlegungsbeschluss des OLG Düsseldorf, NJW 70, 1992), NJW 1971, 1097 (1097) = BGHSt 38, 214.

351 BGH, Beschluss vom 17.03.1971 – 3 StR 189/70 (Ergangen auf Vorlegungsbeschluss des OLG Düsseldorf, NJW 70, 1992), NJW 1971, 1097 (1097 f); Beck'scher Online-Kommentar, StPO, Goers, § 81a, Rn. 40.

die Untersuchungsergebnisse im Zuge des Selbstleseverfahrens in die Hauptverhandlung eingeführt werden sollen.[352]

Im Einzelfall kann das Verbot der Verwertung von durch objektiv willkürliche Durchsuchungen erlangten Beweismaterials angenommen werden. Dies ist beispielsweise möglich, wenn unter Verletzung des Richtervorbehalts aus Art. 13 Abs. 2 GG, § 105 Abs. S. 1 StPO Urkunden bei einer Durchsuchung beschlagnahmt oder sichergestellt werden.

Der BGH judizierte, dass ein grundsätzliches Verwertungsverbot nicht angenommen werden kann und im Einzelfall nach Abwägung der widerstreitenden Interessen zu entscheiden ist.[353]

Beweise, die unter Verwirklichung des Straftatbestandes der Verletzung der Vertraulichkeit des Wortes, § 201 StGB, erlangt wurden, sind unverwertbar, solange der Betroffene die Verwertung nicht gestattet.[354]

Das Abspielen der unrechtmäßig gewonnenen Aufnahme fällt nicht unter den Urkundenbeweis, sondern unter die Einnahme von Augenschein. Im Selbstleseverfahren ist dieses Beweisverwertungsverbot daher insbesondere von Bedeutung, wenn die Niederschrift der Tonaufnahme im Zuge des Urkundenbeweises eingeführt werden soll, oder wenn die Möglichkeit besteht, die Tonaufnahmen ergänzenden zu der Selbstlesung der Protokolle an den Verteidiger herauszugeben.[355]

Unzulässig ist darüber hinaus die Verwertung von Aufzeichnungen, die dem höchstpersönlichen Lebensbereich zuzuordnen sind.[356] Aus dem Grundrecht aus Art. 2 Abs. 1 GG i.V.m. Art. 1 Abs. 1 GG ergibt sich ein verfassungsrechtliches Beweisverwertungsverbot. Auch der BGH leitet daraus ein Beweisverwertungsverbot ab, denn in manchen Fällen verletzen die Beweiserhebung und Verwertung des erhobenen Beweises den

> „unantastbaren Bereich der privaten Lebensgestaltung, der unter dem absoluten Schutz des Grundrechts aus Art. 2 Abs. 1 i.V.m. Art. 1 Abs. 1 GG steht und auf den daher die öffentliche Gewalt nicht einwirken darf. In der Wertordnung des Grundgesetzes ist die Menschenwürde der oberste Wert. Wie alle Bestimmungen des Grundgesetzes beherrscht

352 Seit der Fassung vom 1987 ist § 256 StPO nicht mehr vom Anwendungsbereich des Selbstleseverfahrens ausgenommen, vgl. oben B. II. 2.

353 BGH, Urteil vom 18.04.2007 – 5 StR 546/06, BGH NJW 2007, 2269 (2271).

354 BGH, Urteil vom 12.04.1989 – 3 StR 453/88, NJW 1989, 2760 (2761); Meyer-Goßner/Schmitt, StPO, Einleitung, Rn. 56b.

355 Vgl. unten E. I. 9. a.

356 BVerfG, Urteil vom 05.06.1973 – 1 BvR 536/72 "Lebach", NJW 1973, 1226 (1228, 1230 f); Meyer-Goßner/Schmitt, Einl., Rn. 56; SK-StPO, Frister, § 249, Rn. 5.

dieses Bekenntnis zur Würde des Menschen auch Art. 2 Abs. 1 GG (BVerfGE 27, 1, 6) [BVerfG 16.07.1969 – 1 BvL 19/63]. Sie verdient gegenüber aller staatlichen Gewalt Achtung und Schutz. Ferner darf nach Art. 19 Abs. 2 GG das Grundrecht aus Art. 2 Abs. 1 GG nicht in seinem Wesensgehalt angetastet werden. Selbst überwiegende Interessen der Allgemeinheit können einen Eingriff in den geschützten Kernbereich privater Lebensgestaltung nicht rechtfertigen; deshalb scheidet bei ihm eine Abwägung nach Maßgabe des Verhältnismäßigkeitsgrundsatzes aus (BVerfGE 34, 238, 245).“[357]

7. Akteneinsichtsrecht von Schöffen

Entsprechend dem Wortlaut des § 249 Abs. 2 S. 1 StPO müssen auch die Schöffen von den mittels des Selbstleseverfahrens einzuführenden Unterlagen Kenntnis nehmen. Wie bereits erläutert, hat die Selbstlesung außerhalb der Hauptverhandlung zu erfolgen, da die Richter verpflichtet sind, dieser aufmerksam zu folgen.[358] Damit ist eine Herausgabe von Aktenteilen an die Laienrichter erforderlich.

Bereits in der ursprünglichen Fassung des § 249 Abs. 2 StPO (1979) hat der Gesetzgeber deutlich zum Ausdruck gebracht, dass nicht nur die Berufsrichter, sondern auch die Laienrichter vom Wortlaut der Akten Kenntnis nehmen müssen:

> „Die Richter müssen vom Wortlaut Kenntnis genommen haben; Schöffen ist hierzu jedoch erst nach Verlesung des Anklagesatzes Gelegenheit zu geben.“ [359]

Die Einschränkung, dass den Schöffen erst nach der Verlesung des Anklagesatzes Einblick in die Akten zu gewähren ist, ist bereits bei der ersten Überarbeitung der Vorschrift im Jahr 1987 entfallen.[360] Es wurde hingegen weiterhin ausdrücklich formuliert, dass auch die Schöffen Einblick in die Akten erhalten müssen:

> „Von der Verlesung kann, außer in den Fällen der §§ 251, 253, 254 und 256, abgesehen werden, wenn die Richter und Schöffen vom Wortlaut der Urkunde oder des Schriftstücks Kenntnis genommen haben [....].“[361]

Es gilt bei der Fragestellung, ob und wann Schöffen Einsicht in die Strafakten zu gewähren ist, zu beachten, dass das Akteneinsichtsrecht von Schöffen im deutschen Strafprozess nicht selbstverständlich ist.[362] Auf die Überlassung von

---

357 BGH, Urteil vom 16.03.1983 – 2 StR 775/82, NJW 1983, 1569 (1570); ebenso BVerfG, Urteil vom 3.3.2004 – 1 BvR 2378/98 u. 1 BvR 1084/99, NJW 2004, 999 (Großer Lauschangriff).

358 Vgl. oben B. III. 4.

359 Strafverfahrensänderungsgesetz 1979 vom 05.10.1978, BGBl I S. 1645 (1648).

360 Vgl. oben B. II. 2.

361 Strafverfahrensänderungsgesetz 1987 vom 27.01.1987, BGBl I S. 475 (476).

362 Vgl. dazu ausführlich Lilie-Hutz, Akteneinsichtsrecht für Schöffen, S. 102 ff.

Aktenteilen im Rahmen des Selbstleseverfahrens an Schöffen nach der heutigen Rechtslage ist daher ein besonderes Augenmerk zu werfen.

a. Zulässigkeit der Überlassung von Aktenteilen an Schöffen

Es stellt sich daher die Frage, ob es grundsätzlich möglich ist, Aktenteile an Schöffen zur überlassen. Das Akteneinsichtsrecht von Schöffen ist gesetzlich nicht geregelt. Es exisitieren jedoch Regelungen in der RiStBV und Rechtsprechung zum Thema.

Ein Problem, in dessen Zusammenhang das Akteneinsichtsrecht von Laienrichtern mehrfach diskutiert wurde, ist die Einsicht in die Anklageschrift.

In der Literatur wurde vertreten, dass den Laienrichtern das wesentliche Ergebnis der Ermittlungen vorzuenthalten ist, um eine unbefangene Beweisbewertung und den Erkenntnisgewinn aus dem Inbegriff der Hauptverhandlung sicherzustellen.[363] Die Ansicht, dass Laienrichter durch die Anklageschrift beeinflusst werden können und durch ein Lesen der Anklageschrift das Mündlichkeitsprinzip und Unmittelbarkeitsprinzip verletzt werden, wurde auch durch das Reichsgericht[364] und später den BGH[365] vertreten.

Die Regelung in Nr. 126 Abs. 3 RiStBV geht sogar so weit, dass den Schöffen die Anklageschrift (mit dem wesentlichen Ergebnis der Ermittlungen) nicht zugänglich gemacht und nur in Fällen mit umfangreichen und schwierigen Sachverhalten der Anklagesatz für die Dauer der Hauptverhandlung ausgehändigt werden darf.[366]

Doch in der Literatur[367], wie in der jüngsten Rechtsprechung[368] kommen im Hinblick auf die Gleichbehandlung von Berufs- und Laienrichtern Zweifel an

363 Beck'scher Online-Kommentar, StPO, Ritscher, § 200, Rn. 11; KK GVG-Barthe, § 30, Rn. 2; Löwe-Rosenberg, StPO, Sander, 26. Auflage, § 261, Rn. 31; Meyer-Goßner/Schmitt, StPO, § 200, Rn. 22; SK-StPO, Schlüchter, § 261, Rn. 19.

364 RGSt 32, 318; RGSt 69, 120.

365 BGH, Urteil vom 17.11.1958 – 2 StR 188/58; BGH, Urteil vom 22.01.1957 – Az.: 5 StR 393/56.

366 Vgl. dazu ausführlich Lilie-Hutz, Akteneinsichtsrecht für Schöffen, S. 99 f.

367 Beck'scher Online-Kommentar, StPO, Ritscher, § 200, Rn. 11; Beck'scher Online-Kommentar, RiStBV, Temming, § 126, Rn. 7 f; KK GVG-Barthe, § 30, Rn. 2; Meyer-Goßner/Schmitt, GVG, § 30, Rn. 2; MüKo, StPO, Kudlich, Einl., Rn. 192; MüKo, StPO, Wenske, § 200, Rn. 79; Löwe-Rosenberg, StPO, Sander, 26. Auflage, § 261, Rn. 31a.

368 BGH, Beschluss vom 28.10.2009 – 5 ARs 53/09, BeckRS 2009, 29960; BGH, Urteil vom 26.03.1997 – 3 StR 421/96, 3 StR 421/96, NJW 1997, 1792; BGH, Urteil vom 10.12.1997 – 3 StR 250/97, NJW 1998, 1163.

dieser Sichtweise auf. Der BGH hat bereits im Jahr 1960 auf das Erfordernis der Gleichbehandlung hingewiesen:

> „Der Angeklagte K. rügt, daß die Anklageschrift von den Geschworenen eingesehen worden sei. Das könnte nach der vom BGH übernommenen Rechtsprechung des Reichsgerichts (RGSt 32, 318; 53, 178; 69, 120; BGHSt 13, 73) ein Verstoß gegen den Grundsatz der Unmittelbarkeit und Mündlichkeit sein, der die Revision rechtfertigt. Der Senat hätte Bedenken dieser Rechtsprechung weiterhin zu folgen. Er sieht keinen überzeugenden Grund, eine im Gesetz nicht ausdrücklich vorgesehene unterschiedliche Behandlung von Berufs- und Laienrichtern aufrechtzuerhalten. Auch den Laienrichtern, die dazu berufen sind, alle schwierigen Fragen tatsächlicher und rechtlicher Art gemeinsam und gleichberechtigt mit den Berufsrichtern zu entscheiden, darf nach Ansicht des Senats unbedenklich zugetraut werden, Sinn und Bedeutung der Anklageschrift zu verstehen.“[369]

An dieser Ansicht hat die Rechtsprechung festgehalten und diese auch weiter bestärkt.[370] Besonders deutlich wird dies in der Entscheidung des BGH vom 26.03.1997 – 3 StR 421/96, die sich mit der Einsicht in Aufzeichnungsprotokolle befasst und auf das soeben zitierte Urteil Bezug nimmt:

> „Die Gewährung von Akteneinsicht für Schöffen ist – ebenso wie für die beisitzenden Berufsrichter – gesetzlich nicht geregelt. Die Rechtsprechung hat sich bisher, soweit ersichtlich, nur mit dem Sonderfall der Überlassung einer schriftlichen Darstellung der StA über das Ergebnis der Ermittlungen an die Schöffen befaßt und sie für unzulässig erklärt. Das RG hat hierzu unter Berufung auf den sich aus der Entstehungsgeschichte ergebenden Willen des Gesetzgebers ausgeführt, daß eine solche Überlassung den Grundsätzen der Mündlichkeit und Unmittelbarkeit zuwiderlaufe, weil bei Schöffen die Gefahr bestehe, daß sich ihre Eindrücke aus dieser Darstellung mit denen aus der Hauptverhandlung vermischen könnten, während die Berufsrichter im allgemeinen aufgrund ihrer Schulung und beruflichen Erfahrung zwischen beiden Erkenntnisquellen unterscheiden könnten (RGSt 69, 120 (124)). Der BGH ist bisher dieser Rechtsauffassung gefolgt […] Jedoch hat der 1. Strafsenat in einem obiter dictum Bedenken geäußert, dieser Rechtsprechung weiter zu folgen, weil die im Gesetz nicht vorgesehene unterschiedliche Behandlung von Berufs- und Laienrichtern nicht überzeugend begründbar sei. Auch den Laienrichtern, die dazu berufen sind, alle schwierigen Fragen tatsächlicher und rechtlicher Art gemeinsam und gleichberechtigt mit den Berufsrichtern zu entscheiden, dürfe unbedenklich zugetraut werden, Sinn und Bedeutung der Anklageschrift zu verstehen (BGH, Urt. v. 23.2.1960 – 1 StR 648/59).

369 BGH, Urteil vom 23.02.1960 – 1 StR 648/59.

370 BGH, Beschluss vom 28.10.2009 – 5 ARs 53/09, BeckRS 2009, 29960; BGH, Urteil vom 26.03.1997 – 3 StR 421/96, 3 StR 421/96, NJW 1997, 1792; BGH, Urteil vom 10. 12. 1997 – 3 StR 250/97, NJW 1998, 1163; a.A: Lunnebach, StV 1997, 452 (452 ff).

Demgegenüber hält die heute herrschende Meinung in der Literatur die Gewährung von Akteneinsicht für Schöffen im Hinblick auf eine gleichberechtigte, sachlich fundierte Entscheidung generell für zulässig, wenn nicht sogar im Einzelfall für geboten […].

Demgegenüber hat die vom RG (RGSt 69, 120 (124)) angeführte Gefahr einer unzulässigen Einflußnahme des Akteninhalts auf die Urteilsfindung nicht ein solches Gewicht, daß sie den Ausschluß der Schöffen von jeglicher Aktenkenntnis rechtfertigt. Zum einen können die Berufsrichter entsprechend ihrer Pflicht, die Schöffen bei der Erfüllung ihrer Aufgabe zu unterstützen (vgl. Nr. 126 II RiStBV), durch entsprechende Erläuterungen dazu beitragen, daß auch diese den Unterschied zwischen den in den Akten schriftlich niedergelegten vorläufigen Ermittlungsergebnissen und den ausschließlich der Entscheidung zugrundezulegenden Ergebnissen der Hauptverhandlung erfassen. […] Für dieses Ergebnis spricht zudem, daß der Gesetzgeber den Schöffen durch das mit dem Entwurf eines Gesetzes zur Änderung und Ergänzung des Strafverfahrensrechts (Strafverfahrensänderungsgesetz) 1979 eingeführte und durch das Strafverfahrensänderungsgesetz 1987 erweiterte Selbstleseverfahren nach § 249 II StPO die Kenntnisnahme von Urkunden nicht nur gestattet, sondern sogar ausdrücklich vorschreibt (vgl. Rieß, JR 1987, 389 (392)).“[371]

Auch der Europäische Gerichtshof für Menschenrechte hält die Überlassung des wesentlichen Ergebnisses der Ermittlungen an die Laienrichter für aus konventionsrechtlicher Sicht unbedenklich.[372]

Die Frage der Zulässigkeit der Aushändigung des wesentlichen Ergebnisses der Ermittlungen an die Laienrichter ist bislang höchstrichterlich noch nicht entschieden. Nur in einem obiter dictum[373] wurde bislang angedeutet, dass den Laienrichtern zuzutrauen sei, die Bedeutung der Anklageschrift richtig einzuordnen. Die neuen Tendenzen in Literatur und Rechtsprechung zeigen aber doch sehr deutlich, dass der Herausgabe von Aktenteilen an Schöffen im Zuge des Selbstleseverfahrens nichts entgegensteht. Denn zum einen sind vom Selbstleseverfahren Urkunden, über die Beweis zu erheben ist, umfasst. Über die Anklageschrift und das darin enthaltene wesentliche Ergebnis der Ermittlungen ist kein Beweis zu erheben. Das viel diskutierte Sonderproblem stellt sich somit bei der Aktenübergabe zur Durchführung des Selbstleseverfahrens nicht.

Zum anderen verlangt der Gesetzgeber in § 249 Abs. 2 StPO ausdrücklich, dass die Schöffen von den vom Selbstleseverfahren umfassten Urkunden Kenntnis nehmen. Dies ist nur möglich, wenn den Laienrichtern die Urkunden zum

---

371 BGH, Urteil vom 26.03.1997 – 3 StR 421/96, NJW 1997, 1792 (1793).

372 EGMR (V. Sektion), Urteil vom 12.06.2008 – 26771/03 Elezi/Deutschland, NJW 2009, 2871 (2872 f).

373 BGH, Urteil vom 23.02.1960 – 1 StR 648/59.

Selbststudium übergeben werden. Der Gesetzgeber hat damit vorausgesetzt, dass die Aushändigung der Unterlagen an die Schöffen zulässig ist.[374]

b. Akteneinsicht vor Beginn der Hauptverhandlung

Da es grundsätzlich möglich ist, das Selbstleseverfahren und die von ihm umfassten Urkunden bereits vor dem Eintritt in die Beweisaufnahme anzukündigen[375], stellt sich die Frage, inwieweit den Schöffen zu diesem frühen Zeitpunkt Kopien der einzuführenden Urkunden überlassen werden können.

Bis zum Strafverfahrensänderungsgesetz 1987 lautete der 1979 eingeführte Gesetzeswortlaut des § 249 Abs. 2 StPO wie folgt:

> „[...] Die Richter müssen vom Wortlaut Kenntnis genommen haben; Schöffen ist hierzu jedoch erst nach Verlesung des Anklagesatzes Gelegenheit zu geben. [...]“[376]

Es war also ausdrücklich geregelt, dass Schöffen die Kenntnisnahme der im Selbstleseverfahren einzuführenden Urkunden erst nach Verlesung des Anklagesatzes gestattet werden darf. Diese Vorgabe ist mit der Änderung des § 249 Abs. 2 StPO im Jahr 1987 entfallen.

> „Entbehrlich erscheint als gesetzliche Vorschrift auch Satz 3 zweiter Halbsatz der geltenden Fassung. Auch hier gehört es zur allgemeinen Sachleitungsaufgabe des Vorsitzenden, die sich nach den Erfordernissen des Einzelfalles richtet, den Schöffen die Kenntnis des Urkundeninhalts dann zu vermitteln, wenn die Schöffen diesen in das bisherige Verhandlungsergebnis sinnvoll einordnen können. Die sehr starre und schematische Regelung des geltenden Rechts trägt hierzu nicht bei. In besonders gelagerten Einzelfällen kann es zweckmäßig sein, daß die Schöffen auch schon vor Verlesung des Anklagesatzes Kenntnis nehmen; die Neufassung stellt klar, daß dies rechtlich nicht unzulässig ist.“[377]

Allein aus der Entscheidung des Gesetzgerbers, die Vorgabe, dass den Schöffen erst nach Verlesung des Anklagesatzes gestattet werden darf, von dem Inhalt der vom Selbstleseverfahren umfassten Urkunden Kenntnis zu nehmen, ersatzlos zu streichen, zeigt deutlich, dass eine Einsichtnahme bereits vor Beginn der Hauptverhandlung zulässig sein muss. Diese Ansicht wird auch in der Literatur vertreten. Die Zweckmäßigkeit des Vorgehens wird jedoch in Frage gestellt, denn es bestehen Bedenken, dass die Schöffen die Unterlagen vor Kenntnis des

---

374 BGH, Urteil vom 26.03.1997 – 3 StR 421/96, NJW 1997, 1792 (1793); Löwe-Rosenberg, StPO, Sander, 26. Auflage, § 261, Rn. 31a.

375 Vgl. oben B III. 2.

376 Strafverfahrensänderungsgesetz 1979 vom 05.10.1978, BGBl I S. 1645 (1648).

377 BT-Drucks. 10/1313, S. 29.

Tatvorwurfes in der Anklage richtig werten und einordnen können.[378] Es ist daher Aufgabe des Gerichts – wie bereits im Gesetzgebungsverfahren erläutert[379] – zu beurteilen, ob die Durchführung des Selbstleseverfahrens bereits vor Verlesung des Anklagesatzes zielführend ist, und entsprechend zu entscheiden.[380]

c. *Ergebnis*

Im Hinblick auf die vorstehenden Ausführungen ist den Schöffen in jedem Fall Einsicht in die Akten zur Durchführung des Selbstleseverfahrens zu gewähren. Dies wird schon allein durch die Formulierung des § 249 Abs. 2 StPO, der eine Kenntnisnahme der vom Selbstleseverfahren umfassten Akten durch die Schöffen fordert, offensichtlich. Dies hat auch der BGH festgestellt, um seine Zustimmung zur Akteneinsicht von Schöffen zu begründen:

> „Für dieses Ergebnis spricht zudem, daß der Gesetzgeber den Schöffen durch das mit dem Entwurf eines Gesetzes zur Änderung und Ergänzung des Strafverfahrensrechts (Strafverfahrensänderungsgesetz) 1979 eingeführte und durch das Strafverfahrensänderungsgesetz 1987 erweiterte Selbstleseverfahren nach § 249 II StPO die Kenntnisnahme von Urkunden nicht nur gestattet, sondern sogar ausdrücklich vorschreibt."[381]

Die Entscheidung, wann den Schöffen die Unterlagen zugänglich zu machen sind, liegt – wie auch die Entscheidung, ob das Selbstleseverfahren überhaupt anzuordnen ist – in der Entscheidungsmacht des vorsitzenden Richters. In diesem Rahmen ist auch die frühzeitige Überlassung eines Selbstleseordners an die Schöffen möglich. Wie oben ausgeführt, stellt dies keine Verletzung des Unmittelbarkeitsprinzips dar.

8. Bezugnahme auf das Selbstleseverfahren im Urteil

Der Grundsatz der freien richterlichen Beweiswürdigung fordert, dass das Gericht über das Ergebnis der Beweisaufnahme nach seiner freien, aus dem Inbegriff der Verhandlung geschöpften Überzeugung entscheidet, § 261 StPO. Es stellt sich daher die Frage, ob es zulässig ist, dass das Gericht in den Entscheidungsgründen auf das durchgeführte Selbstleseverfahren Bezug nimmt.

---

378 KK StPO-Diemer, § 249, Rn. 36; Löwe-Rosenberg, StPO, Mosbacher, 26. Auflage, § 249, Rn. 68.

379 BT-Drucks. 10/1313, S. 29.

380 KK StPO-Diemer, § 249, Rn. 36; Löwe-Rosenberg, StPO, Mosbacher, 26. Auflage, § 249, Rn. 68.

381 BGH, Urteil vom 26.03.1997 – 3 StR 421/96, NJW 1997, 1792 (1793).

Ein solches Vorgehen stellt keinen Verstoß gegen geltendes Prozessrecht dar. Das Selbstleseverfahren ist eine von zwei gleichwertig nebeneinander stehenden Varianten der Einführung des Urkundenbeweises.[382] Auch wenn die Kenntnisnahme des Inhalts der Urkunden nicht in der öffentlichen Hauptverhandlung, sondern zwischen den Terminen durch Selbstlesung erfolgt, ist die Beweiserhebung durch das Selbstleseverfahren doch Teil der Hauptverhandlung. Das Selbstleseverfahren wird nicht immer, aber meist, in der laufenden Hauptverhandlung unter Benennung der einzuführenden Urkunden angeordnet.[383] Die Protokollierung der erfolgten Durchführung des Selbstleseverfahrens findet ebenfalls in der Hauptverhandlung statt. Erst mit dieser Protokollierung gilt der Beweis über die einzuführenden Urkunden als erhoben.[384]

Eine Bezugnahme auf das Selbstleseverfahren im Urteil ist daher ohne weiteres möglich, da es einen Hinweis auf eine im Gesetz vorgesehene Art der Beweiserhebung durch Urkundenbeweis darstellt, die im Zuge der Protokollierung zum Inbegriff der Hauptverhandlung wird.

9. Zusammenfassung

Die Einführung des Selbstleseverfahrens zog Fragen zur Vereinbarkeit dieser vereinfachten Form der Erhebung des Urkundenbeweises mit geltendem Recht und bestehenden Verfahrensgrundsätzen nach sich.

Das Mündlichkeitsprinzip ist bei Anwendung des Selbstleseverfahrens ganz offensichtlich aufgehoben. Diesen Konflikt hat der Gesetzgeber bei der Neuregelung des Selbstleseverfahrens gesehen und im Hinblick auf die Vorzüge des Selbstleseverfahrens als hinnehmbar beurteilt.

Ein Verstoß gegen den Öffentlichkeitsgrundsatz liegt nach der hier vertretenen Ansicht nicht vor. Das Selbstleseverfahren stellt lediglich eine Einschränkung der Transparenz der Hauptverhandlung dar. Allerdings sind in der Praxis eindeutige Grenzen zu ziehen. Aus Verteidigersicht gilt es ein „All-In" zu vermeiden, da die Verlagerung der gesamten Beweisaufnahme mittels Urkunden in das Selbstleseverfahren den Dialog zwischen Verteidigung und Gericht betreffend die einzuführenden Urkunden ausschließt und dadurch die Einflussnahme auf die Überzeugungsbildung des Gerichts in diesem Punkt vollständig ausgeschlossen wird. Alternativ kann ein Antragsrecht betreffend den Bericht des Vorsitzenden über den wesentlichen Inhalt der einzuführenden Urkunden geschaffen werden.

---

382 Vgl. oben B. IV.

383 Vgl. unten E. III. 1. b.

384 Vgl. oben B. III. 5.

Die Vorschiften der §§ 250 ff StPO sind als Ausprägung des Unmittelbarkeitsgrundsatzes bei der Erhebung des Urkundenbeweises auch bei der Durchführung des Selbstleseverfahrens zu beachten. Gleiches gilt für die sich daraus ergebenden und allgemein gültigen Beweisverwertungsverbote.

II. Praktische Grenzen

Dem Selbstleseverfahren sind darüber hinaus praktische Grenzen gesetzt. Es stellt sich daher im Alltag der Justiz die bedeutende Frage, wie zu verfahren ist, wenn ein Verfahrensbeteiligter nicht in der Lage ist, die im Selbstleseverfahren einzuführenden Dokumente zur Kenntnis zu nehmen, weil er Analphabet, der deutschen Sprache nicht mächtig oder blind ist oder nicht in der Lage ist, den Inhalt der Dokumente aufgrund ihrer Komplexität richtig zu erfassen. Darüber hinaus ist zu klären, wer die durch das Selbstleseverfahren entstehenden Kosten zu tragen hat.

1. Wahrnehmungs- und Verständnisprobleme im Selbstleseverfahren

Gerade im Selbstleseverfahren ist es von großer Bedeutung, dass alle Verfahrensbeteiligten, denen ein Recht zur Kenntnisnahme zusteht, dieses auch effektiv umsetzten können. Nimmt das Gericht eine Urkunde in die Selbstleseanordnung auf, ist davon auszugehen, dass es diese auch zur Grundlage seines Urteils machen will. Es ist daher anzunehmen, dass der Urkunde zumindest eine gewisse Entscheidungserheblichkeit beigemessen wird.

Bei der Verlesung im Rahmen der Hauptverhandlung durch das Gericht besteht für alle Verfahrensbeteiligten sofort die Möglichkeit, den Inhalt der Urkunden zur Kenntnis zu nehmen und gegebenenfalls mit Fragen oder bei der Verbindung mit einem Zeugenbeweis durch Vorhalte zu reagieren. So kann unter Umständen noch auf die Wirkung des Inhalts Einfluss genommen oder dem Entstehen von Missverständnissen vorgebeugt werden. Auch im Selbstleseverfahren ist dies grundsätzlich im Rahmen einer Erklärung gemäß § 257 StPO möglich. Das setzt jedoch voraus, dass der Verfahrensbeteiligte zuvor in der Lage war, den Inhalt der Urkunden auch vollumfänglich zur Kenntnis zu nehmen und dessen Bedeutung zu erfassen.

a. Rechtliche Grundlagen

Zunächst gilt es zu berücksichtigen, dass die verschiedenen Verfahrensbeteiligten in unterschiedlicher Weise von praktischen Barrieren bei der Durchführung des Selbstleseverfahrens betroffen sind. Diese Einschränkungen wurden vom Gesetzgeber grundsätzlich erkannt, sodass bereits Normen zum Umgang mit diesen Problemen im praktischen Alltag der Gerichte geschaffen wurden. Es gibt jedoch keine, speziell für das Selbstleseverfahren geschaffenen gesetzlichen Regelungen.

Wie bereits oben erwähnt, sind die häufigsten Barrieren in der Praxis die Sprachunkenntnis eines Verfahrensbeteiligten und die fehlende Fähigkeit, einen geschriebenen Text wahrzunehmen und zu erfassen, insbesondere aufgrund von Sehbehinderungen oder Analphabetismus.

Berufsrichter müssen die deutsche Sprache beherrschen, andernfalls ist das Gericht nicht ordnungsgemäß besetzt.[385] Daneben ist die Mitwirkung eines blinden Richters ausgeschlossen, da sie gegen den Grundsatz der Unmittelbarkeit verstößt[386] und kein rechtliches Gehör gewährt werden kann.

Nach Auffassung von *Wickern* ist es hingegen möglich, dass ein Schöffe die deutsche Sprache nicht (ausreichend) beherrscht, da durch die §§ 31 bis 35 GVG eine Beteiligung in diesem Fall nicht ausdrücklich ausgeschlossen ist.[387]

In § 33 Nr. 5 GVG werden jedoch Personen, die mangels ausreichender Beherrschung der deutschen Sprache für das Amt nicht geeignet sind, von der Berufung zum Schöffen ausgeschlossen. Hierbei werden Sprachkenntnisse, die über das Führen einer alltäglichen Konversation oder die Lektüre eines Textes des täglichen Lebens hinausgehen, gefordert.[388] Es handelt sich hierbei zwar nur um eine Ordnungsvorschrift, deren Einhaltung steht jedoch nicht im Ermessen des Gerichts. Sie ist aus Sicht von *Schmitt* als Verbot ungeeignete Personen zum Schöffenamt heranzuziehen zu verstehen.[389] *Barthe* hingegen führt im Ergebnis in Übereinstimmung mit *Wickern* aus, dass ein Sprachunkundiger zwar nicht in die Schöffenliste aufgenommen werden soll, eine dennoch erfolgte Wahl zum Schöffen jedoch nicht zu einem Besetzungsfehler führt.[390] Wurde ein Schöffe unter Verstoß gegen § 33 GVG berufen, ist es möglich, ihn von der Schöffenliste zu streichen, § 52 Abs. 1 GVG.

Die Mitwirkung von Sehbehinderten und Blinden, wie auch von Analphabeten, ist im Schöffenamt nicht auszuschließen.

---

385 BGH, Urteil vom 26.01.2011 – 2 StR 338/10, NStZ-RR 2011, 349, (349 f).

386 BGH, Urteil vom 28.04.1953 – 5 StR 136/53, NJW 1953, 1115 (1115); BGH, Urteil vom 27.11.1986 – 4 StR 536/86, NJW 1987, 1210 (1210); BGH, Urteil vom 17.12.1987 – 4 StR 440/87, NJW 1988, 1333 (1334 f).

387 Löwe-Rosenberg, StPO, Wickern, 26. Auflage, § 185 GVG, Rn. 4.

388 BT-Drs. 17/2350, S. 5; KK StPO-Barthe, § 33 GVG, Rn. 1d.

389 Meyer-Goßner/Schmitt, StPO, § 33 GVG, Rn. 1.

390 KK StPO-Barthe, § 33 GVG, Rn. 1.

Da die Gerichtssprache Deutsch ist, § 184 Abs. 1 GVG, ist auch davon auszugehen, dass die Vertreter der Staatsanwaltschaft, wie auch die beteiligten Rechtsanwälte aufgrund des erforderlichen vorangegangenen Studiums die deutsche Sprache beherrschen. Das Vorliegen von Analphabetismus ist praktisch ebenfalls durch das vorangegangen Absolvieren zweier Staatsexamina nahezu ausgeschlossen.

Daneben ist es jedoch bei Genehmigung durch das Gericht, § 138 Abs. 2 StPO auch eine Vertretung durch Rechtanwälte aus dem europäischen Ausland möglich. Daher kann es sein, dass für diesen Rechtsanwalt die Hinzuziehung eines Dolmetschers erforderlich wird. Zudem kann die ergänzende Hinzuziehung eines Pflichtverteidigers notwendig werden.[391] Es wird daneben auch die Ansicht vertreten, dass die Genehmigung durch das Gericht aufgrund mangelnder Deutschkenntnisse versagt werden kann.[392]

Im Folgenden werden diese praktischen Probleme daher insbesondere aus Sicht des Angeklagten beleuchtet. Bei den übrigen Verfahrensbeteiligten ist in der Regel, wie aufgezeigt, nicht davon auszugehen, dass Probleme in Form von Analphabetismus, Sprachunkenntnis oder Blindheit vorliegen. Das Problem der mangelnden Fähigkeit den Inhalt zu erfassen, kann hingegen bei sämtlichen Verfahrensbeteiligten auftreten.

aa. Rechte und Pflichten des Angeklagten

Der Angeklagte ist nicht verpflichtet, die vom Selbstleseverfahren erfassten Urkunden zur Kenntnis zu nehmen. Ihm muss lediglich die Gelegenheit zur Kenntnisnahme geboten werden, § 249 Abs. 2 StPO. Er hat jedoch unstreitig das Recht, diese Urkunden zu lesen.[393]

Es stellt sich daher die Frage, welche Auswirkungen für das Strafverfahren es nach sich zieht, wenn der Angeklagte aus praktischen Gründen nicht in der Lage ist, den Inhalt der Dokumente zur Kenntnis zu nehmen.

An dieser Stelle sollte man sich nochmals den Grundgedanken des Selbstleseverfahrens in Erinnerung rufen. Es stellt neben der Verlesung von Urkunden in der Hauptverhandlung die zweite Möglichkeit der Erhebung des

---

391 KK StPO-Laufhütte, § 138, Rn. 13; Pfeiffer, StPO, § 138, Rn. 1.

392 Löwe-Rosenberg, StPO, Wickern, 26. Auflage, § 185 GVG, Rn. 4.

393 Löwe-Rosenberg, StPO, Mosbacher, 26. Auflage, § 249, Rn. 80; SK-StPO, Frister, § 249, Rn. 75.

Urkundebeweises dar, § 249 StPO, und ist der Beweiserhebung durch Verlesung nach überwiegender Meinung gleichzusetzen.[394].

Daraus ist zu folgern, dass dem Angeklagten im Selbstleseverfahren die gleichen Rechte und Pflichten zuzuschreiben sind, wie in der Hauptverhandlung.

Der Angeklagten im Strafverfahren hat selbst kein Akteneinsichtsrecht, § 147 StPO. Da er jedoch von sämtlichen Tatsachen, die ihm zur Last gelegt werden, Kenntnis haben muss, um sich dagegen verteidigen zu können, ist es erforderlich, dass er in der Hauptverhandlung von diesen Vorwürfen Kenntnis erlangt.[395] Diese Notwendigkeit findet auch Ausdruck in § 261 StPO. Daraus ist zu schließen, dass der Angeklagte ein Recht hat, den Inhalt der Urkunden zur Kenntnis zu nehmen.

Fest steht, dass die Beweiserhebung durch Urkundenverlesung in der Hauptverhandlung in Abwesenheit der Angeklagten in aller Regel nicht stattfindet, § 230 Abs. 1 StPO:

> „Gegen einen ausgebliebenen Angeklagten findet eine Hauptverhandlung nicht statt."

Bei der Einführung des Urkundenbeweises nach § 249 Abs. 1 StPO hat der Angeklagte daher immer die Möglichkeit, die vorgelesenen Dokumente zur Kenntnis zu nehmen, indem er hört, was verlesen wird.

Auch die Regelungen in §§ 231a, 231b StPO zeigen sehr deutlich, dass der Gesetzgeber es vorsieht, dass der Angeklagte von dem Inhalt der Verhandlung und damit vom Gegenstand der Beweisaufnahme in Kenntnis gesetzt wird. Selbst bei Abwesenheit wegen schuldhaft herbeigeführter Verhandlungsunfähigkeit des Angeklagten, § 231a Abs. 2 StPO, und bei Abwesenheit des Angeklagten aufgrund ordnungswidrigen Benehmens, §§ 231b Abs. 2, 231a Abs. 2 StPO, ist der Angeklagte bei seiner Rückkehr über den wesentlichen Inhalt der in seiner Abwesenheit geführten Verhandlung zu unterrichten.

Dies zeigt deutlich, dass das Gericht dafür Sorge zu tragen hat, dass entsprechende Vorkehrungen getroffen werden, um es dem Angeklagten zu ermöglichen, vom Inhalt der im Selbstleseverfahren einzuführenden Urkunden Kenntnis zu nehmen. Das kann nur dann gewährleistet werden, wenn das Gericht sich vor der Anordnung des Selbstleseverfahrens ein umfassendes Bild von der persönlichen Situation des Angeklagten verschafft hat. Hier kann es erforderlich sein, dass der Verteidiger des Angeklagten oder der Angeklagte selbst, auf bestehende Barrieren hinweist.

---

394 Vgl. oben B. IV.

395 Volk/Engländer, StPO, § 18, Rn. 25.

Darüber hinaus ist mangels Regelung in der deutschen Strafprozessordung im Hinblick auf die Unterstützung des Angeklagten bei Vorliegen persönlicher Barrieren im Rahmen der Durchführung des Selbstleseverfahrens der Grundsatz des Fair Trial, Art. 6 EMRK, heranzuziehen um ein in seiner Gesamtheit faires Verfahren zu garantieren.[396]

Ausfluss dieses Rechts auf ein faires Verfahren ist das Gebot der Waffengleichheit zwischen den Strafverfolgungsbehörden und dem Angeklagten.[397] Demnach müssen für beide Seiten die gleichen Möglichkeiten der Ausübung und Wahrnehmung von Teilnahme-, Informations- und Äußerungsrechten bestehen.[398]

Teil des Informationsrechts ist die Parität des Wissens zwischen Angeklagtem und der Staatsanwaltschaft, was einen gleichwertigen Zugang zu dem vorliegenden Material voraussetzt.[399] Um diese Parität zu schaffen, muss das Gericht dafür Sorge tragen, dass das Selbstleseverfahren nur dann angeordnet wird, wenn Voraussetzungen vorhanden sind oder etabliert werden können, die es dem Angeklagten ermöglichen in gleicher Weise wie die Staatsanwaltschaft Kenntnis vom Inhalt der im Selbstleseverfahren einzuführenden Urkunden zu erlangen.[400]

bb. Rechte und Pflichten des Gerichts

Das Gericht, Berufsrichter wie Schöffen, ist gemäß § 249 Abs. 2 S. 1 StPO verpflichtet, von den vom Selbstleseverfahren umfassten Urkunden vor Abschluss der Beweisaufnahme Kenntnis zu nehmen.[401]

Dies setzt voraus, dass die Laien- wie Berufsrichter in der Lage sind, die Urkunden zu lesen und den Inhalt zur Kenntnis zu nehmen. Wie bereits oben ausgeführt, ist Analphabetismus bei Berufsrichtern in der Regel auszuschließen, zudem müssen sie die deutsche Sprache beherrschen. Unter Berücksichtigung von § 33 Nr. 5 GVG kann grundsätzlich davon ausgegangen werden, dass die Schöffen über ausreichende Sprachkenntnisse verfügen, um den Inhalt von Texten zu erfassen. Da nicht ausgeschlossen werden kann, dass Sehbehinderte oder Analphabeten in das Schöffenamt berufen werden, hat der Vorsitzende Sorge zu tragen, dass er über

---

396 KK StPO-Schädler/Jakobs, Art. 6 EMRK, Rn. 23, 29; Löwe-Rosenberg, StPO, Esser, 26. Auflage, Art. 6 EMRK, Rn. 172.

397 SK-StPO, Paeffgen, 35. Aufbau- Lfg., Art. 6 EMRK, Rn. 75, 79.

398 KK StPO-Schädler/Jakobs, Art. 6 EMRK, Rn. 20; Löwe-Rosenberg, StPO, Esser, 26. Auflage, Art. 6 EMRK, Rn. 197, 202.

399 Löwe-Rosenberg, StPO, Esser, 26. Auflage, Art. 6 EMRK, Rn. 212.

400 Umsetzungsmöglichkeiten s. u. D. II. 1. b.

401 Meyer-Goßner/Schmitt, StPO, § 249, Rn. 22.

derartige Gegebenheit vor Anordnung des Selbstleseverfahrens informiert wird, um diese in angemessener Weise berücksichtigen zu können.

Es besteht jedoch keine Verpflichtung des Vorsitzenden, die Selbstlesung zu überwachen oder zu überprüfen, ob auch tatsächlich alle Berufsrichter und Schöffen Kenntnis vom Inhalt der Urkunden genommen haben. Bei Zweifeln hat der Vorsitzende jedoch die Verlesung nach § 249 Abs. 1 StPO in der Hauptverhandlung anzuordnen.[402]

Da die übrigen Verfahrensbeteiligten die Urkunden nicht zur Kenntnis nehmen müssen, sondern ihnen nur die Gelegenheit dazu geboten werden muss, § 249 Abs. 2 S. 1 StPO, ist das Gericht nicht verpflichtet hier die tatsächliche Erfassung der Urkunden zu überprüfen. Es sind dennoch zwei entscheidende Aspekte zu berücksichtigen.

Zunächst entscheidet das Gericht über die Anordnung des Selbstleseverfahrens nach pflichtgemäßem Ermessen. Sind dem Gericht Umstände bekannt, die die Durchführung des Selbstleseverfahrens deutlich erschweren oder gar unmöglich machen, ist es angehalten darauf entsprechend zu reagieren. Dies hat zur Folge, dass entweder auf die Verlesung der Urkunden nach § 249 Abs. 1 StPO zurückgegriffen werden muss, oder den Verfahrensbeteiligten alles Notwendige für eine ordnungsgemäße Erfassung des Inhalts der Urkunden zur Seite gestellt wird.[403]

Zum anderen trifft das Gericht die prozessuale Fürsorgepflicht, aufgrund derer das Gericht den Verfahrensbeteiligten die sachgerechte Wahrnehmung ihrer prozessualen Rechte zu ermöglichen hat.[404] Der Angeklagten hat ein Recht auf Kenntnisnahme der vom Selbstleseverfahren umfassten Urkunden. Daher hat das Gericht Sorge zu tragen, dass auch die entsprechenden Voraussetzungen für eine Kenntnisnahme vorliegen oder nötigenfalls geschaffen werden.

cc. Rechte und Pflichten der sonstigen Verfahrensbeteiligten

Alle übrigen Verfahrensbeteiligten haben wie der Angeklagte das Recht, aber nicht die Pflicht, von den im Selbstleseverfahren einzuführenden Urkunden Kenntnis zu nehmen, § 249 Abs. 2 S. 1 StPO.

Der Grundsatz des aus Art. 6 EMRK abgeleiteten Fair Trial gilt für sie nicht[405], sodass sich Pflichten des Gerichts, Voraussetzungen für die Möglichkeit der Kenntnisnahme zu schaffen, hieraus nicht ableiten lassen.

402 KK StPO-Diemer, § 249, Rn. 39; Meyer-Goßner/Schmitt, StPO, § 249, Rn. 23.

403 Umsetzungsmöglichkeiten s. u. D. II. 1. b.

404 KK StPO-Fischer, Einleitung, Rn. 165.

405 Löwe-Rosenberg, StPO, Esser, 26. Auflage, Art. 6 EMRK, Rn. 25.

Jedoch besteht die Fürsorgepflicht des Gerichts zwar insbesondere gegenüber dem Angeklagten, aber auch alle anderen Verfahrensbeteiligten sind zu berücksichtigen. Das Gericht hat allen Verfahrensbeteiligten die Wahrnehmung ihrer prozessualen Rechte zu ermöglichen.[406] Demnach haben auch die anderen Verfahrensbeteiligten einen Anspruch darauf, dass das Gericht Vorkehrungen trifft, die es ihnen ermöglichen, den Inhalt der vom Selbstleseverfahren umfassten Urkunden zur Kenntnis zu nehmen. Andernfalls ist die Verlesung der Urkunden anzuordnen.

Die Verfahrensbeteiligten haben das Gericht, gegebenenfalls im Rahmen des Widerspruchs gegen die Anordnung des Selbstleseverfahrens, auf bestehende Barrieren hinzuweisen.

An dieser Stelle drängt sich die Frage auf, ob alle anderen Verfahrensbeteiligten in gleicher Weise zu behandeln sind. So sind nicht alle Verfahrensbeteiligten auch widerspruchsberechtigt.[407] Es besteht jedoch ein Anhörungsrecht, in dem sie das Gericht auf persönliche Schwierigkeiten der Beteiligten bei der Durchführung des Selbstleseverfahrens aufmerksam machen können. Dies ist sodann vom Gericht in seiner Ermessensentscheidung zu berücksichtigen.[408]

dd. Schlussfolgerungen für das Selbstleseverfahren

Die vorangegangenen Ausführungen zeigen deutlich, dass das Gericht dafür Sorge zu tragen hat, dass das Selbstleseverfahren nur dann angeordnet wird, wenn alle Beteiligten nicht nur die theoretische Möglichkeit der Kenntnisnahme des Inhalts von Urkunden haben, sondern praktisch auch dazu in der Lage sind.

Insbesondere gegenüber dem Angeklagten trifft das Gericht eine besondere Fürsorgepflicht. Es hat, falls es trotz bestehender Barrieren in der Person des Angeklagten das Selbstleseverfahren anordnen will, Voraussetzungen zu schaffen, die eine Kenntnisnahme auf Augenhöhe mit der Staatsanwaltschaft ermöglichen.

b. Erscheinungsformen in der Praxis

Die verschiedenen Barrieren in der Person der Verfahrensbeteiligten sind auf unterschiedliche Weise zu behandeln. Wie bereits ausgeführt wird schwerpunktmäßig die Situation des Angeklagten behandelt, da dieser in der Regel am häufigsten und gravierendsten von möglichen praktischen Hindernissen bei der Durchführung des Selbstleseverfahrens betroffen ist.

---

406 KK StPO-Fischer, Einleitung, Rn. 165.

407 Vgl. oben B. III. 3.

408 SK-StPO, Frister, § 249, Rn. 68.

Teilweise wurden bereits gesetzliche Regelungen zum Umgang mit solchen Situationen geschaffen. Es existieren bislang jedoch keine speziell für die Durchführung des Selbstleseverfahrens geschaffenen Reglementierungen.

aa. Blinde und Sehbehinderte

Ein blinder oder sonst sehbehinderter Verfahrensbeteiligter ist nicht in der Lage, die vom Selbstleseverfahren umfassten Dokumente in Klarschrift zu lesen. Der Umgang mit blinden und sehbehinderten Personen im gerichtlichen Verfahren ist in § 191a GVG geregelt:

> „(1) [1]Eine blinde oder sehbehinderte Person kann Schriftsätze und andere Dokumente in einer für sie wahrnehmbaren Form bei Gericht einreichen. [2]Sie kann nach Maßgabe der Rechtsverordnung nach Absatz 2 verlangen, dass ihr Schriftsätze und andere Dokumente eines gerichtlichen Verfahrens barrierefrei zugänglich gemacht werden. [3]Ist der blinden oder sehbehinderten Person Akteneinsicht zu gewähren, kann sie verlangen, dass ihr die Akteneinsicht nach Maßgabe der Rechtsverordnung nach Absatz 2 barrierefrei gewährt wird. [4]Ein Anspruch im Sinne der Sätze 1 bis 3 steht auch einer blinden oder sehbehinderten Person zu, die von einer anderen Person mit der Wahrnehmung ihrer Rechte beauftragt oder hierfür bestellt worden ist. [5]Auslagen für die barrierefreie Zugänglichmachung nach diesen Vorschriften werden nicht erhoben.
>
> (2) Das Bundesministerium der Justiz und für Verbraucherschutz bestimmt durch Rechtsverordnung, die der Zustimmung des Bundesrates bedarf, unter welchen Voraussetzungen und in welcher Weise die in Absatz 1 genannten Dokumente und Dokumente, die von den Parteien zur Akte gereicht werden, einer blinden oder sehbehinderten Person zugänglich gemacht werden, sowie ob und wie diese Person bei der Wahrnehmung ihrer Rechte mitzuwirken hat.
>
> (3) [1]Sind elektronische Formulare eingeführt (§ 130c der Zivilprozessordnung, § 14a des Gesetzes über das Verfahren in Familiensachen und in den Angelegenheiten der freiwilligen Gerichtsbarkeit, § 46f des Arbeitsgerichtsgesetzes, § 65c des Sozialgerichtsgesetzes, §55c der Verwaltungsgerichtsordnung, § 52c der Finanzgerichtsordnung), sind diese blinden oder sehbehinderten Personen barrierefrei zugänglich zu machen. [2]Dabei sind die Standards von § 3 der Barrierefreie-Informationstechnik-Verordnung vom 12. September 2011 (BGBl. I S. 1843) in der jeweils geltenden Fassung maßgebend."

Die Vorschrift wurde im Juli 2002 erstmals eingeführt[409] und bislang zweimal geändert bzw. ergänzt[410]. Sie stellt sicher, dass blinden und sehbehinderten Personen Dokumente im gerichtlichen Verfahren in einer für sie wahrnehmbaren Form zugänglich gemacht werden und sie selbst Dokumente auch in einer solchen Form einreichen können.

Unter blind oder sehbehindert versteht das Gesetz Personen, die auch unter Hinzuziehung gängiger Hilfsmittel wie Brillen oder Kontaktlinsen nicht in der Lage sind, Schriftstücke zuverlässig wahrzunehmen.[411]

Von der aktuellen Fassung sind durch § 191a Abs. S. 4 GVG neben blinden und sehbehinderten Beschuldigten, Angeklagten, Zeugen, Privat- und Nebenklägern und Verletzten[412], auch ihre Bevollmächtigten, Verteidiger und Rechtsbeistände umfasst[413]. Auf Richter, Staatsanwälte, Urkundenbeamte der Geschäftsstelle, Ermittlungsbeamte und Sachverständige findet die Regelung hingegen keine Anwendung.[414]

Durch § 191a Abs. 1 S. 3 GVG erstreckt sich das Recht auf barrierefreie Zugänglichmachung auch auf zu gewährende Akteneinsicht im Strafverfahren. Über den Verweis auf § 191a Abs. 2 GVG gelangt man zur Verordnung zur barrierefreien Zugänglichmachung von Dokumenten für blinde und sehbehinderte Personen im gerichtlichen Verfahren (Zugänglichmachungsverordnung -ZMV-). Somit sind auch Strafakten in einer für blinde und sehbehinderte Verfahrensbeteiligte wahrnehmbaren Form zur Verfügung zu stellen.

Den von der Vorschrift erfassten Personen wird ein Anspruch auf Zugänglichmachung von gerichtlichen Schriftstücken, die aufgrund der im Einzelfall anzuwendenden Prozessordnung für ihre Kenntnisnahme bestimmt sind, in einer für sie wahrnehmbaren Form gewährt.[415] Die Art der barrierefreien Zugänglichmachung bestimmt sich gemäß § 191a Abs. 2 GVG nach der

---

409 Gesetz zur Änderung des Rechts der Vertretung durch Rechtsanwälte vor den Oberlandesgerichten vom 23.07.2002, BGBl I S. 2850 (2855).

410 Gesetz über die Verwendung elektronischer Kommunikationsformen in der Justiz vom 22.03.2005, BGBl I S. 837 (857); Gesetz zur Förderung des elektronischen Rechtsverkehrs mit den Gerichten vom 10.10.2013, BGBl I. S. 3786 (3796).

411 Löwe-Rosenberg, StPO, Wickern, 26. Auflage, § 191a GVG, Rn. 4.

412 Löwe-Rosenberg, StPO, Wickern, 26. Auflage, § 191a GVG, Rn. 4.

413 Beck'scher Online-Kommentar, StPO, Walther, § 191a GVG, Rn. 1; Löwe-Rosenberg, StPO, Krauß, 26. Auflage, § 191a GVG Nachtrag, Rn. 6; Sorge/Krüger, NJW 2015, 2764 (2765).

414 Beck'scher Online-Kommentar, StPO, Walther, § 191a GVG, Rn. 1; Löwe-Rosenberg, StPO, Wickern, 26. Auflage, § 191a GVG, Rn. 6; SK-StPO, Frister, §191a GVG, Rn. 2.

415 KK StPO-Diemer, § 191a GVG, Rn. 1 f.

Zugänglichmachungsverordnung. Diese regelt in § 6 ZMV, dass die berechtigte Person zwischen den Formen der Zugänglichmachung aus § 3 ZMV frei wählen kann:

> „(1) Die Dokumente können der berechtigten Person schriftlich, elektronisch, akustisch, mündlich, fernmündlich oder in anderer geeigneter Weise zugänglich gemacht werden.
> (2) Die schriftliche Zugänglichmachung erfolgt in Blindenschrift oder in Großdruck. Bei Großdruck sind ein Schriftbild, eine Kontrastierung und eine Papierqualität zu wählen, die die individuelle Wahrnehmungsfähigkeit der berechtigten Person ausreichend berücksichtigen.
> (3) Die elektronische Zugänglichmachung erfolgt durch Übermittlung eines elektronischen Dokuments. Dabei sind die Standards von § 3 der Barrierefreie-Informationstechnik-Verordnung vom 12. September 2011 (BGBl. I S. 1843) in der jeweils geltenden Fassung maßgebend. Das Dokument ist gegen unbefugte Kenntnisnahme zu schützen."[416]

Hiermit kommen insbesondere die Übergabe von Dokumenten in Großdruck und Blindenschrift sowie elektronische Dokumente die in Computerbraille dargestellt und über die Braillezeile gelesen werden können oder elektronische Dokumente, die von einem Sprachausgabeprogramm verarbeitet werden können in Betracht.

In der Beschlussempfehlung des 6. Ausschusses des Deutschen Bundestages vom 05.06.2002 wurde ausgeführt, dass es möglicherweise nicht erforderlich ist, Schriftstücke barrierefrei zu Verfügung zu stellen, wenn eine blinde oder sehbehinderte Person anwaltlich vertreten ist.[417] Auch die Kommentarliteratur führt in Bezug darauf aus, dass es im Einzelfall ausreichenden sein kann, wenn ein anwaltlicher Vertreter dem blinden oder sehbehinderten Mandanten den Inhalt der Dokumente vermitteln kann.[418] Dies wird in allen vorgenannten Fällen damit begründet, dass die barrierefreie Zugänglichmachung hier nicht mehr erforderlich sein kann.[419] Diese Sichtweise wurde auch höchstgerichtlich bestätigt.[420]

Durch das ERV-Gesetz wurde § 191a GVG jedoch mit Wirkung zum 01.07.2014 dahingehend modifiziert, dass nun nicht mehr vorausgesetzt wird,

---

416 § 3 ZMV.

417 BT-Drs. 14/9266, S. 41.

418 KK StPO-Diemer, § 191a GVG, Rn. 2; Löwe-Rosenberg, StPO, Wickern, 26. Auflage, § 191a GVG, Rn. 5.

419 BT-Drs. 14/9266, S. 41; KK StPO-Diemer, § 191a GVG, Rn. 2; Löwe-Rosenberg, StPO, Wickern, 26. Auflage, § 191a GVG, Rn. 5.

420 BGH, Beschluss vom 10.01.2013 – I ZB 70/12, NJW 2013, 1011 (1012); BVerfG (2. Kammer des Ersten Senats), Beschluss vom 10.10.2014 – 1 BvR 856/13, NJW 2014, 3567 (3568).

dass der barrierefrei Zugang zu relevanten Unterlagen des Verfahrens für die Wahrnehmung eigener Rechte erforderlich ist.[421] Es stellt sich daher die Frage, ob der Standpunkt, dass ein anwaltlich vertretener blinder oder sehbehinderter Angeklagter im Einzelfall keinen Anspruch auf Gewährung des barrierefreien Zugangs zu Dokumenten hat, noch vertreten werden kann. Da einzige Begründung für die Verwehrung der barrierefreien Zugänglichmachung die fehlende Erforderlichkeit durch die Mithilfe des anwaltlichen Vertreters ist, kann dies kaum der Fall sein. Dies wird auch im Abschlussbericht der Universität Kassel zur Evaluation des Behindertengleichstellungsgesetzes so gesehen.[422]

Gerade auch im Hinblick darauf, dass es erklärtes Ziel des § 191a GVG ist, die aus einer Behinderung resultierenden Nachteile zu mindern[423], muss eine Zugänglichmachung in einer für die blinde oder sehbehinderte Person wahrnehmbaren Form gewährt werden. Um die gleiche Situation wie für nicht behinderte Menschen, die sich aufgrund ihrer Dokumentenkenntnis detailliert auf Verfahren vorbereiten und auch ihren Anwalt in Frage stellen können, zu schaffen, muss die Möglichkeit garantiert werden, den Inhalt von relevanten Dokumenten eigenständig zur Kenntnis zu nehmen.

Die Anwendung des § 191a GVG auf das Selbstleseverfahren wird von *Diemer* ausdrücklich gefordert.[424] Auch *Schlothauer* und *Weider* führen aus, dass einem blinden Angeklagten im Selbstleseverfahren die Dokumente gemäß § 191a GVG zugänglich zu machen sind.[425]

Die Notwendigkeit der Anwendung des § 191a GVG auf das Selbstleseverfahren ergibt sich insbesondere aus dessen Wortlaut selbst und aus dem Zweck der Vorschrift. So bestimmt § 191a Abs. 1 S. 2 und 3 GVG:

> „(1) […] [2]Sie kann nach Maßgabe der Rechtsverordnung nach Absatz 2 verlangen, dass ihr Schriftsätze und andere Dokumente eines gerichtlichen Verfahrens barrierefrei zugänglich gemacht werden. [3]Ist der blinden oder sehbehinderten Person Akteneinsicht zu gewähren, kann sie verlangen, dass ihr die Akteneinsicht nach Maßgabe der Rechtsverordnung nach Absatz 2 barrierefrei gewährt wird. […]“

Bei den vom Selbstleseverfahren umfassten Schriftstücken handelt es sich um Dokumente eines gerichtlichen Verfahrens i.S.d. § 191a Abs. 1 S. 2 GVG. Sie

---

421 Sorge/Krüger, NJW 2015, 2764 (2765).

422 Welti u.a., Evaluation des Behindertengleichstellungsgesetzes, S. 468; Abrufbar unter http://www.bmas.de/ SharedDocs/Downloads/DE/PDF-Publikationen/Forschungs berichte/fb-445.pdf?__blob=publicationFile, zletzt abgerufen am 23.11.2017.

423 BT-Drs. 14/9531 S. 1; Löwe-Rosenberg, StPO, Wickern, 26. Auflage, § 191a GVG, Rn. 1.

424 KK StPO-Diemer, § 257a, Rn. 6.

425 Schlothauer/Weider, Rn. 1252.

sind auch Teil der zu gewährenden Akteneinsicht und damit von § 191a Abs. 1 S. 3 GVG umfasst.

Wie bereits angesprochen ist es erklärtes Ziel des § 191a GVG aus einer Behinderung herrührende Nachteile im Strafverfahren zu vermindern. Das Ziel des Verbots der Benachteiligung behinderter Menschen soll unterstützt werden.[426] Dies kann jedoch nur dann erreicht werden, wenn ein blinder oder sehbehinderter Verfahrensbeteiligter, ebenso wie ein Sehender die Möglichkeit hat, den Inhalt der im Selbstleseverfahren einzuführenden Dokumente selbstständig zur Kenntnis zu nehmen.

bb. Fremdsprache

Ein weiteres, in der Praxis sehr relevantes Problem bei der Durchführung von Selbstleseverfahren sind Prozesse, in denen ein leseberechtigter Verfahrensbeteiligter – in der Regel der Angeklagte – die deutsche Sprache nicht ausreichend gut beherrscht, um den Inhalt der Urkunden vollständig zu erfassen.

Grundsätzlich gilt, dass in Fällen, in denen ein Verfahrensbeteiligter die Gerichtssprache nicht ausreichend beherrscht, ein Dolmetscher hinzuzuziehen ist, § 185 Abs. 1 S. 1 GVG:

> „(1) [1]Wird unter Beteiligung von Personen verhandelt, die der deutschen Sprache nicht mächtig sind, so ist ein Dolmetscher zuzuziehen."

Diese Vorschrift ist ihrem Wortlaut nach („Wird … verhandelt") jedoch nur auf die Verfahrensteile anzuwenden, in denen die Beteiligten mündlich miteinander kommunizieren, also auf gerichtliche Verhandlungen.[427]

Dies wird auch durch die Verwendung des Begriffs „Dolmetscher" deutlich. Dolmetscher werden für die mündliche Übersetzung des Prozessverkehrs von einer Sprache in die andere herangezogen. Übersetzer sind dagegen Sachverständige, die schriftliche Urkunden entweder direkt in der Hauptverhandlung übertragen oder eine vorgefertigte Übersetzung vortragen.[428]

Das Vorgehen in Strafverfahren mit Beteiligten, die die Gerichtssprache Deutsch nicht oder nicht ausreichend verstehen, ist ergänzend in § 187 GVG geregelt:

---

426 BT-Drs. 14/9531 S. 1; Löwe-Rosenberg, StPO, Wickern, 26. Auflage, § 191a GVG, Rn. 1.

427 Beck'scher Online-Kommentar, StPO, Walther, § 185 GVG, Rn. 1; KK StPO-Diemer, § 185 GVG, Rn. 1; Löwe-Rosenberg, StPO, Wickern, 26. Auflage, § 185 GVG, Rn 1, 4.

428 Löwe-Rosenberg, StPO, Wickern, 26. Auflage, § 185 GVG, Rn. 1; Meyer-Goßner/Schmitt, StPO, § 185 GVG, Rn. 2; Schneider StV 2015, 379 (379).

„(1) [1]Das Gericht zieht für den Beschuldigten oder Verurteilten, der der deutschen Sprache nicht mächtig ist oder der hör- oder sprachbehindert ist, einen Dolmetscher oder Übersetzer heran, soweit dies zur Ausübung seiner strafprozessualen Rechte erforderlich ist. [2]Das Gericht weist den Beschuldigten in einer ihm verständlichen Sprache darauf hin, dass er insoweit für das gesamte Strafverfahren die unentgeltliche Hinzuziehung eines Dolmetschers oder Übersetzers beanspruchen kann.

(2) [1]Erforderlich zur Ausübung der strafprozessualen Rechte des Beschuldigten, der der deutschen Sprache nicht mächtig ist, ist in der Regel die schriftliche Übersetzung von freiheitsentziehenden Anordnungen sowie von Anklageschriften, Strafbefehlen und nicht rechtskräftigen Urteilen. [2]Eine auszugsweise schriftliche Übersetzung ist ausreichend, wenn hierdurch die strafprozessualen Rechte des Beschuldigten gewahrt werden. [3]Die schriftliche Übersetzung ist dem Beschuldigten unverzüglich zur Verfügung zu stellen. [4]An die Stelle der schriftlichen Übersetzung kann eine mündliche Übersetzung der Unterlagen oder eine mündliche Zusammenfassung des Inhalts der Unterlagen treten, wenn hierdurch die strafprozessualen Rechte des Beschuldigten gewahrt werden. [5]Dies ist in der Regel dann anzunehmen, wenn der Beschuldigte einen Verteidiger hat.

(3) [1]Der Beschuldigte kann auf eine schriftliche Übersetzung nur wirksam verzichten, wenn er zuvor über sein Recht auf eine schriftliche Übersetzung nach den Absätzen 1 und 2 und über die Folgen eines Verzichts auf eine schriftliche Übersetzung belehrt worden ist. [2]Die Belehrung nach Satz 1 und der Verzicht des Beschuldigten sind zu dokumentieren.

(4) Absatz 1 gilt entsprechend für Personen, die nach § 395 der Strafprozessordnung berechtigt sind, sich der öffentlichen Klage mit der Nebenklage anzuschließen."

Schon der Wortlaut zeigt, dass diese Vorschrift deutlich weiter gefasst ist als § 185 GVG. Im Gegensatz zu § 185 GVG ist § 187 GVG auf Übersetzung außerhalb der Hauptverhandlung anwendbar[429] und erfasst auch schriftliche Übersetzungen.

Es gibt jedoch eine deutliche Einschränkung beim berechtigten Personenkreis. Die Vorschrift ist nur auf sprachunkundige Beschuldigte, Angeschuldigte, Angeklagte, Verurteilte und Nebenkläger anzuwenden.[430]

Eine weitere Einschränkung erfährt der Anwendungsbereich durch die Formulierung „soweit dies zur Ausübung prozessualer Recht erforderlich ist", § 187 Abs. 1 S. GVG. Nach dem Wortlaut der Vorschrift ist dies in der Regel bei freiheitsentziehenden Anordnungen, Anklageschriften, Strafbefehlen und nicht rechtskräftigen Urteilen der Fall, § 187 Abs. 2 S. 1 GVG.

---

429 Beck'scher Online-Kommentar, StPO, Walther, § 187 GVG, Rn. 4; Löwe-Rosenberg, StPO, Wickern, 26. Auflage, § 187 GVG, Rn. 2; SK-StPO, Frister, § 187 GVG, Rn. 1.

430 Beck'scher Online-Kommentar, StPO, Walther, § 187 GVG, Rn. 1; Löwe-Rosenberg, StPO, Wickern, 26. Auflage, § 187 GVG, Rn. 3, 4.

Die Vorschrift wurde im Juli 2013 um die Absätze 2 und 3 ergänzt[431], zuvor gab es keine Konkretisierung der Erforderlichkeit für die Ausübung prozessualer Rechte. Die Gesetzesbegründung stellt deutlich heraus, dass

> „im Einklang mit der anerkannten Auslegung des Artikels 6 Absatz 3 Buchstabe e EMRK die Entscheidung über Art und Umfang der Übersetzung im Einzelfall dem pflichtgemäßen Ermessen des Gerichts unter Berücksichtigung des Rechts auf ein faires Verfahren unterliegt".[432]

Im Übrigen finden sich in Bezug auf § 187 Abs. 2 GVG lediglich Ausführungen zur Übersetzung von Urteilen, jedoch keine Richtlinien oder grundsätzliche Erläuterungen zur der Behandlung von Einzelfällen. Auch in der Literatur und Rechtsprechung (mit einer Ausnahme) finden sich keine konkreten Anhaltspunkts, wie die Übersetzung von Urkunden im Rahmen des Selbstleseverfahrens zu beurteilen ist. Jedoch lassen sich aus den Ausführungen zu der Übersetzung anderer Dokumente und Aktenteile Rückschlüsse ziehen, wie das Selbstleseverfahren bei Beteiligung einer Person, die der Gerichtssprache nicht mächtig ist, durchgeführt werden kann.

Zunächst ist festzustellen, dass Literatur und Rechtsprechung grundsätzlich mit dem Gesetzgeber dahingehend übereinstimmen, dass jeweils eine Beurteilung des Einzelfalls zu erfolgen hat.[433]

Zudem besteht Einigkeit darin, dass es, insbesondere in Anbetracht des Art. 3 der Richtlinie 2010/64, auf Grundlage des § 187 GVG möglich ist, auch andere Unterlagen als die in § 187 Abs. 2 GVG exemplarisch genannten, für den Angeklagten übersetzen zu lassen.[434] Es bestehe jedoch, wie auch dem Gesetzentwurf zu entnehmen ist[435], kein Anspruch auf Übersetzung des gesamten Akteninhalts, sondern nur bezüglich Unterlagen, deren Kenntnisnahme für eine effektive Verteidigung und zur Wahrung der strafprozessualen Rechte und des

---

431 Gesetz zur Stärkung der Verfahrensrechte von Beschuldigten im Strafverfahren vom 02.07.2013, BGBl. I S. 1938 (1938); Ergänzung zur Umsetzung der Richtlinie 2010/64/EU, ausführlich dazu u.a. Christl, NStZ 2014, 376 ff; Eisenberg, JR 2013, 442 ff; Schneider, StV 2015, 379 ff.

432 BT-Drs. 17/12578, S. 11.

433 Beck'scher Online-Kommentar, StPO, Walther, § 187 GVG, Rn. 3; Christl, NStZ 2014, 376 (378); Eisenberg, JR, 2013, 442 (445); Löwe-Rosenberg, StPO, Wickern, 26. Aufl., § 187 GVG, Rn. 7.

434 OLG Hamm NStZ-RR 1999. 158 (159); Christl, NStZ 2014, 376 (379); Gatzweiler, Strafo 2011, 293 (294); Eisenberg, JR 2013, 442 (443, 446); a.A. OLG Hamburg StV 2014, 534 (535).

435 BT-Drs. 17/12578 S. 12.

Rechts auf ein faires Verfahren erforderlich ist[436]. Hier werden beispielsweise Zeugenaussagen[437], Sachverständigengutachten[438], TKÜ-Protokolle[439], Ermittlungsvermerke[440] und andere Beweisurkunden genannt, die auch Gegenstand eines Selbstleseverfahrens sein können.

Als weiteres Kriterium, ob ein Anspruch auf Übersetzung von Aktenteilen besteht, wird die Situation benannt, in der es für die effektive Verteidigung auf den Wortlaut eines Schriftstücks ankommt.[441]

Wickern führt ergänzend die Art und Schwere des Tatvorwurfs, die Komplexität zu prüfender Beweisfragen, den Umfang der Beherrschung der deutschen Sprache und Fremdsprachenkenntnisse der als Kommunikationspartner vorgesehenen Personen bei der Entscheidung als Beurteilungskriterien an.[442] Dies veranschaulicht er mit Hilfe eines Beispiels:

> „So wird bei einem etwas Deutsch sprechenden, einer einfachen Körperverletzung verdächtigen Beschuldigten die Beiordnung eines Dolmetschers nicht oder nur für ein Verteidigergespräch erforderlich sein, während einer der Untreue im geschäftlichen Bereich in einem Verfahren mit vielen Urkunden beschuldigte Person ohne Deutschkenntnisse sowohl ein Dolmetscher für die Verteidigerkommunikation als auch ein Übersetzer für die Übersetzung einzelner Urkunden beizuordnen sein wird."[443]

Aus dem Beschluss des OLG Stuttgart vom 09.01.2014 geht hervor, dass ein Selbstleseverfahren trotz fehlender Sprachkenntnis des Angeklagten durchgeführt wurde, wobei offensichtlich § 187 GVG zur Anwendung kam:

> „Zum Verständnis der im Selbstleseverfahren eingeführten deutschsprachigen Dokumente wurde dem Angekl. die Möglichkeit eingeräumt, die Dolmetscher in der JVA als Sprachmittler hinzuzuziehen."[444]

---

436 Christl, NStZ 2014, 376 (379); Eisenberg, JR, 2013, 442 (443); Schneider, StV 2015, 379 (380 f).

437 MAH, Strafvereidigung, Jung, § 18, Rn. 75; Schneider, StV 2015, 379 (381).

438 MAH, Strafvereidigung, Jung, § 18, Rn. 75; Schneider, StV 2015, 379 (381).

439 Kotz, StV 2012, 626 (629); MAH, Strafvereidigung, Jung, § 18, Rn. 75; Schneider, StV 2015, 379 (381).

440 MAH, Strafvereidigung, Jung, § 18, Rn. 75; Schneider, StV 2015, 379 (381).

441 OLG Hamm NStZ-RR 1999, 158 (159); Christl, NStZ 2014, 376 (378); Löwe-Rosenberg, StPO, Wickern, 26. Auflage, § 187 GVG, Rn. 10; SK-StPO, Frister, §187 GVG, Rn. 7.

442 Löwe-Rosenberg, StPO, Wickern, 26. Auflage, § 187 GVG, Rn. 7.

443 Löwe-Rosenberg, StPO, Wickern, 26. Auflage, § 187 GVG, Rn. 8.

444 OLG Stuttgart, Beschluss vom 09.01.2014 – 6-2 StE 2/12.

Dies zeigt deutlich, dass das Gericht im vorliegenden Fall die Problematik des fehlenden Sprachverständnisses erkannt und Voraussetzungen geschaffen hat, die dem Anklagten nicht nur die Gelegenheit, sondern auch die praktische Möglichkeit bieten, vom Inhalt der Urkunden Kenntnis zu nehmen.

Hier stellt sich nun die Frage, ob es ausreichend ist, dem Angeklagten die Urkunden mündlich zu übersetzen, oder ob das Gericht verpflichtet ist, eine schriftliche Übersetzung zur Verfügung zu stellen.

Im Gleichlauf mit dem Gesetzgeber[445] erachtet die Rechtsprechung es für ausreichend, zur Wahrung der Verteidigungsrechte und des Rechts auf ein faires Verfahren, wenn in Besprechungen zwischen Verteidiger und Angeklagtem, in denen Schriftstücke erläutert und diskutiert werden, ein Dolmetscher anwesend ist und in diesem Rahmen die Schriftstücke in eine für den Angeklagten verständliche Sprache überträgt[446].

Dem wird in der Literatur zu Recht widersprochen. *Schneider* zeigt auf, dass die mündliche Übersetzung oder Zusammenfassung nach Art. 3 Abs. 7 der Richtlinie 2010/64/EU ein Ausnahmetatbestand und daher restriktiv anzuwenden ist.[447] *Bockenmühl* führt ergänzend dazu aus, dass auch ein verteidigter Angeklagter ein Prozesssubjekt ist und daher essentieller Bestandteil seiner eigenen effektiven Verteidigung. Nur ein informierter Angeklagter könne für die Vereidigung relevante Informationen liefern, womit nur dann ein faires Verfahren vorliegen könne, wenn der Angeklagte Beweismaterial in einer ihm verständlichen Sprache sichten könne.[448]

Eine effektive Verteidigung und ein faires Verfahren erfordern die aktive Mitwirkung des Angeklagten. Dies ist nur dann möglich, wenn ihm Unterlagen, die im Rahmen des Selbstleseverfahrens Gegenstand der Beweisaufnahme sind, in einer für ihn verständlichen Sprache überlassen werden. Nur so hat er dieselben Chancen wie ein Angeklagter, der die Gerichtssprache beherrscht.

Es ist daher immer eine schriftliche Übersetzung der vom Selbstleseverfahren umfassten Dokumente erforderlich. Dies gilt insbesondere, wenn man sich vor Augen führt, dass einer der Gründe, die für das Selbstleseverfahren angeführt werden, das bessere Verständnis beim selbstständigen Lesen von Schriftstücken ist.[449]

---

445 BT-Drs.17/12578, S. 12.

446 OLG Stuttgart, Beschluss vom 09.01.2014 – 6-2 StE 2/12; OLG Hamburg, Beschl. vom 06.12.2013 – 2 Ws 253/13 – 1 OBL 88/13; OLG Hamm, Beschl. vom 16.02.01999 – 2 Ws 595/98, NStZ-RR 1999, 158 (158 ff).

447 Schneider, StV 2015, 379 (382).

448 Bockenmühl, StV 2014, 537 (539).

449 Vgl. oben C. III. 2.

Daher ist festzuhalten, dass bei der Beteiligung eines sprachunkundigen Angeklagten am Selbstleseverfahren § 157 GVG als Anspruchsgrundlage für eine schriftliche Übersetzung der umfassten Unterlagen herangezogen werden kann. Sollte das zuständige Gericht, wie oben aufgezeigt in früheren Entscheidungen geschehen, eine gegenteilige Meinung vertreten, kann es zum Erfolg führen, den Übersetzungsanspruch direkt auf Art. 6 Abs. 3 EMRK oder die Richtlinie 2010/64/EU zu stützen.[450]

cc. *Analphabetismus*

Es steht außer Fragen, dass ein Analphabet aus eigener Kraft nicht in der Lage ist, den Inhalt von Schriftstücken zur Kenntnis zu nehmen, auch wenn ihm hierzu Gelegenheit gegeben wird.

Bei einem Vergleich von Blinden mit Analphabeten im Selbstleseverfahren ist insbesondere im Hinblick auf die Heranziehung des § 191a GVG zu beachten, dass die Regelungen zur Barrierefreiheit im gerichtlichen Verfahren dem Ziel dienen, Behinderungen so gut wie möglich zu kompensieren.[451] Anknüpfungspunkt ist hier das Benachteiligungsverbot aus Art. 3 Abs. 3 S. 2 GG.[452] Eine Definition des Begriffs „Behinderung“ ist § 3 BGG zu entnehmen:

> „Menschen sind behindert, wenn ihre körperliche Funktion, geistige Fähigkeit oder seelische Gesundheit mit hoher Wahrscheinlichkeit länger als sechs Monate von dem für das Lebensalter typischen Zustand abweichen und daher ihre Teilhabe am Leben in der Gesellschaft beeinträchtigt ist.“

Analphabetismus stellt nach dieser Definition keine Behinderung dar. Es handelt sich um einen Zustand infolge des Nichterlernens einer Fähigkeit und nicht um eine körperlich oder geistig vorgegebene Fähigkeit oder einen Gesundheitszustand.

Dies hat auch das LG Kleve im Beschluss vom 7.3.2013 – 4 T 29/13 ausgeführt. Das Gericht hatte sich damit zu befassen, ob einer Person gemäß § 1896 Abs. 1 S. 1 BGB aufgrund eines unstreitig vorliegenden Analphabetismus eine Betreuung einzurichten ist. Zur Definition des Begriffes der „Behinderung“ in § 1896 BGB wird zwar nicht auf § 3 BGG Bezug genommen, die Ausführungen des LG Kleve legen jedoch nahe, dass es sehr ähnlich Kriterien zur Abgrenzung herangezogen hat:

---

450 Schneider, StV 2015, 379 (384).

451 Vgl. oben D. II. 1. b. aa.

452 Vgl. zum Ganzen Sorge/Krüger, NJW 2015, 2764 (2765).

„Geistige Behinderungen sind angeborene oder erworbene Intelligenzdefizite verschiedener Schweregrade (Palandt/Diederichsen, BGB, 71. Aufl. [2012], § 1896 Rdnr. 7; Jürgens, BetreuungsR, 4. Aufl. [2010], § 1896 BGB Rdnr. 7). Nach der Psychiatrie-Enquete (BT-Dr 7/4201, S. 3) versteht man unter geistig Behinderten Kinder, Jugendliche und Erwachsene, deren geistige Entwicklung durch angeborene oder erworbene Störungen hinter der altersgemäßen Norm zurückgeblieben ist, so dass sie für ihre Lebensführung besonderer Hilfen bedürfen (BayObLG, FamRZ 1994, 318 = BeckRS 1993, 00524).

Analphabetismus selbst ist weder ein angeborenes noch ein erworbenes Intelligenzdefizit. Analphabetismus ist definiert als die „Unfähigkeit, die eigene Sprache zu lesen und zu schreiben (weil es nicht gelernt worden ist)" (Duden, Das große Fremdwörterbuch, 2. Aufl. [2000], Stichwort „Analphabetismus") bzw. die „mangelhafte oder fehlende Kenntnis und Beherrschung des Lesens und Schreibens" (dtv-Lexikon, Ausgabe 1999, Stichwort: „Analphabetismus"); Analphabeten sind demzufolge „Menschen, die des Lesens und Schreibens („des Alphabets") unkundig sind (Brockhaus, Enzyklopädie, 17. Aufl., 1966 ff., Stichwort „Analphabet"). Analphabetismus ist bereits deswegen kein angeborenes Intelligenzdefizit, weil alle Menschen als Analphabeten geboren werden. Es handelt sich aber auch nicht um ein später erworbenes Intelligenzdefizit, sondern nur um eine nicht erlernte Fähigkeit. Dieses Nichterlernen ist kein Anzeichen einer geistigen Behinderung, etwa die Hälfte der Weltbevölkerung ist Analphabet (vgl. dtv-Lexikon, Stichwort: „Analphabetismus")."[453]

Diese Auffassung wird auch von manchen Stimmen in der Kommentarliteratur vertreten.[454] *Götz* hingegen sieht im Analphabetismus eine Behinderung.[455]

Diese Meinungen zur Fragestellung, ob es sich bei Analphabetismus um eine Behinderung handelt oder nicht, beziehen sich allerdings nicht auf strafprozessrechtliche Konstellationen, sondern auf materiellrechtliche Fragestellungen im Zivilrecht im Zusammenhang mit der Betreuerstellung und dem Umgang mit Allgemeinen Geschäftsbedingungen.

Im Hinblick auf die Heranziehung des § 191a GVG verbietet es sich jedoch, im Analphabetismus eine Behinderung zu sehen. Dies würde der Zielsetzung der Vorschrift, der Benachteiligung Behinderter entgegen zu wirken, nicht gerecht werden. Die Vorschrift wurde für Personen geschaffen, die aufgrund einer angeborenen oder erworbenen Einschränkung in der Sehfähigkeit unter Nachteilen im Gang eines gerichtlichen Verfahrens zu leiden haben. Dies ist bei Analphabeten nicht der Fall. Bei ihnen beruht die fehlende Möglichkeit, Geschriebenes zu

---

453 LG Kleve, Beschluss vom 07.03.2013 – 4 T 29/13.

454 Beck'scher Online-Kommentar, BGB, Müller, § 1896, Rn. 12; MüKo, BGB, Basedow, § 305, Rn. 72.

455 MüKo, BGB, Grüneberg, § 305, Rn. 38; Palandt-Götz, § 1896, Rn. 7.

erfassen, nicht auf einer nicht beeinflussbaren Wahrnehmungsstörung, sondern auf einem Defizit bei einer erlernbaren Fertigkeit.

Daneben kann ein Vergleich mit einem gehörlosen Angeklagten bei der Erhebung des Urkundenbeweises durch Verlesen gemäß § 249 Abs. 1 StPO gezogen werden. Die Verständigung mit hör- und sprachbehinderten Personen in der Verhandlung ist in § 186 GVG geregelt:

> „(1) Die Verständigung mit einer hör- oder sprachbehinderten Person in der Verhandlung erfolgt nach ihrer Wahl mündlich, schriftlich oder mit Hilfe einer die Verständigung ermöglichenden Person, die vom Gericht hinzuzuziehen ist. Für die mündliche und schriftliche Verständigung hat das Gericht die geeigneten technischen Hilfsmittel bereit zu stellen. Die hör- oder sprachbehinderte Person ist auf ihr Wahlrecht hinzuweisen.
>
> (2) Das Gericht kann eine schriftliche Verständigung verlangen oder die Hinzuziehung einer Person als Dolmetscher anordnen, wenn die hör- oder sprachbehinderte Person von ihrem Wahlrecht nach Absatz 1 keinen Gebrauch gemacht hat oder eine ausreichende Verständigung in der nach Absatz 1 gewählten Form nicht oder nur mit unverhältnismäßigem Aufwand möglich ist."

Ebenso wie § 191a GVG ist diese Vorschrift jedoch auf die Anwendung des § 186 GVG auf Personen mit sensorischen Behinderungen zugeschnitten und daher nicht auf Wahrnehmungsprobleme aufgrund einer nicht erlernten Fähigkeit anzuwenden.[456]

Dennoch muss es auch für Analphabeten eine Möglichkeit geben, den Inhalt von Urkunden im Selbstleseverfahren zur Kenntnis nehmen zu können, wenn dieses angeordnet wird. Das Problem an sich wird in der Literatur und Rechtsprechung durchaus thematisiert, vollständige Lösungsansätze sucht man hingegen vergebens.

Zunächst lehnt *Frister* die Durchführung des Selbstleseverfahrens kategorisch ab, wenn ein Analphabet unter den Verfahrensbeteiligten ist.[457]

Mosbacher führt aus, dass leseberechtigte Verhandlungsteilnehmer im Rahmen ihres Widerspruchsrechts ihre Bedenken gegen die Durchführung des Selbstleseverfahrens mit dem Vorsitzenden erörtern müssen, wenn Schwierigkeiten wie Analphabetismus entgegenstehen.[458] Darüber hinaus stellt er nur noch fest, dass Anhaltspunkte für Analphabetismus bereits bei der Anordnung des Selbstleseverfahrens zu berücksichtigen sind.[459] Vorschläge oder Leitlinien,

---

456 BT Drs. 14/9266, S. 41; KK StPO-Diemer, § 186 GVG, Rn. 1.

457 SK-StPO, Frister, § 249, Rn. 60.

458 Löwe-Rosenberg, StPO, Mosbacher, 26. Auflage, § 249, Rn. 73.

459 Löwe-Rosenberg, StPO, Mosbacher, 26. Auflage, § 249, Rn. 85.

wie sich der Vorsitzende zu verhalten und dem Problem zu begegnen hat, finden sich nicht.

Auch *Kirchner* erklärt zwar, dass das Vorliegen von Analphabetismus als Gegenargument beim Widerspruch gegen die originäre Anordnung herangezogen werden kann. Es wird jedoch nicht diskutiert, wie zu verfahren ist, wenn das Gericht des Selbstleseverfahren dennoch anordnen sollte.[460]

Ganter konstatiert unter Bezug auf einen BGH-Beschluss[461], dass bei der Entscheidung über die Anordnung des Selbstleseverfahrens Anhaltspunkte für Analphabetismus zwar in die Überlegungen mit einzubeziehen sind, dieser der Durchführung des Selbstleseverfahrens aber nicht zwangsläufig entgegen steht[462]. Der BGH führt Folgendes aus:

> „Der Vorsitzende bestimmt nach pflichtgemäßem Ermessen, ob ein Selbstleseverfahren durchzuführen ist (Mosbacher in Löwe/Rosenberg, StPO, 26. Aufl., § 249 Rn. 64). Dabei sind auch – hier, wie die Revision zutreffend vorträgt, schon im Ermittlungsverfahren aktenkundig gewordene – Anhaltspunkte für Analphabetismus in die Erwägungen einzubeziehen (vgl. Mosbacher aaO Rn. 85). Einen Rechtssatz, dass in derartigen – nach forensischer Erfahrung nicht häufigen – Fällen ein Selbstleseverfahren keinesfalls zulässig sei, gibt es nicht. Wird ein solches – hier zwei Aktenseiten betreffendes – Verfahren für zweckmäßig gehalten, so ist die Situation damit vergleichbar, dass der Angeklagte Urkunden zwar lesen, aber mangels Sprachkenntnissen nicht verstehen kann. Auch dann ist ein Selbstleseverfahren möglich, jedoch muss das Gericht ermöglichen, dass ihm der Inhalt der Urkunde zur Kenntnis gebracht wird (vgl. Mosbacher aaO Rn. 80). Jedoch kann, von den hier nicht in Rede stehenden Richtern abgesehen, jeder Verfahrensbeteiligte, also auch der Angeklagte, auch darauf verzichten, vom Inhalt der Urkunden Kenntnis zu nehmen (vgl. Mosbacher aaO Rn. 82). Verzichtet er nicht, kann der Inhalt gegebenenfalls durch einen hierzu bereiten Verteidiger zur Kenntnis gebracht werden, sonst auf andere Weise. Es ist dem Strafprozessrecht auch sonst nicht fremd, dass erforderlichenfalls Urkunden vorgelesen werden (vgl. § 35 Abs. 3 StPO; zur Notwendigkeit des Vorlesens auch unter anderen als den in dieser Bestimmung genannten Voraussetzungen vgl. Graalmann-Scheerer aaO § 35 Rn. 27).“[463]

Ventzke kritisiert den Beschluss scharf.[464] So verfange das Argument, dass der des Lesens nicht mächtige Angeklagte auf eine Kenntnisnahme verzichten könne, nicht, da er keine echte Entscheidungsmöglichkeit habe.

---

460 Kirchner, StraFo 2015, 52 (54).

461 BGH, Beschluss vom 14.12.2010 1 StR 422/10, NStZ 2011, 300.

462 Beck'scher Online-Kommentar, StPO, Ganter, § 249, Rn. 23.

463 BGH Beschluss vom 14.12.2010 1 StR 422/10, NStZ 2011, 300 (300).

464 Ventzke, StV 2014, 114 (115).

Der BGH sieht offensichtlich keinen Nachteil darin, dass ein des Lesens nicht mächtiger Angeklagter einfach auf die Kenntnisnahme des Inhalts der Urkunden verzichtet. Dies ist mit Sicherheit die einfachste Lösung des Problems. Die Rechte des Angeklagten werden jedoch unzumutbar beschnitten. Ansonsten bietet sich aus Sicht des BGH die Möglichkeit, dass ein Verteidiger die Dokumente vorliest oder die Dokumente in anderer Weise zur Kenntnis gebracht werden. Dies mag freilich im vom BGH zu entscheidenden Fall, in dem das Selbstleseverfahren nur zwei Seiten umfasste, praktikabel sein. Es stellt sich jedoch die Frage, wie sinnvoll es ist, einen im Selbstleseverfahren oft mehrere hundert Seiten umfassenden Selbstleseband vorzulesen.

Aus § 35 Abs. 3 StPO und der im Urteil genannten Kommentarstelle ergibt sich jedoch, dass die Strafprozessordnung durchaus Situationen neben dem Verlesen von Urkunden im Rahmen des § 249 Abs. 1 StPO vorsieht, in denen einem Verfahrensbeteiligten Dokumente vorgelesen werden.[465]

Doch genau hierin liegt der Unterschied: Während in § 35 Abs. 3 StPO die Verlesung durch Dritte ausdrücklich vorgesehen ist, stellt das Selbstleseverfahren gerade die Alternative zu der Verlesung von Urkunden durch das Gericht dar. Die Vorschrift des § 249 StPO sieht jedoch keine Verlesung durch andere Personen als das Gericht vor.[466]

Wird das Selbstleseverfahren in Fällen der Beteiligung eines Analphabeten dennoch durchgeführt, muss vor dessen Anordnung sicher gestellt werden, dass auch der Leseunkundige die uneingeschränkte Möglichkeit hat, den Inhalt der umfassten Urkunden zur Kenntnis zu nehmen. Dies kann durch Vorlesen durch eine dritte Person erfolgen.

Hier stellt sich die Frage, wer diese dritte Person ist. Aus Sicht des BGH kann das Vorlesen der vom Selbstleseverfahren umfassten Urkunden durch den Verteidiger erfolgen.[467] Zieht man jedoch wieder den im Urteil selbst angeführten § 35 Abs. 3 StPO als Vergleichsmaßstab heran, zeigt sich deutlich, dass dies nicht die richtige Lösung sein kann. Dem nicht auf freiem Fuß Befindlichen werden Entscheidungen gemäß § 35 Abs. 3 StPO von Amtspersonen, wie Zustellungsbeamten, Anstaltsbeamten oder Beamte der Geschäftsstelle des zuständigen Amtsgerichts vorgelesen.[468] Die Verantwortung für das zur Kenntnisbringen sowie die

465 Löwe-Rosenberg, StPO, Graalmann-Scheerer, 26. Auflage, § 35, Rn. 27.
466 Lindemann, StV 2011, 458 (460).
467 BGH Beschluss vom 14.12.2010 1 StR 422/10, NStZ 2011, 300 (300).
468 Lindemann, StV 2011, 458 (460); Löwe-Rosenberg, StPO, Graalmann-Scheerer, 26. Auflage, § 35, Rn. 25.

Kostenlast liegen damit beim Staat. Ein Abwälzen dieser Verantwortung auf den Verteidiger kommt daher nicht in Betracht.

Das Gericht hat daher dafür Sorge zu tragen, dass dem Angeklagten eine Person zum Vorlesen gestellt wird, ähnlich einem Dolmetscher. Ebenso ist die Frage der Kostentragung zu klären.[469]

In Fällen von Analphabetismus kann der Vorleser als eine Art Dolmetscher gesehen werden. Der Vorleser überträgt die für den Angeklagten unverständliche Information (Fremdsprache = geschriebenes Wort) in eine für den Angeklagten verständliche Form (geläufige Sprache = gesprochenes Wort).

Der BGH führt selbst aus, dass die Situation des Analphabeten mit der eines Sprachunkundigen zu vergleichen ist, und es ihm zu ermöglichen ist, den Inhalt der vom Selbstleseverfahren umfassten Urkunden zur Kenntnis zu nehmen.

> „Wird ein solches – hier 2 Aktenseiten betreffendes – Verfahren für zweckmäßig gehalten, so ist die Situation damit vergleichbar, dass der Angekl. Urkunden zwar lesen, aber mangels Sprachkenntnissen nicht verstehen kann. Auch dann ist ein Selbstleseverfahren möglich, jedoch muss das Gericht ermöglichen, dass ihm der Inhalt der Urkunde zur Kenntnis gebracht wird.“ [470]

Demnach kann der Anspruch des Angeklagten auf einen Vorleser auf Art. 6 Abs. 1 und 3e EMRK gestützt werden.[471] Dies gilt umso mehr, als es sich bei den Spezifikationen in Art. 6 Abs. 3 EMRK um Mindestgarantien handelt.[472] Das Recht auf ein faires Verfahren ist nur gewahrt, wenn der Angeklagte umfänglich informiert ist und Waffengleichheit zwischen ihm und der Staatsanwaltschaft garantiert ist.[473] Dies ist nur dann der Fall, wenn dem Angeklagten eine Möglichkeit geboten wird, tatsächlich vom Inhalt der Urkunden Kenntnis zu nehmen. Dafür hat das Gericht entsprechend dem Grundsatz des fair trial Sorge zu tragen.

In der Praxis ist dennoch sehr sorgfältig abzuwägen, ob es dem Fortgang der Hauptverhandlung dienlich ist, wenn bei Beteiligung eines Analphabeten das Selbstleseverfahren angeordnet wird. Die Wahrnehmungsmöglichkeiten des Betroffenen sind, auch wenn ein zuverlässiger Vorleser engagiert wird, begrenzt. Der Analphabet kann von dem stets hervorgehobenen besseren Verständnis

---

469 Vgl. unten D. II. 2. b. cc.

470 BGH, Beschluss vom 14.12.2010 1 StR 422/10, NStZ 2011, 300 (300).

471 Vgl. oben D. II. 1. a. aa.

472 Beck'scher Online-Kommentar, StPO, Valerius, Art. 6 EMRK, Rn. 35; SK-StPO, Paeffgen, 35. Aufbau-Lfg., Art. 6 EMRK, Rn. 70.

473 Vgl. oben D. II. 1. a. aa.

durch eigenständiges Lesen[474] nicht profitieren, womit keine „Waffengleichheit“ vorherrscht, wenn manchen Verfahrensbeteiligte die Urkunden selbst lesen können und andere nicht.

Im Zweifel sollte sich der Vorsitzende daher immer für die Verlesung nach § 249 Abs. 1 StPO und gegen das Selbstleseverfahren nach § 249 Abs. 2 StPO entscheiden, um dem Grundsatz des fairen Verfahrens Art. 6 EMRK, Art. 20 Abs. 3, 1 Abs. 1, 2 Abs. 1 GG gerecht zu werden. Verfolgt der Vorsitzende dieses Ziel nicht, ist es die Aufgabe des Verteidigers im Rahmen des Widerspruchs auf die Problematik hinzuweisen und dafür zu sorgen, dass eine Revision durch den eingelegten Widerspruch Aussicht auf Erfolg hat.[475]

dd. Inhaltliches Verständnis

Das Problem, dass der Inhalt mancher Urkunden für den Leser nicht verständlich ist, betrifft alle Verfahrensbeteiligten, egal ob Berufsrichter, Schöffen, Vertreter der Staatsanwaltschaft, Angeklagte, Verteidiger, Nebenkläger und Nebenbeteiligte, in gleicher Weise. Gerade, aber nicht nur, in Wirtschaftsgroßverfahren werden nicht selten Dokumente Gegenstand der Beweisaufnahme sein, die sich nur auf Grundlage von fundiertem Fachwissen vollständig erfassen und richtig einordnen lassen.

Dieses Problem ist jedoch kein Spezifikum des Selbstleseverfahrens. Auch wenn eine Urkunde in der Hauptverhandlung verlesen wird, besteht immer die Gefahr, dass nicht alle Verfahrensbeteiligten wirklich in der Lage sind, den Inhalt richtig und vollständig zu erfassen und vor allem zu verstehen.

Es gibt unterschiedliche Möglichkeiten diesem Defizit zu begegnen. Zum einen könnten die Verfahrensbeteiligten in der Hauptverhandlung unmittelbar im Anschluss an die Verlesung der Urkunde Fragen zum Verständnis zu stellen. Eine ähnliche Lösungsmöglichkeit bietet die Gelegenheit sich zu vom Selbstleseverfahren umfassten Urkunden zu äußern, § 257 StPO.

Die Wahrscheinlichkeit, dass sich ein Verfahrensbeteiligter in der Hauptverhandlung die Blöße gibt, durch die Anwendung einer der beiden vorgenannten Möglichkeiten den Inhalt der Urkunden besser zu verstehen, ist äußert gering. Hier besteht kein Vorteil der Verlesung gegenüber dem Selbstleseverfahren. Wahrscheinlicher ist es noch, dass Sachverständige, die zum Thema aussagen, um Erläuterungen gebeten werden. Dies ist jedoch bei beiden Varianten der

474 Vgl. oben C. III. 2.

475 Vgl. unten E. IV. 1. a.

Erhebung des Urkundenbeweises in gleich Weise möglich, solange die Selbstlesung vor der Vernehmung des Zeugens erfolgt.

Darüber hinaus bietet das Selbstleseverfahren den Vorteil, dass bei fehlendem inhaltlichen Verständnis ein mehrfaches eigenes Lesen möglich ist und notfalls unverzüglich und insbesondere unbeobachtet von anderen Verfahrensbeteiligten zu Themen mit Verständnisproblemen recherchiert werden kann. Dies ist bei der Verlesung gerade für Schöffen nicht ohne weiteres möglich, da ihnen die Akten außerhalb der Hauptverhandlung nicht vorliegen und sie daher nicht in der Lage sind, eine Recherche zum genauen Wortlaut durchzuführen.

2. Übernahme der durch das Selbstleseverfahren verursachten Kosten

Die Lektüre der vom Selbstleseverfahren umfassten Urkunden außerhalb der Hauptverhandlung stellt einen zusätzlichen Tätigkeitsbereich im Strafverfahren dar. Zwangsläufig ergeben sich Fragen zur Vergütung des dadurch entstehenden Mehraufwands. Die Kostentragungspflicht ist teilweise bereits durch Gesetz geregelt, teilweise wurde in der Rechtsprechung zur Problematik Stellung genommen.

Bei der Beurteilung der Kostentragungspflicht ist zum einen nicht aus den Augen zu verlieren, dass die soeben aufgezeigten Problemfelder bei der Kenntnisnahme von Dokumenten durch die Verfahrensbeteiligten zusätzlichen Aufwand und damit zusätzliche Kosten nach sich ziehen.

Wie bereits erläutert wurde, haben sämtliche Verfahrensbeteiligte das Recht, die Urkunden in vollem Umfang zur Kenntnis zu nehmen.[476] Zudem bestehen verschiedene Möglichkeiten, den Inhalt der Urkunden den Beteiligten mit praktischen Hinderungsgründen zugänglich zu machen.[477] Wird nun in einer Hauptverhandlung, in der ein Verfahrensbeteiligter nicht in der Lage ist, Urkunden selbstständig zu lesen und deren Inhalt zu erfassen, das Selbstleseverfahren nach Abwägung sämtlicher Schwierigkeiten dennoch angeordnet, stellt sich die Frage, wer die Kosten für die Zugänglichmachung zu tragen hat. Es darf nicht vergessen werden, dass auch für den Verteidiger ein zusätzlicher Arbeitsaufwand entsteht.

a. Blinde und sehbehinderte Verfahrensbeteiligte

Die Kosten für die barrierefreie Zugänglichmachung von verfahrensrelevanten Dokumenten für Blinde und Sehbehinderte werden dem Berechtigen nicht

476 Vgl. oben D. II. 1.
477 Vgl. oben D. II. 2.

auferlegt, § 191a Abs. 1 S. 5 GVG. Die Kosten für die – oft auch kostenintensive Übertragung – werden von der Staatskasse und nicht vom Kostenschuldner des Verfahrens getragen.[478]

b. Fremdsprache

Einem der Gerichtssprache nicht mächtigen Beschuldigten oder Angeklagten sind kostenfreie Dolmetscher- und Übersetzungsleistungen zu gewähren, Art. 6 Abs. 3e EMRK. Die Kosten für herangezogenen Dolmetscher und Übersetzer trägt daher die Staatskasse[479], was für das deutsche Verfahrensrecht in § 464c StPO i.V.m. Nr. 9005 Abs. 4 Kostenverzeichnis zum GKG geregelt ist.

> § 464c StPO
> „Ist für einen Angeschuldigten, der der deutschen Sprache nicht mächtig, hör- oder sprachbehindert ist, ein Dolmetscher oder Übersetzer herangezogen worden, so werden die dadurch entstandenen Auslagen dem Angeschuldigten auferlegt, soweit er diese durch schuldhafte Säumnis oder in sonstiger Weise schuldhaft unnötig verursacht hat; dies ist außer im Falle des § 467 Abs. 2 ausdrücklich auszusprechen."

> Nr. 9005 Abs. 4 Kostenverzeichnis zum GVG
> „Ist für einen Beschuldigten oder Betroffenen, der der deutschen Sprache nicht mächtig, hör- oder sprachbehindert ist, im Strafverfahren oder im gerichtlichen Verfahren nach dem OWiG ein Dolmetscher oder Übersetzer herangezogen worden, um Erklärungen oder Schriftstücke zu übertragen, auf deren Verständnis der Beschuldigte oder Betroffene zu seiner Verteidigung angewiesen oder soweit dies zur Ausübung seiner strafprozessualen Rechte erforderlich war, werden von diesem die dadurch entstandenen Auslagen nur erhoben, wenn das Gericht ihm diese nach § 464c StPO oder die Kosten nach § 467 Abs. 2 Satz 1 StPO, auch i. V. m. § 467a Abs. 1 Satz 2 StPO, auferlegt hat; dies gilt auch jeweils i. V. m. § 46 Abs. 1 OWiG."

Die Ausnahmevorschrift des § 464c StPO zeigt, dass die Dolmetscher- und Übersetzungskosten dem Angeklagten nicht aufzuerlegen sind, da diese von ihm nicht schuldhaft verursacht wurden. Das Kostenverzeichnis konkretisiert dahingehend, dass Übersetzungskosten, die für eine effektive Verteidigung erforderlich sind, vom Angeklagten nicht erhoben werden. Dies kommt auch im Wortlaut des § 187 Abs. 1 S. 2 GVG zum Ausdruck, wenn es heißt:

---

478 Löwe-Rosenberg, StPO, Wickern, 26. Auflage, § 191a GVG, Rn. 7; Sorge/Krüger, NJW 2015, 2764 (2765).

479 Löwe-Rosenberg, StPO, Wickern, 26. Auflage, § 187 GVG, Rn. 18, § 185 GVG, Rn. 23; SK-StPO, Frister, §187 GVG, Rn. 10.

„Das Gericht weist den Beschuldigten in einer ihm verständlichen Sprache darauf hin, dass er insoweit für das gesamte Strafverfahren die unentgeltliche Hinzuziehung eines Dolmetschers oder Übersetzers beanspruchen kann.“

c. *Analphabetismus*

Vom nationalen Gesetzgeber ungeregelt ist, auch mangels des Vorsehens eines Anspruchs auf Unterstützungsleistung von Analphabeten, die Vergütung des Vorlesens von Urkunden gegenüber einem Analphabeten.

Der Anspruch ist, wie oben dargestellt, auf das Recht auf ein faires Verfahren, Art. 6 Abs. 1, 3e EMRK zu stützen. Wie bereits ausgeführt wurde, sieht auch der BGH eine Parallele zwischen der Beteiligung eines Analphabeten im Selbstleseverfahren und der Beteiligung eines nicht Sprachkundigen im Strafverfahren.[480] Demnach hat, entsprechend den Regelungen zur Übersetzung von Fremdsprachen[481], der Staat die Kosten für das Vorlesen der Urkunden zu tragen.

d. *Lektüre des Verteidigers*

Um eine effektive Verteidigung zu gewährleisten, muss der Verteidiger die vom Selbstleseverfahren umfassten Urkunden selbst lesen. Zwar werden in der Regel alle in der Strafakte und den Beweismittelordnern enthaltenen Dokumente bereits im Rahmen der Akteneinsicht im Ermittlungs- und Zwischenverfahren bearbeitet. Es ist für eine effektive Verteidigung jedoch meist unerlässlich, dass die vom Selbstleseverfahren umfassten Aktenteile nochmals zur Kenntnis genommen werden.

Dies ergibt sich bereits aus dem Vergleich mit der Verlesung von Schriftstücken in der Hauptverhandlung. Auch diese hat der Verteidiger bereits beim Aktenstudium zur Vorbereitung der Hauptverhandlung gelesen und bewertet. Jedoch kann sich in Zusammenspiel mit bereits erhobenen Beweisen oder bei Kenntnis der Ansicht, die das Gericht vertritt, eine ganz neue Bewertung ergeben. Eine erneute Kenntnisnahme ist daher für eine effektive Verteidigung unerlässlich.

aa. *Vergütung bei Zeithonorar gemäß § 3a RVG*

In Fällen, in denen der Verteidiger mit dem Mandanten eine Vergütungsvereinbarung gemäß § 3a RVG über ein Zeithonorar geschlossen hat, wird ihm unproblematisch der zeitliche Aufwand für die nochmalige Lektüre der vom Urkundenbeweis nach § 249 Abs. 2 StPO umfassten Dokumente vergütet. Dies

480 BGH, Beschluss vom 14.12.2010 1 StR 422/10, NStZ 2011, 300 (300).
481 Vgl. D. II. 2. b.

ist insbesondere damit zu begründen, dass der Verteidiger nach dem bisherigen Lauf der Beweisaufnahme und der Tatsache, dass das Gericht durch die Anordnung des Selbstleseverfahrens den Urkunden Bedeutung für die Entscheidung beimisst, den Inhalt der Urkunde möglicherweise in neuem Licht sieht[482] und die erneute Kenntnisnahme daher für eine effektive Verteidigung erforderlich ist.

Dem Mandanten wird in der Regel auch kein finanzieller Nachteil bei der Selbstlesung gegenüber der Verlesung in der Hauptverhandlung entstehen. Es ist im Gegenteil davon auszugehen, dass das selbstständige Lesen etwas weniger Zeit in Anspruch nimmt als die Verlesung durch das Gericht. Zudem ergibt sich möglicherweise eine Ersparnis im Hinblick auf die Reisekosten des Verteidigers, wenn aufgrund der Straffungs- und Beschleunigungswirkung des Selbstleseverfahrens weniger Hauptverhandlungstage erforderlich sind.

bb. Vergütung bei Abrechnung nach gesetzlichen Gebühren

Anderes gilt, wenn keine individuelle Vergütungsvereinbarung geschlossen wurde, sondern das Mandat nach den gesetzlichen Gebühren des RVG abgerechnet wird. Ein gesetzlicher Gebührentatbestand für die Lektüre von Unterlagen außerhalb der Hauptverhandlung und damit auch für die Aufarbeitung von Selbstleseunterlagen existiert nicht.

§ 15 Abs. 1 RVG regelt, dass durch die Bestimmungen des RVG die Gebühren für die gesamte Tätigkeit des Rechtsanwaltes, von der Mandatierung bis zur Erledigung der Angelegenheit, abgegolten sind. Das RVG sieht für die Durchführung des Selbstleseverfahrens grundsätzlich keine Vergütung vor, da die Lektüre keinem bestimmten Hauptverhandlungstag zugeordnet werden kann.[483]

Die Anordnung des Selbstleseverfahrens bedeutet daher bei strenger Beachtung des RVG für Verteidiger, die nach gesetzlichen Gebühren abrechnen, dass ein Teil der von ihnen zur effektiven Verteidigung zu leistenden Arbeit nicht vergütet wird. Inwieweit dies mit Art. 12 GG vereinbart werden kann, ist fraglich.

Zudem muss in Zweifel gezogen werden, ob einem Angeklagten, der in einem Fall der Selbstleseanordnung von einem Anwalt vertreten wird, der nicht nach Aufwandsstunden vergütet wird, auch wirklich immer der ihm zustehende Rechtsbeistand zuteilwird. Jeder Angeklagte hat das Recht auf effektive Verteidigung. Dies wird durch das Recht auf ein faires Verfahren aus Art. 6 Abs. 1 und 3 EMRK und Art. 20 Abs. 3 i.V.m. 2 Abs. 1, 1 Abs. 1 GG garantiert. Erhält nun ein Rechtsanwalt für eine bestimmte Tätigkeit keine Vergütung, stellt sich die Frage,

482 KK StPO-Diemer, § 249, Rn. 37.

483 KG, Beschluss vom 07.05.2012 – 1 Ws 31/12.

ob wirklich jeder Rechtsanwalt dieser Tätigkeit trotzdem auch mit der angemessenen Sorgfalt und dem erforderlichen Zeitaufwand nachkommt.

Um zur Vermeidung dieser Missstände dennoch eine Vergütung des nach RVG abrechnenden Rechtsanwalts für die Bearbeitung von Selbstleseanordnungen außerhalb der Hauptverhandlung zu erreichen, können verschiedene Ansätze verfolgt werden.

So könnte dem Argument, dass die Selbstlesung nicht einem bestimmten Verhandlungstag zugerechnet werden kann, durch das Erwirken eines Gerichtsbeschlusses, dem zufolge die Selbstlesung zur Vorbereitung eines bestimmten Hauptverhandlungstages durchzuführen ist, begegnet werden, um dadurch eine entsprechende Gebühr auszulösen.[484]

Dieses Vorgehen erscheint jedoch kaum erfolgversprechend. Zum einen steht nicht zu erwarten, dass ein solcher Beschluss erreicht werden kann. In vielen Fällen handelt es sich bei den Inhalten von Urkunden, die von einer Selbstleseanordnung umfasst sind, um Dokumente zu einem abgeschlossenen Themenkomplex. Eine Zuordnung zu einem bestimmten Hauptverhandlungstag wird daher kaum gelingen. Zum anderen ist die Lektüre von Selbstlesedokumenten bereits von der Verfahrensgebühr erfasst.[485] Im amtlichen Leitsatz des Kammergerichts heißt es:

> „Die Anordnung der Selbstlesung von Schriftstücken ist bei der Terminsgebühr nicht gebührenerhöhend zu berücksichtigen. Das Studium von Urkunden, die nach § 249 Abs. 2 StPO zum Gegenstand der Beweisaufnahme gemacht werden, steht in keinem direkten Zusammenhang mit der anwaltlichen Tätigkeit für einen bestimmten Verhandlungstermin. Der dafür erforderliche Zeitaufwand wird mit der gerichtlichen Verfahrensgebühr bezahlt."[486]

Dieselbe Sichtweise vertritt das OLG Düsseldorf in seinem Beschluss vom 18.10.2001:

> „Werden Urkunden im Selbstleseverfahren in die Hauptverhandlung eingeführt, so begründet dies keine gebührenerhöhende zusätzliche Mühewaltung des Verteidigers, wenn er schon im vorbereiteten Verfahren Gelegenheit hatte, von dem Wortlaut dieser Urkunden Kenntnis zu nehmen."[487]

---

484 Kirchner, StraFo 2015, 52 (58).

485 KG, Beschluss vom 07.05.2012 – 1 Ws 31/12.

486 KG, Beschluss vom 07.05.2012 – 1 Ws 31/12.

487 OLG Düsseldorf: Beschluss vom 18.10.2001 – 3 (s) BRAGO 113/01.

Dem Verteidiger bleibt damit eine Abrechnung seines zusätzlichen Aufwandes durch das Selbstleseverfahren auf Grundlage der gesetzlichen Gebühren zunächst verwehrt.

cc. Pauschgebühr bei umfangreichen Selbstleseverfahren

Einen Lösungsansatz bietet jedoch die Abrechnung nach einer Pauschgebühr wegen des besonderen Umfangs eines Verfahrens, §§ 42, 51 RVG, die die Durchführung des Selbstleseverfahrens berücksichtigt.

Noch im Jahr 2000 hat das Kammergericht einen Antrag auf Pauschvergütung aufgrund der Durchführung eines umfangreichen Selbstleseverfahrens zurückgewiesen:

> „Der Antragsteller kann sich in diesem Zusammenhang auch nicht auf den zusätzlichen Zeitaufwand berufen, der darauf zurückzuführen ist, daß umfangreiche Aktenbestandteile im Selbstleseverfahren in die Hauptverhandlung eingeführt worden sind. Denn da sich der Antragsteller vor Beginn der Hauptverhandlung auf diese vorbereiten und die Akten lesen mußte, kann dieser zusätzliche Zeitaufwand nicht als erheblich bewertet werden."[488]

Dagegen sah ebenfalls das Kammergericht am 27.07.2001 eine Pauschvergütung nach § 99 BRAGO[489] aufgrund der Durchführung eines Selbstleseverfahrens mit dem Umfang von rund 1300 Seiten für angemessen an[490]. Im Orientierungssatz der Entscheidung heißt es:

> „Ist die verhältnismäßig kurze Dauer der Hauptverhandlungstage darauf zurückzuführen, daß in umfangreicher Weise das Selbstleseverfahren durchgeführt wird, so kommt diesem Umstand bei der Beurteilung des Verfahrens eigenes, mitentscheidendes Gewicht zu. Das gilt besonders dann, wenn auch bereits bei der Vorbereitung der Hauptverhandlung von dem Verteidiger durchgesehene Aktenteile eines nochmaligen und intensiveren Studiums bedürfen, wenn sie förmlich zum Gegenstand der Beweisaufnahme gemacht werden."[491]

In der Entscheidung wird ausgeführt, dass die Beurteilung, ob ein besonders schwieriges oder umfangreiches Verfahren vorliegt, auf Grundlage einer Gesamtschau zu treffen sei. Hierbei könne grundsätzlich eine lange Vorbereitungszeit aufgrund umfangreichen Aktenmaterials durch eine weit unterdurchschnittliche

---

488 KG Berlin, Beschluss vom 05.04.2000, ARs 75/99.

489 Die Festsetzung einer Pauschgebühr wegen des besonderen Umfangs des Strafverfahrens ist nun für Wahlverteidiger und gerichtlich bestellte oder beigeordnete Verteidiger in §§ 42, 51 RVG geregelt.

490 KG Berlin, Beschluss vom 27.07.2001, 4 ARs 11/00, BeckRS 2001, 16753.

491 KG Berlin, Beschluss vom 27.07.2001, 4 ARs 11/00, BeckRS 2001, 16753.

Anwesenheitsdauer in der Hauptverhandlung ausgeglichen werden. Betreffend einer kurzen Verfahrensdauer aufgrund der Durchführung eines Selbstleseverfahrens wird sodann festgestellt, dass

> „im Rahmen der Hauptverhandlung mit ihrer weit unterdurchschnittlichen Anwesenheitsdauer des Antragstellers an den jeweiligen Verhandlungstagen eine sehr große Anzahl von Schriftstücken von erheblichem Umfang in Form des Selbstleseverfahrens nach § 249 Abs. 2 StPO zum Gegenstand der Beweisaufnahme gemacht worden ist. Dabei wurde an neun Verhandlungstagen das Selbstleseverfahren für insgesamt 304 Urkunden in einem Gesamtumfang von über 1300 Seiten angeordnet und durchgeführt. Zwar ist grundsätzlich zu berücksichtigen, daß ein Rechtsanwalt sich bereits vor Beginn der Hauptverhandlung auf diese vorbereiten und die Akten lesen muß und daher in der Regel der zusätzliche Zeitaufwand nicht als erheblich bewertet werden kann, der dadurch erforderlich wird, daß im Rahmen der Hauptverhandlung umfangreiche Aktenbestandteile im Selbstleseverfahren in diese eingeführt worden sind (vgl. Senat, Beschluß vom 5. April 2000 – 4 ARs 75/99 –). In einem Sonderfall wie dem vorliegenden, in dem das Selbstleseverfahren im Rahmen der Hauptverhandlung von herausragender Bedeutung war, und unter Berücksichtigung des Umstandes, daß auch bereits bei der Vorbereitung der Hauptverhandlung vom Antragsteller durchgesehene Aktenteile eines nochmaligen und intensiveren Studiums bedürfen, wenn sie förmlich zum Gegenstand der Beweisaufnahme gemacht werden, kommt der Durchführung des Selbstleseverfahrens bei der Beurteilung des Umfangs des Verfahrens eigenes, mitentscheidendes Gewicht zu.“[492]

Dies zeigt, dass es durchaus nicht ausgeschlossen ist, dass der Arbeitsaufwand durch des Lesen von Selbstleseordnern außerhalb der Hauptverhandlung vergütet wird, auch wenn der Verteidiger bereits im Ermittlungsverfahren und bei der Vorbereitung der Hauptverhandlung die Möglichkeit hatte, den Inhalt der Urkunden zur Kenntnis zu nehmen.

Auch das OLG Köln hat entschieden, dass eine Pauschvergütung in Betracht kommt, wenn aufgrund des angeordneten Selbstleseverfahrens der Aufwand für die Vorbereitung der Hauptverhandlung erheblich über das hinaus gehen kann, was ansonsten in Verfahren vergleichbarer Art üblich ist.[493]

Zudem wird in der Literatur unter Verweis auf die beiden vorgenannten Entscheidungen einen Pauschvergütung bei der Durchführung des Selbstleseverfahrens für möglich erachtet.[494]

Diese Ausführungen stützen auch die bereits aufgestellte These, dass ein nochmaliges Lesen unerlässlich sein kann, wenn Urkunden bei der Beweiserhebung

---

492 KG Berlin, Beschluss vom 27.07.2001 – 4 Ars 11/00, BeckRS 2001, 16753.

493 OLG Köln, Beschluss vom 24.05.1995 – 2 ARs 64/95, StraFo 1995, 91 (91).

494 Mayer/Kroiß, RVG, Kroiß, § 51, Rn. 23; Mertens/Stuff/Mück, Verteidigervergütung, § 3, Rn. 494.

durch die Anordnung des Selbstleseverfahrens besonderes Gewicht zugemessen wird.

Hier findet sich auch das Bindeglied zum Begriff der „Zumutbarkeit" in § 51 RVG. Nach dem Wortlaut des Gesetzes ist anhand der alternativen Tatbestandsmerkmale „besonderer Umfang" und „besondere Schwierigkeit" zu beurteilen, ob die Vergütung der Verteidigung nach den Regelgebühren unzumutbar ist. Ist es für eine effektive Verteidigung erforderlich, dass umfangreiche Aktenteile, die vom Selbstleseverfahren umfasst sind, nochmals zur Kenntnis zu nehmen sind, stellt dies im Vergleich zu einer Hauptverhandlung, die ohne die Durchführung eines Selbstleseverfahrens erfolgt, einen besonderen Umfang dar. Denn dieser wird unter anderem auch nach Kriterien, wie außergewöhnlich umfangreiches Aktenstudium[495] und grundsätzlich dem zeitlichen Moment bemessen[496].

Sind Aktenteile aufgrund der Anordnung des Selbstleseverfahrens erneut zu lesen, um eine effektive Verteidigung zu gewährleisten, stellt dies einen außerordentlichen Umfang des Aktenstudiums dar. Die Kenntnisnahme der Urkunden ist mit zusätzlichem zeitlichem Aufwand verbunden. Die Durchführung des Selbstleseverfahrens führt daher zu einem besonderen Umfang der Hauptverhandlung.

Es ist daher jedem Verteidiger anzuraten, in Verfahren, in denen ein umfangreiches Selbstleseverfahren durchgeführt wird, einen Antrag auf Festsetzung einer Pauschvergütung nach §§ 42, 51 RVG zu stellen und damit eine Honorierung des Arbeitsaufwands außerhalb der Hauptverhandlung zu erreichen.

dd. Handlungsbedarf seitens des Gesetzgebers

Im Hinblick auf die Berufsfreiheit und den Gleichheitsgrundsatz scheint dieser Zustand jedoch nicht tragbar. Es ist nicht nachvollziehbar, weshalb ein Rechtsanwalt für die Kenntnisnahme von Urkunden in der Hauptverhandlung eine Vergütung erhält, während er für die Kenntnisnahme derselben Urkunden außerhalb der Hauptverhandlung keinen Vergütungsanspruch gelten machen kann.

Der Vergütungsanspruch des Verteidigers wird durch die herrschende Rechtslage der Willkür des Gerichts anheimgestellt: Entscheidet sich der Vorsitzende, Urkunden selbst zu verlesen, wird dieser Zeitaufwand auch dem Verteidiger gutgeschrieben, da bei umfangreicher Beweiserhebung nach § 249 Abs. 1

495 Mayer/Kroiß, RVG, Kroiß, § 51, Rn. 16; Mertens/Stuff/Mück, Verteidigervergütung, § 3, Rn. 489; Teubel/Scheungrab, Vergütungsrecht, Stähler, § 23, Rn. 315.

496 Mayer/Kroiß, RVG, Kroiß, § 51, Rn. 16; Mertens/Stuff/Mück, Verteidigervergütung, § 3, Rn. 477.

StPO in der Regel mehr Hauptverhandlungstage anfallen. Die Vergütung richtet sich gemäß Nr. 4120 VV GVG nach der Anzahl der Hauptverhandlungstage.

Zudem sind bei einer außergewöhnlich langen Dauer einzelner Hauptverhandlungstermine Zuschläge in Nr. 4110, 4116, 4117, 4122 und 4123 VV GVG vorgesehen sind. Demnach wird auch hier dem zeitlichen Umfang der Beweisaufnahme durch das Verlesen von Urkunden in der Hauptverhandlung Rechnung getragen.

Ordnet der Vorsitzende hingegen das Selbstleseverfahren an, um die Hauptverhandlung zu entlasten, geht der Verteidiger insoweit leer aus, egal wie umfangreich die zu lesenden Unterlagen sind und wieviel zusätzliche Zeit für eine effektive Verteidigung aufgewendet werden muss.

Hier wird mit zweierlei Maß gemessen: Wesentlich Gleiches wird ungleich behandelt. Denn im Ergebnis macht es für das Strafverfahren keinen Unterschied, ob Urkunden, die für die Entscheidungsfindung des Gerichts erforderlich sind, im Wege der Verlesung oder des Selbstleseverfahrens eingeführt werden. Und auch für den Verteidiger ist die Kenntnisnahme des Inhalts der Urkunden in beiden Fällen mit vergleichbarem Zeit- und Konzentrationsaufwand verbunden. Es erschließt sich daher nicht, weshalb nur im Fall der Verlesung durch das Gericht ein Vergütungsanspruch des Verteidigers entstehen soll.

Obwohl das Kammergericht bereits drei Jahre vor Inkrafttreten des RVG entschieden hat, dass in speziellen Fällen eine Vergütung mit Rücksicht auf ein durchgeführtes Selbstleseverfahren in Betracht kommt, hat der Gesetzgeber diesen Fall nicht als eigenständige Ziffer in das Vergütungsverzeichnis des RVG aufgenommen.

Dabei wäre eine angemessene Vergütung der Selbstlesung im Verhältnis zur Verlesung in der Hauptverhandlung leicht umzusetzen. Entsprechend der Regelung für die seitenweise Abrechnung von Kopien, Nr. 7000 1d VV GVG, könnte auch die Durchführung des Selbstleseverfahrens seitenweise abgerechnet werden.

Die Höhe der Vergütung pro Seite könnte empirisch ermittelt werden. Eine Möglichkeit bestünde darin, über einen gewissen Zeitraum durch verschiedene Gericht feststellen zu lassen, wie viele Seiten Urkunden pro Verfahren pro Verhandlungstag durch Verlesung in das Verfahren eingeführt werden. Daraus ließe sich ein Mittelwert für die Anzahl an eingeführten Dokumenten pro Sitzungstag errechnen.

Im nächsten Schritt wäre die durchschnittlich für einen Hauptverhandlungstag im jeweiligen Rechtszug abzurechnende Gebühr zu bestimmen und durch die zuvor ermittelte Anzahl von Seiten pro Hauptverhandlungstag zu dividieren. Das Ergebnis liefert den pro Seite der von der Selbstleseanordnung umfassten Dokumente abzurechnenden Betrag.

Zur Vereinfachung könnte auch die Mittelgebühr oder die Gebühr für einen gerichtlich beigeordneten Verteidiger herangezogen werden.

Es wird mit Sicherheit die Kritik aufkommen, dass bei dieser Methode möglicherweise auch Verteidiger, die die Selbstleseliste außerhalb der Hauptverhandlung nicht abarbeiten und die Urkunden nicht Seite für Seite zu Kenntnis nehmen, eine Vergütung erhalten, obwohl sie keinen Arbeitsaufwand hatten.

Dem kann jedoch entgegen gehalten werden, dass beispielsweise auch für das Ermittlungsverfahren die Verfahrensgebühr für das vorbereitenden Verfahren, Nr. 4104 VV GVG, abgerechnet werden kann, egal ob der Verteidiger sich nur bestellt oder im regen Austausch mit den Ermittlungsbehörden steht und umfangreiche Schriftsätze einreicht.

In jedem Fall ist die herrschende Situation, in der dem nach gesetzlichen Gebühren abrechnenden Verteidiger vom Gesetzgeber kein Vergütungsanspruch eingeräumt wird, nicht haltbar. Gerade in Umfangsverfahren, die einen Hauptanwendungsfall des Selbstleseverfahrens in der Praxis darstellen, wird ein beachtlicher Arbeitsaufwand des Rechtsanwalts nach den gesetzlichen Vorgaben nicht vergütet.

Es ist unzumutbar, ihn in diesen Fällen auf die Möglichkeit einer Pauschvergütung zu verweisen, da der entsprechende Antrag erst nach Ende der Hauptverhandlung gestellt werden kann. Die Frage, ob eine Vergütung erfolgt oder nicht, wird daher erst weit nach Erbringung des zugrundeliegenden Aufwands beantwortet.

Dem Verteidiger fehlt daher jegliche Planungssicherheit. Zudem kann dem Rechtsanwalt nicht zugemutet werden, dass er sich entscheiden muss, ob er sich den für eine effektive Verteidigung erforderlichen Aufwand der Kenntnisnahme von Urkunden im Selbstleseverfahren finanziell leisten kann, oder nicht.

3. Zusammenfassung

Es hat sich somit gezeigt, dass grundsätzlich auch bei Wahrnehmungs- und Verständnisproblemen die Durchführung des Selbstleseverfahrens möglich ist. Das Gericht hat jedoch dafür Sorge zu tragen, dass alle Verfahrensbeteiligten die auch praktisch umsetzbare Möglichkeit haben, vom Inhalt der vom Selbstleseverfahren umfassten Urkunden Kenntnis zu nehmen. Die Vergütung der daraus entstehenden Kosten hat durch den Staat zu erfolgen.

Im Detail ist festzustellen, dass in den vier aufgezeigten Fällen der Barrieren in der Person des Angeklagten – Blindheit oder Sehbehinderung, fehlende Sprachkenntnisse, Analphabetismus und fehlendes inhaltliches Verständnis – die Durchführung des Selbstleseverfahrens grundsätzlich zulässig ist. Es ist jedoch sicher zu stellen, dass es dem Angeklagten möglich ist, den Inhalt der Urkunden vollumfänglich zur Kenntnis zu nehmen und zu erfassen.

Im Fall von Sehbehinderung oder Blindheit sind die Unterlagen auf Grundlage des § 191a GVG in einer für den Angeklagten wahrnehmbaren Form, wie Brailleschrift oder in einer durch ein Sprachausgabeprogramm verarbeitungstauglichen elektronischen Form, zur Verfügung zu stellen.

Ist der Angeklagte der Gerichtssprache Deutsch nicht (ausreichend) mächtig, um den Inhalt von einzuführenden Urkunden zu erfassen, so besteht ein Anspruch auf Übersetzung aus § 187 GVG.

Der Umgang mit Analphabeten ist im deutschen Recht nicht geregelt. Jedoch ergibt sich aus dem Recht auf ein faires Verfahren aus Art. 6 Abs. 3e EMRK, dass den betroffenen Personen, falls die Durchführung des Selbstleseverfahrens in dieser Situation für sinnvoll erachtet wird, Unterstützung zur Seite zu stellen ist. Dies kann eine dritte Person sein, die die Urkunden vorliest.

Das Problem des fehlenden inhaltlichen Verständnisses ist kein Spezifikum des Selbstleseverfahrens. Ihm kann auch nicht durch rechtliche Vorgaben abgeholfen oder vorgebeugt werden.

Die zusätzlichen Kosten, die bei der Beteiligung von Blinden oder Sehbehinderten, Analphabeten und Sprachunkundigen am Selbstleseverfahren entstehen, sind aufgrund von § 191a GVG und Art. 6 EMRK von der Staatskasse und dürfen dem Angeklagten nicht auferlegt werden.

Problematisch sind nach der geltenden Gesetzeslage die Verteidigerkosten, wenn eine Abrechnung nach den RVG-Gebühren erfolgt. Zwar sieht die Rechtsprechung die Möglichkeit für eine Pauschvergütung in bestimmten Fällen vor, eine gesetzliche Regelung fehlt jedoch bislang.

E. Handhabung in der Praxis

Die Möglichkeit der Einführung des Urkundenbeweises durch das Selbstleseverfahren wird in der Praxis in den verschiedensten Konstellationen häufig angewendet.

Dadurch, dass das Selbstleseverfahren in der Praxis nicht selten zur Anwendung kommt, haben sich wichtige Tätigkeitsfelder und Aufgabenbereiche für die verschiedenen Verfahrensbeteiligten eröffnet. Zudem zeigt die Fülle an höchstgerichtlicher Rechtsprechung, dass das Selbstleseverfahren eine besondere Relevanz in Revisionsverfahren entwickelt hat.

I. Anwendungsfälle

Eine Auswahl der typischen Anwendungsfälle des Selbstleseverfahrens wird in der Folge ausführlicher dargestellt.

1. Wirtschaftsstrafverfahren

Der klassische Anwendungsfall des Selbstleseverfahrens ist das Wirtschaftsstrafverfahren. Schon bei Einführung des Selbstleseverfahrens im Jahr 1979 hatte der Gesetzgeber das Wirtschaftsstrafverfahren als wichtigstes Anwendungsgebiet für das Selbstleseverfahren im Blick.[497]

Auch in der Literatur wird das Wirtschaftsstrafverfahren als ein Hauptanwendungsfall des Selbstleseverfahrens genannt.[498] *Frister* führt hierzu aus:

> „In großen Wirtschaftsstrafverfahren ist regelmäßig über so umfangreiches Schriftmaterial (Statistiken, Bilanzen, Geschäftskorrespondenzen etc.) Beweis zu erheben, dass dessen vollständige Verlesung in der Hautverhandlung zeitlich nicht mehr tragbar wäre und von allen Beteiligten nur noch als ein ermüdender und leerlaufender Formalismus wahrgenommen würde."[499]

---

497 BT-Drs. 8/976, S. 23.

498 KMR StPO, Heintschel-Heinegg, § 249, Rn. 38; Knierim/Rettenmaier StV 2006, 155 (155); Löwe-Rosenberg, StPO, Mosbacher, 26. Auflage, § 249, Rn. 53; SK-StPO, Frister, § 249, Rn. 56.

499 SK-StPO, Frister, § 249, Rn. 56.

Eine ganz ähnliche Argumentation wird verschiedentlich in der Literatur[500] vertreten.

Diese Sichtweise ist unschwer nachzuvollziehen, wenn man sich ein typisches Wirtschaftsgroßverfahren vor Augen führt. Neben einer kaum zu überblickenden Fülle an digitaler Korrespondenz in Form von kopierten E-Mail-Konten und sonstigen Chat-Verläufen, die in der Regel Gegenstand von Vorhalten bei Zeugenvernehmungen sein werden, füllt sich die Strafakte mit einer Vielzahl an Dokumenten, die im Rahmen des Urkundenbeweises Gegenstand der Hauptverhandlung werden und für das Selbstleseverfahren geradezu prädestiniert sind.

Diese Unmenge von Schriftstücken und Unterlagen erklärt sich durch die inzwischen üblichen Ermittlungsmethoden. Heute werden bei Durchsuchungen nicht nur die in Papierform vorliegenden Geschäftsunterlagen beschlagnahmt, sondern auch komplette Server von Unternehmen gespiegelt. Auf diese Weise sammeln sich in den Asservaten nicht selten Datenmengen von mehreren Terabyte. Selbstverständlich finden bei Weitem nicht alle Schriftstücke den Weg in die Hauptverhandlung. Dennoch bleibt häufig eine kaum handhabbare Anzahl an Dokumenten, die für die Meinungsbildung und anschließende Entscheidung des Gerichts von Bedeutung sind.

Die Beweiserhebung im Wege des Selbstleseverfahrens erscheint hier als die geeignete Lösung, da sie eine Straffung und somit Erleichterung der Hauptverhandlung ermöglicht. Der Einsatz des Selbstleseverfahrens in diesem Bereich wird jedoch kontrovers diskutiert.

Wie bereits ausgeführt, wird das Selbstleseverfahren in der Literatur als typisches Handwerkszeug in Wirtschaftsstrafverfahren gesehen. Häufig stehen die Autoren dieser Tatsache neutral[501] oder positiv[502] gegenüber. Es gibt jedoch auch kritische Stimmen.[503]

Meyer-Lohkamp merkt beispielsweise an, die Wirtschaftskammern empfänden das Selbstleseverfahren als eine Wohltat, die es ihnen ermöglicht, der „Urkundenflut Herr zu werden“[504]. Er führt weiter aus, dass die Erhebung des Urkundenbeweises in der Form des Selbstleseverfahrens für Wirtschaftskammern

500 Beukelmann/Leipold, NJW Spezial, 2010, 249; KMR StPO, Heintschel-Heinegg, § 249, Rn. 38; Löwe-Rosenberg, StPO, Mosbacher, 26. Auflage, § 249, Rn. 53; Meyer-Goßner/Schmitt, StPO, § 249, Rn. 19.

501 Löwe-Rosenberg, StPO, Mosbacher, 26. Auflage, § 249, Rn. 53; SK-StPO, Frister, § 249, Rn. 56.

502 KMR StPO, Heintschel-Heinegg, § 249, Rn. 38; Mosbacher, NStZ 2013, 199 (202 f).

503 Knierim/Rettenmaier StV 2006; Meyer-Lohkamp, StV 2014, 121.

504 Meyer-Lohkamp, StV 2014, 121 (121).

inzwischen nicht mehr die Ausnahme, sondern die absolute Regel geworden ist, was er pointiert zum Ausdruck bringt:

> „Mitunter entsteht der Eindruck, als füge das Gericht sämtliche Urkunden, die für die Urteilsfindung auch nur in irgendeiner Weise von Bedeutung sein könnten, weitgehend wahllos in Ordnern zusammen, beschrifte diese mit 'Selbstleseordner' oder 'Urkundenband' und zeichne damit ihr Schicksal vor."[505]

Mosbacher hingegen verteidigt die Anwendung des Selbstleseverfahrens in Wirtschaftsstrafverfahren. Nachdem der BGH im Beschluss vom 28.08.2012 – 5 StR 251/12[506] aus Sicht des Verfassers den „überragenden Vorteil des Selbstleseverfahrens gegenüber dem Verlesen – de[n] Gesichtspunkt der Prozessökonomie – nahezu aus[...]klammert"[507], stellt er die Praxisnähe des BGH in Frage:

> „In jedem größeren Wirtschaftsstrafverfahren – dem Hauptanwendungsfall des Selbstleseverfahrens – ist dieser Vorteil evident. Man möchten den BGH-Richtern geradezu die Teilnahme an einer Hauptverhandlung in einer großen Zoll- oder Steuerstrafsache wünschen, in der wirklich – weil nach dem BGH vorzugswürdig – alle Urkunden (Leitzordner voller Rechnungen, Buchhaltungsunterlagen, Zollbelege) nach § 249 I StPO monatelang Tag für Tag ermüdend verlesen würden. Der überragende prozessökonomisch Vorteil und der Verständnisvorteil durch das Selbstlesen bei solchen Urkundenmengen relativiert in der Abwägung (die der Gesetzgeber bereits umfassend vorgenommen hat) auch etwaige Nachteile". [508]

Bereits diese beiden Zitate zeigen deutlich, wie unterschiedlich die Stellung des Selbstleseverfahrens im Wirtschaftsstrafverfahren gewertet und wie leidenschaftlich der Disput geführt wird.

Für die Anwendung des Selbstleseverfahrens im Wirtschafsstrafverfahren gilt wie in jedem anderen Verfahren, dass es durchaus legitim ist, den Vorzug der Prozessökonomisierung zu nutzen. Dabei dürfen jedoch nicht die genannten kollidierenden Grundsätze[509] außer Acht gelassen werden.

Es dürfte allerdings außer Frage stehen, dass kein Prozessbeteiligter Interesse daran hat, umfangreiche Zahlenwerke und Tabellen im Wege der Verlesung in die Hauptverhandlung einführen zu lassen.

Zum einen gilt es zu beachten, dass die Verlesung derartiger Schriftstücke über einen längeren Zeitraum hinweg ermüdend ist und ein großer Teil der

505 Meyer-Lohkamp, StV 2014, 121 (122).
506 BGH, Beschluss vom 28.08.2012 – 5 StR 251/12, StV 2013, 71.
507 Mosbacher, NStZ 2013, 199 (202).
508 Mosbacher, NStZ 2013, 199 (202 f).
509 Vgl. D. I. 1.-3.

Verfahrensbeteiligten in der Regel bereits nach kürzester Zeit nicht mehr in der Lage ist, der Verlesung aufmerksam zu folgen. Dies führt direkt zum zweiten Argument für die Anwendung des Selbstleseverfahrens auf Zahlenwerke und Tabellen. Aufgrund des Abschweifens bei ermüdender Verlesung sind die Verfahrensbeteiligten oft nicht in der Lage, den Inhalt der verlesenen Urkunden vollständig zu erfassen.

Zudem wurde es vom BGH als zielführend erachtet, Jahresabschlussberichte bestehend aus umfangreichen, inhaltlich schwierigen und komplexen Urkunden, im Selbstleseverfahren einzuführen.[510]

Es ist daher davon auszugehen, dass das Selbstleseverfahren im Wirtschaftsstrafverfahren gerade bei der Einführung von Rechnungen, Buchhaltungsunterlagen, Steuerunterlagen und anderen Zahlenwerken und Tabellen weiterhin häufig dem Verlesen der Urkunden vorgezogen wird. Das Wirtschaftsstrafverfahren wird daher aller Voraussicht nach ein klassischer Anwendungsfall des Selbstleseverfahrens[511] bleiben.

2. Sonstige Umfangsverfahren

Der Gesetzgeber konstatierte bei der letzten Überarbeitung des Selbstleseverfahrens durch das Verbrechensbekämpfungsgesetz 1994, dass dieses ein wichtiges Instrument bei der Durchführung von Umfangsverfahren darstellt:

> „Das Selbstleseverfahren dürfte zwar für Hauptverhandlungen vor dem Amtsgericht nur selten in Betracht kommen, weil dort meist nur kurze oder wenige Urkunden als Beweis benötigt werden. In Großverfahren, in denen oft umfangreiche oder zahlreiche Urkunden oder Schriftstücke in die Hauptverhandlung einzubringen sind, ermöglicht es jedoch eine spürbare Entlastung der Gerichte."[512]

Umfangreiche Beweise in Form von Schriftstücken sind zwar typischer Weise, aber nicht ausschließlich in Wirtschaftsstrafverfahren anzutreffen. Diese Überlegungen sind daher in gleicher Weise auf sämtliche Umfangsverfahren, in denen zahlreiche und umfangreiche Urkunden im Wege des Urkundenbeweises einzuführen sind, anzuwenden. Auch hier wird das Selbstleseverfahren zur Verfahrensvereinfachung herangezogen.[513]

---

510 BGH, Beschluss vom 07.07.2004 – 5 StR 412/03, NStZ 2005, 160 (160).

511 Ventzke, StV 2014, 114 (115).

512 BT-Drs. 12/6853, S. 33.

513 Beck'scher Online-Kommentar, StPO, Ganter, § 249, Rn. 23; KK StPO-Diemer, § 249, Rn. 32; KMR StPO, Heintschel-Heinegg, § 249, Rn. 38; Pfeiffer, StPO, § 249, Rn. 6.

Neben den oben genannten, für Wirtschaftsverfahren typischen Dokumenten wurde das Selbstleseverfahren beispielweise auch bereits für einen Vielzahl von ausgetauschten SMS-Nachrichten[514] angewandt. Gerade in einer Zeit, in der ein großer Teil der Kommunikation nicht nur von Jugendlichen und jungen Erwachsen in Form von WhatsApp-Chats und anderen digitalen Medien vorgenommen wird, ist die Bedeutung dieses Anwendungsbereichs nicht zu unterschätzen.

3. Selbstleseverfahren bei schriftlicher Antragstellung, § 257a StPO

Das Selbstleseverfahren bei schriftlicher Antragstellung gemäß § 257a StPO kommt nicht nur, aber in besonderem Maße, in Umfangsverfahren zur Anwendung. Es wurde im Rahmen der Regelung von schriftlichen Anträgen und Anregungen zu Verfahrensfragen durch das Verbrechensbekämpfungsgesetz vom 28.10.1994[515], durch das auch das Selbstleseverfahren selbst eine Erweiterung erfuhr[516], eingeführt und sollte es dem Gericht ermöglichen, die Hauptverhandlung vor allem in Großverfahren zu straffen[517].

Die Gesetzesbegründung führt aus, dass das mündliche Stellen von Beweis-, Einstellungs- und Vertagungsanträge in der Hauptverhandlung, die bereits schriftlich vorbereitet waren, in der Vergangenheit sehr viel Zeit in Anspruch genommen habe. Dem soll durch die Möglichkeit, dass das Gericht die schriftliche Antragstellung anordnen kann, entgegen gewirkt werden. Eine zusätzliche Beschleunigung könne erzielt werden, wenn die schriftlichen Anträge in der Hauptverhandlung nicht nach § 249 Abs. 1 StPO verlesen, sondern im Rahmen des Selbstleseverfahrens nach § 249 Abs. 2 StPO oder durch einen zusammenfassenden Bericht des Vorsitzenden eingeführt werden würden.[518] Diese Möglichkeiten der Einführung des Inhalts der Anträge in die Hauptverhandlung ergeben sich durch die Regelung in § 257a S. 3 StPO, „§ 249 findet entsprechende Anwendung."

Die Literatur diskutiert zwar teilweise die Beschleunigungswirkung der Vorschrift des § 257a StPO[519] und dessen Vereinbarkeit mit dem Öffentlichkeits- und

---

514 BGH, Beschluss vom 30.09.2009 – 2 StR 280/09, wistra 2010, 31(32).

515 Verbrechensbekämpfungsgesetz vom 28.10.1994, BGBl. I S. 3186, 3191.

516 Vgl. oben B. II. 3.

517 BT-Drs. 12/6853, S. 34.

518 Vgl. zum Ganzen BT-Drs. 12/6853, S. 34.

519 Dahs, NJW 1995, 553 (556); Radtke/Hohmann, Fokert-Hosser, § 257a, Rn. 15.

Mündlichkeitsprinzip[520]. Die Kenntnisnahme im Wege des Selbstleseverfahrens zur Verfahrensbeschleunigung wird jedoch ohne weitere Kritik akzeptiert.[521]

Dem ist zuzustimmen. Die Hauptverhandlung kann deutlich gestrafft werden, wenn das Gericht, das über die umfassten Anträge ohnehin außerhalb der Hauptverhandlung in Unterbrechungen entscheidet, die Anträge selbst im Rahmen des Selbstleseverfahrens auch außerhalb der Hauptverhandlung zur Kenntnis nehmen kann. Den Verfahrensbeteiligten bleiben auf die Weise langwierige und ermüdende Verlesungen, egal ob durch den Antragsteller oder das Gericht, erspart.

Die Effizienz dieses Vorgehens wurde beispielsweise im Strafverfahren gegen (ehemalige) Spitzenmanager der Deutschen Bank vor dem Landgericht München I wegen versuchten Prozessbetrugs 2014 bis 2016 deutlich. Gegen Ende des Verfahrens stellte die Staatsanwaltschaft zahlreiche umfangreiche Beweisanträge.

Nur in einem Fall wurde bezüglich dieser Anträge die schriftliche Einreichung und diesbezüglich das Selbstleseverfahren angeordnet. Das Gericht hat in den übrigen Fällen von diesem Vorgehen zugunsten der Transparenz und Öffentlichkeit des Verfahrens abgesehen. Dies führt dazu dass sämtliche Beweisanträge in vollem Umfang in der Hauptverhandlung verlesen werden mussten, was mehrere Stunden an verschiedenen Hauptverhandlungstagen in Anspruch nahm.

Die Verfahrensbeteiligten konnten im direkten Vergleich erfahren, wie viel angenehmer es ist, diese Beweisanträge im Selbstleseverfahren einzuführen, als langwierig in der Hauptverhandlung zu verlesen. Allein ein öffentlich verlesener Beweisantrag umfasste 90 Seiten. In diesem Zusammenhang wurde von den Verfahrensbeteiligten die Zweckmäßigkeit der Verlesung der Beweisanträge diskutiert. Die Verteidigung wies darauf hin, dass das Vorgehen nach § 257a StPO in Verbindung mit dem Selbstleseverfahren eine Entlastung der Hauptverhandlung mit sich bringen könnte.

Das Gericht gab jedoch zu bedenken, dass durch dieses Vorgehen der Grundsatz der öffentlichen Hauptverhandlung verletzt würde. Zudem führe der Vorsitzende nur Urkunden im Wege des Selbstleseverfahrens ein, deren Inhalt er bereits vorab kennt. Dies sei nur umzusetzen, wenn nach der Einreichung des schriftlichen Antrages eine Lesepause erfolge.

Diese Bedenken sind nachvollziehbar, ihnen kann jedoch mit dem Vorschlag des Vorsitzenden selbst begegnet werden. Das Selbstleseverfahren wird in der

---

520 Dahs, NJW 1995, 553 (556); Meyer-Goßner/Schmitt, StPO, § 257a, Rn. 1 f; KK StPO-Diemer, § 257a, Rn. 2; Pfeiffer, StPO, § 257a, Rn. 1.

521 Beck'scher Online-Kommentar, StPO, Eschelbach, § 257a, Rn. 10; KK StPO-Diemer, § 257a, Rn. 6; Meyer-Goßner/Schmitt, StPO, § 257a, Rn. 10; Pfeiffer, StPO, § 257a, Rn. 7.

Regel auf Urkunden aus der Akte angewandt, deren Inhalt den Beteiligten mit Akteneinsichtsrecht bereits bekannt ist. Die vom Vorsitzenden ins Feld geführte Lesepause würde es neben dem Gericht auch den Verfahrensbeteiligten, die den einzuführenden Antrag nicht gestellt haben, ermöglichen, von dessen Inhalt Kenntnis zu nehmen und wirksam von ihrem Widerspruchsrecht gegen die Anordnung des Selbstleseverfahrens Gebrauch zu machen.

Die Möglichkeit der Einführung von Anträgen und Anregungen durch die gleichzeitige Anordnung der schriftlichen Antragstellung und des Selbstleseverfahrens, §§ 257a, 249 Abs. 2 StPO ist daher, vor allem in Umfangsverfahren, zum Wohle der Prozessökonomie zu begrüßen.

4. Selbstleseverfahren nach Verfahrensabsprachen, § 257c StPO

Ein klassischer Anwendungsfall des Selbstleseverfahrens in der Praxis ist die Beweisaufnahme nach einer erfolgten Verfahrensabsprache gemäß § 257c StPO.

Jeder Strafverteidiger wird es schon erlebt haben, dass nach einer Verfahrensabsprache die Beweisaufnahme in der Hauptverhandlung zur Verifizierung des Geständnisses so knapp wie möglich gehalten wurde. Auf die Einvernahme von Zeugen wird allseits soweit wie möglich verzichtet und die für die Urteilsfindung erforderlichen Urkunden werden im Wege des Selbstleseverfahrens in das Verfahren eingeführt.

Die Anordnung des Selbstleseverfahrens erfolgt oft im direkten Anschluss an die Verständigung. In diesen Fällen gibt der Vorsitzende in der Regel bekannt, welche Urkunden von der Selbstleseordnung umfasst sind und wo in der Strafakte diese zu finden sind.

Zudem kommt es in der Praxis häufig vor, dass trotz erfolgter Verfahrensabsprache in dem Termin, in dem die Verständigung erfolgt, noch kein Urteil gesprochen wird, sondern weitere Termine zur Beweiserhebung erforderlich sind, um das Geständnis zu überprüfen. In manchen dieser Fälle werden den Verfahrensbeteiligten in einem Folgetermin Ordner mit den im Wege des Selbstleseverfahrens zur Kenntnis zu nehmenden Urkunden übergeben, die in der Zeit zwischen den Verhandlungstagen erstellt wurden. Es kommt auch vor, dass das Gericht bereits Selbstleseordner vorbereitet hat, da es ohnehin das Selbstleseverfahren anordnen wollte.

Hier sollte jedoch mit Bedacht vorgegangen werden, um nicht den Eindruck zu erwecken, dass das Gericht bereits vor Beginn der Hauptverhandlung davon ausging, dass nur sehr wenige Hauptverhandlungstage erforderlich sein werden und das Selbstleseverfahren angeordnet werden wird.

Es stellt sich zudem die Frage, wann das Gericht und insbesondere die Schöffen in den Fällen, in denen das Urteil noch in dem Termin, in dem die Verständigung stattfindet, gesprochen wird, von den Urkunden Kenntnis nehmen.

Die Berufsrichter haben die Schriftstücke im Zweifel bereits in der Vorbereitung auf die Hauptverhandlung gelesen. Für die Schöffen ist entweder eine ausreichend lange Unterbrechung der Sitzung erforderlich oder sie haben die vom Selbstleseverfahren umfassten Urkunden bereits vor Beginn der Hauptverhandlung erhalten und gelesen.

Da den übrigen Verfahrensbeteiligten lediglich die Möglichkeit zur Kenntnisnahme zu gewähren ist, können diese auf die Kenntnisnahme verzichten und bei der Protokollierung bestätigen, dass die Gelegenheit zur Kenntnisnahme bestand.

Im Falle der Verteidigung wird dies in der Regel unproblematisch sein, da für diese Seite eine Bestätigung des Geständnisses nicht erforderlich ist und weitere Verteidigungsansatzpunkte nach erfolgter Verständigung nicht erforderlich sind. Die Verteidigung wird sich in den allermeisten Fällen sämtliche für den Mandanten sprechenden Argumente bereits für die Deal-Gespräche zurecht gelegt haben, um ein möglichst „günstiges Angebot“ aushandeln zu können.

Auch der Sitzungsvertreter der Staatsanwaltschaft wird regelmäßig die Gelegenheit zur Kenntnisnahme bestätigen. Hat der Staatsanwalt bereits die Akte im Ermittlungsverfahren bearbeitet, hat er die vom Selbstleseverfahren umfassten Urkunden wohl in den meisten Fällen bereits zur Kenntnis genommen.

Zusammenfassend lässt sich sagen, dass das Selbstleseverfahren im Anwendungsfall der Absprache nach § 257c StPO die Hauptverhandlungszeit erheblich verkürzen und die Justiz und auch die Verteidiger dadurch entlasten kann. Es stellt daher ein sehr wichtiges und nützliches Instrument im Verfahrensalltag der Strafgerichte dar.

5. Schiebetermin

Ein weiterer Anwendungsfall des Selbstleseverfahrens in der Praxis sind Feststellungen oder Anordnungen des Gerichts zum Selbstleseverfahren, um die Fortsetzung der Hauptverhandlung innerhalb der Fristen des § 229 StPO zu gewährleisten.

Die Hauptverhandlung gilt nur dann als fortgesetzt, wenn spätestens einen Tag nach Ablauf der in § 229 StPO genannten Fristen zur Sache verhandelt wird. Das Verfahren muss durch die Vorgänge in dem Termin, der die Höchstgrenzen der Unterbrechungsfrist einhalten soll, inhaltlich im Hinblick auf den abschließenden Urteilsspruch gefördert werden.[522]

Entscheidend ist demnach, ob Feststellungen und Anordnungen im Zusammenhang mit dem Selbstleseverfahren Verhandlungen zu Sache darstellen. Der 3. und der 5. Senat des BGHs vertreten hierzu unterschiedliche Auffassungen.

a. Entscheidung des 3. Strafsenats vom 16.10.2007

Zum einen hat der 3. Strafsenat des BGH im Beschluss vom 16.10.2007 entschieden, dass Feststellungen und Anordnungen zum Selbstleseverfahren lediglich einen Schiebetermin darstellen und somit keine fristwahrende Unterbrechung erfolgt.[523]

Der Entscheidung liegt folgender Sachverhalt zugrunde:

> „Die Hauptverhandlung gegen den Angekl. fand an 5 Hauptverhandlungsterminen statt; sie begann am 15.11.2006 und wurde sodann am 6. und 20.12.2006 fortgesetzt. Der Termin vom 6.12. dauerte von 9.02 bis 9.08 Uhr. In diesem erschien statt des erkrankten Pflichtverteidigers ein anderer Rechtsanwalt und beantragte, dem Angekl. für diesen Terminstag als Pflichtverteidiger beigeordnet zu werden. Der Vorsitzende gab darauf zunächst bekannt, dass ein Ablehnungsantrag vorliege, über den noch nicht entschieden worden sei; er ordnete an, dass die Hauptverhandlung dennoch zunächst fortgesetzt werde (§ 29 II 1 Halbs. 1 StPO). Sodann bestellte er den erschienenen Rechtsanwalt für diesen Terminstag zum Pflichtverteidiger des Angekl. Anschließend stellte er fest, dass das am 1. Hauptverhandlungstag angeordnete Selbstleseverfahren zwischenzeitlich durchgeführt worden sei (§ 249 II 3 StPO). Danach wurde die Hauptverhandlung bis zum 20.12.2007 unterbrochen."[524]

Zur Begründung wird im Urteil ausgeführt, dass Schiebetermine, die nur stattfinden, um die Unterbrechungsfrist formal einzuhalten, tatsächlich nicht ausreichend sind, um die Fristen des § 229 StPO zu wahren. Solche Schiebetermine lägen insbesondere dann vor, wenn keine Prozesshandlungen oder Erörterungen zu Sach- und Verfahrensfragen vorgenommen werden, die sich eignen, das Verfahren zum Abschluss zu bringen. Zudem sei aufgrund der in § 229 StPO angelegten Konzentrationsmaxime ein Schiebetermin anzunehmen, wenn die Beweisaufnahme in mehrere kurze Verfahrensabschnitte aufgeteilt werde, um die zulässigen Unterbrechungsfristen einzuhalten. Fände in einem Fortsetzungstermin ausschließlich die Abwicklung von Formalien, die für die Urteilsfindung

---

522 BGH, Urteil vom 11.07.2008 – 5 StR 74/08, NStZ 2009, 225 (226); BGH, Beschluss vom 11.05.1999 – 4 StR 10/99, NStZ 1999, 521 (521).

523 BGH, Beschluss vom 16.10.2007 – 3 StR 254/07.

524 BGH, Beschluss vom 16.10.2007 – 3 StR 254/07.

und den dorthin führenden Verfahrensgang kein eigenes Gewicht besäßen, statt, so seien die Grenzen der Konzentrationsmaxime überschritten.

Aus Sicht des BGH beinhaltete die Protokollierung, dass das am ersten Verhandlungstag vom Vorsitzenden angeordnete Selbstleseverfahren zwischenzeitlich durch Selbstlesung außerhalb der Hauptverhandlung abgeschlossen ist, keine Sachverhandlung.[525] Dies wird damit begründet, dass nur die Beweisaufnahme als solche, nicht aber deren Erfassung im Sitzungsprotokoll der Wahrheitsfindung diene.[526] Dazu heißt es:

> „Ein Hauptverhandlungstermin, der nur zu dem Zweck anberaumt wird, Verfahrensvorgänge aus einem früheren Terminstag zu protokollieren, ist daher generell nicht geeignet, die Unterbrechungsfristen des § 229 I oder II StPO zu wahren; nichts anderes kann gelten, wenn es allein um die Protokollierung eines Verfahrensteils geht, der – wie hier – ausnahmsweise außerhalb der Hauptverhandlung stattfinden konnte."[527]

b. Entscheidung des 5. Strafsenats vom 28.11.2012

Dagegen hat der 5. Strafsenat des BGH mit Urteil vom 28.11.2012 entschieden, dass Feststellungen zum Selbstleseverfahren als fristwahrende Sachverhandlung zu werten sind.[528]

Dieser Entscheidung lag folgender Sachverhalt zugrunde:

> „[4] Der Vorsitzende der Strafkammer verfügte mit Erlass des Eröffnungsbeschlusses und Terminsanberaumung, dass von der Verlesung von 520 in einer „Selbstleseliste" angeführten Urkunden nach § 249 II StPO in der Hauptverhandlung abgesehen werden solle. Die Selbstleseliste wurde den Verfahrensbeteiligten mit dem Zusatz mitgeteilt, dass bereits jetzt für die Verteidiger, die Angekl. und den Sitzungsvertreter der StA Gelegenheit bestehe, diese Urkunden nach Terminsvereinbarung auf der Geschäftsstelle einzusehen.
>
> [5] Im ersten Hauptverhandlungstermin bestätigten alle Verfahrensbeteiligten, dass sie die Selbstleseliste erhalten hätten. Der Vorsitzende ordnete bis zum elften Hauptverhandlungstag, dem 20.12.2011, gemäß § 249 II 1 StPO hinsichtlich weiterer Urkunden das Selbstleseverfahren an, darunter auch schriftliche Angaben von Zeugen, deren Verlesung die Strafkammer gemäß § 251 I Nr. 1 StPO mit Zustimmung der Verfahrensbeteiligten zuvor beschlossen hatte.
>
> [6] In dem nachfolgenden Hauptverhandlungstermin am 3.1.2012, der von 7.50 bis 7.55 Uhr dauerte, wurden zunächst antragsgemäß zwei Pflichtverteidiger an Stelle der abwesenden Pflichtverteidiger beigeordnet. Anschließend erklärten die Schöffen

525 BGH, Beschluss vom 16.10.2007 – 3 StR 254/07.
526 BGH, Beschluss vom 16.10.2007 – 3 StR 254/07.
527 BGH, Beschluss vom 16.10.2007 – 3 StR 254/07.
528 BGH, Urteil vom 28.11.2012 – 5 StR 412/12, NJW 2013, 404 (404 f).

und die Berufsrichter jeder für sich, dass sie vom Wortlaut der in der Selbstleseliste genannten Urkunden und der weiteren Urkunden, für die im Laufe der Hauptverhandlung das Selbstleseverfahren angeordnet worden war, durch Lesen Kenntnis genommen hätten. Es wurde des Weiteren festgestellt, dass die übrigen Verfahrensbeteiligten Gelegenheit hatten, vom Wortlaut all dieser Urkunden selbst Kenntnis zu nehmen. Sodann ordnete der Vorsitzende zusammenfassend an, dass von der Verlesung vorgenannter Urkunden und Schriftstücke nach „§ 249 II 1 StPO" abgesehen werde. Die Hauptverhandlung wurde danach unterbrochen und am 1.2.2012 fortgesetzt."[529]

Der BGH führt in den Entscheidungsgründe aus, dass es sich bei den Anordnungen und Feststellungen zum Selbstleseverfahren um Sachverhandlung im Sinne der Unterbrechungsvorschriften des § 229 StPO handelt, da diese dem Fortgang der zur Urteilfindung führenden Sachverhaltsaufklärung diene.

„[9]b) Entgegen der Entscheidung des 3. Strafsenats des BGH (NStZ 2008, 115 = BGHR StPO § 229 Abs. 1 Sachverhandlung 8) stellen allein die Feststellungen des Vorsitzenden nach § 249 II 3 StPO schon eine inhaltliche Sachverhandlung dar. Die Feststellung, dass außerhalb der Hauptverhandlung eine Beweiserhebung durch Selbstlesung einer Urkunde stattgefunden hat, erschöpft sich nicht in deren Protokollierung (vgl. hierzu Winkler, jurisPR-StrafR 6/2008, Anm. 1), sondern betrifft den Fortgang der zur Urteilsfindung führenden Sachaufklärung. Die Berufsrichter und die Schöffen geben auf Nachfrage des Vorsitzenden regelmäßig – wie auch hier – die festzustellende Erklärung ab, dass sie vom Wortlaut der Urkunde Kenntnis genommen haben; gleiches gilt für die Erklärung der übrigen Verfahrensbeteiligten, dass sie hierzu Gelegenheit hatten. Erst mit dem Akt der Feststellung durch den Vorsitzenden ist nach § 249 II 3 StPO dieser Teil einer Beweisaufnahme durch das Selbstleseverfahren abgeschlossen. Die Urkunde kann dann zum Gegenstand von Erklärungen (§ 257 StPO) gemacht werden. Dem Tatgericht ist es ohne die abschließende Feststellung verwehrt, die Urkunde zur Urteilsfindung heranzuziehen (§ 261 StPO, vgl. BGHSt 55, 31 [32] = NJW 2010, 2068 = NStZ 2010, 291)."[530]

Zur Begründung, weshalb keine Anfrage gemäß § 132 Abs. 2 und 3 GVG beim 3. Senat des BGH gestellt werde, führt der 5. Senat aus, dass der prozessuale Sachverhalt eine Besonderheit aufweise. Der 5. Senat räumt ein, dass wiederholte Anordnungen des Selbstleseverfahrens ohne verfahrensrechtlichen Gehalt sein können. Ergänzend wird jedoch festgestellt:

„In Bezug auf die Selbstleseliste lag aber noch keine Anordnung des Selbstleseverfahrens durch den Vorsitzenden vor, die in der Hauptverhandlung erfolgen muss,

529 BGH, Urteil vom 28.11.2012 – 5 StR 412/12, NJW 2013, 404 (404).

530 BGH, Urteil vom 28.11.2012 – 5 StR 412/12, NJW 2013, 404 (404 f).

deren Inbegriff (§ 261 StPO) sie mitbestimmt. Die Verfügung des Vorsitzenden in der Terminsanberaumung, dass von der Verlesung der in dieser Liste angeführten Urkunden gemäß § 249 II StPO abgesehen werden solle, stellt noch keine Anordnung im Sinne dieser Vorschrift, sondern lediglich eine Vorankündigung zur Verfahrensgestaltung dar (vgl. auch Mosbacher, in: Löwe/Rosenberg, StPO, 26. Aufl., § 249 Rdnrn. 68, 69). Jedenfalls insoweit bedurfte es – anders als etwa bei einem Beschluss nach § 247 a StPO (vgl. BGH, StV 2012, 65 = BeckRS 2011, 77493) – in der Hauptverhandlung nach § 249 II 3 StPO neben den gebotenen Feststellungen im Zusammenhang mit der Kenntnisnahme von den Urkunden noch einer Anordnung des Vorsitzenden. Diese erfolgte ausdrücklich – so dass es auf eine etwa mögliche konkludente Anordnung nicht ankommt – in dem hier in Streit stehenden Hauptverhandlungstermin vom 3.1.2012. Hierdurch unterscheidet sich der prozessuale Sachverhalt von dem vom 3. Strafsenat des BGH entschiedenen Fall, in dem die Anordnung des Selbstleseverfahrens an einem früheren Hauptverhandlungstag getroffen worden war und lediglich dessen Vollzug protokolliert wurde. Dass die Anordnung der Feststellung des Vollzugs des Selbstleseverfahrens durch Kenntnisnahme und Gelegenheit hierzu nicht vorausging, sondern ihr nachfolgte, ist zwar strukturell ungeschickt (vgl. BGH, NJW 2012, 3319 = NStZ 2012, 708, zum Abdr. in BGHSt best.), indes unschädlich (vgl. BGH, NStZ 2012, 346 [347]).

Die Anordnung des Selbstleseverfahrens nach § 249 II 1 StPO stellt unzweifelhaft eine Sachverhandlung dar, in gleicher Weise wie eine Beweisanordnung (vgl. BGH, NJW 2000, 2754: Beauftragung eines Sachverständigen), die Entgegennahme von die Sachverhaltsaufklärung betreffenden Verteidigeranträgen (BGH, NStZ 2000, 606 = BGHR StPO § 229 Abs. 1 Sachverhandlung 5) oder die Ladung von Zeugen nach einem gestellten Beweisantrag (BGH, NStZ 2011, 229 = BGHR StPO § 229 Abs. 1 Sachverhandlung 11). Allein die kurze Dauer des Termins am 3.1.2012 steht bei dem inhaltlichen Gehalt der Verhandlung der Annahme einer Sachverhandlung nicht entgegen (vgl. BGH, NStZ 2011, 532 = BGHR StPO § 229 Abs. 1 Sachverhandlung 12; BGHR StPO § 229 Abs. 1 Sachverhandlung 13 = BeckRS 2011, 19080).“[531]

c. *Stellungnahme und Ergebnis*

Auch wenn der 5. Senat seine Ausführungen relativiert, um einer Anfrage beim 3. Senat zu entgehen, ist der Auffassung des 5. Senats in allen Fällen der Vornahme von Feststellungen nach § 249 Abs. 2 S. 3 StPO zur Unterbrechung der Fristen des § 229 StPO zu folgen.

Es ist nicht nachvollziehbar, warum die Qualifizierung als Verhandlung zur Sache allein aus einer unüblichen Abfolge der Verfahrensvorgänge folgen soll.

531 BGH, Urteil vom 28.11.2012 – 5 StR 412/12, NJW 2013, 404 (405).

Denn die Feststellungen zum Selbstleseverfahren fördern die Hauptverhandlung nicht nur dadurch, dass die Anordnung und damit der Beginn des Selbstleseverfahrens protokoliert wird. Die Feststellung des Vorsitzenden, dass Richter und Schöffen den Wortlaut der Urkunden zur Kenntnis genommen haben und die übrigen Verfahrensbeteiligten die Gelegenheit dazu hatten sowie die Protokollierung dieser Feststellung schreiben das Ende des Selbstleseverfahrens fest und manchen die im Wege der Selbstlesung eingeführten Urkunden zum Inbegriff der Hauptverhandlung, § 261 StPO.

Diese Sichtweise wird in der Sache auch vom 5. Senat vertreten. Er führt aus, dass erst durch die Protokollierung gemäß § 249 Abs. 2 S. 3 StPO die Beweisaufnahme in Form der Durchführung des Selbstleseverfahrens abgeschlossen wird. Die Protokollierung ist laut der Urteilsbegründung zwingende Voraussetzung für die Verwertbarkeit einer Urkunden in der Urteilsfindung, denn:

> „Dem Tatgericht ist es ohne die abschließende Feststellung verwehrt, die Urkunde zur Urteilsfindung heranzuziehen (§ 261 StPO, vgl. BGHSt 55, 31 [32] = NJW 2010, 2068 = NStZ 2010, 291).“[532]

Der 3. Senat stellt hingegen in seinem Beschluss vom 16.10.2007 zusammengefasst fest, dass die bloße Protokollierung eines bereits zuvor angeordneten und durchgeführten Vorgangs der Beweisaufnahme die Hauptverhandlung nicht fördert und daher nicht geeignet ist, die Fristen des § 229 StPO zu unterbrechen.[533]

Er vertritt etwas später jedoch selbst die Auffassung, dass aufgrund der Tatsache, dass der Urkundenbeweis im Selbstleseverfahren außerhalb der Hauptverhandlung erhoben wird, die Feststellung des § 249 Abs. 2 S. 3 StPO erforderlich ist, um kenntlich zu machen, dass der Inhalt der Urkunden zum Inbegriff der Hauptverhandlung, § 261 StPO, wird:

> „Nach Auffassung des Senats kommt der Protokollierung nach § 249 Abs. 2 Satz 3 StPO vielmehr eine andere Funktion zu. Da der Urkundenbeweis beim Selbstleseverfahren außerhalb der Hauptverhandlung erhoben wird, bedarf es der Kenntlichmachung und des Hinweises an die Verfahrensbeteiligten, dass der in dieser Sonderform gewonnene Beweisstoff dennoch als Inbegriff der Hauptverhandlung im Sinne des § 261 StPO der Überzeugungsbildung des Gerichts zugrunde gelegt werden kann. Dies wird durch die Feststellung nach § 249 Abs. 2 Satz 3 StPO beweiskräftig vollzogen. Fehlt der entsprechende Vermerk, so ist danach die Inbegriffsrüge nach § 261 StPO eröffnet. Es verhält sich hier ähnlich wie bei der Verwertung offenkundiger, insbes. gerichtskundiger, außerhalb der Hauptverhandlung gewonnener Tatsachen, die Inbegriff der Hauptverhandlung grundsätzlich nur werden, wenn sie durch entsprechenden Hinweis in diese

532 BGH, Urteil vom 28.11.2012 – 5 StR 412/12, NJW 2013, 404 (404 f).

533 BGH, Beschluss vom 20.07.2010 – 3 StR 76/10, NStZ 2010, 712 (713).

eingeführt worden sind (Meyer-Goßner, aaO, § 244 Rn. 3 mwN; zur strittigen Frage der diesbezüglichen Protokollierungspflicht vgl. Meyer-Goßner, aaO, § 273 Rn. 7 mwN).“[534]

Daraus folgt sowohl aus Sicht des 3. als auch des 5. Senats, dass die im Selbstleseverfahren eingeführten Urkunden nur dann Inbegriff der Hauptverhandlung werden, wenn die Feststellung und Protokollierung gemäß § 249 Abs. 2 S. 3 StPO erfolgt. Somit dient die Protokollierung des Selbstleseverfahrens der Förderung des Verfahrens im Hinblick auf den abschließenden Urteilsspruch, da ohne Protokollierung eine Verwertung der im Selbstleseverfahren eingeführten Urkunden nicht möglich ist.

Dies führt zu dem Ergebnis, dass es sich bei den Feststellungen durch den Vorsitzenden und der Protokollierung gemäß § 249 Abs. 2 S. 3 StPO um Vorgänge handelt, die geeignet sind, die Hauptverhandlung im Hinblick auf die Urteilsfindung zu fördern. Sie stellen damit eine Verhandlung zur Sache dar und sind geeignet, die Fristen des § 229 StPO zu unterbrechen.

6. Ordnungswidrigkeitenverfahren

Im Verfahren wegen Ordnungswidrigkeiten ist eine vereinfachte Form des Urkundenbeweises vorgesehen, § 78 Abs. 1 OWiG:

> „[1]Statt der Verlesung eines Schriftstücks kann das Gericht dessen wesentlichen Inhalt bekanntgeben; dies gilt jedoch nicht, soweit es auf den Wortlaut des Schriftstücks ankommt. [2]Haben der Betroffene, der Verteidiger und der in der Hauptverhandlung anwesende Vertreter der Staatsanwaltschaft von dem Wortlaut des Schriftstücks Kenntnis genommen oder dazu Gelegenheit gehabt, so genügt es, die Feststellung hierüber in das Protokoll aufzunehmen. [3]Soweit die Verlesung von Schriftstücken von der Zustimmung der Verfahrensbeteiligten abhängig ist, gilt dies auch für das Verfahren nach den Sätzen 1 und 2.“

Hierbei bildet § 78 Abs. 1 S. 2 OWiG die Entsprechung zum Selbstleseverfahren im Strafverfahren. Jedoch genügt § 78 Abs. 1 S. 3 OWiG nicht den Formerfordernissen des Urkundenbeweises nach § 249 Abs. 2 StPO.

Entscheidender Unterschied ist das fehlende Erfordernis der Kenntnisnahme durch Berufsrichter und Schöffen. Zudem ist der Kreis der übrigen Beteiligten auf Betroffene, Verteidigung und Staatsanwaltschaft beschränkt und entspricht somit nicht dem Personenkreis der übrigen Beteiligten des § 249 Abs. 2 S. 1 StPO.[535]

---

534 BGH, Beschluss vom 20.07.2010 – 3 StR 76/10, NStZ 2010, 712 (713).

535 Vgl. oben. B. III. 4.

Zudem muss die vereinfachte Form nach § 78 Abs. 1 OWiG nicht ausdrücklich angeordnet werden und es sind keine Widerspruchsmöglichkeiten vorgesehen.[536]

Dies hat zur Folge, dass im laufenden Verfahren zu beachten ist, ob es sich bei dem der Beweiserhebung zugrunde liegenden Sachverhalt um eine Ordnungswidrigkeit oder um eine Straftat handelt.

Bei Ordnungswidrigkeiten bleibt der vereinfachte Urkundenbeweis des § 78 Abs. 1 S. 2 OWiG anwendbar, auch wenn sie gemäß § 83 Abs. 1 OWiG zusammen mit Straftaten in einem Strafverfahren verhandelt werden.[537] Wird beim Übergang in das Strafverfahren eine zunächst als Ordnungswidrigkeit behandelte Tat später als Straftat gewürdigt, so ist ein bereits nach § 78 Abs. 1 OWiG erhobener Beweis in der Form des § 249 Abs. 2 StPO zu widerholen.[538] Hierbei kann es ausreichend sein, lediglich die Feststellungen und Protokollierungen gemäß § 249 Abs. S. 3 StPO vorzunehmen, wenn die Verfahrensbeteiligten bereits die Urkunden zur Kenntnis nehmen konnten und nicht auf eine nochmalige Kenntnisnahme Wert legen.[539]

7. Verfahren vor dem Jugendgericht

Auch in Verfahren vor dem Jugendgericht ist die Beweiserhebung im Zuge des Selbstleseverfahrens zulässig. Die Möglichkeit der Erhebung des Urkundenbeweises im Wege des Selbstleseverfahrens wird zwar nicht ausdrücklich reglementiert, aber durchweg in der Literatur vorausgesetzt.[540]

Hierbei gilt es die besondere Stellung der Erziehungsberechtigten und gesetzlichen Vertreter des jugendlichen Angeklagten zu beachten. Es stellt sich daher die Frage, ob den Erziehungsberechtigten und gesetzlichen Vertretern zur Wahrnehmung der Rechte des Jugendlichen ein Widerspruchsrecht zusteht.

Nach wohl herrschender Meinung haben die Erziehungsberechtigten und gesetzlichen Vertreter von Jugendlichen im Strafverfahren kein eigenes Widerspruchsrecht. So steht das Widerspruchsrecht lediglich dem Beistand im

---

536 Zum Ganzen SK-StPO, Frister, § 249, Rn. 88.

537 KK StPO-Diemer, § 249, Rn. 40; Löwe-Rosenberg, StPO, Mosbacher, 26. Auflage, § 249, Rn. 63; SK-StPO, Frister, § 249, Rn. 89.

538 KK StPO-Diemer, § 249, Rn. 40; Löwe-Rosenberg, StPO, Mosbacher, 26. Auflage, § 249, Rn. 63; SK-StPO, Frister, § 249, Rn. 90.

539 Löwe-Rosenberg, StPO, Mosbacher, 26. Auflage, § 249, Rn. 63; SK-StPO, Frister, § 249, Rn. 90.

540 Statt vieler: Beck'scher Online-Kommentar, JGG, § 33a, Rn. 6; Eisenberg, JGG, Eisenberg, § 67, Rn. 10; KK StPO-Diemer, § 249, Rn. 35; Löwe-Rosenberg, StPO, Mosbacher, 26. Auflage, § 249, Rn. 73; SK-StPO, Frister, § 249, Rn. 67.

Jugendstrafverfahren, § 69 Abs. 3 JGG zu, nicht jedoch den Erziehungsberechtigten und gesetzlichen Vertreten. Diese seien auf das Recht Anträge zu stellen, § 67 Abs. 1 JGG, beschränkt.[541]

Eisenberg und *Schwer* hingegen bejahen ein Widerspruchsrecht der Erziehungsberechtigten und gesetzlichen Vertreter mit dem Hinweis darauf, dass ihnen aufgrund des § 67 Abs. 1 JGG das Recht zur Veranlassung von Beweiserhebungen zusteht. Es wäre aus ihrer Sicht inkonsequent, die Einflussnahme auf die Beweiserhebung im Selbstleseverfahren durch die Versagung des Widerspruchsrechts zu verhindern.[542]

Auch *Trüg* spricht sich, unter Verweis auf Eisenberg, für ein Widerspruchsrecht der Erziehungsberechtigten und des gesetzlichen Vertreters aus.[543]

Dem Standpunkt von *Eisenberg*, *Schwer* und *Trüg* ist zuzustimmen. Eltern und gesetzlichen Vertretern kommt im Jugendstrafverfahren eine besondere Bedeutung zu. Sie haben das Recht, Beweisanträge zu stellen, § 67 Abs. 1 JGG, sollen über Mitteilungen an den beschuldigten Schützling informiert werden, § 67 Abs. 2 JGG, haben Mitwirkungsrechte bei der Verteidigerwahl, § 67 Abs. 3 JGG und sind berechtigt Rechtsmittel einzulegen, §§ 55 Abs. 2, 67 Abs. 3 JGG.

Es liegt kein vernünftiger Grund vor, weshalb das Widerspruchsrecht im Selbstleseverfahren den Eltern und gesetzlichen Vertretern versagt werden sollte. Im Gegenteil würde es eine Einschränkung des Beweisantragsrechts bedeuten, wenn die Erziehungsberechtigten und gesetzlichen Vertreter zwar einen Antrag auf Einführung einer Urkunde stellen, jedoch die Art und Weise der Beweiserhebung nicht beeinflussen könnten.

Zudem sind auch Vertreter der Gegenmeinung der Ansicht, dass den Eltern und Erziehungsberechtigten ein Recht auf Kenntnisnahme der vom Selbstleseverfahren umfassten Urkunden zusteht.[544] Es erschließt sich nicht, wieso ihnen das Recht, Widerspruch gegen die Durchführung des Selbstleseverfahrens einzulegen, dann verwehrt werden sollte.

---

541 KK StPO-Diemer, § 249, Rn. 35; Löwe-Rosenberg, StPO, Mosbacher, 26. Auflage, § 249, Rn. 73; Pfeiffer, StPO, § 249, Rn. 7; SK-StPO, Frister, § 249, Rn. 67.

542 Eisenberg, JGG, Eisenberg, § 67, Rn. 10; Eisenberg, Beweisrecht StPO, Rn. 2046; Schwer, S. 125.

543 Meier/Rösner/Trüg/Wulf, JGG, Trüg, § 67, Rn. 11.

544 KK StPO-Diemer, § 249, Rn. 37; SK-StPO, Frister, § 249, Rn. 75.

8. Zahlreiche Dokumente mit vergleichbarem Inhalt

Wie bereits oben zu den Anwendungsfällen Wirtschafts- und sonstigen Umfangsverfahren beschrieben, liegen häufig zahlreiche Dokumente mit vergleichbarem Inhalt vor.[545] Es wäre für alle Verfahrensbeteiligten mit Sicherheit ermüdend, wenn immer gleichförmige und in aller Regel sehr umfangreiche Urkundenkonvolute wie Telefonrechnungen, Bilanzen, Abrechnungsaufstellungen, Tabellen und Zahlenwerke Seite für Seite, Zeile für Zeile in der Hauptverhandlung verlesen werden würden. *Beukelmann* und *Leipold* bezeichnen das stunden- oder gegebenenfalls tagelange Verlesen im Zusammenhang mit einer Entscheidung des Großen Senats für Strafsachen gar als Tortur für alle Verfahrensbeteiligten.[546]

Gerade in diesen Fällen bietet sich daher die Anordnung des Selbstleseverfahrens an. Die Verfahrensbeteiligten haben bei der Selbstlesung die Möglichkeit, verschiedene Tabellen direkt visuell miteinander zu vergleichen und sich dazu Notizen zu machen. Dies ist bei einer Verlesung nur sehr schwer möglich, auch wenn die Beteiligten in einer eigenen Kopie der Urkunde mitlesen und Anmerkungen machen können. Denn um der Verlesung zu folgen, sind sie an das Tempo des Verlesenden gebunden.

Zwar besteht selbstverständlich die Möglichkeit, in der eigenen Geschwindigkeit zu lesen und einzelne Passagen zu überspringen oder mehrmals zu lesen. In diesem Fall handelt es sich jedoch um eine Selbstlesung im Sitzungssaal, womit auf die Verlesung auch verzichtet werden kann.

Zudem ist das bereits angeführte Argument, dass oft das selbst Gelesene besser erfasst werden kann als das Vorgelesene, hier von besonderer Bedeutung. Gerade bei Zahlenwerken, Tabellen und anderen gleichförmigen Schriftstücken ist insbesondere auch eine visuelle Erfassung von besonderer Bedeutung.

Nicht ohne Grund wird die Verlesung derartiger Schriftstücke in der Hauptverhandlung durch den Beweis durch Augenschein ergänzt.

Die praktische Bedeutung zeigt sich in einem Verfahren des Landgerichtes Mannheim.[547] Der 1. Strafsenat legte dem Großen Senat folgenden Sachverhalt vor:

> „In dem beim 1. Strafsenat anhängigen Verfahren wurden in der unverändert zugelassenen Anklage den Angeklagten (gegen weitere Angeklagte ist das Urteil zwischenzeitlich rechtskräftig) insgesamt etwa 1.400 Einzeltaten bzw. Teilakte von Einzeltaten im Zusammenhang mit der betrügerischen Akquisition von Werbeanzeigen zur Last gelegt. Der Anklagesatz schildert nur den Aufbau einer im Wesentlichen von einem der

545 Vgl. oben E. I. 1. und 2.

546 Beukelmann/Leipold, NJW Spezial, 2010, 249.

547 BGH, Beschluss vom 12.01.2001 – GSSt 1/10, NJW 2011, 1687 (1687 f).

Angeklagten (K.) gesteuerten Firmenstruktur sowie die generelle Begehungsweise der Taten. Aufgeteilt nach den verschiedenen Angeklagten enthält der Anklagesatz Ausführungen zur „generellen Vorgehensweise bei den Betrugstaten", zur Gesamtzahl der ihnen jeweils vorgeworfenen Taten und der ihnen jeweils zuzurechnenden Gesamtschäden.

Außerdem ist der jeweilige (überwiegend mehrjährige) Zeitrahmen genannt, in dem die Taten begangen seien. Hinsichtlich sämtlicher anderer Einzelheiten ist unter der Überschrift „Einzeltaten und Schaden" auf (insgesamt neun) so genannte „Anlagen zum wesentlichen Ermittlungsergebnis" verwiesen, die diese Angaben in Tabellenform enthalten, wobei die einzelnen Anlagen teilweise aufeinander Bezug nehmen."[548]

In der Hauptverhandlung wurde nur der Anklagesatz verlesen. Bezüglich der Anlagen zum wesentlichen Ergebnis der Ermittlungen wurde das Selbstleseverfahren am ersten Hauptverhandlungstag durch den Vorsitzenden angeordnet.

Zwar beschäftigt sich diese Entscheidung in erster Linie mit den Anforderungen an einen gesetzmäßigen Anklagesatz, ihr können jedoch auch entscheidende Gedanken im Hinblick auf das Selbstleseverfahren entnommen werden:

„Nach forensischer Erfahrung besteht vor allem in Verfahren, in denen massenweise und gleichförmig begangene Delikte angeklagt sind, das praktische Bedürfnis, die Hauptverhandlung von der zeitaufwändigen Verlesung von Details der einzelnen Taten zu entlasten (so auch BGH, Beschluss vom 17. November 2009 - 3 ARs 16/09 < in dieser Sache >, Rn. 5 unter Hinweis auf Wilhelm NStZ 2007, 358; vgl. auch die Fallschilderung von Müller NJW 2009, 3745, 3746 sowie Leipold/Beukelmann NJW-Spezial 2010, 249). Dies hängt im vorrangig – aber nicht ausschließlich – betroffenen Bereich der Wirtschaftkriminalität mit der zunehmenden Verfolgungsdichte und mit neuen Kriminalitätsformen zusammen. Auch wenn der Staatsanwalt, der stets gehalten ist, die Anklageschrift klar, übersichtlich und verständlich abzufassen (vgl. Nr. 110 Abs. 1 RiStBV), die Aufnahme von Einzelheiten in den zu verlesenden Anklagesatz auf das Nötigste zu beschränken hat, hat die genannte Entwicklung dazu geführt, dass in einer zunehmenden Zahl von Einzelfällen zur Konkretisierung der Geschädigten, des Tatortes, der Tatobjekte oder des jeweils konkreten Einzelschadens umfangreiche Details in den Anklagesatz aufzunehmen sind. Die nach dem bisherigen Verständnis von § 243 Abs. 3 Satz 1 StPO i.V.m. § 200 Abs. 1 Satz 1 StPO auch in solchen Fällen stets erforderliche Verlesung der Darstellung sämtlicher angeklagter Einzelfälle oder Teilakte kann dann viele Stunden oder sogar mehrere Tage lang dauern. Hierdurch werden die Ressourcen der Justiz sowie aller anderen Verfahrensbeteiligten erheblich belastet, ohne dass dem ein erkennbarer Informationsgewinn gegenüber steht."[549]

Dem fehlenden Informationsgewinn und der Belastung der Ressourcen der Justiz und aller weiteren Verfahrensbeteiligten kann in Fällen der Beweiserhebung

548 BGH, Beschluss vom 12.01.2001 – GSSt 1/10, NJW 2011, 1687 (1687).
549 BGH, Beschluss vom 12.01.2001 – GSSt 1/10, NJW 2011, 1687 (1688).

bezüglich einer Vielzahl von gleichförmigen Urkunden mit der Anordnung des Selbstleseverfahrens begegnet werden.

9. Selbstleseverfahren und Beweis durch Augenschein

Es wurde bereits ausgeführt, dass bei dem Beweismittel der Inaugenscheinnahme die Durchführung des Selbstleseverfahrens nicht möglich ist.[550] Dies ist auch ohne weiteres nachvollziehbar, wenn man an die klassischen Situationen der Beweisaufnahme durch Augenschein, wie die Besichtigung von Tatorten und Tatwaffen, sowie das Betrachten von Fotographien und Graphiken denkt. Hierbei handelt es sich um die optische Wahrnehmung von Örtlichkeiten, körperlichen Gegenständen oder zweidimensionalen Bildaufnahmen. Es ist wider der natürlichen Logik, hier etwas selbst lesen zu wollen.

Dennoch wäre es in der Praxis wünschenswert, das Selbstleseverfahren auch in manchen Fällen der Inaugenscheinnahme zur Anwendung bringen zu können, bzw. das Selbstleseverfahren durch eine eigenständige, außerhalb der Hauptverhandlung durchgeführte, Inaugenscheinnahme zu ergänzen.[551]

Im Folgenden wird dies an zwei Beispielen aufgezeigt: Die Einführung der Tonaufnahmen der Telekommunikationsüberwachung und die Einführung von bildlichen Darstellungen. Beide Konstellationen sind klassische Beweismittel der Inaugenscheinnahme.[552] Der Augenschein im juristischen Sinn umfasst neben dem Sehen auch die anderen sinnliche Wahrnehmungen – Hören, Fühlen, Riechen und Schmecken.[553] Die Kenntnisnahme von Tonaufnahmen ist daher durch das Hören vom Beweis durch Augenschein erfasst. Daneben sind graphische Darstellungen wie Pläne, Zeichnungen, Skizzen, Filmen und Videoaufzeichnungen klassische Augenscheinobjekte.[554]

---

550 Vgl. oben B. III. 1. c.

551 Aus hier vertretener Sicht ist es bereits de lege lata zulässig, ergänzend zu der Anordnung des Selbstleseverfahrens die Herausgabe von Kopien der Aufnahmen aus der Telekommunikationsüberwachung an die Verfahrensbeteiligten herauszugeben. Die Erstreckung der Selbstlesung auf die Inaugenscheinnahme müsste hingegen gesetzlich neu geregelt werden. Vgl. dazu unten E. I. 9. a. dd.

552 Vgl. oben B. III. 1. c.

553 KMR StPO, Heintschel-Heinegg, § 249, Rn. 16; Meyer-Goßner/Schmitt, StPO, § 86, Rn. 1.

554 Beck'scher Online-Kommentar, StPO, Ganter, § 249, Rn. 13; MüKo, StPO, Trüg/Habetha, § 244, Rn. 39; Pfeiffer, StPO, § 249, Rn. 4; SK-StPO, Frister, § 249, Rn. 40.

a. Selbstleseverfahren zur Einführung von Telekommunikationsüberwachung

Wie bereits dargestellt ist im Abhören von Tonbandaufnahmen eine Inaugenscheinnahme zu sehen, während die Niederschriften der Aufnahmen im Wege des Urkundenbeweises in den Prozess eingeführt werden können.[555]

Diese Möglichkeit lässt zunächst einmal vermuten, dass die Beweiserhebung durch die Einführung von Telekommunikationsüberwachungsdaten vollständig und zufriedenstellend erfasst ist: Die Originaltonaufnahme wird in der Hauptverhandlung vorgespielt und von allen Beteiligten gehört. Ergänzend kann die Verschriftung in der Strafakte zu Rate gezogen werden oder ganz auf das Vorspielen verzichtet und nur die Niederschrift verlesen oder im Wege des Selbstleseverfahrens eingeführt werden.

In der Praxis stellt sich jedoch leider ein anderes Bild dar. Das Vorspielen und Anhören von Aufnahmen der Telekommunikationsüberwachung in der Hauptverhandlung – wenn es denn erfolgt[556] – ist oft sehr zeitaufwendig, ermüdend und wenig zielführend. Nicht selten sind die Aufnahmen nur schlecht, teilweise sogar gar nicht zu verstehen. Neben der Qualität der Tonaufnahmen und Abspielgeräte und der Tatsache, dass Gespräche in einer Fremdsprache geführt werden, ist dies auch auf Unruhe im Sitzungssaal und die nachlassende Konzentration der Beteiligten bei umfangreichen Überwachungsaufnahmen zurückzuführen.

Ebenso problematisch ist die Situation bei der Verschriftung der Tonaufnahmen. Zwar gibt es immer wieder neben dem von den Ermittlungsbeamten ausgewählten „Best of", als eine Art Inhaltszusammenfassung des aufgezeichneten Telefongesprächs[557], am Anfang der Aufzeichnung auch eine Niederschrift der kompletten Konversationen. In den Verschriftungen findet sich jedoch allzu oft der Textbaustein „unverständlich". Nicht selten wird aus ökonomischen Gründen auch nur der von den Strafverfolgungsbehörden als relevant eingestufte Teil der Telekommunikation verschriftet.[558] Bedenkt man nun, dass die Beweiswürdigung des Gerichts sich häufig nur auf diese Verschriftungen stützt[559], kommt

---

555 Meyer-Goßner/Schmitt, StPO, § 249, Rn. 7; MüKo, StPO, Kreicker, § 249, Rn. 52; Löwe-Rosenberg, StPO, Mosbacher, 26. Auflage, § 249, Rn. 60; Pfeiffer, StPO, § 249, Rn. 4; SK-StPO, Frister, 64. L., § 249, Rn. 38.

556 vgl. sogleich.

557 Killinger, StV 2016, 149 (149); Wettley/Nöding, NStZ 2016, 633 (633).

558 Killinger, StV 2016 149 (149); Wettley/Nöding, NStZ 2016, 633 (633).

559 Praxiskommentar von Knauer und Pretsch zu OLG Celle, Beschluss vom 24.07.2015 – 2 Ws 116/15, NStZ 2016, 305 (307).

der Möglichkeit der übrigen Verfahrensbeteiligten bzw. der Staatsanwaltschaft und der Verteidigung, die Tonaufnahmen in Ruhe abhören zu können, noch mehr Gewicht zu.

Dies ist insbesondere der Fall, wenn – wie so oft – in der Hauptverhandlung die Tonaufnahmen nicht vorgespielt werden, sondern die Telefonüberwachung ausschließlich mittels Verlesung oder Selbstlesung deren Verschriftungen eingeführt wird. Aber auch wenn ein Vorspielen in der Hauptverhandlung erfolgt, ist ein Abhören außerhalb der Sitzung von Vorteil: So können entscheidende oder schwer verständliche Passagen so oft wie nötig, um sich ein klares Bild verschaffen zu können, abgehört werden.

Die Bedeutung des Abhörens der Tonaufzeichnungen aus der Telekommunikationsüberwachung wird besonders deutlich, wenn man sich *Ventzkes* Überlegen zur Einführung von Ergebnissen technischer Überwachungsmaßnahmen im Selbstleseverfahren vor Augen führt:

> „Ist die Inaugenscheinnahme der Aufzeichnungen unverzichtbar? Das kann der Fall sein, wenn die Zuverlässigkeit der Verschriftung – erst recht bei in Fremdsprachen geführten Gesprächen oder bei suboptimalen Aufzeichnungsbedingungen – nicht gesichert ist. Gleiches gilt, wenn der Sinngehalt des Gesprächs nur zuverlässig nachvollzogen werden kann, wenn Betonung, Sprechweise und Begleitumstände (Pausen, gefühlsmäßige Äußerungen usw.) in die Beweisgewinnung einbezogen werden."[560]

Zwar zielen *Ventzkes* Überlegen darauf ab, dass gegebenenfalls ein Abhören in der Hauptverhandlung dem Selbstleseverfahren vorzuziehen ist. Sie zeigen aber auch, dass es für den Verteidiger und die Staatsanwaltschaft von entscheidender Bedeutung sein kann, die Tonaufnahmen abzuhören, auch wenn betreffend die Verschriftung der Telekommunikationsüberwachung das Selbstleseverfahren angeordnet worden ist.

Auch *Knauer* und *Pretsch* heben die praktische Bedeutung der Einsicht in die Tonaufnahmen der Telekommunikationsüberwachung hervor und prangern an, dass die bestehenden Gesetze nicht im Stande sind, die moderne Problematik des Einsichtsbegehrens der Verteidigung in die Tonaufnahmen der Telekommunikationsüberwachung zu lösen:

> „Die praktische Relevanz der Akteneinsicht für die Verteidigung kann nicht stark genug betont werden. Schließlich ist die Auswertung der verfahrensrelevanten Erkenntnisse in diesem Bereich stärker als sonst von Fokus und Zielrichtung der Ermittlungsbehörden geprägt. In der Praxis werden eben oft nur oder doch vor allem die Ergebnisse der Überwachung in das Verfahren durch Verschriftung eingespeist, die beim Tatnachweis

560 Ventzke, StV 2014, 114 (114).

> zu Lasten des Beschuldigten von Nutzen sind – es besteht damit das Risiko der Selektion. Eine ergebnisoffene Auswertung der Daten bei bereits bejahtem Tatverdacht (§ 100a Abs. 1 StPO) ist aus der Erfahrung der Verteidigung jedenfalls nicht von vornherein zu erwarten. Umso wichtiger ist es für die Wahrung der Rechte des Beschuldigten, dass der Verteidiger sich mittels Akteneinsicht ein umfassendes Bild von den erlangten Erkenntnissen machen kann. [...] Während der Gesetzgeber die Erhebung dieser Daten [Telekommunikationsüberwachung] in den §§ 100a ff StPO geradezu detailversessen geregelt hat, um den verfassungsrechtlichen Anforderungen zu genügen, wurde die gerade für die Verteidigung sehr bedeutsame Gewährung der Akteneinsicht in diese Daten nicht normiert. So verwundert es nicht, dass Rspr. und Literatur an dem Versuch, dieses moderne Problem mit Hilfe hierzu nicht mehr wirklich passender Gesetzestexte zu lösen, geradezu scheitern müssen."[561]

Diese Überlegungen zeigen auf, dass das Abhören der Tonaufnahmen der Telekommunikationsüberwachung für die Verteidigung von essentieller Bedeutung ist. Im Ermittlungs- wie auch im Zwischenverfahren ist dies – zumindest durch das Abhören der Aufnahmen in amtlichen Räumen – möglich[562] und mit einem gewissen Zeit- und Organisationsaufwand auch grundsätzlich durchführbar.

Die Situation stellt sich jedoch anders dar, wenn im laufenden Hauptverfahren das Selbstleseverfahren angeordnet wird. In Wirtschaftsstrafverfahren und sonstigen Umfangsverfahren wird aufgrund der ohnehin sehr hohen terminlichen Belastung im gegenständlichen Verfahren und der Arbeitsbelastung durch anderweitige Mandate kaum Zeit bleiben, Termine mit den Behörden zu vereinbaren und wahrzunehmen, um die Tonaufnahmen in amtlichen Räumen abzuhören, zumal diese nicht selten von erheblichem Umfang sind.

In allen anderen Fällen, in denen das Selbstleseverfahren zur Verkürzung der Hauptverhandlung herangezogen wird, dürfte im Regelfall zwischen der Anordnung des Selbstleseverfahrens und dem Termin zur Verkündung des Urteils nicht genügend Zeit bleiben, um einen Termin zu finden und die Tonaufnahmen, gegebenenfalls gemeinsam mit dem Mandanten und einem Dolmetscher, abzuhören.

Dennoch kann das Abhören der Tonaufnahmen, gerade wenn durch die Anordnung des Selbstleseverfahrens betreffend die Verschriftung der Telekommunikationsüberwachung offensichtlich ist, dass das Gericht den umfassten Passagen Bedeutung für die Urteilsfindung beimisst, für die Verteidigung entscheidend sein.

Aus Sicht des Verteidigers wäre es daher wünschenswert, wenn parallel zur Anordnung des Selbstleseverfahrens bezüglich der Verschriftung der Protokolle

---

561 Praxiskommentar von Knauer und Pretsch zu OLG Celle, Beschluss vom 24.07.2015 – 2 Ws 116/15, NStZ 2016, 305 (307).

562 Vgl. unten E. I. 9. a. aa. und bb.

der Telefonüberwachung Kopien der Tonaufzeichnungen überlassen werden würden.

Bei Erstreckung des Selbstleseverfahrens auf die Inaugenscheinnahme der Tonaufnahmen könnte der Verteidiger, gegebenenfalls in Zusammenarbeit mit dem Mandanten und einem Dolmetscher, die Audiodateien abhören, mit dem Protokoll vergleichen und gegebenenfalls Ergänzungen oder Korrekturen vornehmen.

Anschließend könnten diese und andere gewonnene Erkenntnisse im Wege der Erklärung nach § 257 StPO und das Abspielen der betreffenden Passage in die Hauptverhandlung eingeführt werden, ohne dass die gesamten Tonaufnahmen vorgespielt werden müssen.

Unabhängig vom Selbstleseverfahren wird die Frage, ob Kopien der Tonaufzeichnungen aus der Telekommunikationsüberwachung im Rahmen der Akteneinsicht an den Verteidiger zur Verwendung außerhalb amtlicher Räume herausgegeben werden dürfen, kontrovers diskutiert und hat hohe Relevanz in der Praxis. Dies zeigt schon allein die Fülle an gerichtlichen Entscheidungen, in den letzten Jahren.

Zu unterscheiden ist das Recht auf Einsichtnahme in die Aufnahmen und das Recht auf Mitnahme der Aufnahmen. Denn nur das Recht auf Mitnahme der Audiodateien in die Kanzleiräume des Verteidigers ist wirklich geeignet, das Selbstleseverfahren zu ergänzen und effektiver auszugestalten. In einer laufenden Hauptverhandlung ist dem Verteidiger nicht geholfen, wenn er sich Tonaufnahmen aus der Telekommunikationsüberwachung am Ort ihrer amtlichen Verwahrung anhören kann. Dies wird regelmäßig, insbesondere bei umfangreichen Selbstleseverfahren, parallel zu den Hauptverhandlungstagen im laufenden Verfahren und der weiteren täglichen Arbeitsbelastung zeitlich nicht möglich sein.

aa. Literaturmeinungen zur Überlassung von Tonaufzeichnungen

Unstrittig ist in der Literatur, dass Tonaufnahmen vom Akteneinsichtsrecht umfasst sind, soweit sich der Tatvorwurf in tatsächlicher oder rechtlicher Hinsicht auf diese stützt und diese dem Gericht daher gemäß § 199 Abs. 2 StPO vorzulegen sind.[563] Uneinigkeit besteht hingegen darüber, ob die Aufnahmen am Ort ihrer amtlichen Verwahrung abgehört werden müssen, oder dem Verteidiger in dessen Geschäftsräume oder Wohnung mitzugeben sind.

563 Statt vieler: OLG Karlsruhe, Beschluss vom 29.05.2012 – 2 Ws 146/12, NJW 2012, 2742; Löwe-Rosenberg, StPO, Lüderssen/Jahn, 26. Auflage, § 147, Rn. 29; Meyer-Goßner/Schmitt, StPO, § 147, Rn. 15.

Im Hinblick auf die gesetzliche Regelung der Akteneinsicht in § 147 StPO ist die entscheidende Frage, ob es sich bei den Tonaufzeichnungen um Beweisstücke handelt, die dem Verteidiger gemäß § 147 Abs. 4 S. 1 StPO als einzige Aktenbestandteile nicht mitgegeben werden dürfen:

> „Auf Antrag sollen dem Verteidiger, soweit nicht wichtige Gründe entgegenstehen, die Akten mit Ausnahme der Beweisstücke in seine Geschäftsräume oder in seine Wohnung mitgegeben werden."

Ergänzend wird teilweise auch die Auffassung vertreten, dass der Mitgabe schutzwürdige Interessen Dritter und die Löschungsverpflichtung aus § 101 Abs. 8 StPO entgegenstehen.

Ein Recht zur Mitnahme von Aufzeichnungen der Telekommunikationsüberwachung wird in der Literatur, zumindest unter gewissen Umständen, weitgehend bejaht.[564] Zunächst gibt es einige Stimmen, die einen ständigen Anspruch des Verteidigers auf Herausgabe von Kopien der Tonaufzeichnungen der Telekommunikationsüberwachung vertreten.

Thomas und *Kämpfer* stützen dieses Recht auf die Tatsache, dass Tonmitschnitte von Überwachungsmaßnahmen als Aktenbestandteile zu werten seien, da es auf ihren Inhalt ankomme.[565]

Wessing bezieht zu der Frage, ob es sich bei den Tonaufzeichnungen um Beweisstücke handelt, keine Stellung. Er stützt das Mitnahmerecht des Verteidigers auf Praktikabilitätsüberlegungen: Zum einen sei aufgrund des oft großen Umfangs von Telekommunikationsaufzeichnungen ein Abhören in amtlichen Räumen unzumutbar. Zum anderen sei eine Überlassung von Kopien, auch bei sehr großen Datenmengen, durch die Weitergabe von Datenträgern problemlos möglich und werde vielerorts auch praktiziert.[566]

Wettley[567] und *Nöding* führen aus, dass es sich nur bei den bei der Polizei befindlichen TKÜ-Servern um Beweisstücke handele, die nicht heraus gegeben werden dürfen, da nur diese „für das Strafverfahren wegen der individuellen Beschaffenheit ihrer Substanz Bedeutung haben und aus Gründen des Substanz- und

---

564 Beck'scher Online-Kommentar, StPO, Wessing, § 147, Rn. 19; Löwe-Rosenberg, StPO, Lüderssen/Jahn, 26. Auflage, § 147, Rn. 112; MüKo, StPO, Thomas/Kämpfer, § 147, Rn. 34; Pfeiffer, StPO, § 147, Rn. 3.

565 MüKo, StPO, Thomas/Kämpfer, § 147, Rn. 23, 34.

566 Beck'scher Online-Kommentar, StPO, Wessing, § 147, Rn. 26.

567 Besonders interessant ist, dass es sich bei Susann Wettley, im Gegensatz zu Dr. Torlaf Nöding, nicht um eine Strafverteidigerin, sondern um eine Staatsanwältin der Abteilung für organisierte Kriminalität bei der StA Berlin handelt.

Integritätsschutzes deshalb dem Mitgabeverbot unterliegen".[568] Kopien der auf den Servern originär gespeicherten Daten, die nur auswechselbare Träger der gespeicherten Informationen sind, seien hingegen keine Beweisstücke und seien daher gemäß § 147 Abs. 4 S. 1 StPO dem Verteidiger als Aktenbestandteile in dessen Geschäftsräume mitzugeben.[569] Sollten sich Kopien der Tonaufnahmen noch nicht bei den Akten befinden, bestünde entsprechend dem Anspruch auf Herstellung von Kopien von Beweisstücken mit Urkundenqualität, der regelmäßig in Wirtschaftsverfahren zur Anwendung komme, ein Anspruch auf Herstellung von Kopien der Aufnahmen aus der Telekommunikationsüberwachung.[570]

Aus Sicht von *Wettley* und *Nöding* handelt es sich bei Persönlichkeits- und Datenschutzrechten Dritter auch nicht um wichtige Gründe i.S.d. § 147 Abs. 4 StPO. Dies zeige schon ein Vergleich mit § 147 Abs. 7 S. 1 StPO, der die Herausgabe von Aktenteilen an den unverteidigten Beschuldigten regelt und im Gegensatz zu § 147 Abs. 4 StPO explizit herausstellt, dass die Herausgabe nur möglich ist, wenn „nicht überwiegende schutzwürdige Interessen Dritter entgegenstehen". Der daraus folgende Umkehrschluss, dass Interessen Dritter der Herausgabe an den Verteidiger nicht entgegenstehen, werde auch durch die amtliche Begründung zu § 147 Abs. 7 StPO gestützt, die ausführe, dass der Verweis auf den datenschutzrechtlichen Zweckbindungsgrundsatz aus § 477 Abs. 5 StPO aufgrund der Aufgabe der Verteidigung im Verfahren und deren Stellung als Organ der Rechtspflege nicht auf das Akteneinsichtsrecht des Verteidigers anzuwenden sei.[571]

Mit der Stellung des Verteidigers als unabhängiges Organ der Rechtspflege wird auch im Hinblick auf die Gefahr der Eingriffsvertiefung durch die Herausgabe der Aufzeichnungen der Telekommunikationsüberwachung argumentiert. Es bestehe kein Unterschied zwischen der Einsichtnahme in den amtlichen Diensträumen und der Mitgabe in die Geschäftsräume des Verteidigers, da dieser einen Vertrauensvorschuss dahingehend genieße, dass er sich rechtstreu verhalte, und auch durch berufsrechtliche Vorschriften gebunden sei.[572]

Zudem bestünde kein Erfordernis, Persönlichkeits- und Datenschutzrechte Dritter auf der Ebene der Gewährung der Akteneinsicht zu schützen, da durch § 100a Abs. 4 StPO bereits sichergestellt sei, dass ein Eingriff in den Kernbereich verhindert wird.[573]

---

568 Wettley/Nöding, NStZ 2016, 633 (634).
569 Wettley/Nöding, NStZ 2016, 633 (634).
570 Wettley/Nöding, NStZ 2016, 633 (638).
571 Zum Ganzen Wettley/Nöding, NStZ 2016, 633 (635).
572 Zum Ganzen Wettley/Nöding, NStZ 2016, 633 (635, 636).
573 Wettley/Nöding, NStZ 2016, 633 (635).

Auch die Frage, ob § 101 Abs. 8 StPO der Herausgabe von Kopien entgegensteht, wird von *Wettley* und *Nöding* diskutiert. Sie sehen keine Gefährdung der Löschungsverpflichtung, da zunächst zu erwarten sei, dass ein Verteidiger sich an eine im Einzelfall abzugebende Verpflichtungserklärung hält. Zudem könnten die Tonaufnahmen auf im Eigentum der Justiz stehenden Speichermedien mit Kopierschutz übergeben werden, womit ein durchsetzbarer Herausgabeanspruch bestünde und die unkontrollierte Vervielfältigung verhindert werden könne. Im Übrigen geben sie zu bedenken, dass auch bei der Einsichtnahme in den Räumen der amtlichen Verwahrung unberechtigt Kopien erstellt werden könnten und die Verschriftung der Telefonüberwachung, die Bestandteile der Akte ist, beliebig vervielfältigt werden kann.[574]

Wettley und *Nödig* sehen in der Versagung der Herausgabe von Kopien der Telekommunikationsüberwachung einen Verstoß gegen das Gebot der Waffengleichheit und den Grundsatz des fairen Verfahrens. Im Hinblick darauf, dass in der Regel nur Teile der kompletten Überwachungsmaßnahmen verschriftet würden, sei für einen verantwortungsbewussten Verteidiger das Abhören sämtlicher Aufnahmen unabdingbar. Da die Aufzeichnung üblicherweise einen zwei- bis dreistelligen Stundenbereich umfassten und meist die gleichzeitige Anwesenheit von Verteidiger, dem möglicherweise inhaftieren Beschuldigten und oft genug eines Dolmetschers erforderlich sei, käme in Anbetracht der Öffnungszeiten der Verwahrungsorte die Versagung der Mitnahme von Kopien der Telekommunikationsüberwachung einer Versagung des Rechts auf Akteneinsicht gleich.[575]

Darüber hinaus wird eine Weitergabe von Kopien an den inhaftierten Mandanten befürwortet, die Weitergabe an den auf freiem Fuß befindlichen Mandanten aufgrund der mangelnden Kontrollmöglichkeit und des fehlenden Vertrauensvorschusses abgelehnt. Der nicht inhaftierte Mandant sei auf das Abhören der Aufnahmen in den Kanzleiräumen seines Verteidigers zu verweisen.[576]

Killinger vertritt in der Anmerkung zum Beschluss des OLG Frankfurt vom 11.08.2015 die Auffassung, dass viele Staatsanwaltschaften und Gerichte aus pragmatischen Gründen Kopien der Aufnahmen aus der Telekommunikationsüberwachung an Verteidiger zur Mitnahme in deren Geschäftsräume herausgeben.[577]

Sie kritisiert, dass in Fällen, in denen dem Verteidiger lediglich eine Besichtigung am Ort der amtlichen Verswahrung zugestanden wird, die Verteidigungsmöglichkeiten stark limitiert werden. Zum einen sei eine Besichtigung in den

574 Zum Ganzen Wettley/Nöding, NStZ 2016, 633 (635).
575 Wettley/Nöding, NStZ 2016, 633 (635).
576 Wettley/Nöding, NStZ 2016, 633 (637, 638).
577 Killinger, StV 2016, 149 (149).

Räumen der Strafverfolgungsbehörden aufgrund deren Öffnungszeiten und der oft enormen Datenmengen allein aus Zeitgründen nicht umsetzbar. Zum anderen werde die Kommunikation mit dem Mandanten durch die Gefahr, dass Beamte die Gespräche mithören, stark eingeschränkt. Das Recht auf informationelle Waffengleichheit und eine darauf basierende effektive und wirksame Verteidigung seien nur gewährleistet, wenn Kopien der Daten zur Mitnahme zur Verfügung gestellt werden.[578]

Den Ursprung des Problems sieht *Killinger* in der fehlenden gesetzlichen Regelung der Akteneinsicht in digitale Daten und führt weiter aus, dass der Begriff der „Daten" vom historischen Gesetzgeber nicht erfasst wurde. Diese seien zwar wie Aktenteile immaterielle Informationen, benötigten jedoch zur Preisgabe ihres Inhalts einen körperlichen Datenträger[579], der wiederum ein Beweisstück darstellt.

Im Ergebnis streitet *Killinger* für einen Anspruch auf Aushändigung von Kopien der Aufnahmen aus der Telekommunikationsüberwachung zumindest bei großen Datenmengen, da nur so das Kernelement der Verteidigung, das Akteneinsichtsrecht, im Sinne eines fairen Verfahrens umgesetzt werden könne. Ein Verweis auf die Besichtigung am Ort der amtlichen Verwahrung komme aus faktischen wie finanziellen Gründen einer Verwehrung der Akteneinsicht gleich. In Datenschutzrechten Dritter sieht sie keinen Grund, der der Herausgabe entgegenstehen könnte, da eine Gefährdung dieser Rechte auch bei der Einsicht bei den Ermittlungsbehörden und durch die in den Akten enthaltenen Verschriftungen der Aufnahmen im Raume stehe und beides ohne Hinweis auf möglicherweise entgegenstehenden Drittschutz in der Regel gewährt werde. Das der Verteidigung, einem Organ der Rechtspflege, entgegengebrachte Misstrauen sei daher nicht gerechtfertigt.[580]

Knauer und *Pretsch* sprechen sich in ihrem Praxiskommentar zum Beschluss des OLG Celle vom 24.07.2015[581] ganz deutlich für einen Anspruch des Verteidigers auf Herausgabe der Tonaufzeichnungen aus der Telekommunikationsüberwachung aus.

Hierfür nennen sie zunächst Gründe der Praktikabilität. In dem Abhören der Aufzeichnungen in amtlichen Räumen, neben dem Sachbearbeiter der Polizei sitzend, sehen sie eine faktische Einschränkung des Rechts auf Akteneinsicht.

578 Killinger, StV 2016, 149 (149).

579 Killinger, StV 2016, 149 (150).

580 Killinger, StV 2016, 149 (151).

581 Praxiskommentar von Knauer und Pretsch zu OLG Celle, Beschluss vom 24.07.2015 – 2 Ws 116/15, NStZ 2016, 305 (307f).

Zudem erschwere dieses Vorgehen die regelmäßig erforderliche Besprechung mit dem Mandaten.[582]

Aus Sicht der Autoren würden souveräne Vorsitzende darauf bestehen, dass die Audiodateien aus der Telekommunikationsüberwachung zum Bestandteil der Akten gemacht werden, um sicher zu gehen, dass sie selbst umfassend informiert sind.[583] In der Folge wären die Tonaufzeichnungen von der dem Verteidiger zu gewährenden Akteneinsicht umfasst.

Knauer und *Pretsch* vertreten, ebenso wie *Thomas* und *Kämpfer*, zudem den Standpunkt, dass es sich bei den Tonaufnahmen der Telekommunikationsüberwachung nicht um Beweisstücke, sondern um Aktenbestandteile handle, da es auf deren Inhalt und nicht auf deren Beschaffenheit ankomme.[584] Dies führe ebenfalls dazu, dass eine Herausgabe der Kopien im Zuge der Akteneinsicht zu erfolgen habe.

Meyer-Mews ist in seiner Anmerkung zum Beschluss des OLG Karlsruhe vom 29.05.2012[585] ebenfalls der Ansicht, dass Kopien von Audiodateien keine Beweisstücke, sondern Aktenstücke seien. Dem Verteidiger sei daher regelmäßig eine Kopie der Audiodateien zur Verfügung zu stellen. Im Übrigen umfasse der Anspruch auf Akteneinsicht des Verteidigers das Recht, die Akten im selben Umfang, wie sie der Staatsanwaltschaft vorliegen, zur Verfügung gestellt zu bekommen.

Wesemann und *Mehmeti* führen in der Anmerkung zum Beschluss des OLG Nürnberg vom 11.02.2015 aus, dass es sich bei Kopien der Aufzeichnungen aus der Telekommunikationsüberwachung nicht um Beweisstücke handele, da kein Substanzverlust drohe, solange das Original der Aufzeichnungen in amtlicher Verwahrung verbleibe. Bezüglich der Kopien bestünde daher eine Mitgabepflicht gemäß § 147 Abs. 4 StPO.[586]

Betreffend die Gefahr der Vertiefung des Eingriffs in Grundrechte Dritter und die Pflicht zur Datenlöschung, § 101 Abs. 8 StPO, sehen die Autoren keine Hindernisse für die Herausgabe von Kopien der Tonaufnahmen, solange die Staatsanwaltschaften ihrer Pflicht zur Löschung von kernbereichsrelevanten

---

582 Praxiskommentar von Knauer und Pretsch zu OLG Celle, Beschluss vom 24.07.2015 - 2 Ws 116/15, NStZ 2016, 305 (307).

583 Praxiskommentar von Knauer und Pretsch zu OLG Celle, Beschluss vom 24.07.2015 - 2 Ws 116/15, NStZ 2016, 305 (308).

584 Praxiskommentar von Knauer und Pretsch zu OLG Celle, Beschluss vom 24.07.2015 - 2 Ws 116/15, NStZ 2016, 305 (308).

585 Meyer Mews, NJW 2012, 2742 (2743 f).

586 Wesemann/Mehmeti, StV 2015, 104 (105).

Gesprächen unverzüglich nachkommen, § 100a Abs. 4 S. 3 StPO.[587] Auf Unverständnis stößt das Misstrauen gegenüber Strafverteidigern, da diesen als Organen der Rechtspflege und aufgrund berufsrechtlicher Vorschriften durchaus eine gewisse Zuverlässigkeit bescheinigt werden könne.[588]

Das aus dem Beschluss des OLG Nürnberg hervorgehende Mitgabeverbot verstoße gegen grundlegende Verfahrensgrundsätze, wie das Beschleunigungsgebot, das Recht auf rechtliches Gehör und das Recht auf ein faires Verfahren, hier insbesondere die Chancengleichheit zwischen Anklagebehörde und Angeklagtem, die nur garantiert werden könne, wenn auch paritätisches Wissen vorliegt.[589]

Daneben wird zwar grundsätzlich nur das Recht des Verteidigers, die Tonaufzeichnungen in amtlichen Räumen abzuhören, bejaht. Trotzdem wird dem Verteidiger auch aus diesem Lager in den Fällen, in denen die Anreise und das Abhören in den Behörden eine unzumutbare Belastung darstellt, ein Herausgabeanspruch zugebilligt.

Jahn und *Lüderssen* sowie *Pfeiffer* und *Schmitt* führen dementsprechend aus, dass es sich bei Aufzeichnungen der Telekommunikationsüberwachung um Beweismittel handle, die § 147 Abs. 1 Alt. 2 StPO unterfielen und daher grundsätzlich nur in amtlichen Räumen besichtigt werden könnten. Jedoch bestünde ein Anspruch auf Herstellung und Herausgabe einer amtlich gefertigten Kopie, wenn das Abhören auf der Dienststelle nicht ausreichend sei.[590]

bb. Rechtsprechung zur Überlassung von Tonaufzeichnungen

In der Rechtsprechung wird die Frage, ob der Verteidiger ein Recht auf die Überlassung und Mitnahme von Kopien der Aufzeichnungen der Telekommunikationsüberwachung hat, unterschiedlich beantwortet, jedoch überwiegend mit dem Verweis auf Datenschutzinteressen Dritter verneint. Es sind jedoch, gerade in der jüngeren Rechtsprechung, immer stärke Tendenzen erkennbar, die für ein Recht des Verteidigers auf Mitnahme von Tonaufzeichnungen in die Geschäftsräume oder Wohnung einstehen.

Der BGH sieht in seiner Entscheidung vom 11.02.2014 in Daten aus der Telekommunikationsüberwachung Beweisstücke, die nur am Ort ihrer amtlichen

---

587 Wesemann/Mehmeti, StV 2015, 104 (105).

588 Wesemann/Mehmeti, StV 2015, 104 (106).

589 Wesemann/Mehmeti, StV 2015, 104 (106).

590 Löwe-Rosenberg, StPO, Lüderssen/Jahn, 26. Auflage, § 147, Rn. 112; Meyer-Goßner/Schmitt, StPO, § 147, Rn. 19a; Pfeiffer, StPO, § 147, Rn. 3.

Verwahrung besichtigt werden können. Die Frage, ob im Einzelfall eine Überlassung von Kopien möglich ist, wurde offen gelassen:

> „Die aufgezeichneten Daten der Telekommunikationsüberwachung unterliegen insgesamt dem Recht auf Akteneinsicht und Besichtigung amtlich verwahrter Beweisstücke gemäß § 147 Abs. 1 StPO, das – konkretisiert durch die Identität von Tat und Täter – jedenfalls das gesamte vom ersten Zugriff der Polizei (§ 163 StPO) an gesammelte Beweismaterial einschließlich etwaiger Bild- und Tonaufnahmen umfasst, das gerade in dem gegen den Angeklagten gerichteten Ermittlungsverfahren angefallen ist […].
>
> Bei den Tonaufzeichnungen handelt es sich um Augenscheinobjekte, die als Beweisstücke nach § 147 Abs. 4 Satz 1 i.V.m. § 147 Abs. 1 StPO grundsätzlich nur am Ort ihrer amtlichen Verwahrung besichtigt bzw. bei Tonaufzeichnungen angehört werden können. Der Senat kann offen lassen, ob in Fällen, in denen die bloße Besichtigung zu Informationszwecken nicht ausreichend ist, im Einzelfall zur Gewährleistung einer angemessenen Verteidigung und eines fairen Verfahrens ein Anspruch auf Anfertigung und Überlassung einer Kopie besteht […].“[591]

Das OLG Köln hat in seiner Entscheidung vom 30.06.2016 offen gelassen, ob es sich bei Kopien der Tonaufnahmen aus der Telekommunikationsüberwachung um Beweismittel oder Aktenbestandteile handelt, da aus seiner Sicht jedenfalls die Persönlichkeits- und Datenschutzrechte Dritter als gewichtige Gründe gemäß § 147 Abs. 4 StPO der Mitnahme durch den Verteidiger entgegenstünden, da eine Vertiefung des Grundrechtseingriffes vermieden werden müsse.[592] Ergänzend wird darauf hingewiesen, dass die Kontrollobliegenheit aus § 101 Abs. 8 S. 1 StPO nicht mehr eingehalten werden könne, sobald sich originalgleiche Kopien der Aufzeichnungen aus der Telekommunikationsüberwachung außerhalb des Einflussbereiches der Ermittlungsbehörden befänden.[593]

Mit einer nahezu identischen Begründung hat das OLG Hamburg mit Beschluss vom 16.02.2016 ebenfalls ein Recht zur Mitnahme der Kopien der Telekommunikationsüberwachung verneint.[594] Ergänzend wird ausgeführt, dass, auch wenn es sich bei einem Verteidiger um ein Organ der Rechtspflege handelt, eine Verpflichtungserklärung nicht geeignet ist, eine Vertiefung des Grundrechtseingriffes zu vermeiden und die Löschungsverpflichtung der staatlichen Behörden abzusichern.[595]

---

591 BGH, Beschluss vom 11.02.2014 – 1 StR 355/13, BeckRS 2014, 5294.
592 OLG Köln, Beschluss vom 30.06.2016 – 2 Ws 388/16, BeckRS 2016, 17943.
593 OLG Köln, Beschluss vom 30.06.2016 – 2 Ws 388/16, BeckRS 2016, 17943.
594 OLG Hamburg, Beschluss vom 16.02.2016 – 3 Ws 11-12/16, NStZ 2016, 695 (695 f).
595 OLG Hamburg, Beschluss vom 16.02.2016 – 3 Ws 11-12/16, NStZ 2016, 695 (696).

Das OLG Celle stellt in seinem Beschluss vom 24.07.2015 fest, dass Persönlichkeits- und Datenschutzrechte Dritter einer Herausgabe entgegenstehen können und zudem gemäß § 101 Abs. 8 StPO Aufzeichnungen der Telekommunikationsüberwachung unverzüglich zu löschen seien, wenn diese für die Strafverfolgung und eine eventuelle gerichtliche Überprüfung der Überwachungsmaßnahme nicht mehr erforderlich sind.[596] Bei der Telekommunikationsüberwachungen seien neben den Tonaufzeichnungen auch die gefertigten Niederschriften zu vernichten. In diesem Zusammenhang tut sich aus Sicht des OLG Celle ein Problem auf:

> „Diese Pflicht [zur Löschung der Aufnahmen und Niederschriften] trifft grundsätzlich die StA und während der Anhängigkeit der Sache das mit ihr befasste Gericht, nicht aber den Verteidiger. Sobald original gleiche Dateikopien aus dem Einflussbereich der Staatsanwaltschaft und der Gerichte gegeben werden, können diese die ihnen gesetzlich übertragenen grundrechtssichernden Aufgaben für die Rechte betroffener Dritter nicht mehr ausüben. Denn aus § 101 Abs. 8 StPO folgt nicht die Verpflichtung eines Verteidigers zur Teilnahme an der den Staatsanwaltschaften übertragenen Pflicht zur Löschung personenbezogener Daten (OLG Köln Beschl. V. 27.3.2009, 2 Ws 125/09). Diese Verpflichtung könnte auch durch eine Erklärung der Verteidiger, nach dem Abschluss des Verfahrens die ausgehändigten Kopien der Audiodateien zurückzugeben, nicht genügend gesichert werden, zumal eine solche Erklärung nicht vollstreckbar wäre. Die Staatsanwaltschaften können also weder die Einhaltung der Pflichten durchsetzen, keine weiteren Kopien herzustellen noch eine Herausgabe der Kopien nach Abschluss des Verfahrens erzwingen. Sie können deshalb der ihnen übertragenen Kontrollfunktion nicht gerecht werden."[597]

Auch das OLG Nürnberg spricht sich im Beschluss vom 11.02.2015 gegen die Herausgabe der Tonaufnahmen aus der Telekommunikationsüberwachung aus.[598] Bereits die amtlichen Leitsätze der Entscheidung belegen die Weigerung des OLG Nürnberg die Tonaufzeichnungen an die Verteidiger herauszugeben:

> „2. Bei Tonaufzeichnungen aufgrund einer Telekommunikationsüberwachung handelt es sich um Augenscheinobjekte, die als Beweisstücke nach § 147 IV 1, I StPO grundsätzlich nur am Ort ihrer amtlichen Verwahrung besichtigt bzw. bei Tonaufzeichnungen angehört werden können. (amtlicher Leitsatz)
>
> 3. § 147 IV 1 StPO gibt nicht nur keinen Anspruch des Verteidigers auf Herausgabe von Tonaufzeichnungen aufgrund einer Telekommunikationsüberwachung sondern beinhaltet ein grundsätzliches Verbot der Herausgabe. (amtlicher Leitsatz)"[599]

---

596 OLG Celle, Beschluss vom 24.07.2015 – 2 Ws 116/15, NStZ 2016, 305 (306).

597 OLG Celle, Beschluss vom 24.07.2015 – 2 Ws 116/15, NStZ 2016, 305 (306).

598 OLG Nürnberg, Beschluss vom 11.02.2015 – 2 Ws 8/15, wistra 2015, 246 (246 f).

599 OLG Nürnberg, Beschluss vom 11.02.2015 – 2 Ws 8/15, wistra 2015, 246 (246).

Die Staatsanwaltschaft hatte Beschwerde eingelegt, nachdem die Vorsitzende Richterin in erster Instanz Tonaufnahmen der Telekommunikationsüberwachung in Form von CDs an die Verteidiger mit dem Hinweis, dass diese nicht über das für die Verteidigung erforderliche Maß vervielfältigt und weitergeben werden dürfen und nach Abschluss des Verfahrens an das Gericht zurückzugeben sind, herausgegeben und die Übergabe weiterer Tonaufnahmen aus der Telekommunikationsüberwachung in Form von USB-Sticks angekündigt.[600] Zur Begründung wurde, wie später auch in dem bereits erörterten Verfahren vor dem OLG Celle, vorgetragen, dass die Telekommunikationsüberwachung allein bereits einen Eingriff in die Grundrechte unbeteiligter Dritter darstelle, der durch die Herausgabe der Daten noch vertieft werde und die Staatsanwaltschaft ihrer Pflicht aus § 101 Abs. 8 StPO nicht mehr nachkommen könne.[601] Zudem handle es sich bei den Überwachungsdaten um Augenscheinobjekte und somit um Beweisstücke, die nur am Ort Ihrer amtlichen Verwahrung zur Kenntnis genommen werden könnten, § 147 Abs. 4 S. 1 StPO.[602]

Das OLG Nürnberg führt in seiner Entscheidung zweierlei aus[603]: Zum einen sei es durch § 147 Abs. 4 S. 1 StPO untersagt, Telekommunikationsdaten aus dem Kontrollbereich der Justiz herauszugeben. Diese Kontrollpflicht ergebe sich aus dem durch die Telekommunikationsüberwachung verursachten Grundrechtseingriff zulasten unbeteiligter Dritter. Die Strafverfolgungsbehörden könnten ihrer Kontrollpflicht und der Pflicht zur Löschung der Daten, sobald diese nicht mehr benötigt werden, nur nachkommen, wenn keine Weitergabe der Daten an Verteidiger oder Angeklagte erfolge. Auch die Verpflichtung zur Rückgabe der Kopien könne den erforderlichen Grundrechtsschutz nicht gewährleisten, da nicht überwacht werden könne, wie viele Kopien durch den Verteidiger oder Angeklagten erstellt werden, und damit eine Kontrolle, ob alle Kopien zurückgereicht werden, nicht möglich sei. Nur im absoluten Ausnahmefall sieht das OLG Nürnberg eine Notwendigkeit, die Tondateien zur Gewährung einer angemessenen Verteidigung an den Verteidiger herauszugeben. In einem Verfahren mit zehn Angeklagten, zwanzig Verteidigern und einer sehr umfangreichen Telekommunikationsüberwachung sei dies noch nicht der Fall.

600 OLG Nürnberg, Beschluss vom 11.02.2015 – 2 Ws 8/15, wistra 2015, 246 (246).
601 OLG Nürnberg, Beschluss vom 11.02.2015 – 2 Ws 8/15, wistra 2015, 246 (246).
602 OLG Nürnberg, Beschluss vom 11.02.2015 – 2 Ws 8/15, wistra 2015, 246 (246).
603 OLG Nürnberg, Beschluss vom 11.02.2015 – 2 Ws 8/15, wistra 2015, 246 (247).

Doch auch in der Rechtsprechung findet eine teilweise Aufweichung zu Gunsten des Mitnahmerechts des Verteidigers statt[604]. Ein Teil der Rechtsprechung hält jedoch nur in Einzelfällen eine Mitgabe der Tonaufnahmen für zulässig.

Das LG Regensburg legt in seiner Entscheidung vom 24.07.2017[605] dar, dass das Akteneinsichtsrecht der Verteidigung gemäß § 147 Abs. 1 StPO auch die Überlassung von Kopien der im Rahmen der Telekommunikationsüberwachung gefertigten Tonaufnahmen umfasst.[606] Zwar handelt es sich auch aus Sicht des LG Regensburg bei den Originalaufnahmen um Beweisstücke, die nur am Ort ihrer amtlichen Verwahrung eingesehen werden können. Die Kopien werden jedoch als Aktenbestandteile, die der Akteneinsicht unterliegen, eingestuft.[607] In der Entscheidung wird ein Anspruch des Verteidigers auf Herstellung und Herausgabe von Kopien der Tonaufzeichnungen bejaht, sofern ein Abhören vor Ort im Hinblick auf den Grundsatz des fairen Verfahrens, hier insbesondere unter dem Gesichtspunkt der Waffengleichheit, nicht ausreichend ist.[608]

In der Herausgabe der Kopien an den Verteidiger wird keine Vertiefung des Eingriffs in die Persönlichkeitsrechte und Datenschutzinteressen Dritter gesehen, da der Verteidiger sein bestehendes Recht auf Kenntnisnahme des Inhalts lediglich an einem anderen Ort umsetzt.[609] Die Gefahr einer unkontrollierten Weitergabe der Kopien der Aufnahmen aus der Telekommunikationsüberwachung wird nicht gesehen, da der Verteidiger als Organ der Rechtspflege und aufgrund berufsrechtlicher Bestimmungen, § 19 BORA, §§ 43, 43a BRAO, verpflichtet sei, jede Art von Missbrauch auszuschließen.[610] Auch bestehe kein Konflikt mit der Löschungsverpflichtung aus § 101 Abs. 8 S. 1 StPO, da der Verteidiger als Organ der Rechtspflege die Datenträger und möglicherweise gefertigte Kopien ohne vorherige Verpflichtungserklärung nach Abschluss des Verfahrens zurückzugeben habe.[611]

In Übereinstimmung mit dem Beschluss vom 24.07.2015 führt das OLG Celle im Beschluss vom 05.07.2016 aus, dass die Herausgabe von Aufzeichnungen der Telekommunikationsüberwachung aufgrund entgegenstehender Persönlichkeits- und Datenschutzrechte Dritter und deren Vertiefung durch die Weitergabe

---

604 Eine Stellungnahme des BGH steht soweit ersichtlich noch aus.

605 LG Regensburg, Beschluss vom 24.07.2017 – 6 Qs 29/17, StraFo 2017, 451.

606 LG Regensburg, Beschluss vom 24.07.2017 – 6 Qs 29/17, StraFo 2017, 451 (453).

607 LG Regensburg, Beschluss vom 24.07.2017 – 6 Qs 29/17, StraFo 2017, 451 (453).

608 LG Regensburg, Beschluss vom 24.07.2017 – 6 Qs 29/17, StraFo 2017, 451 (453).

609 LG Regensburg, Beschluss vom 24.07.2017 – 6 Qs 29/17, StraFo 2017, 451 (453).

610 LG Regensburg, Beschluss vom 24.07.2017 – 6 Qs 29/17, StraFo 2017, 451 (453).

611 LG Regensburg, Beschluss vom 24.07.2017 – 6 Qs 29/17, StraFo 2017, 451 (453).

an den Verteidiger zu versagen sei.[612] Auch die Löschungsverpflichtung des § 101 Abs. 8 S. 1 StPO könne nach der Weitergabe der Tonaufnahmen nur noch eingeschränkt ausgeübt werden, wenn Kopien dieser Aufnahmen aus dem Gewahrsam der Strafverfolgungsbehörden herausgegeben werden.[613]

Allerdings sieht das OLG Celle einen möglichen Anspruch auf Herausgabe von Kopien der Telekommunikationsüberwachung, wenn das Interesse des Angeklagten an einem fairen Verfahren und einer angemessenen Verteidigung durch das Abhören der Aufnahmen am Ort ihrer amtlichen Verwahrung nicht gewährleistet werden kann.[614] In einer Gesamtabwägung, die die Interessen des Angeklagten und die Interessen unbeteiligter Dritter berücksichtigt, sei auf die Besonderheiten des konkreten Einzelfalls, wie besonders große Datenmengen und die Bedeutung von Verfahrensvereinfachung und -beschleunigung zu achten.[615]

Für eine Pflicht zur Aushändigung von Kopien der Aufzeichnungen aus der Telekommunikationsüberwachung in Fällen, in denen die Besichtigung am Ort der amtlichen Verwahrung nicht ausreicht, spricht sich auch das OLG Frankfurt a.M. im Beschluss vom 11.08.2015 aus.[616] In Einzelfällen könne die Besichtigung bei den Strafverfolgungsbehörden aus Praktikabilitätsgründen nicht ausreichend sein, wenn beispielsweise sehr große Mengen von Daten abzuhören sind. Es bestünde die Möglichkeit, dass das Interesse an einem fairen Verfahren und einer angemessenen Verteidigung, sowie Gründe der Verfahrensbeschleunigung und Verfahrensvereinfachung – wie auch beim Selbstleseverfahren – die Herausgabe von Kopien der Datenträger rechtfertigen, da sich bei vervielfältigungsfähigen Datenträger das Problem des Beweismittelverlustes nicht stelle. Es wird jedoch weiterhin eine Abwägung mit den Persönlichkeits- und Datenschutzinteressen von unbeteiligten Dritten gefordert.[617]

Das OLG Karlsruhe erklärte mit Beschluss vom 29.05.2012 ausdrücklich, dass es sich bei Aufzeichnungen im Rahmen der Telefonüberwachung um Beweismittel handle und diese nur am Ort ihrer amtlichen Verwahrung abgehört werden könnten.[618] Es macht jedoch auch deutlich, dass Ausnahmen möglich sind:

---

612 OLG Celle, Beschluss vom 05.07.2016 – 2 Ws 114/16, NStZ-RR 2017, 48 (49 f).
613 OLG Celle, Beschluss vom 05.07.2016 – 2 Ws 114/16, NStZ-RR 2017, 48 (50).
614 OLG Celle, Beschluss vom 05.07.2016 – 2 Ws 114/16, NStZ-RR 2017, 48 (50).
615 OLG Celle, Beschluss vom 05.07.2016 – 2 Ws 114/16, NStZ-RR 2017, 48 (50).
616 OLG Frankfurt a.M., Beschluss vom 11.08.2015 – 3 Ws 438/15, StV 2016, 148 f.
617 OLG Frankfurt a.M., Beschluss vom 11.08.2015 – 3 Ws 438/15, StV 2016, 148 (149).
618 OLG Karlsruhe, Beschluss vom 29.05.2012 – 2 Ws 146/12, NJW 2012, 2742 (2742).

> „Im Einzelfall kann aus Gründen des fairen Verfahrens bzw. angemessener Verteidigung oder unter dem Gesichtspunkt der Verfahrensvereinfachung die Fertigung und Überlassung von Kopien sachgerecht und geboten sein.“[619]

Hier sei jeweils eine Einzelfallentscheidung im Rahmen einer Gesamtabwägung zu treffen, wobei nach den Ausführungen des OLG Karlsruhe insbesondere Rücksicht auf die Grundrechte Dritter zu nehmen sei.

Das Bayrische Oberste Landesgericht führte bereits in seinem Beschluss vom 27.11.1990[620] aus, dass der Verteidiger berechtigt sei, die vollständigen Akten einzusehen, was auch Bild- und Tonaufnahmen umfasst, wenn die Staatsanwalt den Schuldvorwurf auf diese stützt. In Fällen, in denen die Einsicht in die Aufnahmen am Ort deren Verwahrung unzumutbar ist, habe die Übersendung einer Kopie der Aufnahmen zu erfolgen.

Inzwischen gibt es auch immer wieder Entscheidungen, die sogar die Ansicht vertreten, dass Aufnahmen der Telekommunikationsüberwachung immer an den Verteidiger herauszugeben sind.

Das OLG Zweibrücken stellte mit Beschluss vom 11.01.2017 fest, dass es sich bei auf Datenträgern gespeicherten Kopien der Aufnahmen aus der Telekommunikationsüberwachung nicht um Beweisstücke handle und der Substanz- und Integritätsschutz von Beweisstücken der Herausgabe daher nicht entgegenstehe.[621] Weiter wird ausgeführt, dass Persönlichkeits- und Datenschutzrechte Dritter in der Regel keine Ausschlussgründe i.S.d. § 147 Abs. 4 S. 1 StPO darstellen. Auch hier wird darauf hingewiesen, dass der Gesetzgeber für die Akteneinsicht des Verteidigers im Gegensatz zur Akteneinsicht des unverteidigten Beschuldigten, § 147 Abs. 7 StPO, die überwiegenden schutzwürdigen Interessen Dritter nicht als Ausschlussgründe normiert hat.[622] Die Gefahr der Eingriffsvertiefung wird mit dem Argument, dass von dem ohnehin bestehenden Akteneinsichtsrecht lediglich an einem anderen Ort als an dem Ort der amtlichen Verwahrung Gebrauch gemacht werde, als nicht relevant eingeschätzt. Das Problem der unkontrollierten Weitergabe an Dritte stelle sich nicht, da der Verteidiger Organ der Rechtspflege sei und auch das Standesrecht entgegenwirke.[623] Zuletzt stehe auch nicht die Löschungsverpflichtung des § 101 Abs. 8 S. 1 StPO einer Herausgabe entgegen, da der Verteidiger als Organ der Rechtspflege auch ohne besonderen

---

619 OLG Karlsruhe, Beschluss vom 29.05.2012 – 2 Ws 146/12, NJW 2012, 2742 (2742).

620 BayObLG, Beschluss vom 27.11.1990 – Ob OWi 279/90, NJW 1991, 1070 (1070).

621 OLG Zweibrücken, Beschluss vom 11.01.2017 – 1 Ws 348/16, BeckRS 2017, 100784.

622 OLG Zweibrücken, Beschluss vom 11.01.2017 – 1 Ws 348/16, BeckRS 2017, 100784.

623 OLG Zweibrücken, Beschluss vom 11.01.2017 – 1 Ws 348/16, BeckRS 2017, 100784.

Hinweis und vorherige Verpflichtungserklärung zur Rückgabe der Datenträger an das Gericht verpflichtet sei.[624]

In seiner Entscheidung vom 16.06.2015 erklärt das LG Bremen, dass Kopien von aufgezeichneten Telefongesprächen entgegen der in der Rechtsprechung verbreiteten Meinung keine Beweisstücke sind, die gemäß § 147 Abs. 4 StPO nur am Ort ihrer amtlichen Verwahrung besichtigt werden können.[625]

Weiter wird im Urteil des LG Bremen ausgeführt, dass Aufnahmen, die den Kernbereich privater Lebensgestaltung betreffen, unverzüglich zu löschen sind, § 100a Abs. 4 StPO. Damit könnten diese nie zu Kenntnis des Gerichts gelangen. Nach dem Grundsatz des fair trial und Art. 6 Abs. 3 EMRK dürfen dem Verteidiger nur keine Unterlagen vorenthalten werden, die dem Gericht vorliegen.[626] Damit ist es nicht möglich, dass der Verteidiger bei der Überlassung von Kopien der Telefonüberwachung, die Bestandteil der Akte sind, Aufnahmen erhält, die den Kernbereich der privaten Lebensgestaltung Dritter betreffen. Eine Intensivierung des Grundrechteingriffs durch die Weitergabe der Kopien an den Verteidiger liegt daher nicht vor.

cc. Umsetzung im Selbstleseverfahrens

Die vorgenannten Bedenken bei der Gewährung der Akteneinsicht kommen bei der Anwendung auf das Selbstleseverfahren nicht zum Tragen. Bei der Beurteilung der Möglichkeit der Mitnahme von Kopien der Audiodateien aus der Telekommunikationsüberwachung muss man sich vor Augen führen, dass nicht die gesamten Tonaufzeichnungen dem Verteidiger zur Inaugenscheinnahme parallel zur Durchführung des Selbstleseverfahrens in Kopie ausgehändigt werden sollen. Es handelt sich lediglich um die Teile der Aufzeichnung, auf die das Gericht, wie die Anordnung des Selbstleseverfahrens zeigt, sein Urteil möglicherweise stützen wird.

Zudem ist zu berücksichtigen, dass das Selbstleseverfahren parallel zur laufenden Hauptverhandlung durchgeführt wird. Somit wird in der Regel davon auszugehen sein, dass eine Situation gegeben ist, in der es dem Verteidiger und dem Angeklagten nicht zugemutet werden kann, zur Einsichtnahme in die Tonaufzeichnungen der Telekommunikationsüberwachung an den Ort der amtlichen Verwahrung zu den häufig sehr begrenzten Dienstzeiten zu kommen. Dies wiederum stellt einen Einzelfall dar, in dem große Teile der Literatur wie auch

624 OLG Zweibrücken, Beschluss vom 11.01.2017 – 1 Ws 348/16, BeckRS 2017, 100784.
625 LG Bremen, Verfügung vom 16.06.2015 – 4 KLs 500 Js 63429/14, StV 2015, 682 (683).
626 LG Bremen, Verfügung vom 16.06.2015 – 4 KLs 500 Js 63429/14, StV 2015, 682 (683).

der Rechtsprechung, einen Anspruch des Verteidigers auf Mitnahme von Kopien der Audiodateien in seine Geschäftsräume bejahen.

Im Einzelnen ist zu der Argumentation – insbesondere der der Rechtsprechung – im Hinblick auf die Herausgabe von Kopien der Aufnahmen aus der Telekommunikationsüberwachung Folgendes festzustellen:

Zunächst ist es bereits ganz allgemein äußerst fraglich, ob es sich bei Kopien der Tonaufzeichnungen überhaupt um Beweisstücke handelt, oder ob sie nicht als Aktenbestandteile zu sehen sind, die generell zur Durchführung der Akteneinsicht in die Geschäftsräume oder die Wohnung des Verteidigers mitzugeben sind, § 147 Abs. 4 S. 1 StPO. Hier ist den Ausführungen des LG Regensburg vom 24.07.2017[627] und denen des LG Bremen in der Entscheidung vom 16.06.2015[628] vollumfänglich zuzustimmen. Demnach sind Kopien von aufgezeichneten Telefongesprächen entgegen der in der Rechtsprechung verbreiteten Meinung keine Beweisstücke, die gemäß § 147 Abs. 1 StPO nur am Ort ihrer amtlichen Verwahrung besichtigt werden können.[629] Diese Sichtweise begründet das LG Bremen mit dem Schutzzweck des § 147 Abs. 4 StPO:

> „Beweisstücke – insbes. Objekte des Augenscheins – sind häufig für die Aufklärung des Sachverhaltes (§ 244 Abs. 2 StPO) zur Bildung einer aus dem Inbegriff der Verhandlung geschöpften Überzeugung wichtig. Ihre Authentizität ist ein wichtiges Gut. Sie darf weder durch den Angesch. noch durch Dritte beeinträchtigt werden. Ein Tatmesser darf nicht – versehentlich oder gewollt – durch ein anderes ausgetauscht werden. Der Inhalt einer der Akte beigelegten CD darf nicht in Verlust geraten – etwa durch ungeschützte Lagerung der CD in direktem Sonnenlicht. Präventiv können deshalb Beweismittel gemäß § 94 StPO sichergestellt oder beschlagnahmt werden, um einem Beweismittelverlust wirksam zu begegnen. Diesen Schutz vor Verlust und Beeinträchtigung von sichergestellten Beweismitteln bezweckt auch § 147 Abs. 4 StPO, der eine Mitnahme in die Kanzlei- oder Wohnräume eines Verteidigers nicht zulässt.
>
> Dieser vom Gesetzgeber verfolgte Zweck wird durch die Überlassung von Kopien auf CD gebrannter, aufgezeichneter Telefongespräche nicht berührt. Beispielsweise bliebe ein Totalverlust einer kopierten CD durch Zerstörung für die richterliche Überzeugungsbildung ohne Belang. Durch Angsch. oder Verteidiger vorgenommene Veränderungen des Inhalts der Kopien aufgezeichneter Telefongespräche bleiben irrelevant, da Beweismittel die verkörperten und zur Akte gelangten Gegenstände sind und erforderlichenfalls in der Hauptverhandlung abgehört werden können. Schon deshalb überzeugt die den Sinn und Zweck des § 147 Abs. 4 StPO außer Acht lassende Auffassung des OLG Nürnberg

627 LG Regensburg, Beschluss vom 24.07.2017 – 6 Qs 29/17, StraFo 2017, 451 (453).

628 LG Bremen, Verfügung vom 16.06.2015 – 4 KLs 500 Js 63429/14, StV 2015, 682 (683).

629 LG Regensburg, Beschluss vom 24.07.2017 – 6 Qs 29/17, StraFo 2017, 451 (453); LG Bremen, Verfügung vom 16.06.2015 – 4 KLs 500 Js 63429/14, StV 2015, 682 (683).

im Beschl. v. 11.02.2015 (2 Ws 8/15, StraFo 2015, 102) nicht, elektronische Tonbandaufzeichnungen könnten nur am Ort ihrer amtlichen Verwahrung angehört werden."[630]

Diese Sichtweise überzeugt und wird auch in der Literatur[631] und teilweise sogar in der Rechtsprechung[632] bestätigt. Solange der Beweiswert des Beweismittels auch bei der Herausgabe an den Verteidiger erhalten bleibt, besteht kein Grund dafür, dieses in der Obhut der amtlichen Verwahrung zu behalten. Solange die Originalaufnahmen in der Sphäre der Ermittlungsbehörden belassen werden, besteht kein Risiko des Beweismittelverlusts aufgrund des Einwirkens des Verteidigers oder des Beschuldigten oder des Angeklagten. Auch andere Stimmen in Literatur und Rechtsprechung vertreten, dass es sich bei Kopien von Mitschnitten einer Telekommunikationsüberwachung nicht um Beweisstücke, sondern um Aktenbestandteile handelt, da es auf deren Inhalt und deren äußere Beschaffenheit ankommt und damit kein Beweismittelverlust oder eine Gefahr für die Beweisintegrität zu befürchten ist, womit eine Herausgabe an den Verteidiger zu erfolgen hat.[633]

Allein aufgrund dieser Feststellungen ist es ohne weiteres möglich, bei der Anordnung des Selbstleseverfahrens die Herausgabe einer Kopie der umfassten Telekommunikationsüberwachung zu veranlassen.

Doch auch die weiteren Bedenken, insbesondere der Rechtsprechung, bieten keinen Ansatzpunkt, um die Überlassung von Kopien der Audiodateien zu versagen. Der Einwand, die Datenschutz- und Persönlichkeitsrechte Dritter stünden der Herausgabe von Kopien an den Verteidiger entgegen, kann bereits im Allgemeinen und ganz besonders nicht für die Umsetzung der Akteneinsicht im Selbstleseverfahren gelten. In § 147 Abs. 4 StPO ist geregelt, dass dem Verteidiger die Akten auf Antrag in dessen Geschäftsräume oder Wohnung mitzugeben sind, wenn nicht wichtige Gründe entgegenstehen. Bei Datenschutz- und Persönlichkeitsrechten Dritter handelt es sich nicht um wichtige Gründe i.S.d. § 147

630 LG Bremen, Verfügung vom 16.06.2015 – 4 KLs 500 Js 63429/14, StV 2015, 682 (683).

631 MüKo, StPO, Thomas/Kämpfer, § 147, Rn. 37; Wesemann/Mehmeti, StV 2015, 104 (105).

632 OLG Zweibrücken, Beschluss vom 11.01.2017 – 1 Ws 348/16, BeckRS 2017, 100784.

633 OLG Stuttgart, Beschluss vom 12.11.2002 – 4 Ws 267/02 – NJW 2003, 767 (767); Praxiskommentar von Knauer und Pretsch zu OLG Celle, Beschluss vom 24.07.2015 – 2 Ws 116/15, NStZ 2016, 305 (308); Meyer-Mews, NJW 2012, 2742 (2744); MüKo, StPO, Thomas/Kämpfer, § 147, Rn. 23; Wesemann/Mehmeti, StV 2015, 104 (105); Wettely/Nöding, NStZ 2016, 633 (638).

Abs. 4 StPO.[634] Zunächst ist durch die Beschränkung des Akteneinsichtsrechts auf Besichtigung in den Räumen der amtlichen Verwahrung kein Schutz der Rechte Dritter zu erreichen.[635] Insbesondere zeigt der Vergleich mit § 147 Abs. 7 S. 1 StPO, dass es sich bei Interessen Dritter nicht um wichtige Gründe i.S.d. § 147 Abs. 4 StPO handelt.[636] Für die Akteneinsicht der unverteidigten Angeklagten ist in § 147 Abs. 7 S. 1 StPO ausdrücklich geregelt, dass der Auskunftserteilung keine schutzwürdigen Interessen Dritter entgegenstehen dürfen:

> „Dem Beschuldigten, der keinen Verteidiger hat, können Auskünfte und Abschriften aus den Akten erteilt werden, soweit nicht der Untersuchungszweck gefährdet werden könnte und nicht überwiegende schutzwürdige Interessen Dritter entgegenstehen.“

Aus der Gesetzesbegründung geht hervor, dass die schutzwürdigen Interessen Dritter insbesondere auch die Wahrung der Intimsphäre Dritter umfassen.[637] Dies entspricht genau dem Bereich, den die Rechtsprechung bei der Herausgabe von Kopien der Tonaufzeichnungen aus Telekommunikationsüberwachungsmaßnahmen gefährdet sieht. Wäre es vom Gesetzgeber jedoch gewollt gewesen, dass auch bei der Akteneinsicht durch den Verteidiger schutzwürdige Interessen Dritter beachte werden, so hätte er dies gleichlaufend zu Absatz 7 auch in Absatz 4 normiert.

Aufgrund entgegenstehender Rechte Dritter kann die Herausgabe von Kopien der Aufzeichnungen aus der Telekommunikationsüberwachung daher nicht verwehrt werden.

Darüber hinaus ist festzustellen, dass Audiodateien, bezüglich deren Verschriftung das Selbstleseverfahren angeordnet wird, in aller Regel für die Entscheidungsfindung des Gerichts von Bedeutung sind und daher einen direkten Bezug zu der verfahrensgegenständlichen Tat aufweisen. Würde bezüglich dieser Teile der Überwachungsmaßnahmen nicht das Selbstleseverfahren angeordnet werden, würden die Aufnahmen entweder in der Hauptverhandlung vorgespielt oder deren Verschriftung verlesen werden. Damit bestünde ein deutlich stärker Grundrechtseingriff zulasten unbeteiligter Dritter, da die Verlesung oder das Vorspielen in der Regel in öffentlicher Hauptverhandlung erfolgen und der Inhalt der Gespräche damit nicht nur den Verfahrensbeteiligten, sondern zudem einem nicht zu beeinflussenden verfahrensfremden Publikum zur Kenntnis gebracht werden.

---

634 Meyer-Goßner/Schmitt, StPO, § 147, Rn. 29; MüKo, StPO, Thomas/Kämpfer, § 147, Rn. 35.

635 MüKo, StPO, Thomas/Kämpfer, § 147, Rn. 35.

636 Wettely/Nöding, NStZ 2016, 633 (635).

637 BT-Drs. 14/1484, S. 22.

Im Übrigen ist noch anzumerken, dass durch die Telekommunikationsüberwachung gewonnene Aufzeichnungen, die Inhalte aus dem Kernbereich privater Lebensgestaltung umfassen, gemäß § 100a Abs. 4 S. 3 StPO unverzüglich zu löschen sind. Eine Vertiefung des Eingriffs in Grundrechte Dritte kommt somit durch die Überlassung von Kopien der Tonaufzeichnungen an den Verteidiger nicht in Betracht, da bei gesetzeskonformen Vorgehen der Staatsanwaltschaft die Aufnahmen, die den Kernbereich privater Lebensgestaltung erfassen, bereits nicht mehr enthalten sind.[638]

Verschiedene Gerichte vertreten in ihren Urteilsbegründungen die Ansicht, dass die staatlichen Behörden ihrer Pflicht zur Löschung nicht mehr benötigter Daten gemäß § 101 Abs. 8 S. 1 StPO nicht mehr nachkommen können, sobald sie Kopien der Tonaufnahmen an Verteidiger herausgegeben hätten.[639] Aus dieser Norm folge jedoch keine Verpflichtung des Verteidigers die Aufnahmen zu löschen, sobald diese nicht mehr benötigt werden. Eine Überwachung der Verteidiger sei nicht möglich und eine Erklärung des Verteidigers, die Aufnahmen nach Abschluss des Verfahrens zu löschen nicht ausreichend, da diese Erklärung nicht vollstreckbar sei.[640] Diesem Misstrauen treten *Knauer* und *Pretsch* zu Recht entschieden entgegen:

> „Nicht akzeptabel ist der durch das Misstrauen gegenüber der Verteidigung geprägte Grundtenor der Entscheidung, der in der These gipfelt, selbst die Erklärung des Verteidigers, die ausgehändigten Kopien der Audiodateien nach Verfahrensabschluss zurückzureichen, könne den Grundrechtsschutz nicht gewährleisten. Der Verteidiger ist Organ der Rechtspflege und als solcher mit besonderen Rechten und Pflichten, etwa zur Verschwiegenheit mandatsbezogen bekannt gewordener Umstände (§§ 203 Abs. 1 Nr. 3 StPO, 43 Abs. 2 BRAO) ausgestattet. Die Daten werden also nicht irgendjemanden, sondern einem grundsätzlich vertrauenswürdigen Verfahrensbeteiligten überlassen. Sie

638 LG Bremen, Verfügung vom 16.06.2015 – 4 KLs 500 Js 63429/14, StV 2015, 682 (683); Meyer-Mews, NJW 2012, 2742 (2744); Praxiskommentar von Knauer und Pretsch zu OLG Celle, Beschluss vom 24.07.2015 – 2 Ws 116/15, NStZ 2016, 305 (308); Wesemann/Mehmeti, StV 2015, 104 (105).

639 Statt vieler: OLG Celle, Beschluss vom 05.07.2016 – 2 Ws 114/16, NStZ-RR 2017, 48 (50); OLG Köln, Beschluss vom 30.06.2016 – 2 Ws 388/16, BeckRS 2016, 17943; OLG Hamburg, Beschluss vom 16.02.2016 – 3 Ws 11-12/16, NStZ 2016, 695 (696); OLG Celle, Beschluss vom 24.07.2015 – 2 Ws 116/15, NStZ 2016, 305 (306); OLG Nürnberg, Beschluss vom 11.02.2015 – 2 Ws 8/15, wistra 2015, 246 (246).

640 OLG Celle, Beschluss vom 24.07.2015 – 2 Ws 116/15, NStZ 2016, 305 (306).

werden auch nicht für irgendetwas, sondern für die effiziente Ausübung des ebenfalls dem Grundrechtsschutz unterliegenden Rechts auf Verteidigung benötigt."[641]

Grundsätzlich sollte bereits der Vertrauensvorschuss, der dem Verteidiger aufgrund seiner Stellung als Organ der Rechtspflege entgegenzubringen ist, ausreichen, um eine Gefährdung der Umsetzung der Löschungsverpflichtung zu verneinen.[642] Sollten hier dennoch Bedenken seitens der Strafverfolgungsbehörden verbleiben, so besteht die Möglichkeit, den Verteidiger eine Verpflichtungserklärung unterzeichnen zu lassen, aus der hervorgeht, dass sämtliche Kopien der Tonaufnahmen aus der Telekommunikationsverfahren unverzüglich an die akteneinsichtgewährende Behörde zurückzugeben sind, sobald diese nicht mehr benötigt werden.[643] Dem Argument, dass eine solche Erklärung nicht vollstreckbar wäre, könnte dadurch entgegengewirkt werden, dass die Kopien auf im Eigentum der Strafverfolgungsbehörden stehenden, sicher kopiergeschützten Datenträgern übergeben werden. Der Herausgabeanspruch betreffend diese Speichermedien wäre vollstreckbar.[644] Darüber hinaus ist anzumerken, dass das LG Regenburg festgestellt hat, dass der Verteidiger allein aufgrund seiner Stellung als Organ der Rechtspflege verpflichtet ist, die Datenträger und eventuell angefertigte Kopien ohne vorherige Abgabe einer Verpflichtungserklärung an die Behörden zurück zu reichen.[645]

Weiter muss in Hinblick auf das Recht auf ein faires Verfahren klar sein, dass aus der Löschungsverpflichtung der staatlichen Behörden nicht folgen darf, dass das für die Verteidigung essentielle Recht auf Akteneinsicht nicht gewährt wird. Bereits aus Gründen der Waffengleichheit kommt eine Unterordnung der Rechte des Beschuldigten im Hinblick auf Drittrechte nicht in Betracht.[646]

dd. Ergebnis

Zusammenfassend ist festzustellen, dass der Herausgabe von Kopien der Tonaufzeichnungen aus der Telekommunikationsüberwachung keine rechtlichen

---

641 Praxiskommentar von Knauer und Pretsch zu OLG Celle, Beschluss vom 24.07.2015 – 2 Ws 116/15, NStZ 2016, 305 (308).

642 OLG Zweibrücken, Beschluss vom 11.01.2017 – 1 Ws 348/16, BeckRS 2017, 100784; Wesemann/Mehmeti, StV 2015, 104 (106).

643 Wettely/Nöding, NStZ 2016, 633 (635).

644 Wettely/Nöding, NStZ 2016, 633 (636).

645 LG Regensburg, Beschluss vom 24.07.2017 – 6 Qs 29/17, StraFo 2017, 451 (453).

646 Killinger, StV 2016, 149 (149); Praxiskommentar von Knauer und Pretsch zu OLG Celle, Beschluss vom 24.07.2015 – 2 Ws 116/15, NStZ 2016, 305 (308); Wettely/Nöding, NStZ 2016, 633 (635).

Gründe entgegenstehen. Vielmehr ist die zulässige, ergänzende Überlassung der Audiodateien aus den oben genannten Gründen für die Effektivität des Selbstleseverfahrens wünschenswert und stellt in der Praxis eine große Arbeitserleichterung dar, die den positiven Effekt des Selbstleseverfahrens auf die Verfahrensökonomie noch verstärkt.

Wie bereits ausgeführt, kann das Abhören der Tonaufnahmen, das eine Beweisaufnahme durch Inaugenscheinnahme darstellt, nach geltendem Recht nicht im Zuge des Selbstleseverfahrens erfolgen. Es ist jedoch auf Grundlage der bestehenden Gesetzeslage ohne weiteres möglich, die Selbstlesung der Verschriftung der Tonaufzeichnungen durch eine speziell gewährte Akteneinsicht – die wie aufgezeigt zulässige Überlassung von Kopien der Aufzeichnung der Telekommunikationsüberwachung – zu ergänzen.

Eine Umsetzung im gerichtlichen Alltag könnte problemlos in der Weise erfolgen, dass der Verteidigung parallel zur Anordnung des Selbstleseverfahrens betreffend die Verschriftung von Aufnahmen aus der Telekommunikationsüberwachung gemäß § 147 Abs. 4 S. 1 StPO ergänzende Akteneinsicht in die Audiodateien gewährt wird. Dies kann durch die Übergabe von digitalen Kopien auf CD, USB-Stick oder externen Festplatten, je nach Umfang der zur sichtenden Daten, erfolgen. Eine Gesetzesänderung ist hier nicht erforderlich, da die Herausgabe der Kopien problemlos auf Grundlage der bestehenden Gesetzeslage realisiert werden kann. Dennoch wäre eine Reform des § 147 StPO im Hinblick auf die bestehenden technischen Möglichkeiten wünschenswert.[647]

Sollten sich durch das Abhören der Tonaufnahmen ergänzend zum Selbstleseverfahren Erkenntnisse ergeben, die für die Urteilsfindung von Bedeutung sind, so hat die Verteidigung durch das Erklärungsrecht nach § 257 StPO die Möglichkeit, auf diese hinzuweisen. Die entsprechenden Passagen der Tonaufzeichnungen können sodann in der Hauptverhandlung vorgespielt und im Rahmen dieser Inaugenscheinnahme als Beweismittel eingeführt und von den Verfahrensbeteiligten diskutiert werden.

b. Selbstleseverfahren bei graphischen Darstellungen

Im Gegensatz zu der Problematik der Ergänzung des Selbstleseverfahrens durch das Abhören von Aufzeichnungen der Telekommunikationsüberwachung wird die Frage, ob Comics oder andere Dokumente, deren Aussagegehalt sich nur aus der Verbindung von Texten und Bildern ergibt, im Wege des Selbstleseverfahrens eingeführt werden können, in Literatur und Rechtsprechung diskutiert.

---

647 Killinger, StV 2016, 149 (150).

Der BGH[648] und Teile der Literatur[649] sind der Ansicht, dass dies möglich ist. Demnach soll bei Urkunden, deren gedanklicher Inhalt sich aus der engen Verbindung von Text und Bild ergibt, das Selbstleseverfahren auch im Hinblick auf die enthalten Graphiken zulässig sein[650], so beispielweise bei Comics oder Zahlenwerken in Tabellenform[651]. Eine Begründung hierfür bleiben die Quellen jedoch schuldig.

Eine andere Literaturmeinung vertritt die Auffassung, dass das Selbstleseverfahren in keinem Fall die Inaugenscheinnahmen ersetzten kann und daher neben der Selbstlesung eine Inaugenscheinnahme zu erfolgen hat.[652]

Die Problematik des Selbstleseverfahrens in Verbindung mit graphischen Darstellung und die Schwierigkeit der Abgrenzung von Urkundenbeweis und Augenschein lässt sich an einem Beispiel verdeutlichen: So ist beispielweise die Kenntnisnahme von Lichtbildern bei der Geschwindigkeitsmessung nur im Zuge des Augenscheins möglich.[653] Die die dazugehörigen ergänzenden oder erklärenden Texte können hingegen Gegenstand des Urkundenbeweises sein.[654] Was in der Hauptverhandlung problemlos in einem Aufwasch erledigt werden kann, indem der Vorsitzende die Urkunde verliest und gleichzeitig die Verfahrensbeteiligten zur Kenntnisnahme der Bilder an den Richtertisch bittet, bereitet bei der Durchführung des Selbstleseverfahrens Probleme. Ein eigentlich nach dem Gefühl einheitlicher Vorgang der Beweiserhebung wird künstlich aufgeteilt, indem die Messprotokolle und andere Ausführungen im Selbstleseverfahren gelesen werden und die dazugehörigen Blitzerfotos zwar durch die Lesenden in unmittelbarem Zusammenhang gesehen und damit zur Kenntnis genommen werden, zusätzlich jedoch noch eine „offizielle" Inaugenscheinnahme und Protokollierung in der Hauptverhandlung erfolgen muss.

Das Selbstleseverfahren ersetzt die Verlesung von Urkunden. Daher ist es auch im Verfahren nach § 249 Abs. 2 StPO nicht möglich, Beweis über die äußere Beschaffenheit von Urkunden zu erheben. Ist eine Urkunde, deren äußere Beschaffenheit beweiserheblich ist, Gegenstand des Selbstleseverfahrens, ist sie

---

648 BGH, Urteil vom 15.12.1999 – 2 StR 365/99, BGH NStZ 2000, 307 (309).

649 KK StPO-Diemer, § 249, Rn. 33; KMR StPO, Heintschel-Heinegg, § 249, Rn. 39.

650 BGH, Urteil vom 15.12.1999 – 2 StR 365/99, BGH NStZ 2000, 307 (309); KK StPO-Diemer, § 249, Rn. 33; KMR StPO, Heintschel-Heinegg, § 249, Rn. 39.

651 KK StPO-Diemer, § 249, Rn. 33.

652 Löwe-Rosenberg, StPO, Mosbacher, 26. Auflage, § 249, Rn. 30; SK-StPO, Frister, § 249, Rn. 68.

653 KMR StPO, Heintschel-Heinegg, § 249, Rn. 21; SK-StPO, Frister, § 249, Rn. 40.

654 KK StPO-Diemer, § 249, Rn. 23–27.

zusätzlich von den Beteiligten in der Hauptverhandlung in Augenschein zu nehmen. Diese Sichtweise ist – auch aufgrund der aufgezeigten Umsetzungsschwierigkeiten bei der Einsicht in Asservate in der Praxis[655] – nachvollziehbar.

In Fällen, in denen sich der Aussagegehalt der Urkunden nur aus der Verbindung von Texten und Bildern ergibt, wie bei dem aufgezeigten Blitzer-Beispiel, bei Comics oder Zahlenwerken, stellt sich die Situation hingegen anderes dar.

Der BGH hat den Fall der Einführung von Comics im Wege des Selbstleseverfahrens entschieden und sich für die Zulässigkeit der Beweiserhebung betreffend die Bilder im Selbstleseverfahren entschieden.[656]

> „In der durch die Rüge aufgeworfenen Rechtsfrage neigt der Senat zu der Auffassung, dass bei Druckwerken der Comic-Literatur, deren Aussagegehalt durch die enge Verbindung von Bild und Text bestimmt wird, das Selbstleseverfahren nach § 249 II StPO auch die bildliche Gestaltung erfasst, so dass es einer gesonderten Inaugenscheinnahme nicht bedarf."[657]

Dieser Ansicht folgen unter Bezugnahme auf das Urteil auch Teile der Literatur.[658] Hierzu wird ausgeführt, dass bei Urkunden, deren gedanklicher Inhalt sich aus der engen Verbindung von Text und Bild ergibt, das Selbstleseverfahren auch im Hinblick auf die enthalten Graphiken zulässig sei[659], so beispielweise bei Comics oder Zahlenwerken in Tabellenform.[660]

Der Ansicht des BGH ist zuzustimmen. Gerade bei Comics und anderen Schriftstücken, deren Inhalt sich erst aus dem Zusammenhang von Text und Bild erschließt, wie beispielsweise Karikaturen oder eben Messprotokollen mit Blitzerfotos, ist es nicht nachvollziehbar, weshalb betreffend die Bilder, die den Text ergänzen und problemlos im Zusammenhang mit der Selbstlesung wahrgenommen werden können, eine künstliche Aufspaltung des Beweiserhebungsprozesses erfolgen sollte.

Ohne Frage ist die Inaugenscheinnahme in der Hauptverhandlung vorzugswürdig, wenn es Zweifel hinsichtlich der Identität einer auf einem Bild abgebildeten Person oder Gegebenheit gibt. So kann die Frage direkt im Zusammenhang mit

---

655 Vgl. oben B. III. 1. c.

656 BGH, Urteil vom 15.12.1999 – 2 StR 365/99, NStZ 2000, 307 (309).

657 BGH, Urteil vom 15.12.1999 – 2 StR 365/99, NStZ 2000, 307 (309).

658 Beck'scher Online-Kommentar, StPO, Ganter, § 249, Rn. 23; KK StPO-Diemer, § 249, Rn. 33; KMR StPO, Heintschel-Heinegg, § 249, Rn. 39; a.A.: SK-StPO, Frister, § 249, Rn. 61.

659 BGH, Urteil vom 15.12.1999 – 2 StR 365/99, BGH NStZ 2000, 307 (309); KK StPO-Diemer, § 249, Rn. 33; KMR StPO, Heintschel-Heinegg, § 249, Rn. 39.

660 KK StPO-Diemer, § 249, Rn. 33.

der gemeinsamen Inaugenscheinnahme erörtert werden. Gleiches gilt für bildliche Darstellungen, die verschiedene Interpretationsmöglichkeiten zulassen.

Bestehen hinsichtlich dieser Punkte keine Unklarheiten, steht der Beweiserhebung über die Graphiken im Wege des Selbstleseverfahrens nichts entgegen. Denn auch der allgemeine Sprachgebrauch zeigt, dass Comics im Allgemeinen „gelesen“ und nicht „angeschaut“ werden.

Im Fall der Einführung von Zahlenwerken in Tabellenform ist ebenfalls der Selbstlesung der Vorzug zu geben. Offensichtlich macht es wenig Sinn, derartige Schriftstücke vorzulesen. Oft wird es sich um Geschäftszahlen und Bilanzen handeln, die in aller Regel sehr umfangreich sind. Bereits nach kürzester Zeit wird kein Verfahrensbeteiligter mehr in der Lage sein, der Verlesung zu folgen.

Auch die Inaugenscheinnahme ist in solchen Fällen wenig praktikabel. Ein gemeinsames Betrachten am Richtertisch wird zu wenig Erkenntnisgewinn führen. Die Zeit ist zu kurz, die Sicht oft eingeschränkt und ein Vergleich verschiedener Positionen der Tabellen kaum möglich. Auch wenn alle Verfahrensbeteiligten am Platz eine Kopie des entsprechenden Dokuments vorliegen haben, ist die Wahrnehmungsqualität kaum besser. Die einzelnen Beteiligten werden nur selten die Möglichkeit und Ruhe haben, die Zahlen genau zu studieren und zu vergleichen. Das Selbstleseverfahren bietet hier deutliche Vorteile: Wer sich nur auf das Ergebnis am Ende der Tabellen konzentrieren will, kann dies tun. Wer die Tabelle Zeile für Zeile, Spalte für Spalte zur Kenntnis nehmen, überprüfen und vergleichen will, findet hierzu bei der Selbstlesung deutlich bessere Voraussetzungen vor. Sollten sich bei der Lektüre Unklarheiten ergeben, können wiederum eine Erklärung nach § 257 StPO und eine Erörterung in der Hauptverhandlung erfolgen.

Beide Fälle haben eine Gemeinsamkeit: Die Selbstlesung der Urkunden führt nur zu dem gewünschten Erkenntnisgewinn, wenn nicht nur das geschriebene Wort, sondern auch die graphischen Darstellungen vom Urkundenbeweis erfasst sind. Anderenfalls würde eine natürliche Beweiseinheit aufgespalten und die prozessökonomischen Vorteile des Selbstleseverfahrens durch die ergänzende Inaugenscheinnahme in der Hauptverhandlung zu Nichte gemacht werden. Es bleibt daher aus logischer und prozessökonomischer Sicht nur die Möglichkeit, derartige Urkunden nicht im Wege des Selbstleseverfahrens einzuführen oder die Beweiserhebung über die graphischen Darstellungen im Selbstleseverfahren zuzulassen. Der zweiten Variante gebührt der Vorzug.

Man stelle sich nur vor, dass ein Gericht ein komplettes Comic oder auch nur Auszüge daraus in der Hauptverhandlung verlesen muss. Die Verfahrensbeteiligten bei jeder Sprechblase, bei jedem einzelnen Bild an den Richtertisch zu bitten ist nicht praktikabel. Also werden die Verfahrensbeteiligten jeder für sich an seinem Platz in einer Kopie des Druckwerks mitlesen, jeder für sich die Bilder zum verlesenen Text betrachten und vermutlich auch die entsprechenden Textteile selbst mitlesen. Gerade für solche Situationen ist das Selbstleseverfahren gemacht: Es erleichtert die Kenntnisnahme durch die Verfahrensbeteiligten und vereinfacht und beschleunigt die Hauptverhandlung.

Im Gegensatz zu der Fallvariante der Einführung der Telekommunikationsüberwachung gibt es hier auch kein Störgefühl, denn man kann Comics, Karikaturen und Zahlenwerke ohne weiteres „Lesen“ oder durch einen dem Lesen ähnlichen optischen Kenntnisnahmevorgang erfassen.

c. *Ergebnis*

Die Ersetzung des Beweises durch Augenschein durch das Selbstleseverfahren ist nach der aktuellen Gesetzeslage nicht möglich. Jedoch ist es in den beiden vorgenannten Fallgruppen sinnvoll, das Selbstleseverfahren zu ergänzen, bzw. auf graphische Darstellungen zu erstrecken. Nur so kann die verfahrensfördernde Wirkung des Selbstleseverfahrens aufrechterhalten und gleichzeitig gesichert werden, dass der Erkenntnisgewinn und damit die Entscheidungsgrundlage für die Urteilsfindung im erforderlichen Umfang und der erforderlichen Qualität bestehen bleiben.

10. Verbotene Mitteilungen über Gerichtsverhandlungen, § 353d Nr. 3 StGB

Im Zusammenhang mit dem Straftatbestand des § 353d Nr. 3 StGB[661] stellt sich die Frage, ob und wenn ja ab welchem Zeitpunkt Urkunden, die im Wege des Selbstleseverfahrens in die Hauptverhandlung eingeführt werden, als in öffentlicher Hauptverhandlung erörtert gelten:

> „Mit Freiheitsstrafe bis zu einem Jahr oder mit Geldstrafe wird bestraft, wer [...]
>
> 3. die Anklageschrift oder andere amtliche Schriftstücke eines Strafverfahrens, eines Bußgeldverfahrens oder eines Disziplinarverfahrens, ganz oder in wesentlichen Teilen, im Wortlaut öffentlich mitteilt, bevor sie in öffentlicher Verhandlung erörtert worden sind oder das Verfahren abgeschlossen ist.“

661 Die Verfassungsmäßigkeit und Zweckmäßigkeit der Vorschrift ist umstritten. Das Bundesverfassungsgericht hat die Verfassungsmäßigkeit jedoch festgestellt, BVerfG, Beschluß vom 03.12.1985 – 1 BvL 15/84, NJW 1986, 1239.

Die Tathandlung erfordert, dass ein Schriftstück ganz oder in wesentlichen Teilen im Wortlaut publiziert wird, bevor deren Inhalt in der öffentlichen Hauptverhandlung mitgeteilt wurde.[662] Dies wirft bei der Beweiserhebung nach § 249 Abs. 2 StPO Fragen auf. Denn in einem regulär durchgeführten Selbstleseverfahren kommt es gerade nicht zur öffentlichen Mitteilung des Inhalts einer Urkunde in der Hauptverhandlung.

Führt man sich diesen Ansatz vor Augen, so ist daraus zu schließen, dass Urkunden, die im Wege des Selbstleseverfahrens in die Hauptverhandlung eingeführt werden, grundsätzlich zu keinem Zeitpunkt als in der öffentlichen Hauptverhandlung erörtert gelten können. Ausnahmen sind lediglich möglich, wenn die Urkunde Gegenstand einer Erklärung nach § 257 StPO war und in diesem Rahmen über ihren Inhalt gesprochen wurde oder wenn das Gericht mündlich zusammenfassend über den Inhalt einer Urkunde berichtet.[663]

Dieses Ergebnis entspricht auch dem Normzweck der Vorschrift. Die Norm soll dem Schutz des Betroffenen vor öffentlicher Bloßstellung und Vorverurteilung dienen[664] und die Verfahrensbeteiligten vor Befangenheit schützen[665]. Zugleich soll dem Eindruck, dass die Justiz mit Presse und Medien in unstatthafter Weise zusammenarbeitet und Informationen weitergibt, entgegengewirkt werden.[666]

Daher ist der Tatbestand des § 353d Nr. 3 StGB erfüllt, wenn eine Veröffentlichung von wesentlichen Teilen einer Urkunde im Wortlaut erfolgt, bevor das Verfahren abgeschlossen ist, obwohl diese nur im Wege des Selbstleseverfahrens in die Verhandlung eingeführt wurden und keine ergänzende mündliche Erörterung des Inhalts in der öffentlichen Hauptverhandlung erfolgte.

---

662 Kindhäuser/Neumann/Paeffgen, StGB, Kuhlen, § 353d, Rn. 33; Lackner/Kühl, StGB, Heger, § 353d, Rn. 33; MüKo, StGB, Graf, § 353d, Rn. 76; Schönke/Schröder, StGB, Perron, § 353d, Rn. 55.

663 Vgl. zum Bericht des Vorsitzenden unten F. II.

664 Beck'scher Online-Kommentar, StGB, Heuchemer, § 353d, Rn. 1 f; Lackner/Kühl, StGB, Heger, § 353d, Rn. 1; Kindhäuser/Neumann/Paeffgen, StGB, Kuhlen, § 353d, Rn. 26; MüKo, StGB, Graf, § 353d, Rn. 5; a.A.: Schönke/Schröder, StGB, Perron, § 353d, Rn. 40.

665 Beck'scher Online-Kommentar, StGB, Heuchemer, § 353d, Rn. 1; Kindhäuser/Neumann/Paeffgen, StGB, Kuhlen, § 353d, Rn. 26; MüKo, StGB, Graf, § 353d, Rn. 5; Schönke/Schröder, StGB, Perron, § 353d, Rn. 40.

666 Beck'scher Online-Kommentar, StGB, Heuchemer, § 353d, Rn. 7.1.

11. Zusammenfassung

In den beiden dargestellten Beispielen ist eine Erstreckung des Selbstleseverfahrens auf die Inaugenscheinnahme sinnvoll, verfahrensfördernd und rechtlich umsetzbar.

Im Fall der Ergänzung des Selbstleseverfahrens um die Kenntnisnahme der Audiodateien der den schriftlichen Protokollen zugrundeliegenden Aufnahmen aus der Telekommunikationsüberwachung kann bereits mittels der bestehenden Gesetzeslage die erwünschte Erstreckung erzielt werden. Den Verfahrensbeteiligten, insbesondere dem Verteidiger, ist im Rahmen der zu gewährenden Akteneinsicht eine Kopie der Tonaufnahmen zur Mitnahme in dessen Kanzleiräume zu überlassen.

Das Beispiel der Kenntnisnahme von graphischen Darstellungen im Zuge der Selbstlesung wurde bereits durch den BGH entschieden und als zulässig erachtet.

II. Umsetzung durch Verfahrensbeteiligte

Der Gesetzeswortlaut schreibt in § 249 Abs. 2 S. 1 StPO für die verschiedenen Verfahrensbeteiligten unterschiedliche Formen der Umsetzung des Selbstleseverfahrens vor:

> „Von der Verlesung kann, außer in den Fällen der §§ 253 und 254, abgesehen werden, wenn die Richter und Schöffen vom Wortlaut der Urkunde oder des Schriftstücks Kenntnis genommen haben und die übrigen Beteiligten hierzu Gelegenheit hatten.“[667]

Somit hat die Kenntnisnahme des Inhalts der Urkunden durch die Berufsrichter und Schöffen zwingend zu erfolgen. Alle übrigen Verfahrensbeteiligten müssen den Inhalt nicht zur Kenntnis nehmen, es ist jedoch erforderlich, dass ihnen die Gelegenheit dazu geboten wird.

Bei der Anordnung des Selbstleseverfahrens ist zu berücksichtigen, dass die Verfahrensbeteiligten eine gewisse Zeit brauchen werden, um den Inhalt der einzuführenden Urkunden zur Kenntnis nehmen zu können.[668] Dies gilt insbesondere im Hinblick darauf, dass die Kenntnisnahme des Wortlauts der Urkunden in aller Regel außerhalb der Hauptverhandlung erfolgen muss.[669]

---

667 § 249 Abs. 2 S. 1 StPO.

668 Vgl. unten E. IV. 1.

669 Löwe-Rosenberg, StPO, Mosbacher, 26. Auflage, § 249, Rn. 78.

1. Kenntnisnahme durch Berufsrichter und Schöffen

Die Kenntnisnahme des Wortlauts der Urkunden durch die Berufsrichter und Schöffen muss vor Abschluss der Beweisaufnahme erfolgen[670], da es sich um einen Akt der Beweisaufnahme handelt[671].

Im Fall des Vorsitzenden und des Berichterstatters ist dies in der Regel unproblematisch, da diese die Akten meist bereits zur Vorbereitung der Sitzung vollständig durchgearbeitet haben.[672] Doch auch Beisitzer, Ergänzungsrichter sowie Schöffen und Ergänzungsschöffen haben vom Wortlaut der Urkunden Kenntnis zu nehmen.[673] Die Selbstlesung erfolgt in aller Regel zwischen mehreren Sitzungstagen oder in längeren Sitzungspausen.[674] Hierfür sind den Berufsrichtern und Schöffen Kopien der vom Selbstleseverfahren umfassten Urkunden zur Verfügung zu stellen. Eine Aushändigung von Aktenteilen an die Laienrichter ist hierbei unproblematisch.[675]

2. Gelegenheit zur Kenntnisnahme der übrigen Verfahrensbeteiligten

Den übrigen Verfahrensbeteiligten ist nach dem Wortlaut des Gesetzes die Gelegenheit zur Kenntnisnahme der Urkunden einzuräumen. Zu den übrigen Verfahrensbeteiligten zählen der Angeklagte, dessen Verteidiger, die Staatsanwaltschaft, Einziehungs- und Verfallsbeteiligte, Vertreter von juristischen Personen und Personenvereinigungen, und Beistände im Jugendstrafverfahren[676], sowie alle Verfahrensbeteiligten, die ein Recht haben, gehört zu werden und die sich mit Anträgen und Erklärungen an der Verhandlung beteiligten können. Weitere zur Kenntnisnahme berechtigte Verfahrensbeteiligte sind gesetzliche Vertreter im Jugendstrafverfahren, Vertreter der Finanzbehörde im Steuerstrafverfahren, Nebenkläger, Privatkläger und der Beistand des Verletzten.[677]

670 BGH, Urteil vom 10.12.1980 – 3 StR 410/80, NJW 1981, 694 (694); Löwe-Rosenberg, StPO, Mosbacher, 26. Auflage, § 249, Rn. 68; MüKo, StPO, Kreicker, § 249, Rn. 57; Pfeiffer, StPO, § 249, Rn. 8.

671 Löwe-Rosenberg, StPO, Mosbacher, 26. Auflage, § 249, Rn. 68.

672 KMR StPO, Heintschel-Heinegg, § 249, Rn. 42; Löwe-Rosenberg, StPO, Mosbacher, 26. Aufl., § 249, Rn. 68.

673 MüKo, StPO, Kreicker, § 249, Rn. 57.

674 KMR StPO, Heintschel-Heinegg, § 249, Rn. 42; MüKo, StPO, Kreicker, § 249, Rn. 57.

675 Vgl. oben D. I. 7.

676 Vgl. oben B. III. 3.

677 Vgl. oben B. III. 3.

In vielen Fällen werden sich sowohl der Verteidiger, als auch der Angeklagte bereits vor der Selbstleseanordnung mit den davon umfassten Urkunden beschäftigt und diese zur Kenntnis genommen haben. Nichtsdestotrotz muss auch in diesen Fällen die Gelegenheit zur erneuten Lektüre gegeben werden.[678] Denn wie bereits ausgeführt, kann die erneute Kenntnisnahme im Zuge des Selbstleseverfahrens für die Verteidigung von großer Bedeutung sein, da die Urkunden nach der Anordnung des Selbstleseverfahrens gegebenenfalls in einem anderen Kontext oder in einem anderen Licht zu sehen sind – ein Teil der Beweisaufnahme wurde möglicherweise schon durchgeführt und lässt eine Tendenz des Gerichts erkennen oder der Verteidiger hat der Urkunde beim Aktenstudium wenig Relevanz für die Urteilsfindung zugemessen, was nach Anordnung des Selbstleseverfahrens neu zu bewerten ist.[679]

In größeren Verfahren hat üblicherweise auch der Vertreter der Staatsanwaltschaft bereits vor Eintritt in die Beweisaufnahme Kenntnis von allen relevanten Beweisstücken, wenn er selbst die Ermittlungen leitet. In Verfahren vor dem Amtsgericht, in denen nicht immer der bearbeitende Staatsanwalt selbst in der Sitzung auftritt, ist dies hingegen kaum der Fall. Im Gerichtsalltag kennt der Sitzungsvertreter lediglich die Handakte und ist zur Beweiswürdigung auf die Beweisaufnahme in der Hauptverhandlung angewiesen, sodass bei Anordnung des Selbstleseverfahrens eine Kenntnisnahme erforderlich sein kann. Allerdings sind diese Verfahren auch nicht der Hauptanwendungsfall des Selbstleseverfahrens.[680]

Das Gericht hat daher Sorge zu tragen, dass jeder der zur Kenntnisnahme berechtigten Verfahrensbeteiligten auch die Gelegenheit zur Kenntnisnahme hat. Den Beteiligten ist dafür benötigte Zeit einzuräumen, unabhängig davon ob der Inhalt der Urkunden den einzelnen Verfahrensbeteiligten aus Sicht des Gerichts betrifft oder nicht.[681]

Im Gegensatz zu den Berufsrichtern und Schöffen müssen die übrigen Verfahrensbeteiligten vom Wortlaut der Urkunden nicht Kenntnis nehmen. Sie können auch auf die Kenntnisnahme verzichten, da sie zwar einen Anspruch

---

678 Beck'scher Online-Kommentar, StPO, Ganter, § 249, Rn. 24; KK StPO-Diemer, § 249, Rn. 37; Meyer-Goßner/Schmitt, StPO, § 249, Rn. 23; MüKo, StPO, Kreicker, § 249, Rn. 59.

679 Vgl. oben D. II. 2. d. aa. und bb.

680 Vgl. oben E. I.

681 KK StPO-Diemer, § 249, Rn. 37; Löwe-Rosenberg, StPO, Mosbacher, 26. Auflage, § 249, Rn. 79.

auf rechtliches Gehör, aber nicht die Pflicht zur Kenntnisnahme des Inhalts von Beweismitteln haben.[682]

Die Gelegenheit der Kenntnisnahme ist wie der Verzicht auf die Kenntnisnahme im Sitzungsprotokoll festzuhalten.[683]

3. Kontrolle der Kenntnisnahme

Die Durchführung des Selbstleseverfahrens unterliegt keinerlei Kontrolle. Der Vorsitzende ist grundsätzlich nicht verpflichtet, die erfolgte Kenntnisnahme der Berufsrichter und Laienrichter zu überwachen oder mit Nachfragen zu Ort, Zeit und Dauer der Kenntnisnahme zu überprüfen.[684] Etwas anderes gilt nur, wenn konkrete Anhaltspunkte vorliegen, dass eine Kenntnisnahme durch das Gericht nicht vorgenommen worden ist.[685] In diesen Fällen sind Nachfragen zu Ort, Zeitpunkt, Dauer und sonstigen Umständen der Selbstlesung möglich.

Insbesondere ist es jedoch unzulässig, Kontrollfragen zum inhaltlichen Verständnis der Urkunden zu stellen, sei es durch den Vorsitzenden oder durch andere Verfahrensbeteiligte.[686] Dies wird damit begründet, dass auch bei anderen Formen der Beweiserhebung eine Kontrolle der Kenntnisnahme nicht vorgesehen ist.[687]

Diese Tatsache wird sehr kritisch zu gesehen.[688] Die Verteidigung hat keine Möglichkeit, festzustellen, in welcher Intensität und mit welchem Erfolg das Gericht den Inhalt der Urkunden zur Kenntnis genommen hat. Bedenkt man, dass die Berufsrichter meist terminlich voll ausgelastet sind und Schöffen häufig neben ihrer Tätigkeit als Laienrichter auch noch einem Beruf nachgehen, stellt sich die praktische Frage, wie viel Zeit in die Durchführung der Selbstleseverfahren investiert werden kann und wie gründlich die Selbstlesung vorgenommen wird. Zwar ist es auch bei der Verlesung nicht möglich in die Köpfe der Richter zu

682 Löwe-Rosenberg, StPO, Mosbacher, 26. Auflage, § 249, Rn. 82.

683 KK StPO-Diemer, § 249, Rn. 38 f.

684 KMR StPO, Heintschel-Heinegg, § 249, Rn. 43; Löwe-Rosenberg, StPO, Mosbacher, 26. Auflage, § 249, Rn. 85; MüKo, StPO, Kreicker, § 249, Rn. 58.

685 KMR StPO, Heintschel-Heinegg, § 249, Rn. 43.

686 KMR StPO, Heintschel-Heinegg, § 249, Rn. 43; Löwe-Rosenberg, StPO, Mosbacher, 26. Auflage, § 249, Rn. 85, SK-StPO, Frister, § 249, Rn. 79; a.A.: Eisenberg, Beweisrecht, Rn. 2040.

687 KMR StPO, Heintschel-Hei., § 249, Rn. 43; Löwe-Rosenberg, StPO, Mosbacher, 26. Auflage, § 249, Rn. 85.

688 Vgl. hierzu auch Meyer-Lohkamp, StV 2014, 121 (122) und Ventzke, StV 2014, 114 (116) zu BGH, Beschluss vom 23.05.2012 – 1 StR 208/12, NStZ 2012, 584.

schauen, hier hat man jedoch zumindest die Gewissheit, dass sie bei der Verlesung der Urkunde anwesend waren und theoretisch die Möglichkeit hatten, deren Inhalt zur Kenntnis zu nehmen.

Die Forderung nach einem Recht auf das Stellen von Kontrollfragen betreffend das inhaltliche Verständnis der Berufs- und Laienrichter ist sehr weitreichend. Ein für alle Seiten vertretbarer Rahmen ist hier kaum abzugrenzen. Behält man jedoch im Blick, dass das Ziel des Anspruchs auf das Stellen von Kontrollfragen die Gewissheit ist, dass alle zur Entscheidung berufenen Richter vom Inhalt der Urkunden, die der Urteilsfindung zu Grunde gelegt werden, Kenntnis genommen haben, tut sich eine andere, von der Rechtsprechung anerkannte Möglichkeit der Erhebung des Urkundenbeweises auf.[689] Der Bericht des Vorsitzenden über den wesentlichen Inhalt von Urkunden, ist neben der Verlesung und dem Selbstleseverfahren als dritte Form der Erhebung des Urkundenbeweises zulässig. Gesteht man den Widerspruchsberechtigten im Verfahren ein Antragsrecht betreffend einen Bericht des Vorsitzenden zu, kann dieses Ziel ohne weiteres erreicht werden. Denn berichtet der Vorsitzende über den aus seiner Sicht wesentlichen Inhalt der Urkunde in der Hauptverhandlung ist sichergestellt, dass er die Urkunde gelesen hat und dass die weiteren zur Entscheidung berufenen Richter durch den Bericht ebenfalls diesen Inhalt zur Kenntnis nehmen. Als positiver Nebeneffekt sind die größere Transparenz der Hauptverhandlung für die Öffentlichkeit und die Information der Verteidigung über den vom Vorsitzenden als wesentlich erachteten Inhalt der Urkunde zu sehen. Ein derartiger Bericht darf sich jedoch nicht auf zwei allgemeine Sätze zur Urkunde beschränken. Vielmehr muss der Bericht in einem angemessenen Verhältnis zum Umfang und zur Bedeutung der vom Selbstleseverfahren umfassten Urkunde stehen.

Es wäre daher zu wünschen, dass bei der Modernisierung des Selbstleseverfahrens auch dieser Punkt in die Diskussion mit aufgenommen wird. Bestehen nach der aktuell geltenden Rechtslage Zweifel an der Durchführung der Selbstlesung, bleibt dem Gericht daher nur die Möglichkeit, die Verlesung der Urkunde anzuordnen.[690] Die übrigen Verfahrensbeteiligten sollten in diesen Fällen dringend die Verlesung der betroffenen Urkunden anregen.[691]

---

689 Vgl. unten F. II.

690 Beck'scher Online-Kommentar, StPO, Ganter, § 249, Rn. 25; SK-StPO, Frister, § 249, Rn. 79; Meyer-Goßner/Schmitt, StPO, § 249, Rn 22a.

691 SK-StPO, Frister, § 249, Rn. 79; ausführlich dazu unten E. IV. 4.

III. Aufgaben des Gerichts

Es obliegt dem Vorsitzenden zu entscheiden, ob in der konkreten Situation die Durchführung des Selbstleseverfahrens der Verlesung der entsprechenden Urkunden in der Hauptverhandlung vorzuziehen ist und dieses anzuordnen. Zudem trägt er die Verantwortung für die ordnungsgemäße Durchführung und insbesondere die ordnungsgemäße Protokollierung des Selbstleseverfahrens.

1. Anordnung des Selbstleseverfahrens

Die Anordnung des Selbstleseverfahrens fällt in die Sachleitungsbefugnis des Gerichts, § 238 Abs. 1 StPO.[692] Er entscheidet nach pflichtgemäßem Ermessen, ob die Erhebung des Urkundenbeweises im Wege der Verlesung oder des Selbstleseverfahrens erfolgt. In der Selbstleseanordnung sind sämtliche umfasste Urkunden exakt zu bezeichnen[693] und der Zeitpunkt, bis zu dem die Selbstlesung abgeschlossen sein muss, sollte benannt werden[694].

a. Pflichtgemäßes Ermessen des Vorsitzenden

Die Aufgabe des Vorsitzenden ist es im Rahmen seiner Sachleitungsbefugnis, § 238 Abs. 1 StPO, nach pflichtgemäßem Ermessen zu entscheiden, ob in diesem speziellen Verfahren, mit diesen Beteiligten betreffend bestimmte Urkunden dem Selbstleseverfahren der Vorzug vor der Verlesung zu geben ist.

Hierbei hat er sich zuallererst an den Gründen für die Einführung des Selbstleseverfahrens zu orientieren. Aber auch die Persönlichkeit der Verfahrensbeteiligten, der Umfang des Verfahrens, dessen zeitliche Planung und der Inhalt der Urkunden haben Einfluss auf die Entscheidung des Vorsitzenden. Zudem hat der Vorsitzende das Interesse der Öffentlichkeit und die Wahrung der Transparenz des Strafverfahrens und der Urteilsfindung im Blick zu behalten.

Die Aufklärungspflicht des Gerichts ist hingegen kein entscheidendes Kriterium bei der Wahl zwischen Verlesung und Selbstleseverfahren: Beide Formen des Urkundenbeweises stehen gleichwertig nebeneinander.[695] Auch Urkunden,

692 Löwe-Rosenberg, StPO, Mosbacher, 26. Auflage, § 249, Rn. 62; SK-StPO, Frister, § 249, Rn. 62.

693 Vgl. unter E. III. 2.

694 MüKo, StPO, Kreicker, § 249, Rn. 54.

695 Vgl. oben B. IV.

auf die sich das Urteil unmittelbar stützt, können daher ohne weiteres im Wege des Selbstleseverfahrens eingeführt werden.[696]

Wie bereits erläutert ist der Zweck des Selbstleseverfahrens die Entlastung und Beschleunigung der Hauptverhandlung.[697] Somit bietet sich in Fällen, in denen umfangreiche Schriftstücke, wie Bilanzen, Buchhaltungsunterlage oder Vertragstexte, deren Inhalt unstrittig ist und die von einem Großteil der Verfahrensbeteiligten – in der Regel werden nur die Schöffen und der Beisitzer die Urkunden noch nicht aus dem Ermittlungsverfahren kennen – ohnehin schon zur Kenntnis genommen worden sind, die Anordnung des Selbstleseverfahrens an.[698]

Der Verlesung von Urkunden sollte hingegen der Vorzug gegeben werden, wenn der unmittelbaren Reaktion des Angeklagten auf den Inhalt einer Urkunden zu Beweiszwecken Bedeutung zukommt[699] oder wenn davon auszugehen ist, dass der Inhalt bzw. der Wortlaut der Urkunden in der Hauptverhandlung mit den Verfahrensbeteiligten diskutiert werden sollte[700], da er strittig oder auslegungsbedürftig ist.

Ebenso verhält es sich, wenn einer Urkunde oder Teile daraus ohnehin im Wege des Vorhaltes bei Zeugenvernehmungen Eingang in die Hauptverhandlung finden. Hier ist es sinnvoller, die Verlesung der Urkunde zu wählen, da so allen Verfahrensbeteiligten bei der Zeugenvernehmung der Inhalt der Urkunde präsent ist. Dies ist bei der Selbstlesung nicht zwangsläufig der Fall, da die Verfahrensbeteiligten in der Wahl des Zeitpunkts der Kenntnisnahme im Rahmen der zur Verfügung gestellten Zeit frei sind.[701]

Im Hinblick auf die Prozessökonomie ist auch die Auswirkung der Anordnung des Selbstleseverfahrens auf den Verfahrensgang zu berücksichtigen. Sie ist angezeigt, wenn durch die Selbstlesung das stunden- oder gar tagelange Verlesen von Urkunden in der Hauptverhandlung vermieden werden kann[702] und dadurch die Dauer der Hauptverhandlung und auch der Zeitraum, über den sich eine mehrtägige Hauptverhandlung hinstreckt, verringert werden können.

---

696 KMR StPO, Heintschel-Heinegg, § 249, Rn. 40; Löwe-Rosenberg, StPO, Mosbacher, 26. Aufl., § 249, Rn. 66.

697 Vgl. oben C. I. und II.

698 Löwe-Rosenberg, StPO, Mosbacher, 26. Auflage, § 249, Rn. 53; SK-StPO, Frister, § 249, Rn. 58.

699 Löwe-Rosenberg, StPO, Mosbacher, 26. Auflage, § 249, Rn. 53; SK-StPO, Frister, § 249, Rn. 60.

700 Löwe-Rosenberg, StPO, Mosbacher, 26. Auflage, § 249, Rn. 53, 66.

701 Vgl. dazu auch Kirchner, StraFo 2015, 52 (59).

702 Löwe-Rosenberg, StPO, Mosbacher, 26. Auflage, § 249, Rn. 54.

Es macht hingegen aus prozesswirtschaftlicher Sicht keinen Sinn, das Selbstleseverfahren anzuordnen, wenn die Hauptverhandlung unterbrochen werden muss, um den Verfahrensbeteiligten die für die Kenntnisnahme der Urkunden erforderliche Zeit zur Verfügung zu stellen, obwohl durch die Verlesung der betroffenen Urkunden das Verfahren zu einem zeitnahen Abschluss gebracht werden könnte.[703]

Bedenkt man den Inhalt der einzuführenden Urkunden, kann es von Vorteil sein, den Urkundenbeweis im Wege des Selbstleseverfahrens zu erheben, wenn anderenfalls der Ausschluss der Öffentlichkeit erfolgen müsste.[704] Hier hat der Vorsitzende bei seiner Entscheidung die Interessen von Angeklagtem und Opfern einer Straftat am Schutz ihrer Persönlichkeitsrechte wie auch berechtigte Geheimhaltungsinteressen im Hinblick auf Steuer- oder Geschäftsgeheimnisse im Blick zu behalten.

Zur Wahrung des Grundsatzes der Öffentlichkeit und der Transparenz der Strafjustiz sollten Urkunden, die eine entscheidende Rolle für die Urteilsfindung und den Schuldspruch spielen, in der öffentlichen Hauptverhandlung verlesen werden. Sollte es sich um ein sehr umfangreiches Schriftstück handeln, können auch nur die relevanten Passagen verlesen werden und der Rest der Urkunde im Wege des Selbstleseverfahrens eingeführt werden.[705]

Auf diese Weise kann der Vorsitzende sicherstellen, dass in der Öffentlichkeit nicht der Verdacht aufkommt, dass es bei der Urteilsfindung nicht mit rechten Dingen zuging. Gerade beim Hauptanwendungsfall des Selbstleseverfahrens – große Wirtschaftsverfahren – kann ansonsten schnell der Verdacht aufkommen, dass eine Sonderbehandlung des Angeklagten erfolgte oder dieser sich sogar „freigekauft" hat. Dies gilt es im Interesse des Vertrauens der Öffentlichkeit in die Strafjustiz zu verhindern.

Im Übrigen ist es in allen Fällen zulässig, dass das Gericht die Beweiserhebung durch Verlesung und Selbstlesung kombiniert oder die Beweiserhebung in der jeweils anderen Form wiederholt.[706] So kann es sinnvoll sein, Urkunden, die bereits im Wege des Selbstleseverfahrens eingeführt wurden, im Rahmen einer

---

703 Löwe-Rosenberg, StPO, Mosbacher, 26. Auflage, § 249, Rn. 54; SK-StPO, Frister, § 249, Rn. 58.

704 Vgl. oben D. I. 2. b.

705 Löwe-Rosenberg, StPO, Mosbacher, 26. Auflage, § 249, Rn. 65; SK-StPO, Frister, § 249, Rn. 59.

706 Löwe-Rosenberg, StPO, Mosbacher, 26. Auflage, § 249, Rn. 67; SK-StPO, Frister, § 249, Rn. 59.

Zeugenvernehmung als Vorhalt ganz oder zum Teil zu verlesen.[707] Auch die Akzentuierung bestimmter Passagen einer Urkunde ist durch zusätzliches Verlesen möglich.[708]

Zuletzt hat der Vorsitzende bei seiner Entscheidung, ob er das Selbstleseverfahren anordnet oder eine Verlesung durchführt die in der Person der Verfahrensbeteiligten liegenden Besonderheiten in der konkreten Situation zu beachten. Wie bereits ausgeführt, steht das Unvermögen eines Verfahrensbeteiligten eine Urkunde selbst zu lesen – sei es aufgrund von Analphabetismus, einer sonstigen Leseschwäche, einem Augenleiden oder unzureichenden Sprachkenntnissen – der Anordnung des Selbstleseverfahrens per se nicht entgegen.[709]

Das Gericht muss in diesen Fällen jedoch sicherstellen, dass auch die Verfahrensbeteiligten mit Einschränkungen die Möglichkeit haben, den Inhalt der Urkunden in einer angemessenen Form zur Kenntnis zu nehmen. Dies kann durch die Stellung von Dolmetschern oder Vorlesern gewährleistet werden.[710]

Bedenkt man, dass das Selbstleseverfahren der Verfahrensbeschleunigung und -vereinfachung diesen soll, hat der Vorsitzende bei seiner Entscheidung, welche Form des Urkundenbeweises er wählen soll, mehrere Punkte zu beachten. Leidet ein leseberechtigter an einer Einschränkung des Sehvermögens oder an einer Leseschwäche, so kann es in manchen Fällen sinnvoller sein, die Urkunden in der Hauptverhandlung zu verlesen als das Selbstleseverfahren anzuordnen. Dies ist beispielsweise der Fall, wenn es terminliche Schwierigkeiten bei der Bestellung eines Vorlesers gibt und so die größere Zeitspanne, die für die Kenntnisnahme der Urkunden benötigt wird, den Abschluss des Verfahrens verzögert. Auch sollte nicht außer Acht gelassen werden, dass durch die Stellung eines Vorlesers Kosten entstehen, die die Staatskasse zu tragen hat.[711] Zwar wird in den Überlegungen zur Prozessökonomie in den Gesetzesunterlagen zur Einführung des Selbstleseverfahrens auf monetäre Gesichtspunkte kein Bezug genommen. Dennoch ist es ein Punkt, den der Vorsitzende bei seinen Überlegungen nicht außer Acht lassen sollte. Gerade bei Urkunden mit geringerem Umfang scheint es aus finanzieller Sicht sinnvoller, eine Verlesung in der Hauptverhandlung durchzuführen, als Kosten für einen Vorleser zu produzieren, da hier die Zeitersparnis in der Hauptverhandlung in keinem angemessenen

---

707 Löwe-Rosenberg, StPO, Mosbacher, 26. Auflage, § 249, Rn. 67.

708 Löwe-Rosenberg, StPO, Mosbacher, 26. Auflage, § 249, Rn. 67; SK-StPO, Frister, § 249, Rn. 59.

709 Vgl. oben D. II. 1. b. aa.-cc.

710 Vgl. oben D. II. 1. b. aa.-cc.

711 Vgl. oben D. II. 2. a.-c.

Verhältnis zum Kostenaufwand stehen dürfte. Die finanziellen Gesichtspunkte sollten jedoch die Überlegungen zur Steigerung der Effektivität der Beweisaufnahme nicht überlagern.

Bei unzureichenden Sprachkenntnissen eines Verfahrensbeteiligten kann es hingegen dem Verständnis dieses Verfahrensbeteiligten und auch dem Rest der im Sitzungssaal anwesenden Personen dienen, wenn das Selbstleseverfahren durchgeführt wird. Nahezu jeder Verteidiger, Richter und Staatsanwalt kennt das Problem: Egal ob bei der Vernehmung von Zeugen und Sachverständigen oder bei der Verlesung von Urkunden – der die Übersetzung murmelnde Dolmetscher schränkt die Aufmerksamkeit und die Wahrnehmung der übrigen Verfahrensbeteiligten ein. Hinzu kommt, dass das simultane Übersetzen sehr anspruchsvoll ist und so die Vortragsgeschwindigkeit des Gerichts für eine umfassende Übersetzung zu schnell sein kann. So ergeben sich Pausen oder eine Verminderung der Lesegeschwindigkeit. Beides trägt nicht zur Verfahrensbeschleunigung bei, ist aber für ein faires Verfahren unerlässlich. Für den Sprachunkundigen hingegen ist die Wahrnehmungsqualität bei einer simultanen Übersetzung eingeschränkt, da es zu schnell geht, Passagen akustisch oder inhaltlich nicht verstanden werden oder es Verständigungsprobleme mit dem Dolmetscher gibt. Diesen Problemen kann entgegengewirkt werden, wenn die Urkunden im Wege des Selbstleseverfahrens eingeführt werden. So kann der Betroffene – in aller Regel der Angeklagte – die schriftliche Übersetzung der Urkunden in aller Ruhe lesen und bei Verständnisproblemen Rücksprache mit seinem Verteidiger halten, der wiederum in Kontakt mit dem Dolmetscher treten kann. Erfolgt eine mündliche Übersetzung der Urkunden kann diese dem Tempo des Dolmetschers und des Sprachunkundigen angepasst werden und bei Bedarf sind Nachfragen oder Wiederholungen möglich, die den Gang der Hauptverhandlung nicht verzögern.

Zur Problematik des Ermessensfehlgebrauchs bei der Anordnung des Selbstleseverfahrens durch den Vorsitzenden gibt es, soweit in den gängigen Portalen ersichtlich, kaum Entscheidungen. Dies lässt zwei Rückschlüsse zu: Entweder wird die Ermessenentscheidung regelmäßig nicht angegriffen, oder es kommt in Verfahren, in denen dies doch der Fall ist, nicht zu einer gerichtlichen Entscheidung.

Der BGH machte in der oben bereits erörterten Entscheidung[712] zur Anordnung des Selbstleseverfahrens bei der Beteiligung eines Analphabeten[713] Ausführungen zur der Ermessensentscheidung des Vorsitzenden

712 BGH, Beschluss vom 14.12.2010 1 StR 422/10, NStZ 2011, 300.

713 Vgl. oben D. II. 1. b. cc.

> „Der Vorsitzende bestimmt nach pflichtgemäßem Ermessen, ob ein Selbstleseverfahren durchzuführen ist [...]. Dabei sind auch – hier, wie die Revision zutreffend vorträgt, schon im Ermittlungsverfahren aktenkundig gewordene – Anhaltspunkte für Analphabetismus in die Erwägungen einzubeziehen [...]. Einen Rechtssatz, dass in derartigen – nach forensischer Erfahrung nicht häufigen – Fällen ein Selbstleseverfahren keinesfalls zulässig sei, gibt es nicht. Wird ein solches – hier zwei Aktenseiten betreffendes – Verfahren für zweckmäßig gehalten, so ist die Situation damit vergleichbar, dass der Angeklagte Urkunden zwar lesen, aber mangels Sprachkenntnissen nicht verstehen kann. Auch dann ist ein Selbstleseverfahren möglich, jedoch muss das Gericht ermöglichen, dass ihm der Inhalt der Urkunde zur Kenntnis gebracht wird [...].“

Die Revision ging davon aus, dass in Fällen, in denen ein Analphabet am Verfahren beteiligt ist, die Anordnung des Selbstleseverfahrens unzulässig ist, was im Ergebnis eine Reduzierung des Ermessens des Vorsitzenden auf Null bedeutet. Der BGH ist dieser Auffassung nicht gefolgt. Weitere Erläuterungen zu einem möglichen Ermessensfehlgebrauch erfolgten jedoch nicht.

Das OLG Stuttgart hat judiziert, dass in der Verlesung einer Liste anstatt der Einführung im Selbstleseverfahren auch im Hinblick auf das Beschleunigungsgebot kein ermessensfehlerhaftes Verhalten erkannt werden könne, wenn der Verlesung ein höherer Beweiswert beigemessen wird.[714]

Die beiden Entscheidungen lassen den Schluss zu, dass bei Vorliegen einer im Ansatz nachvollziehbaren Begründung ein Ermessensfehlgebrauch durch den Vorsitzenden bei der Anordnung des Selbstleseverfahrens nur schwerlich erfolgreich gerügt werden kann.

b. Zeitpunkt

Für die Effektivität der Durchführung des Selbstleseverfahrens kommt auch dem Zeitpunkt der Anordnung eine entscheidende Bedeutung zu. So ist zunächst zu beachten, dass es auch möglich ist, ein beabsichtigtes Selbstleseverfahren bereits ab Beginn des Hauptverfahrens, noch vor Verlesung des Anklagesatzes, anzukündigen.[715] Bei der Wahl des Zeitpunkts der Anordnung ist im Auge zu behalten, dass allen Verfahrensbeteiligten vor Abschluss der Beweisaufnahme genügend Zeit zur Kenntnisnahme zur Verfügung stehen muss.

---

714 OLG Stuttgart Urteil vom 12.09.2007 – 4 Ws 305/07, BeckRS 2007, 15996.

715 Knierim/Rettenmaier StV 2006, 155 (156); Eisenberg, Beweisrecht StPO, Rn. 2038.

aa. Frühzeitige Ankündigung des Selbstleseverfahrens

Gerade in Umfangsverfahren kann es den Ablauf der Hauptverhandlung und die Durchführung der Beweisaufnahme erheblich vereinfachen und beschleunigen, wenn sich das Gericht frühzeitig mit der Staatsanwaltschaft, dem Angeklagten und dessen Verteidiger darüber abstimmt, ob und in welchem Umfang das Selbstleseverfahren durchgeführt werden soll.[716] Ein solches Vorgehen ist auch verfahrensrechtlich zulässig.[717]

In aller Regel haben der Vorsitzende Richter, der Berichterstatter, der zuständige Staatsanwalt und die Verteidigung bereits vor Eröffnung der Hauptverhandlung und Verlesung des Anklagesatzes einen umfassenden Überblick über den Tatvorwurf, den zugrundeliegenden Sachverhalt und die Beweissituation. Der Beisitzer, der noch nicht in das Verfahren eingearbeitet ist, kann sich diese Kenntnis ohne weiteres durch Aktenstudium und den Austausch mit Vorsitzendem oder Berichterstatter aneignen. Die richtige Einordnung der selbst gelesenen Urkunden zur Entscheidungsfindung sollte daher problemlos möglich sein – Änderungen der Sachlage durch überraschende Zeugenaussagen oder Wendungen im Laufe der Hauptverhandlung einmal ausgenommen.

Die Vorteile der frühzeitigen Ankündigung eines beabsichtigten Selbstleseverfahrens liegen auf der Hand. Das Gericht kann mit dem Verteidiger abstimmen, welche Urkunden noch zur Verfügung zu stellen sind und welche sich bereits bei der gewährten Akteneinsicht befinden.[718] So kann die Organisation der Überlassung der Aktenteile frühzeitig bei den Geschäftsstellen koordiniert und eine Zeitverzögerung während der laufenden Hauptverhandlung vermieden werden. Zudem ist es bei der Ankündigung des Selbstleseverfahrens vor Beginn der Hauptverhandlung möglich, die gegebenenfalls erforderliche oder gewünschte Einsicht in Originalurkunden zu organisieren und zu koordinieren.[719] Dies ist einem ökonomischen Zeitmanagement ebenfalls zuträglich. Darüber hinaus erlaubt dieses Vorgehen dem Verteidiger, dem Angeklagten und dem Staatsanwalt eine freiere und eigenbestimmte Zeiteinteilung bei der Kenntnisnahme der für das Selbstleseverfahren vorgesehenen Urkunden. So kann auf

---

716 Eisenberg, Beweisrecht StPO, Rn. 2038; Löwe-Rosenberg, StPO, Mosbacher, 26. Auflage, § 249, Rn. 69.

717 Löwe-Rosenberg, StPO, Mosbacher, 26. Auflage, § 249, Rn. 69; SK-StPO, Frister, § 249, Rn. 66.

718 Löwe-Rosenberg, StPO, Mosbacher, 26. Auflage, § 249, Rn. 69.

719 Löwe-Rosenberg, StPO, Mosbacher, 26. Auflage, § 249, Rn. 69.

die individuelle Arbeitsbelastung und Terminplanung (auch mit Rücksicht auf parallel laufende Mandate) besser Rücksicht genommen werden.

Für die frühe Kenntnisnahme durch die Laienrichter stellt sich hingegen ein anderes Bild dar. Es ist zwar seit der Fassung des § 249 Abs. 2 StPO von 1987 zulässig, dass die vom Selbstleseverfahren umfassten Urkunden auch den Schöffen bereits vor Verlesung des Anklagesatzes zugänglich gemacht werden[720], es stellt sich jedoch die Frage, wie sinnvoll dieses Vorgehen ist.

Die Schöffen haben vor Verlesung des Anklagesatzes keine Kenntnis vom Tatvorwurf und werden daher kaum in der Lage sein, Unterlagen, die sie ohne jeglichen Kontext lesen, richtig zu bewerten und in ein Gesamtbild – für das ihnen jeder Anhaltspunkt vor Verlesung der Anklage fehlt – einzuordnen.[721] Genau dieses Verständnis der zur Kenntnis genommenen Inhalte der Urkunden ist für eine fundierte Urteilsbildung jedoch unerlässlich. Dies zeigt schon ein einfaches Beispiel: Ein Schöffe nimmt ohne den Tatvorwurf und damit auch ohne die Person und Position von Tatbeteiligten oder anderweitig involvierten Dritten zu kennen eine E-Mail-Korrespondenz zur Kenntnis. Hier kann er nicht beurteilen, wie die Äußerungen der einzelnen Beteiligten zu werten sind, wenn er nicht weiß, welche Position und Funktion sie in einem Unternehmen einnehmen. Angaben einer Assistentin, die lediglich Anweisungen ausführt, sind beispielsweise anders zu werten, als die ihres Vorgesetzten, der über sämtliche Hintergründe und Beweggründe informiert ist. Der Schöffe muss wissen, welcher Informationsstand der Äußerung zu Grunde liegt und welche Absichten die Beteiligten verfolgen. Eine angemessene Beweiswürdigung ist andernfalls nicht gewährleistet.

Zudem gilt es zu beachten, dass die Schöffen mangels Aktenkenntnis vor Beginn der Hauptverhandlung und der Einlassung des Angeklagten zur Sache auch nicht wissen, ob und wenn ja mit welchen Argumenten sich der Angeklagte verteidigt. Um ein faires Verfahren und eine bestmögliche Verteidigung zu gewährleisten, ist es entscheidend, dass die Laienrichter die Urkunden im Lichte des Verteidigungsvorbringens des Angeklagten zur Kenntnis nehmen.[722] Daher ist im Hinblick auf die Regelung des § 244 Abs. 1 StPO zum Schutz des Angeklagten zu erwägen, dass das beabsichtigte Selbstleseverfahren gegenüber den Schöffen nur insoweit konkretisiert wird, dass ihnen der Umfang der selbst zu lesenden Urkunden mitgeteilt wird, die Urkunden ihnen jedoch noch nicht zur Verfügung gestellt werden. So besteht die Möglichkeit, dass sich die Schöffen

720 Vgl. oben B. II. 2.

721 Eisenberg, Beweisrecht StPO, Rn. 2043; Knierim/Rettenmaier StV 2006, 155 (156).

722 Vgl. dazu sogleich E. III. 1. b. bb.

für die spätere Kenntnisnahme der Urkunden frühzeitig Freiräume einplanen, jedoch noch nicht den Inhalt der Urkunden zur Kenntnis nehmen.

In Anbetracht dessen sollte die Überlassung von Urkunden zur Durchführung des Selbstleseverfahrens an Schöffen vor der Verlesung des Anklagesatzes nur in sehr begrenzten Ausnahmefällen erfolgen, wenn das Gericht beispielsweise aus Zeitgründen keine andere Möglichkeit der sinnvollen Umsetzung des Selbstleseverfahrens sieht.[723]

Auch im Zusammenhang mit dem Widerspruchsrecht der Verfahrensbeteiligten kann eine frühzeitige Anordnung des Selbstleseverfahrens von Vorteil sein.[724] Ist die Absicht zur Durchführung des Selbstleseverfahrens betreffend bestimmter Urkunden frühzeitig bekannt, können die Verfahrensbeteiligten in Ruhe prüfen, ob sie dieses Vorgehen für sinnvoll erachten oder die Verlesung in der Hauptverhandlung vorzuziehen ist. So kann beispielsweise ohne Zeitdruck ermittelt werden, ob es sich bei den umfassten Urkunden um strittige oder unstrittige Dokumente handelt oder ob aus Sicht des jeweiligen Verfahrensbeteiligten aus anderen Gründen eine Diskussion des Inhalts der Urkunde in der Hauptverhandlung erforderlich ist. Auch etwaige Probleme des Angeklagten bei der Selbstlesung, wie eine Leseschwäche, können so abgeklärt werden.

bb. Anordnung des Selbstleseverfahrens

Der genaue Zeitpunkt für die Durchführung des Selbstleseverfahrens ist im Gesetz nicht geregelt. Bei der Beantwortung der Frage des richtigen Zeitpunktes der Durchführung des Selbstleseverfahrens ist jedoch zu berücksichtigen, dass es sich bei dem Selbstleseverfahren um eine Art des Urkundenbeweises und damit um einen Akt der Beweisaufnahme handelt.

Die tatsächliche Anordnung des Selbstleseverfahrens mit der genauen Bezeichnung der umfassten Urkunden hat daher in der Hauptverhandlung zu erfolgen. Vorher vorgenommene Hinweise auf die Absicht, das Selbstleseverfahren durchzuführen, haben nur ankündigenden Charakter und sind für die ordnungsgemäße Vornahme des Selbstleseverfahrens unzureichend.[725]

Im Hinblick auf § 244 Abs. 1 StPO stellt sich die Frage, ob die Anordnung bereits vor der Einlassung des Angeklagten zur Sache erfolgen kann. In der Literatur

723 Löwe-Rosenberg, StPO, Mosbacher, 26. Auflage, § 249, Rn. 68.

724 Löwe-Rosenberg, StPO, Mosbacher, 26. Auflage, § 249, Rn. 64.

725 BGH, Urteil vom 28.11.2012 – 5 StR 412/12, NJW 2013, 404 (405); MüKo, StPO, Kreicker, § 249, Rn. 54.

gibt es durchaus Stimmen, die für diese Handhabung streiten.[726] Auch der BGH hat sich mit der Frage, ob eine Beweiserhebung bereits vor der vollständigen Äußerung des Angeklagten vorgenommen werden kann, befasst und dazu zum Hintergrund des § 244 Abs. 1 StPO Folgendes festgestellt:

> „Die Vorschrift, daß die Beweisaufnahme der Vernehmung des Angeklagten nachzufolgen habe, gehört zu den wesentlichen, dem Schutz des Angeklagten dienenden Verfahrensregeln, indem sie diesem die Möglichkeit einräumt, seine Verteidigung vorweg zusammenhängend zu führen und das Gericht zu veranlassen, daß bei der nachfolgenden Beweisaufnahme die von ihm geltend gemachten Gesichtspunkte berücksichtigt werden. Die nachträgliche Befragung des Angeklagten gemäß § 257 StPO ist kein ausreichender Ersatz für die Gelegenheit zur zusammenhängenden Widerlegung der Verdachtsmomente und zur geschlossenen Darstellung der entlastenden Gesichtspunkte vor der Beweisaufnahme."[727]

Demnach ist es aus Sicht einer effektiven Verteidigung und eines fairen Verfahrens durchaus geboten, das Selbstleseverfahren erst nach der Einlassung des Angeklagten anzuordnen.

Es sprechen jedoch andererseits mehrere Punkte dagegen, dass das Selbstleseverfahren erst nach der Einlassung des Angeklagten zur Sache angeordnet werden kann.

Zunächst erachtet es der BGH in derselben Entscheidung für zulässig, dass eine Beweiserhebung vor der vollständigen Einlassung des Angeklagten erfolgt, sofern es dafür sachliche Gründe gibt und dieser damit einverstanden ist, sprich der Beweiserhebung nicht widerspricht.[728] Dieses Vorgehen wird als zulässig erachtet, da der Angeklagte auf die Einhaltung einer seinem Schutz dienenden Vorschrift verzichten kann.[729] Diese Ansicht wird auch in anderen Entscheidungen des BGH[730] und von Teilen der Literatur vertreten[731].

---

726 Knierim/Rettenmaier StV 2006, 155 (156); SK-StPO, Frister, § 249, Rn. 65.

727 BGH, Urteil v. 19.06.1963 – 2 StR 179/63, NJW 1963, 2084 (2084); ebenso BGH, Beschluss v. 12.02.1986 – 3 StR 11/86, NStZ 1986, 370 (371); BGH, Urteil v. 09.12.1959 – 2 StR 265/59, NJW 1960, 349 (350).

728 BGH, Urteil vom 19.06.1963 – 2 StR 179/63, NJW 1963, 2084 (2085); KK StPO-Schneider, § 243, Rn. 2; Löwe-Rosenberg, StPO, Becker, 26. Auflage, § 243, Rn. 2; SK-StPO, Frister, § 243, Rn. 58.

729 BGH, Urteil vom 190.6.1963 – 2 StR 179/63, NJW 1963, 2084 (2085).

730 BGH, Urteil vom 12.12.1990 – 3 StR 470/89, BeckRS 1990, 31083214; BGH, Beschluss vom 12.02.1986 – 3 StR 11/86, NStZ 1986, 370 (371); BGH, Urteil vom 09.12.1959 – 2 StR 265/59, NJW 1960, 349 (350).

731 SK-StPO, Frister, § 249, Rn. 66.

Des Weiteren greift der Schutzzweck des § 244 Abs. 1 StPO nur im Hinblick auf die Schöffen. Denn wie bereits ausgeführt haben in aller Regel sowohl der Vorsitzende und der Berichterstatter, als auch der Vertreter der Staatsanwaltschaft die vom Selbstleseverfahren umfassten Urkunden bereits in der Vorbereitung auf die Hauptverhandlung und damit vor Einlassung des Angeklagten zur Sache zur Kenntnis genommen. Es macht für sie keinen Unterschied, ob die Anordnung erst bei Eintritt in die Beweisaufnahme oder schon zuvor erfolgt. Im Hinblick auf die Laienrichter ist daher, wie bereits bei der Ankündigung des Selbstleseverfahrens ausgeführt, jeder Einzelfall kritisch zu beurteilen. Zusätzlich hat der Angeklagte seine Zustimmung zu einer Anordnung des Selbstleseverfahrens, wie soeben festgestellt, zu erteilen.

Rein formal ist festzustellen, dass die Beweisaufnahme durch Selbstleseverfahren erst mit der Protokollierung abgeschlossen ist[732] und sich daher die Frage stellt, ob die Anordnung des Selbstleseverfahrens bereits vor der Einlassung zur Sache bereits eine Beweiserhebung darstellt oder ob vielmehr auf den Zeitpunkt der Protokollierung des Abschlusses des Selbstleseverfahrens abzustellen ist. Aufgrund des Schutzwecks des § 244 Abs. 1 StPO kann eine solche Sichtweise jedoch nicht vertreten werden, da die Unbefangenheit der Verfahrensbeteiligten in dem Zeitpunkt, in dem sie die Urkunde lesen – was stets vor der Protokollierung stattzufinden hat und daher rein theoretisch bei einer frühzeitigen Anordnung des Selbstleseverfahrens auch vor der Einlassung des Angeklagten zur Sache erfolgen kann – bestehen muss.

Ergibt sich erst im Laufe der Beweisaufnahme, dass eine Selbstlesung durchgeführt werden soll – beispielsweise nach einer Verfahrensabsprache gemäß § 257c StPO oder einem anderweitig veranlassten überraschenden Geständnis, das zu verifizieren ist – so sollte die Anordnung des Selbstleseverfahrens unmittelbar im Anschluss an die Entscheidung des Gericht für das Vorgehen nach § 249 Abs. 2 StPO erfolgen.

Zusammenfassend ist daher festzustellen, dass die Anordnung des Selbstleseverfahrens in jedem Fall in der Hauptverhandlung erfolgen muss. Außerdem ist es nach hier vertretener Ansicht geboten, die Anordnung erst nach der Einlassung des Angeklagten zur Sache vorzunehmen, sofern dieser einem anderweitigen Vorgehen nicht zustimmt. Nur so kann eine unvoreingenommene Kenntnisnahme der Urkunden durch die Laienrichter im Lichte der vom Angeklagten zu seiner Verteidigung vorgebrachten Argumente erfolgen. In jedem

732 BGH, Urteil vom 28.11.2012 – 5 StR 412/12, NJW 2013, 404 (404); SK-StPO, Frister, § 249, Rn. 78.

Fall sollte die Anordnung des Selbstleseverfahrens so früh wie möglich erfolgen, sodass den Verfahrensbeteiligten größtmöglicher Freiraum bei der Durchführung der Selbstlesung eingeräumt werden kann.

cc. Abschluss des Selbstleseverfahrens

Da es sich um einen Akt der Beweisaufnahme handelt, muss das Selbstleseverfahren auch in jedem Fall vor Abschluss der Beweisaufnahme beendet sein.[733] Der Vorsitzende hat somit vor Abschluss der Beweisaufnahme festzustellen, dass das Gericht die vom Selbstleseverfahren umfassten Urkunden zur Kenntnis genommen hat und dass die übrigen Verfahrensbeteiligten Gelegenheit dazu hatten. Diese Feststellung ist zu Protokoll zu erklären. Erst im Anschluss kann die Beweisaufnahme geschlossen werden.[734]

dd. Zusammenfassung

Abschließend ist daher festzustellen, dass eine Abstimmung des Gerichts mit den weiteren Verfahrensbeteiligten vor Anordnung des Selbstleseverfahrens und gar vor Verlesung der Anklagesatzes zwar nicht zwingend geboten ist, die Durchführung des Selbstleseverfahrens und den Ablauf der Hauptverhandlung aber durchaus erleichtern und beschleunigen kann.[735]

Eine frühzeitige Ankündigung des Selbstleseverfahrens ist im Hinblick auf die Prozessökonomie und die Möglichkeit eines effektiven Zeitmanagements der Verfahrensbeteiligten ebenfalls wünschenswert. Die Berufsrichter, die Staatsanwaltschaft, der Angeklagte und die Verteidigung können, sofern ihnen die Akten bereits zur Verfügung stehen, gegebenenfalls bereits vor Eintritt in die Beweisaufnahme mit der Selbstlesung beginnen. Die Schöffen können sich nach der Mitteilung des Umfangs des beabsichtigten Selbstleseverfahrens frühzeitig die später benötigten Freiräume schaffen.

Die Anordnung des Selbstleseverfahrens selbst sollte nach hier vertretener Ansicht jedoch erst nach der Verlesung des Anklagesatzes, der Einlassung des Angeklagten und des Eintritts in die Beweisaufnahme erfolgen, da nur so gewährleistet werden kann, dass die Schöffen unbefangen und in Kenntnis der

733 Eisenberg, Beweisrecht StPO, Rn. 2043; Löwe-Rosenberg, StPO, Mosbacher, 26. Auflage, § 249, Rn. 68; SK-StPO, Frister, § 249, Rn. 65.

734 Löwe-Rosenberg, StPO, Mosbacher, 26. Auflage, § 249, Rn. 68; SK-StPO, Frister, § 249, Rn. 65.

735 MüKo, StPO, Kreicker, § 249, Rn. 54.

vom Angeklagten zu seiner Verteidigung vorgetragenen Punkte vom Inhalt der Urkunden Kenntnis nehmen.

Die abschließende Protokollierung der erfolgreichen Durchführung des Selbstleseverfahrens hat, da es sich um einen Akt der Beweisaufnahme handelt, vor Abschluss deren zu erfolgen.

2. Bezeichnung und Bereitstellen der umfassten Urkunden

Um nach der Anordnung des Selbstleseverfahrens dessen Durchführung zu ermöglichen, hat das Gericht den Verfahrensbeteiligten die vom Selbstleseverfahren umfassten Urkunden zur Verfügung zu stellen. Die Staatsanwaltschaft und die Berufsrichter haben ohnehin Zugriff auf die gesamten Akten. Die Verteidigung verfügt in der Regel im Rahmen der Akteneinsicht über eine umfassende Kopie der Strafakte. Nur die Schöffen haben vor der Anordnung keinen Zugriff auf die vom Selbstleseverfahren umfassten Urkunden, was nach hier vertretener Auffassung jedoch auch richtig und sachgerecht ist.[736]

a. Bezeichnung der umfassten Urkunden

Das Gericht hat in der Selbstleseanordnung sämtliche umfasste Urkunden exakt zu bezeichnen, sodass jeder Verfahrensbeteiligte ohne weiteres feststellen kann, um welche Dokumente es sich handelt.[737] Durch eine genaue und eindeutige Bezeichnung der Urkunden – idealerweise durch Angabe des Aktenbandes und der Blattzahl in den Akten oder auch die Nennung des Absenders, des Empfängers und des Ausstellungsdatums bei Korrespondenz oder des Titels und Datums von Berichten und Präsentationen nebst Umfang – besteht für die Berufsrichter, die Staatsanwaltschaft und die weiteren Verfahrensbeteiligten mit Akteneinsichtsrecht die Möglichkeit, das Selbstleseverfahren mittels der bereits in der Akteneinsicht zur Verfügung gestellten Urkunden aus der Strafakte durchzuführen.

Es empfiehlt sich bei Selbstleseverfahren, die eine Vielzahl verschiedener Urkunden aus verschiedenen Aktenbänden umfassen, eine Selbstleseliste zu erstellen, die die genaue Bezeichnung aller zur Kenntnis zu nehmenden Urkunden enthält[738] und diese allen Verfahrensbeteiligten zu übergeben. Diese Liste muss – entgegen der in der Praxis häufig anzutreffenden Vorgehensweise – nicht verlesen werden. Es ist ausreichend, insbesondere in großen Wirtschaftsverfahren

---

736 Vgl. oben E. III. 1. b. aa. und bb.

737 Eisenberg, Beweisrecht StPO, Rn. 2038; Löwe-Rosenberg, StPO, Mosbacher, 26. Auflage, § 249, Rn. 64; SK-StPO, Frister, § 249, Rn. 64.

738 Löwe-Rosenberg, StPO, Mosbacher, 26. Auflage, § 249, Rn. 64.

mit sehr umfangreichen Selbstleselisten, wenn der Vorsitzende die schriftliche Zusammenstellung der Selbstleseliste an die Verfahrensbeteiligten übergibt und zudem als Anlage zum Protokoll nimmt.[739] Andernfalls befinden sich die Prozessbeteiligten in der in Gerichtssälen häufig anzutreffenden Situation, dass eine zeitraubende Verlesung der aufgelisteten Urkunden mit genauer Bezeichnung von Art oder Titel sowie der Fundstelle in den Strafakten oder im Selbstleseordner stattfindet. Der Erkenntnisgewinn für die Öffentlichkeit und vor allem die Verfahrensbeteiligten geht gegen Null. Dennoch findet diese weitgehend sinnentleerte Verlesung, die durch das Selbstleseverfahren eigentlich vermieden werden soll, immer wieder statt.

Die Bezeichnung der Urkunden muss auch die Angabe enthalten, ob das gesamte Schriftstück oder nur Teile daraus zur Kenntnis zu nehmen sind.[740] Eine gegebenenfalls vorzunehmende Einschränkung hat neben der Reduzierung des Leseaufwands auch den Vorteil, dass die Verfahrensbeteiligten erkennen können, auf welche Teile eines Dokuments das Gericht in der Urteilsfindung Wert legt.

b. Bereitstellen von Kopien in Papierform

Wie bereits ausgeführt, ist es in vielen Fällen möglich, dass die Berufsrichter, die Staatsanwaltschaft und die Verteidigung mit Hilfe der ihnen bereits zur Verfügung stehenden Urkunden aus der Strafakte das Selbstleseverfahren durchführen.

Eher selten dürfte für die Kenntnisnahme des Inhalts der Urkunden die Einsicht in die Originalurkunden erforderlich sein. Ein denkbarer Anwendungsfall wäre die Kenntnisnahme von Verschlusssachen, die dem Geheimnisschutz unterliegen.[741]

In diesen Fällen ist eine Einsicht in den Räumen der amtlichen Verwahrung unumgänglich[742], da bei der Versendung der Originale Beweisverlust drohen könnte (auch wenn diese bereits im Zuge der Akteneinsicht übersandt wurden, sodass die zur Akteneinsicht Berechtigten Kopien fertigen konnten) und das Hin- und Zurückschicken an jeden einzelnen Verfahrensbeteiligten zu viel Zeit in Anspruch nimmt. Daher sind die Reihenfolge und der Zeitpunkt der Einsichtnahme durch die einzelnen Verfahrensbeteiligten zu koordinieren.

Häufig erlebt man im Alltag, dass das Gericht den Verfahrensbeteiligten Selbstleseordner mit Kopien der vom Selbstleseverfahren umfassten Urkunden

739 Löwe-Rosenberg, StPO, Mosbacher, 26. Auflage, § 249, Rn. 64.
740 SK-StPO, Frister, § 249, Rn. 64.
741 Löwe-Rosenberg, StPO, Mosbacher, 26. Auflage, § 249, Rn. 81.
742 Löwe-Rosenberg, StPO, Mosbacher, 26. Auflage, § 249, Rn. 81.

zur Verfügung stellt. Diesbezüglich ist zunächst festzustellen, dass die Anfertigung derartiger Ordner (oder alternativ die Übergabe eines Datenträgers mit digitalen Kopien, dazu sogleich) für die Schöffen zwingend notwendig ist, da die Laienrichter über kein Akteneinsichtsrecht verfügen und sie nur so die Möglichkeit haben, vom Inhalt der Urkunden Kenntnis zu nehmen. Es stellt sich jedoch die Frage, ob auch die übrigen Verfahrensbeteiligten einen Anspruch auf Überlassung solcher Selbstleseordner haben. Der Gesetzgeber hat sich bei der Einführung des Selbstleseverfahrens Gedanken zu dieser Frage gemacht:

> „Der Ausschuß hat erwogen, anzuordnen, daß Prozeßbeteiligten, die sich nicht im Besitz der entsprechenden Urkunden befinden, Abschriften oder Fotokopien zur Verfügung gestellt werden müssen. Er ist jedoch der Auffassung, daß eine solche – regelmäßig zweckmäßige – Verfahrensweise keiner gesetzlichen Regelung bedarf."[743]

Damit besteht zwar kein Rechtsanspruch auf die Zurverfügungstellung einer Kopie der von der Selbstleseanordnung umfassten Urkunden. Die Formulierung, dass eine zweckmäßige Verfahrensweise keiner gesetzlichen Regelung bedarf, zeigt aber, dass der Gesetzgeber davon ausging, dass das Gericht den Verfahrensbeteiligten Kopien zur Verfügung stellt, sofern dies sinnvoll erscheint.

Das Gericht ist verpflichtet, den Verfahrensbeteiligten leserliche und vollständige Kopien zur Verfügung zu stellen.[744] Werden dennoch unleserliche oder unvollständige Ablichtungen übergeben und mussten die Verfahrensbeteiligten dies erkennen, so ist die Rüge der Unvollständigkeit in der Revision ausgeschlossen, wenn kein Widerspruch gegen die Protokollierung nach § 249 Abs. 2 S. 3 StPO mit Hinweis auf die Unvollständigkeit oder Unleserlichkeit der Urkunden erfolgte.[745]

c. *Bereitstellen von digitalen Kopien*

Inzwischen stellt sich das Problem der ordnungsgemäßen Überlassung von Papierkopien immer seltener. In großen Wirtschaftsstrafverfahren, dem Hauptanwendungsfall des Selbstleseverfahrens, erfolgt die Akteneinsicht in aller Regel mittels der Überlassung von digitalen Kopien. Mit dem schrittweisen Inkrafttreten der E-Akte im Strafverfahren ab dem 01.01.2018[746] wird sich Stück für Stück die Überlassung von digitalen Kopien der Strafakte zur Umsetzung der Akteneinsicht etablieren.

---

743 BT-Drs. 8/1844, S. 32.

744 Löwe-Rosenberg, StPO, Mosbacher, 26. Auflage, § 249, Rn. 81.

745 Löwe-Rosenberg, StPO, Mosbacher, 26. Auflage, § 249, Rn. 81.

746 Gesetz zur Einführung der elektronischen Akte in der Justiz und zur weiteren Förderung des elektronischen Rechtsverkehrs vom 05.07.2017, BGBl. I S. 2208 (S. 2208 ff).

Aufgrund dieser Entwicklung und der Notwendigkeit der Überlassung von Kopien der einzuführenden Urkunden an die Laienrichter muss es auch möglich sein, den Schöffen die zur Kenntnis zu nehmenden Urkunden in Form von digitalen Kopien auf einem Datenträger zur Verfügung zu stellen. Nur so kann sichergestellt werden, dass die Digitalisierung des Strafverfahrens und die Etablierung der E-Akte[747] vollständig durchgesetzt werden. Das OLG Rostock spricht so auch bereits 2014 ganz selbstverständlich davon, dass die Verfahrensbeteiligten das Selbstleseverfahren durch Kenntnisnahme der in einer E-Akte enthaltenen Urkunden durchführen.[748]

Für die Praktikabilität der Durchführung des Selbstleseverfahrens ist die Möglichkeit der Kenntnisnahme mittels E-Akte zunächst von Vorteil.[749] Die Verfahrensbeteiligten können die ihnen bereits zur Verfügung stehenden digitalen Kopien der Urkunden für die Selbstlesung heranziehen und dabei die damit einhergehenden Vorteile, wie die Suchfunktion und die Möglichkeit der digitalen Aufarbeitung und Gliederung der Akte weiterhin nutzen und bereits vorgenommene Bearbeitungen der Dokumente übernehmen. Zudem finden sich in den Strafakten immer häufiger Mindmaps und große Excel-Sheets, deren Schriftgröße bei einem für Strafakten üblichen Ausdruck auf DIN A4 Größe zur Unleserlichkeit schrumpft. Die Bereitstellung digitaler Kopien hat den Vorteil, dass die Dokumente entsprechend gezoomt werden können, sodass der Verfahrensbeteiligte problemlos vom Inhalt der Urkunden Kenntnis nehmen kann.

Auch aus Sicht des Umweltschutzes sowie im Hinblick auf die Einsparung von Lagerflächen und dem einfacheren Transport von Unterlagen zwischen Kanzleiräumen und den Gerichtsgebäuden ist diese Entwicklung zu begrüßen.[750] Diese Form der Überlassung von „Selbstleseordnern“ wirft aber auch Fragen auf.

Zunächst wird es für den Großteil der Beteiligten in der heutigen Zeit kein Problem mehr darstellen, Dokumente, die als digitale Kopie auf Datenträgern wie CDs, DVDs oder USB-Sticks überlassen werden, zur Kenntnis zu nehmen. Dennoch sind Fälle denkbar, in denen ein Ausdruck der E-Akte erforderlich ist,

---

747 Dem Forderungskatalog zum Strafkammertag 2017 in Würzburg ist unter Punkt 12. zu entnehmen, dass die Möglichkeiten der E-Akte im Zusammenhang mit dem Selbstleseverfahren diskutiert wurden, abrufbar unter https://rsw.beck.de/aktuell/meldung/strafkammertag-in-wuerzburg-richter-formulieren-forderungskatalog-fuer-effektivere-strafverfahren, zuletzt abgerufen am 06.04.2018.

748 OLG Rostock, Beschluss vom 29.09.2014 – 20 Ws 266/14, BeckRS 2014, 18588.

749 Vgl. dazu auch: Beukelmann, NJW Spezial 2014, 696 (696); von Stetten, ZPR 2015, 138 (138).

750 Vgl. dazu auch Beukelmann, NJW-Spezial 2014, 696 (696).

beispielsweise bei inhaftierten Angeklagten, denen kein Computer zur Verfügung gestellt werden kann[751], bei Angeklagten oder Schöffen, die über keinen PC oder keine EDV-Kenntnisse verfügen[752] oder aus Gründen der bevorzugten Arbeitsweise. Nicht immer ist es angenehm und zweckmäßig, Urkunden nur am Bildschirm zur Kenntnis zu nehmen und zu bearbeiten. Manchmal ist ein Papierausdruck notwendig, sei es zur eigenen Bearbeitung oder zur Diskussion mit dem Mandanten[753]. In diesen Fällen stellt sich die Frage, wer für die Kosten des Ausdrucks von E-Akten aufkommt.

Hier kann abermals die Aussage in den Gesetzesmaterialien herangezogen werden, dass das Gericht den Verfahrensbeteiligten Kopien zur Verfügung stellt, sofern dies sinnvoll erscheint und eine derartige Regelung keiner gesetzlichen Normierung bedarf.[754] Aus dem Wortlaut in der Bundestagsdrucksache könnte man schließen, dass das Gericht immer wenn es sinnvoll erscheint, Kopien oder Abschriften in Papierform zur Verfügung zu stellen hat. Hierbei ist jedoch zu bedenken, dass die Aussage aus dem Jahr 1978 stammt. Zu diesem Zeitpunkt konnte sich der Gesetzgeber kaum vorstellen, dass es einmal für alle Beteiligten eine problemlose und absolut gängige Möglichkeit geben wird, die Strafakten anders als in Papierform zur Kenntnis zu nehmen. Es ist daher davon auszugehen, dass im Hintergrund der Aussage der Wille stand, dass jedem Verfahrensbeteiligten die Möglichkeit geboten werden muss, vom Inhalt der vom Selbstleseverfahren umfassten Urkunden Kenntnis zu nehmen, egal in welcher Form. Allein auf diese Aussage lässt sich daher kein Anspruch auf Erstattung von Druckkosten für in digitaler Form überlassene Selbstleseordner stützen.

Die Aufwendungserstattung für den Ausdruck der E-Akte hat bereits Gerichte beschäftigt, allerdings nicht im Zusammenhang mit dem Selbstleseverfahren.

Gemäß Nr. 7000 Ziff. 1 lit. A VV RVG ist eine Kostenerstattung für Ausdrucke aus Gerichtsakten nur dann zulässig, wenn diese für die sachgemäße Bearbeitung der Rechtssache erforderlich sind. Der Ausdruck der gesamten E-Akte wird allgemein als nicht geboten und damit nicht erstattungsfähig angesehen, da dem Rechtsanwalt die Fallbearbeitung mittels E-Akte zumutbar ist.[755] Daher habe sich der Verteidiger mit Hilfe der E-Akte in einen Sachverhalt einzuarbeiten und erst

---

751 In der Praxis ist dies jedoch kein häufiges Problem mehr, da in einer Vielzahl des JVAs den Häftlingen Computer zur Verfügung gestellt werden.

752 Vgl. dazu auch Beukelmann, NJW-Spezial 2014, 696 (696).

753 Ausführlich zu den Vor- und Nachteilen der E-Akte: Gerson, StraFo 2017,402.

754 BT-Drs. 8/1844, S. 32.

755 OLG Braunschweig, Beschluss vom 25.08.2015 – 1 Ws 233/15, MMR 2016, 565 (565); LG Osnabrück, Beschluss vom 05.12.2014 – 2 KLs 940 Js 67868/11 – 1/14, BeckRS

dann zu entscheiden, welche Aktenbestandteile zusätzlich als Papierausdruck benötigt werden.[756] Aus der bloßen Bequemlichkeit oder Erleichterung der Arbeit durch den Ausdruck, wie auch aus dessen Zweckmäßigkeit folge noch nicht die Gebotenheit des Ausdrucks für eine sachgemäße Bearbeitung.[757] Der Ausdruck von Aktenteilen, um Vorgänge plastischer vor Augen zu haben oder in der Handakte leichter finden zu können, wird daher nicht als für eine sachgemäße Bearbeitung geboten angesehen.[758] Vielmehr entfalle durch die dauerhafte Überlassung einer digitalen Kopie der Strafakte das Erfordernis der Vervielfältigung.[759]

Im Übrigen ergebe sich aus der Vorbemerkung zu Ziff. 7 Abs. 1 S. 1 VV RVG, dass mit den Gebühren auch die allgemeinen Geschäftskosten abgegolten werden, die der Anwalt daher selbst zu tragen habe, worunter auch Kopien und Ausdrucke fallen. Eine Erstattung für Ausdrucke außerhalb der Ziff. 7000 VV RVG komme daher nicht in Betracht.[760]

Im Hinblick auf das Selbstleseverfahren bemerkt das OLG Rostock in einem Nebensatz, dass es einem Rechtsanwalt zumutbar ist, Dokumente im Rahmen eines Selbstleseverfahrens in seinen Kanzleiräumen am Bildschirm zu lesen.[761] Dies bedeutet zweierlei: Zum einen ist es zulässig, den Verfahrensbeteiligten die vom Selbstleseverfahren umfassten Urkunden mittels digitaler Kopien zur Verfügung zu stellen. Zum anderen besteht aus Sicht des Gerichts kein Anspruch auf Erstattung der Druckkosten, da das Lesen am Bildschirm zumutbar und der Ausdruck daher nicht für eine sachgemäße Durchführung der Selbstlesung geboten ist.

Auch in der Literatur wurde die Frage der Erstattungsfähigkeit von Kosten für den Ausdruck der E-Akte oder Teilen daraus bereits diskutiert.

2015, 08884; OLG Düsseldorf, Beschluss vom 22.09.2014 – III-1 Ws 307+312/14, BeckRS 2014, 18494 und 18498.

756 OLG Braunschweig, Beschluss vom 25.08.2015 – 1 Ws 233/15, MMR 2016, 565 (565); OLG Rostock, Beschluss vom 29.09.2014 – 20 Ws 266/14, BeckRS 2014, 18588.

757 LG Osnabrück, Beschluss vom 05.12.2014 – 2 KLs 940 Js 67868/11 – 1/14, BeckRS 2015, 08884; OLG Rostock, Beschluss vom 29.09.2014 – 20 Ws 266/14, BeckRS 2014, 18588.

758 OLG München, Beschluss vom 03.11.2014 – 4c Ws 18/14, BeckRS 2014, 100126.

759 LG Osnabrück, Beschluss vom 05.12.2014 – 2 KLs 940 Js 67868/11 – 1/14, BeckRS 2015, 08884; OLG Düsseldorf, Beschluss vom 22.09.2014 – III-1 Ws 307+312/14, BeckRS 2014, 18494 und 18498.

760 OLG Braunschweig, Beschluss vom 25.08.2015 – 1 Ws 233/15, MMR 2016, 565 (565 f); OLG München, Beschluss vom 03.11.2014 – 4c Ws 18/14, BeckRS 2014, 100126.

761 OLG Rostock, Beschluss vom 29.09.2014 – 20 Ws 266/14, BeckRS 2014, 18588.

Beukelmann kritisiert den Unwillen der Bezirksrevisoren, die Kosten für Ausdrucke der E-Akten zu erstatten[762], mit Bezug auf die Entscheidung des OLG Düsseldorf vom 22.09.2014[763]. Er weist darauf hin, dass beispielsweise ein inhaftierter oder nicht EDV-bewanderter Mandant darauf angewiesen sein kann, Ausdrucke aus der Strafakte zu erhalten, um sich vorbereiten zu können und gemeinsam mit seinem Anwalt eine Verteidigungsstrategie zu entwickeln. Es sei unzumutbar, dass der Verteidiger ohne dafür honoriert zu werden Blatt für Blatt entscheiden muss, welche Ausdrucke für eine sachgemäße Bearbeitung des Mandats erforderlich sind und sich im Anschluss auch noch mit dem Bezirksrevisor darüber zu streiten, weshalb gerade dieser Ausdruck geboten war. Aus seiner Sicht ist es daher aus Gründen der Waffengleichheit erforderlich, dass der Verteidiger Ausdrucke der E-Akte erstellt und für diese eine Kostenerstattung erhält.

In einem Aufsatz zum Referentenentwurf zur Einführung der E-Akte vom 24.09.2014 prangert *von Stetten* an, dass der Entwurf zur Kostenfrage keinerlei Stellung bezieht.[764] Wie wir heute wissen enthält auch das Gesetz zur Einführung der elektronischen Akte in der Justiz und zur weiteren Förderung des elektronischen Rechtsverkehrs vom 05.07.2017[765] keine Regelungen zur Erstattung von Kosten für den Ausdruck von Dokumenten aus der E-Akte.

Im Hinblick auf eine angemessene Verteidigung und die Herstellung von Waffengleicht zwischen Gericht, Staatsanwaltschaft und Verteidigung ist ein Ausdruck von Dokumenten aus einer digitalen Akte manchmal unerlässlich. Im Hinblick auf das Selbstleseverfahren ist festzustellen, dass alle Dokumente, die von der Selbstleseanordnung umfasst sind, wohl auch von Bedeutung für die Urteilsfindung sind. Doch beachtet man die Rechtsprechung reicht dies allein nicht aus, um die Gebotenheit des Ausdrucks und damit eine Erstattung der Druckkosten nach Nr. 7000 Ziff. 1 lit. A VV RVG zu rechtfertigen. Vielmehr muss der Verteidiger davon ausgehen, dass eine Erstattung der Kosten nicht anerkannt wird. Ihm bleibt nach der aktuell geltenden Rechtsprechung daher nur die Wahl entweder auf den Ausdruck zu verzichten, obwohl er den Ausdruck für eine ordnungsgemäße Verteidigung für erforderlich hält, oder die Kosten selbst zu tragen. Dass dies eine Beschränkung der Berufsausübung des Anwalts darstellt steht außer Frage.

---

762 Beukelmann, NJW-Spezial 2014, 696 (696).

763 OLG Düsseldorf, Beschluss vom 22.09.2014 – III-1 Ws 307+312/14, BeckRS 2014, 18494 und 18498.

764 von Stetten, ZRP 2015, 138 (140).

765 Gesetz zur Einführung der elektronischen Akte in der Justiz und zur weiteren Förderung des elektronischen Rechtsverkehrs vom 05.07.2017, BGBl. I S. 2208 (S. 2208 ff).

Um dennoch eine Erstattung der Kosten ohne Diskussionen mit dem Bezirksrevisor zu erreichen besteht für den Verteidiger ein – sehr kleines – Schlupfloch. Der Anwalt hat die Möglichkeit, wenn er den Ausdruck der E-Akte für erforderlich hält, vorab die gerichtliche Feststellung gemäß § 238 Abs. 2 StPO zu beantragen, dass der Ausdruck der Dokumente als beabsichtigte Aufwendungen gemäß § 670 BGB zur sachgemäßen Durchführung des Selbstleseverfahrens erforderlich ist. Entscheidet das Gericht, dass der Ausdruck geboten und die Kosten dafür daher erstattungsfähig sind, handelt es sich hierbei um eine bindende Entscheidung des Gerichts i.S.d. § 46 Abs. 1 und Abs. 2 S. 1 und 3 RVG. Damit kann sich der Bezirksrevisor nicht mehr über die Entscheidung des Gerichts, ob ein Ausdruck geboten war oder nicht, hinwegsetzen und hat die vom Gerichtsbeschluss umfassten Kosten zu erstatten, da die Entscheidung für das Festsetzungsverfahren gemäß § 55 RVG bindend ist.[766]

Der Verteidiger steht jedoch weiterhin vor dem Problem, dass er auch das Gericht von der Gebotenheit des Ausdrucks für eine sachgemäße Bearbeitung der Unterlagen überzeugen muss. Dem Anspruch auf Erstattung des Ausdrucks der Dokumente kann die Notwendigkeit der Herstellung von Waffengleichheit zugrunde gelegt werden. Hierbei ist jedoch zu beachten, dass mit diesem Argument nur Unterlagen erstattungsfähig sind, die dem Gericht ebenfalls in Papierform vorliegen.[767] Ob das Vorgehen von Erfolg gekrönt sein wird, entscheidet sich von Fall zu Fall. Es ist jedoch davon auszugehen, dass immer häufiger ein Anspruch auf Erstattung versagt werden wird. Die Gerichte betonen in ihren Entscheidungen, dass in der Wirtschaftswelt die Arbeit mit digitalen Dokumenten zum Arbeitsalltag gehört und daher die Bearbeitung der E-Akte dem Verteidiger ohne weiteres zuzumuten ist.[768] Es steht zu erwarten, dass sich diese Sichtweise mit der Etablierung der E-Akte festigen wird.[769] Dies wird durch den Beschluss des OLG Rostock, dass es einem Rechtsanwalt zumutbar ist, Dokumente im Rahmen eines Selbstleseverfahrens in seinen Kanzleiräumen am Bildschirm zu lesen[770], bestätigt.

---

766 OLG Düsseldorf, Beschluss vom 22.09.2014 – III-1 Ws 307+312/14, BeckRS 2014, 18494 und 18498.

767 OLG Düsseldorf, Beschluss vom 22.09.2014 – III-1 Ws 307+312/14, BeckRS 2014, 18494 und 18498.

768 OLG München, Beschluss vom 03.11.2014 – 4c Ws 18/14, BeckRS 2014, 100126; OLG Düsseldorf, Beschluss vom 22.09.2014 – III-1 Ws 307+312/14, BeckRS 2014, 18494 und 18498.

769 Vgl. dazu auch Kotz, NStZ-RR 2015, 329 (334).

770 OLG Rostock, Beschluss vom 29.09.2014 – 20 Ws 266/14, BeckRS 2014, 18588.

3. Möglichkeit der Stellungnahme für die Verfahrensbeteiligten

Bei der Durchführung des Selbstleseverfahrens handelt es sich um die Erhebung eines Urkundenbeweises. Den Verfahrensbeteiligten stehen daher im Anschluss an die Durchführung des Selbstleseverfahrens die Erklärungsrechte aus § 257 StPO zu.[771]

a. Persönlicher Anwendungsbereich

Um den Anspruch auf rechtliches Gehör zu gewährleisten, hat das Gericht dem Angeklagten die Möglichkeit zu bieten, sich gemäß § 257 Abs. 1 StPO zu den im Selbstleseverfahren eingeführten Urkunden zu äußeren.[772] Der Vorsitzende soll den Angeklagten nach Abschluss jeder einzelnen Beweiserhebung fragen, ob er sich dazu erklären möchte. Insbesondere bei einem unverteidigten Angeklagten hat das Gericht im Rahmen seiner Aufklärungspflicht dafür Sorge zu tragen, dass der Angeklagte sein Erklärungsrecht kennt, dessen Umfang und Bedeutung versteht und jedes Mal darauf hingewiesen wird, wenn der Zeitpunkt, zu dem eine Erklärung zulässig ist, gekommen ist.

Es handelt sich bei § 257 Abs. 1 StPO zwar nur um eine Sollvorschrift, das Gericht hat aber, da die Vorschrift Ausfluss des Rechts auf rechtliches Gehör ist, dafür zu sorgen, dass dem Angeklagten nach jeder Beweiserhebung die Möglichkeit zur Äußerung geboten wird, außer wenn besondere Gründe dagegen sprechen.[773]

Dem Angeklagten steht auch dann das Erklärungsrecht zu, wenn sich sein Verteidiger bereits zu der in Bezug zu nehmenden Beweiserhebung geäußert hat.[774]

Die Regelung des § 257 Abs. 1 StPO ist zudem auf Nebenbeteiligte und die Vertreter von Personenvereinigungen und juristischen Personen, in dem Ausmaß ihrer Beteiligung und sofern diese eine dem Angeklagten vergleichbare Stellung

---

771 KK StPO-Diemer, § 257, Rn. 1; Meyer-Goßner/Schmitt, StPO, § 257, Rn. 1; MüKo, StPO, Cierniak/Niehaus, § 257, Rn. 3.

772 Vgl. dazu ausführlich unten E. IV. 2.

773 Löwe-Rosenberg, StPO, Stuckenberg, 26. Auflage, § 257, Rn. 7 ff; Meyer-Goßner/Schmitt, StPO, § 257, Rn. 2; MüKo, StPO, Cierniak/Niehaus, § 257, Rn. 6.

774 Löwe-Rosenberg, StPO, Stuckenberg, 26. Auf., § 257, Rn. 10; Meyer-Goßner/Schmitt, StPO, § 257, Rn. 2.

innehaben, anwendbar.[775] Die gesetzlichen Vertreter und die Erziehungsberechtigten im Jugendstrafverfahren werden hingegen nicht erfasst.[776]

Auch der Staatsanwaltschaft und dem Verteidiger[777] steht auf Verlangen ein Erklärungsrecht zu, § 257 Abs. 2 StPO. Diese Vorschrift ist auch auf Privatkläger und Nebenkläger anwendbar.[778]

Im Unterschied zu dem Erklärungsrecht des Angeklagten braucht der Vorsitzende den Staatsanwalt und Verteidiger nicht zu befragen, ob sie eine Erklärung abgeben wollen. Ihnen muss lediglich die Gelegenheit gegeben werden, sich zu Wort zu melden.[779] Dabei ist eine Stellungnahme erst dann zulässig, wenn der Vorsitzende ihnen entweder stillschweigend oder ausdrücklich das Wort erteilt hat.[780]

b. Inhaltliche Grenzen

Die Erklärungen nach Abschluss einer Beweiserhebung dürfen den Schlussvortrag nicht vorwegnehmen, § 257 Abs. 3 StPO. Dies bedeutet, dass sich die Erklärung gezielt auf die zuvor erfolgte Beweiserhebung – im Falle des Selbstleseverfahrens den Inhalt der selbst zu lesenden Urkunden – beziehen muss. Das Erklärungsrecht umfasst eine Gegendarstellung der erfolgten Beweiserhebung, deren rechtliche Bewertung und die Analyse der zur Kenntnis genommenen Tatsachen.[781]

Eine Gesamtwürdigung der bislang erfolgten Beweisaufnahme ist unzulässig.[782] Dem Angeklagten steht es jedoch zu, den Bezug zur konkret vorangegangenen Beweiserhebung zu überschreiten, da er in jedem Stadium des Verfahrens zu einer Aussage berechtigt ist. Er kann in diesem Zusammenhang erstmals eine

775 KK StPO-Diemer, § 257, Rn. 1; Löwe-Rosenberg, StPO, Stuckenberg, 26. Aufl., § 257, Rn. 7; Meyer-Goßner/Schmitt, StPO, § 257, Rn. 3; MüKo, StPO, Cierniak/Niehaus, § 257, Rn. 4; Pfeiffer, StPO, § 257, Rn. 1.

776 KK StPO-Diemer, § 257, Rn. 2; Meyer-Goßner/Schmitt, StPO, § 257, Rn. 3; Pfeiffer, StPO, § 257, Rn. 1; a.A.: Löwe-Rosenberg, StPO, Stuckenberg, 26. Auflage, § 257, Rn. 7; MüKo, StPO, Cierniak/Niehaus, § 257, Rn. 4, da eine Versagung des Äußerungsrechts § 67 Abs. 1 JGG widerspreche.

777 Vgl. dazu ausführlich unten E. IV. 3.

778 KK StPO-Diemer, § 257, Rn. 3; Meyer-Goßner/Schmitt, StPO, § 257, Rn. 6; MüKo, StPO, Cierniak/Niehaus, § 257, Rn. 5.

779 BGH, Beschluss vom 24.10.2006 – 1 StR 503/06, NStZ 2007, 234 (235); Löwe-Rosenberg, StPO, Stuckenberg, 26. Auflage, § 257, Rn. 14; Meyer-Goßner/Schmitt, StPO, § 257, Rn. 5.

780 Löwe-Rosenberg, StPO, Stuckenberg, 26. Auf., § 257, Rn. 14; Meyer-Goßner/Schmitt, StPO, § 257, Rn. 5.

781 MüKo, StPO, Cierniak/Niehaus, § 257, Rn. 13.

782 KK StPO-Diemer, § 257, Rn. 4; MüKo, StPO, Cierniak/Niehaus, § 257, Rn. 15.

Erklärung abgeben oder frühere Einlassungen ergänzen oder korrigieren.[783] Seine Stellungnahme ist in den Urteilsgründen im Zuge der Beweiswürdigung verwertbar.[784] Handelt es sich bei der Erklärung um die erste (und einzige) Einlassung des Angeklagten, stellt diese ein Brechen des Schweigens dar, womit nur noch ein Teilschweigen gegeben ist, was wiederum bei der Beweiswürdigung berücksichtigt werden kann.[785]

Hält sich ein Verfahrensbeteiligter nicht an die inhaltliche Beschränkung des Erklärungsrechts kann der Vorsitzende im Rahmen seiner Sachleitungsbefugnis, § 238 StPO, einschreiten.[786] Der Vorsitzende ist berechtigt, den Erklärenden zu unterbrechen, wenn es zu Überschreitungen des zulässigen Inhalts, Ausschweifungen und Wiederholungen kommt.[787] Er kann bei Nichtbeachtung der Ermahnungen dem Erklärenden auch das Wort entziehen.[788] Der Vorsitzende entscheidet nach pflichtgemäßem Ermessen, ob und wann er einschreitet, wobei er auf der einen Seite das Gebot der Verfahrensbeschleunigung und auf der anderen Seite das Interesse des Angeklagten an der Durchführung eines fairen Verfahrens zu beachten hat.[789] Eine zeitliche Begrenzung der Erklärung oder die Bitte, der Erklärende möge sich kurz fassen, sind unzulässig.[790] Auch ist es unschädlich, wenn sich der Angeklagte bei seiner Erklärung in der Wortwahl vergreift[791], solange er sich innerhalb der Grenzen der §§ 164, 113 ff StGB bewegt.

c. *Zeitliche Grenzen*

Das Erklärungsrecht steht den Verfahrensbeteiligten nach jeder einzelnen Beweiserhebung zu. Hier stellt sich daher die Frage, wann im Falle des

783 Löwe-Rosenberg, StPO, Stuckenberg, 26. Auf., § 257, Rn. 11; MüKo, StPO, Cierniak/Niehaus, § 257, Rn. 14.

784 Löwe-Rosenberg, StPO, Stuckenberg, 26. Auflage, § 257, Rn. 11; Meyer-Goßner/Schmitt, StPO, § 249, Rn. 1; MüKo, StPO, Cierniak/Niehaus, § 257, Rn. 14.

785 Löwe-Rosenberg, StPO, Stuckenberg, 26. Auf., § 257, Rn. 11; MüKo, StPO, Cierniak/Niehaus, § 257, Rn. 14.

786 KK StPO-Diemer, § 257, Rn. 4; Löwe-Rosenberg, StPO, Stuckenberg, 26. Auflage, § 257, Rn. 31.

787 Eisenberg, Beweisrecht, Rn. 806; Löwe-Rosenberg, StPO, Stuckenberg, 26. Auflage, § 257, Rn. 31; MüKo, StPO, Cierniak/Niehaus, § 257, Rn. 16.

788 Eisenberg, Beweisrecht, Rn. 806; Löwe-Rosenberg, StPO, Stuckenberg, 26. Auflage, § 257, Rn. 31; Meyer-Goßner/Schmitt, StPO, § 257, Rn 8.

789 Löwe-Rosenberg, StPO, Stuckenberg, 26. Auflage, § 257, Rn. 31.

790 Löwe-Rosenberg, StPO, Stuckenberg, 26. Auflage, § 257, Rn. 31.

791 Eisenberg, Beweisrecht, Rn. 806; Löwe-Rosenberg, StPO, Stuckenberg, 26. Auflage, § 257, Rn. 31.

Selbstleseverfahrens die Beweiserhebung betreffend eine bestimmte Urkunde abgeschlossen ist. Wie bereits diskutiert, ist die Beweisaufnahme erst mit der Protokollierung des Selbstleseverfahrens beendet.[792] Eine Erklärung zu den vom Selbstleseverfahren umfassten Urkunden kann daher erst dann erfolgen, wenn der Vorsitzende feststellt, dass das Gericht die Urkunden zur Kenntnis genommen hat und alle übrigen Verfahrensbeteiligten Gelegenheit dazu hatten und dies zu Protokoll erklärt wurde. Dieses Vorgehen ist auch zweckmäßig. Denn nur wenn das Gericht vom Inhalt der Urkunden Kenntnis erlangt hat, ist es auch in der Lage, den Erklärungen der Beteiligten zu folgen und diese in der Beweisbewertung sachgemäß einzuordnen.

Um hier Unklarheiten entgegenzuwirken, besteht die Möglichkeit, dass der Vorsitzende im Rahmen seiner Sachleitungsbefugnis den Erklärungszeitraum bestimmt. Im Fall des Erklärungsrechts des Angeklagten folgt dies schon allein aus der Tatsache, dass der Vorsitzende verpflichtet ist, diesen zu fragen, ob er zu den erhobenen Beweisen Stellung beziehen möchte.[793] Anders sieht es zwar im Hinblickt auf Verteidigung und Staatsanwaltschaft aus, diese können sich jedoch zur zeitlichen Einordnung an dem Hinweis an den Angeklagten orientieren.

d. Protokollierung

Die Befragung des Angeklagten, ob er von seinem Erklärungsrecht Gebrauch machen möchte, ist als wesentliche Förmlichkeit des Verfahrens zu protokollieren, was allgemein erfolgen kann.[794] Findet die Befragung im Hinblick auf eine bestimmte Beweiserhebung nicht statt, ist dies gesondert im Protokoll hervorzuheben.[795] Diese Gefahr besteht im Falle des Selbstleseverfahrens durchaus. Wie sich später zeigen wird, ist die Protokollierung des Selbstleseverfahrens eine für die Gerichte durchaus problematische Angelegenheit.[796] In der Bemühung um eine korrekte Aufnahme des Abschlusses des Selbstleseverfahrens in das Protokoll ist es durchaus denkbar, dass der direkt im Anschluss vorzunehmende Hinweis auf das Erklärungsrecht unter den Tisch fällt. Hier ist die Aufmerksamkeit

---

792 Vgl. oben D. I. 6.c.; Kreicker erklärt ausdrücklich, dass das Erklärungsrecht erst im Anschluss an die Protokollierung nach § 249 Abs. 2 S. 3 StPO zulässig ist, MüKo, StPO, Kreicker, § 23, Rn. 61.

793 Vgl. oben E. III. 3. a.

794 KK StPO-Diemer, § 257, Rn. 6; Löwe-Rosenberg, StPO, Stuckenberg, 26. Auflage, § 257, Rn. 34; MüKo, StPO, Cierniak/Niehaus, § 257, Rn. 9.

795 Löwe-Rosenberg, StPO, Stuckenberg, 26. Auflage, § 257, Rn. 34.

796 Vgl. unten E. VI. 2.

des Verteidigers gefragt, der darauf hinzuwirken hat, dass der fehlende Hinweis protokolliert wird und seinem Mandanten das Erklärungsrecht eingeräumt wird.

Die Einlassung des Angeklagten selbst ist nicht zur protokollieren.[797] Anders verhält es sich nur, wenn der Angeklagte sich im Rahmen des Erklärungsrechts erstmals zur Sache einlässt. Diese Tatsache ist festzuhalten, da ansonsten die Feststellung, dass der Angeklagte von seinem Schweigerecht Gebrauch macht, fortwirken würde.[798] Zudem ist in das Sitzungsprotokoll aufzunehmen, wenn dem Angeklagten das Wort entzogen wurde.[799]

Die Tatsache, dass Verteidigung und Staatsanwaltschaft nicht verlangt haben, eine Erklärung abgeben zu dürfen, ist nicht zu protokollieren. Es ist jedoch ins Protokoll aufzunehmen, wenn eine Erklärung erfolgte oder die Möglichkeit zur Abgabe einer Erklärung versagt wurde.[800]

4. Vorgehen nach Widerspruch eines Verfahrensbeteiligten

Das Gericht bestehend aus Berufsrichtern und den Schöffen[801] hat über den Widerspruch der Verfahrensbeteiligten gegen die Durchführung des Selbstleseverfahrens[802] zu entscheiden, § 249 Abs. 2 S. 2 StPO:

> „Widerspricht der Staatsanwalt, der Angeklagte oder der Verteidiger unverzüglich der Anordnung des Vorsitzenden, nach Satz 1 zu verfahren, so entscheidet das Gericht."[803]

Gegen die Anordnung des Selbstleseverfahren tritt an die Stelle des Antrags auf Entscheidung durch das Gericht, § 238 Abs. 2 StPO, die Möglichkeit des unverzüglichen Widerspruchs.[804] Das Gericht entscheidet über den Widerspruch durch Beschluss[805], wobei es nicht auf die Prüfung der rechtlichen Zulässigkeit der

797 KK StPO-Diemer, § 257, Rn. 6; Löwe-Rosenberg, StPO, Stuckenberg, 26. Auflage, § 257, Rn. 34.

798 KK StPO-Diemer, § 257, Rn. 6; Löwe-Rosenberg, StPO, Stuckenberg, 26. Auflage, § 257, Rn. 35; MüKo, StPO, Cierniak/Niehaus, § 257, Rn. 9.

799 Löwe-Rosenberg, StPO, Stuckenberg, 26. Auflage, § 257, Rn. 35.

800 KK StPO-Diemer, § 257, Rn. 6; Löwe-Rosenberg, StPO, Stuckenberg, 26. Auflage, § 257, Rn. 36; MüKo, StPO, Cierniak/Niehaus, § 257, Rn. 10.

801 MüKo, StPO, Kreicker, § 249, Rn. 55.

802 Ausführlich zum Widerspruch gegen die Durchführung des Selbstleseverfahrens B III. 3. Und E. IV. 1.

803 § 249 Abs. 2 S. 2.

804 KMR StPO, Heintschel-Heinegg, § 249, Rn. 46; Meyer-Goßner/Schmitt, StPO, § 249, Rn. 21; MüKO, StPO, Kreicker, § 249, Rn. 55.

805 Löwe-Rosenberg, StPO, Mosbacher, 26. Auflage, § 249, Rn. 76; Meyer-Goßner/Schmitt, StPO, § 249, Rn. 21; SK-StPO, Frister, § 249, Rn. 73.

Anordnung beschränkt ist, sondern nach pflichtgemäßem Ermessen entscheidet, ob das Selbstleseverfahren im konkreten Fall der Verlesung vorzuziehen ist.[806]

Als Reaktion auf den Widerspruch kann das Gericht der Verlesung der betroffenen Urkunden anordnen oder den Widerspruch zurückweisen – als unzulässig, wenn er von einem nicht zum Widerspruch berechtigten Verfahrensbeteiligten[807] erhoben wird[808], als unbegründet, wenn dieser von Berechtigten erhoben wurde, das Gericht die Selbstlesung im konkreten Fall jedoch für vorzugswürdig erachtet[809]. Bei verspäteten – also nicht unverzüglich erhobenen – Widersprüchen erfolgt eine Zurückweisung des Widerspruchs als unbeachtlich und verspätet.[810]

Das Gericht hat die Zurückweisung des Widerspruchs zu begründen.[811] Bei der Anordnung der Verlesung – in Folge der Stattgabe des Widerspruchs – besteht hingegen keine Begründungspflicht, da es sich um eine verfahrensleitende Verfügung des Vorsitzenden gemäß § 238 Abs. 1 StPO handelt.[812]

Bei der Zurückweisung des Widerspruchs wegen Verspätung hat das Gericht darzulegen, dass ein früherer Widerspruch zumutbar war.[813]

Im Falle einer Zurückweisung wegen Unzulässigkeit ist darzustellen, dass der Widersprechende nicht zum Widerspruch gemäß § 249 Abs. 2 S. 2 StPO berechtigt ist.[814]

Die Anforderungen an die Begründungstiefe richten sich nach der Begründung des Widerspruchs und der Bedeutung des Beweisinhaltes für das Verfahren. Es sind die wesentlichen tatsächlichen und rechtlichen Erwägungen in einem Umfang zu behandeln, der es dem Antragsteller und dem Rechtsmittelgericht ermöglicht, die Entscheidung des Gerichts über den Widerspruch auf seine Richtigkeit zu überprüfen.[815] Die bloße Wiedergabe des Gesetzestexts ist nur in

---

806 Löwe-Rosenberg, StPO, Mosbacher, 26. Auflage, § 249, Rn. 76; Meyer-Goßner/Schmitt, StPO, § 249, Rn. 21; SK-StPO, Frister, § 249, Rn. 73.

807 Vgl. oben B. III. 3.

808 Löwe-Rosenberg, StPO, Mosbacher, 26. Auflage, § 249, Rn. 76; SK-StPO, Frister, § 249, Rn. 73.

809 Löwe-Rosenberg, StPO, Mosbacher, 26. Auflage, § 249, Rn. 76.

810 Löwe-Rosenberg, StPO, Mosbacher, 26. Auflage, § 249, Rn. 76; SK-StPO, Frister, § 249, Rn. 73.

811 Löwe-Rosenberg, StPO, Mosbacher, 26. Auflage, § 249, Rn. 77; SK-StPO, Frister, § 249, Rn. 73.

812 Löwe-Rosenberg, StPO, Mosbacher, 26. Auflage, § 249, Rn. 77.

813 Löwe-Rosenberg, StPO, Mosbacher, 26. Auflage, § 249, Rn. 77.

814 Löwe-Rosenberg, StPO, Mosbacher, 26. Auflage, § 249, Rn. 77.

815 Löwe-Rosenberg, StPO, Mosbacher, 26. Auflage, § 249, Rn. 77.

absoluten Ausnahmefällen ausreichend, wenn der Sachverhalt eindeutig ist oder der Widerspruch selbst keine Begründung enthält.[816] Um Wiederholungen zu vermeiden, ist die Bezugnahme auf bereits ergangene Entscheidungen im selben Verfahren möglich und auch sinnvoll.[817]

Eine Entscheidung des Gerichts ist hinfällig, wenn der Vorsitzende selbst nach Erhebung des Widerspruchs die Verlesung anstelle der Durchführung des Selbstleseverfahrens anordnet.[818]

Der Beschluss zur Entscheidung des Gerichts über den Widerspruch gegen die Anordnung des Selbstleseverfahrens ist unanfechtbar, § 305 StPO.[819] Es ist umstritten, ob eine unterlassene Entscheidung über einen Widerspruch einen Revisionsgrund darstellt.[820]

Der erfolgte Widerspruch wie auch der dazu ergangene Beschluss des Gerichts sind in das Hauptverhandlungsprotokoll aufzunehmen.[821]

5. Protokollierung

Eine der wichtigsten Aufgaben des Gerichts im Zusammenhang mit dem Selbstleseverfahren ist dessen Protokollierung. Erst mit dieser ist die Beweiserhebung mittels Selbstleseverfahren abgeschlossen. Ein Blick auf die zum Thema Selbstleseverfahrenen ergangen Revisionsentscheidungen zeigt, dass die (fehlerhafte) Protokollierung des Selbstleseverfahrens der Hauptanlasspunkt für die Aufhebung von Urteilen aufgrund von Fehlern im Zusammenhang mit dem Selbstleseverfahren ist.[822] Dabei gibt der Gesetzeswortlaut die Anforderungen an die Protokollierung sehr eindeutig vor:

> „[1]Von der Verlesung kann, außer in den Fällen der §§ 253 und 254, abgesehen werden, wenn die Richter und Schöffen vom Wortlaut der Urkunde oder des Schriftstücks Kenntnis genommen haben und die übrigen Beteiligten hierzu Gelegenheit hatten. [2]Widerspricht der Staatsanwalt, der Angeklagte oder der Verteidiger unverzüglich der Anordnung des Vorsitzenden, nach Satz 1 zu verfahren, so entscheidet das Gericht. [3]Die Anordnung

816 Löwe-Rosenberg, StPO, Mosbacher, 26. Auflage, § 249, Rn. 77.
817 Löwe-Rosenberg, StPO, Mosbacher, 26. Auflage, § 249, Rn. 77.
818 Löwe-Rosenberg, StPO, Mosbacher, 26. Auflage, § 249, Rn. 76.
819 Beck'scher Online-Kommentar, StPO, Ganter, § 249, Rn. 23; MüKo, StPO, Kreicker, § 249, Rn. 55.
820 Vgl. unten E. VI. 7.
821 Meyer-Goßner/Schmitt, StPO, § 249, Rn. 24.
822 Vgl. unten E. VI. 2.

> des Vorsitzenden, die Feststellungen über die Kenntnisnahme und die Gelegenheit hierzu und der Widerspruch sind in das Protokoll aufzunehmen."[823]

Demnach ist ins Protokoll aufzunehmen, dass

1. das Selbstleseverfahren angeordnet wurde
2. die Berufsrichter und Schöffen den Wortlaut der Urkunden zur Kenntnis genommen haben
3. die übrigen Beteiligten Gelegenheit zur Kenntnisnahme hatten
4. ein Widerspruch erfolgt ist (sofern dies der Fall ist).

Die Notwendigkeit der genauen Erläuterung der Protokollierung des Selbstleseverfahrens wird auch in der Kommentierung des § 249 Abs. 2 StPO durch *Ganter* deutlich, der einen Vorschlag zur Protokollierung des Selbstleseverfahrens unterbreitet:

> „Die Protokollierung lautet:
>
> Der Vorsitzende ordnete das Selbstleseverfahren folgender Schriftstücke (genaue Bezeichnung, BGH NStZ 2004, 279) an.
>
> Den Prozessbeteiligten wurde Gelegenheit zur Kenntnisnahme gegeben.
>
> Nach einer angemessenen Unterbrechung zur Hauptverhandlung, in der die Urkunden gelesen werden können, ist folgende Feststellung zu protokollieren:
>
> Es wurde festgestellt, dass die Mitglieder des Gerichts den Wortlaut der Schriftstücke zur Kenntnis genommen haben."[824]

Diese Beschreibung weicht von anderen Darstellungen in der Literatur ab und gibt auch einen ungewöhnlichen Zeitablauf wieder, da erst nach Ablauf der Unterbrechung der Hauptverhandlung zur Selbstlesung festgestellt werden kann, ob die Prozessbeteiligten Gelegenheit zur Kenntnisnahme der Urkunden hatten.

Große Teile der Literatur stellen in Übereinstimmung mit dem Gesetzeswortlaut fest, dass in das Sitzungsprotokoll aufzunehmen ist, dass

1. das Selbstleseverfahren angeordnet wurde unter genauer Bezeichnung der betreffenden Urkunden[825]

---

823 § 249 Abs. 2 StPO.

824 Beck'scher Online-Kommentar, StPO, Ganter, § 249, Rn. 25.1.

825 KK StPO-Diemer, § 249, Rn. 39; KMR StPO, Heintschel-Heinegg, § 249, Rn. 49; Löwe-Rosenberg, StPO, Mosbacher, 26. Auflage, § 249, Rn. 89 f; Meyer-Goßner/Schmitt, StPO, § 249, Rn. 24; MüKo, StPO, Kreicker, § 249, Rn. 62; SK-StPO, Frister, § 249, Rn. 78, 103.

2. die Berufsrichter und Schöffen den Wortlaut der Urkunden zur Kenntnis genommen haben[826]
3. die übrigen Beteiligten Gelegenheit zur Kenntnisnahme hatten[827] (und gegebenenfalls der Verzicht eines Verfahrensbeteiligten auf die Kenntnisnahme[828])
4. ein Widerspruch erfolgt ist und die Entscheidung des Gerichts über den Widerspruch (sofern Widerspruch erhoben wurde),[829]

Bei der Protokollierung der Anordnung des Selbstleseverfahrens ist es nicht erforderlich anzugeben, weshalb der Selbstlesung der Vorzug vor der Verlesung geben wird.[830]

In Fällen, in denen wie üblich mehrere Urkunden im Wege des Selbstleseverfahrens in die Hauptverhandlung eingeführt werden, sind über jede einzelne Urkunde die entsprechenden Feststellungen zu treffen, was in einem Sammelvermerk erfolgen kann, der auf eine dem Protokoll beigefügte Selbstleseliste Bezug nimmt.[831]

Die Kenntnisnahme der Berufsrichter ist auch dann in das Sitzungsprotokoll mit aufzunehmen, wenn diese bereits vor Beginn der Hauptverhandlung die Urkunden zur Vorbereitung des Verfahrens zur Kenntnis genommen haben.[832] In diesen Fällen ist insbesondere zu beachten, dass die Protokollierung der Kenntnisnahme durch die übrigen Berufsrichter und die Schöffen nicht vergessen wird[833], da ansonsten aufgrund der negativen Beweiskraft des Protokolls davon auszugehen ist, dass durch diese keine Kenntnisnahme erfolgt ist.[834]

---

826 KK StPO-Diemer, § 249, Rn. 39; KMR StPO, Heintschel-Heinegg, § 249, Rn. 49; Löwe-Rosenberg, StPO, Mosbacher, 26. Auflage, § 249, Rn. 84, 90; Meyer-Goßner/Schmitt, StPO, § 249, Rn. 24; MüKo, StPO, Kreicker, § 249, Rn. 62.

827 KK StPO-Diemer, § 249, Rn. 39; KMR StPO, Heintschel-Heinegg, § 249, Rn. 49; Löwe-Rosenberg, StPO, Mosbacher, 26. Auflage, § 249, Rn. 84, 90; Meyer-Goßner/Schmitt, StPO, § 249, Rn. 24; MüKo, StPO, Kreicker, § 249, Rn. 62.

828 Löwe-Rosenberg, StPO, Mosbacher, 26. Auflage, § 249, Rn. 90; a.A: SK-StPO, Frister, § 249, Rn. 103.

829 KK StPO-Diemer, § 249, Rn. 39; KMR StPO, Heintschel-Heinegg, § 249, Rn. 49; Löwe-Rosenberg, StPO, Mosbacher, 26. Auflage, § 249, Rn. 90; Meyer-Goßner/Schmitt, StPO, § 249, Rn. 24; MüKo, StPO, Kreicker, § 249, Rn. 62; SK-StPO, Frister, § 249, Rn. 103.

830 Löwe-Rosenberg, StPO, Mosbacher, 26. Auflage, § 249, Rn. 90.

831 Löwe-Rosenberg, StPO, Mosbacher, 26. Auflage, § 249, Rn. 90.

832 BGH, Beschluss vom 23.03.2006 – 4 StR 584/05, NStZ 2006, 512 (512); Löwe-Rosenberg, StPO, Mosbacher, 26. Auflage, § 249, Rn. 90.

833 KMR StPO, Heintschel-Heinegg, § 249, Rn. 49.

834 KMR StPO, Heintschel-Heinegg, § 249, Rn. 49.

Zudem ist entscheidend, dass aus dem Protokoll wörtlich hervorgeht, dass das Gericht nicht nur vom „Inhalt“, sondern vom „Wortlaut“ der Urkunden Kenntnis genommen hat.[835]

Die Art und Weise der Kenntnisnahme der Urkunden durch das Gericht ist nicht zu protokollieren.[836]

Ebenso wenig sind in das Sitzungsprotokoll die genauen Umstände der Ermöglichung der Kenntnisnahme durch die übrigen Verfahrensbeteiligten aufzunehmen.[837] Es wird vertreten, dass ein entsprechender Hinweis jedoch zweckmäßig sein kann, beispielsweise die Überlassung von Kopien an bestimmte Verfahrensbeteiligte oder die Ermöglichung der Einsichtnahme in den Räumen der amtlichen Verwahrung.[838]

Nicht ins Protokoll aufgenommen werden müssen zudem Feststellungen des Gerichts zur Übereinstimmung der Originalurkunde mit den für das Selbstleseverfahren verwendeten Kopien.[839]

Der BGH hat die Frage, ob die Kenntnisnahme von Urkunden, die im Rahmen des Selbstleseverfahrens außerhalb der Hauptverhandlung erfolgt, überhaupt in das Hauptverhandlungsprotokoll aufgenommen werden kann, zunächst nicht beantwortet:

> „Der Generalbundesanwalt ist der Auffassung, die Kenntnisnahme der Richter von dem Wortlaut der Urkunden sei überhaupt nicht protokollierungsfähig, weil sie nicht in der Hauptverhandlung stattgefunden habe und die Protokollierungspflicht sich nur auf Vorgänge in der Hauptverhandlung beziehe und weil die Kenntnisnahme als innere Tatsache nicht der Beurkundung durch Protokollführer und Gerichtsvorsitzenden zugänglich sei, also auch durch eine solche Beurkundung nicht bewiesen werden könne. Die Verteidigung setzt dem entgegen, daß die Kenntnisnahme zwar nicht ein Vorgang in der Hauptverhandlung, wohl aber ein Teil der Beweisaufnahme sei, der kraft der Sondervorschrift des § 249 II StPO außerhalb der Hauptverhandlung stattfinden könne; gemäß § 249 II 5 [sic] StPO sei die Mitteilung des Vorsitzenden zu protokollieren, die Richter hätten Kenntnis von den Urkunden. Der Senat ist mit der Verteidigung der Auffassung, daß in den Fällen des § 249 II 3 StPO die Richter vor Schluß der Beweisaufnahme von dem Wortlaut Kenntnis genommen haben müssen. Die Frage, ob diese Kenntnisnahme oder eine sie bestätigende Erklärung in das Protokoll der Hauptverhandlung

---

835 MüKo, StPO, Kreicker, § 249, Rn. 62; SK-StPO, Frister, § 249, Rn. 103.

836 Löwe-Rosenberg, StPO, Mosbacher, 26. Auflage, § 249, Rn. 90; SK-StPO, Frister, § 249, Rn. 104.

837 Löwe-Rosenberg, StPO, Mosbacher, 26. Auflage, § 249, Rn. 90.

838 Löwe-Rosenberg, StPO, Mosbacher, 26. Auflage, § 249, Rn. 90.

839 BGH, Beschluss vom 05.01.1999 – 3 StR 550/98, NStZ-RR 1999, 176 (176); SK-StPO, Frister, § 249, Rn. 104.

aufgenommen werden kann und muß, braucht er nicht zu entscheiden. Der Senat ist mit der Verteidigung der Auffassung, daß in den Fällen des § 249 II 3 StPO die Richter vor Schluß der Beweisaufnahme von dem Wortlaut Kenntnis genommen haben müssen. Die Frage, ob diese Kenntnisnahme oder eine sie bestätigende Erklärung in das Protokoll der Hauptverhandlung aufgenommen werden kann und muß, braucht er nicht zu entscheiden."[840]

Die Protokollierungspflicht des § 249 Abs. 2 S. 3 StPO, die bestimmt, dass die Kenntnisnahme der Urkunden außerhalb der Hauptverhandlung zu protokollieren ist, stellt eine Sondervorschrift dar, die als Ergänzung der Pflicht zur Protokollierung der wesentlichen Förmlichkeiten der Hauptverhandlung, § 273 Abs. 1 und 2 StPO zu sehen ist.[841] Daher ergibt sich bereits allein aus der Entscheidung des Gesetzgebers, dass die Kenntnisnahme außerhalb der Hauptverhandlung protokollierungsfähig ist.

Zudem vertritt der BGH in anderen Entscheidungen die Auffassung, dass es sich bei der Feststellung der Kenntnisnahme außerhalb der Hauptverhandlung um eine wesentliche Förmlichkeit der Hauptverhandlung i.S.d. § 273 Abs. 1 StPO handelt.[842] Es wird in späteren Entscheidungen auch ausgeführt, dass sich die Protokollierung nur auf die Feststellung des Vorsitzenden, dass die Verfahrensbeteiligten erklärt haben, von dem Wortlaut der vom Selbstleseverfahren umfassten Urkunden Kenntnis genommen zu haben, bezieht und darin kein Nachweis der tatsächlich erfolgten Kenntnisnahme gesehen werden kann.[843]

6. Urteilsgründe

In den Urteilsgründen kann ohne Weiteres auf die im Wege des Selbstleseverfahrens eingeführten Urkunden Bezug genommen werden. Bei dem Selbstleseverfahren und der Verlesung handelt es sich um zwei gleichwertig

---

840 BGH, Urteil vom 10.12.1980 – 3 StR 410/80, NJW 1981, 694 (694).

841 Löwe-Rosenberg, StPO, Mosbacher, 26. Auflage, § 249, Rn. 88; Dies ergibt sich auch aus dem Sinnzusammenhang von Kommentierungen, die eine Protokollierungspflicht betreffend der vom Selbstleseverfahren umfassten Urkunden gemäß § 273 Abs. 1 StPO feststellen und im Anschluss die Pflicht zur Protokollierung der Kenntnisnahme durch das Gericht ohne Bezug auf diese Vorschrift fordern: Meyer-Goßner/Schmitt, StPO, § 249, Rn. 24; SK-StPO, Frister, § 249, Rn. 102 f.

842 BGH, Beschluss vom 07.07.2004 – 5 StR 412/03, NStZ 2005, 160 (160); BGH, Beschluss vom 07.06.2000 – 3 StR 84/00, BeckRS 2000, 30116323; BGH, Beschluss vom 21.09.1999 – 1 StR 389/99, NStZ 2000, 47 (47).

843 BGH, Beschluss vom 20.07.2010 – 3 StR 76/10, NJW 2010, 3382 (3383).

nebeneinanderstehende Formen des Urkundenbeweises.[844] Die Tatsache, dass eine Urkunde, die bei der Urteilsbegründung herangezogen wird, durch Selbstlesung eingeführt wurde, muss bei der Verwertung des Inhalts nicht gesondert angegeben werden. Dies ergibt sich bereits aus der Protokollierung der Anordnung des Selbstleseverfahrens, in der die mittels § 249 Abs. 2 StPO eingeführten Urkunden exakt individualisiert werden.

7. Zusammenfassung

Die Anordnung des Selbstleseverfahrens erfolgt nach pflichtgemäßem Ermessen des Vorsitzenden. Innerhalb des Zeitraums zwischen Beginn und Abschluss der Beweisaufnahme ist der Vorsitzende bei der Wahl des konkreten Zeitpunkts der Anordnung des Selbstleseverfahrens frei. Er sollte sich hierbei jedoch an den Belangen der Verfahrensbeteiligten und dem Zweck des Selbstleseverfahrens, der Beschleunigung des Verfahrens und der Prozessökonomie, orientieren. So sollten Selbstleseanordnungen, deren Notwendigkeit aus Sicht des Gerichts bereits bei Eintritt in die Beweisaufnahme feststeht, auch sofort vorgenommen werden. Dies ermöglicht den Verfahrensbeteiligten eine freiere Zeitplanung.

Zur Durchführung des Selbstleseverfahrens hat das Gericht die umfassten Urkunden genau zu bezeichnen und in digitaler oder ausgedruckter Form zur Verfügung zu stellen. Dies kann durch einen Verweis auf bereits erteilte Akteneinsicht oder die erstmalige Überlassung – was im Fall von Laienrichtern immer der Fall sein wird – erfolgen.

Der Angeklagte ist nach Protokollierung der Durchführung des Selbstleseverfahrens auf sein Erklärungsrecht nach § 257 StPO hinzuweisen. Auch die Staatsanwaltschaft und die Verteidigung sind erklärungsberechtigt, ein Hinweis darauf durch das Gericht ist jedoch nicht erforderlich.

Über einen Widerspruch gegen die Durchführung des Selbstleseverfahrens entscheidet das Gericht, außer der Vorsitzende entscheidet sich für die Verlesung der betroffenen Urkunde. Der Umfang der Begründung einer ablehnenden Entscheidung richtet sich nach den Umständen des Einzelfalls.

Die ordnungsgemäße Protokollierung des Selbstleseverfahrens besteht aus der Protokollierung der Feststellung, dass das Selbstleseverfahren angeordnet wurde (unter genauer Bezeichnung der betreffenden Urkunden), dass die Berufsrichter und Schöffen den Wortlaut der Urkunden zur Kenntnis genommen haben, dass die übrigen Beteiligten Gelegenheit zur Kenntnisnahme hatten und der Protokollierung des Widerspruch, sofern dieser erfolgt ist.

---

844 Vgl. oben B. IV.

Die Bezugnahme auf mittels Selbstleseverfahren eingeführte Urkunden im Urteil ist auch ohne Hinweis auf dieses Vorgehen zulässig.

IV. Tätigwerden des Verteidigers

Der Verteidiger hat verschiedene Möglichkeiten, gestaltend in das Verfahren einzugreifen, wenn das Gericht die Durchführung des Selbstleseverfahrens zur Einführung bestimmter Urkunden anordnet. So kann er bei erfolgreicher Erhebung des Widerspruchs gegen die Durchführung des Selbstleseverfahrens diese verhindern. Wird das Selbstleseverfahren dennoch durchgeführt, besteht mittels des Erklärungsrechts gemäß § 257 Abs. 2 StPO die Möglichkeit, die Verlesung des Wortlauts der Urkunde und die Diskussion ihres Inhalts in der Hauptverhandlung zu erreichen. Darüber hinaus können das Handeln und die Entscheidungen des Gerichts mit Hilfe von Beweisanträgen und Anträgen auf richterliche Entscheidung beeinflusst werden. Zuletzt kann durch einen Antrag auf richterliche Erklärung erreicht werden, dass die Intention des Gerichts auch den anderen Verfahrensbeteiligten zur Kenntnis gelangt.

Dieses Kapitel beschäftigt sich ausschließlich mit den Handlungsmöglichkeiten in der Hauptverhandlung, in der das Selbstleseverfahren angeordnet wird. Überdies kann der Verteidiger Verfahrensfehler in der Revision rügen. Die möglichen Ansatzpunkte für eine erfolgreiche Revision werden im nächsten Kapitel dargestellt.[845]

1. Widerspruch

Gegen die Anordnung des Selbstleseverfahrens durch den Vorsitzenden kann Widerspruch eingelegt werden, der zu einer Entscheidung durch das Gericht führt. Zum Widerspruch gegen die Anordnung des Selbstleseverfahrens sind neben dem Verteidiger auch die Staatsanwaltschaft, der Angeklagte, Einziehungs- und Verfallsbeteiligte, Vertreter von juristischen Personen und Personenvereinigungen sowie Beistände im Jugendstrafverfahren berechtigt.[846]

Die allgemeinen Voraussetzungen des Widerspruchs wurden bereits oben erörtert.[847] Im Folgenden werden die speziell für den Verteidiger wichtigen Aspekte des Widerspruchsrechts eingehender beleuchtet.

---

845 Vgl. unten E. VI.

846 Vgl. dazu ausführlich oben B. III. 3.

847 Vgl. oben B. III. 3.

a. Anlass zu Erhebung des Widerspruchs für den Verteidiger

Es wurde bereits ausgeführt, dass das Selbstleseverfahren die Grundsätze der Mündlichkeit, Öffentlichkeit und Unmittelbarkeit des Verfahrens tangieren kann, wobei die damit verbundenen möglichen Einschränkungen vom Gesetzgeber gesehen und bei der Einführung des Selbstleseverfahrens als vertretbar befunden wurden.[848] Es ist daher kaum zu erwarten, dass der Verteidiger mit einem auf Verletzung dieser Prinzipien gestützten Widerspruch Erfolg haben wird.

Dagegen sollte immer dann Widerspruch erhoben werden, wenn der Verteidiger einen Vorstoß gegen gesetzliche Vorgaben durch die Durchführung des Selbstleseverfahrens betreffend bestimmte Urkunden erkennt oder tatsächliche Gründe gegen die Durchführung des Selbstleseverfahrens sprechen.

Zunächst ist ein Widerspruch gegen die Durchführung des Selbstleseverfahrens zwingend zu erheben, wenn das Selbstleseverfahren betreffend bestimmte Urkunden von Gesetzes wegen unanwendbar ist.[849] Dies ist der Fall bei der Verlesung des Anklagesatzes, bei der Ersetzung der persönlichen Vernehmung durch Protokollverlesung, § 250 StPO und bei Urkunden gemäß § 253 und 254 StPO.

Zudem gilt es für den Verteidiger zu überprüfen, ob durch die Erhebung des Urkundenbeweises durch das Selbstleseverfahren eine der Regelungen des §§ 251 bis 256 StPO verletzt wird.[850] Ein Verstoß gegen diese Vorschriften führt zur Unzulässigkeit der Erhebung des Urkundenbeweises und damit auch zur Unzulässigkeit der Durchführung des Selbstleseverfahrens betreffend diese Urkunde.

Gleiches gilt, wenn eine bestimmte Urkunde einem Beweisverwertungsverbot unterliegt[851] und die Beweiserhebung aus diesem Grund zu unterbleiben hat.

Schwieriger ist es, einen Widerspruch erfolgreich auf das Vorliegen von praktischen Hindernissen zu stützen, da die Anordnung des Selbstleseverfahrens im Ermessen des Vorsitzenden des Gerichts steht und hier unterschiedliche Ansichten vertreten werden können. Dennoch ist es dem Verteidiger anzuraten, auch in diesen Fällen Widerspruch zu erheben und auf dessen ordnungsgemäße Protokollierung zu achten, um sich die Möglichkeit der Revision aufrecht zu erhalten.[852]

Der Verteidiger sollte daher immer wenn eine Wahrnehmungseinschränkung aufgrund von Blindheit oder einer Sehbehinderung, fehlenden Deutschkenntnissen und Analphabetismus bei einem der Verfahrensbeteiligten vorliegt, mit

---

848 Vgl. oben D. I. 1.- 3.

849 Vgl. oben D. I. 5.

850 Vgl. oben D. I. 3. c. bis h.

851 Vgl. oben D. I. 6.

852 Vgl. unten E. V.

Hinweis auf diese Widerspruch gegen die Durchführung des Selbstleseverfahren erheben. Wie bereits erläutert wurde, sprechend diese Wahrnehmungsprobleme jedoch nicht grundsätzlich gegen die Durchführung des Selbstleseverfahrens.[853] Da sie jedoch im Einzelfall mit erheblichem Aufwand und Einschränkungen für die Verteidigung verbunden sein können, ist immer abzuwägen, ob es im konkreten Fall zielführender ist, eine Urkunde in der Hauptverhandlung zu verlesen.

Ferner kommt ein Widerspruch in Betracht, wenn eine Urkunde aus Sicht der Verteidigung von besonderer Bedeutung ist und auf eine Verlesung und Diskussion des Inhalts des Dokuments in der Hauptverhandlung nicht verzichtet werden kann.

Hier gilt es auch zu bedenken, dass es für das Bild des Angeklagten in der Öffentlichkeit entscheidend sein kann, dass bestimmte Dokumente in öffentlicher Hauptverhandlung verlesen und damit der Kenntnis der Zuhörer und der Presse zugänglich gemacht werden. So kann auf die Berichterstattung zwar kein direkter Einfluss genommen werden, es wird jedoch sichergestellt, dass der Wortlaut der Urkunde der Öffentlichkeit bekannt gemacht wird und dadurch ein positiver Effekt auf die Wahrnehmung des Mandanten ermöglicht wird. Dies ist auch im Hinblick auf die Vorschrift des § 353d Nr. 3 StPO von Bedeutung.[854]

Zum Schutz der Wirtschaftlichkeit der eigenen Tätigkeit sollte der Verteidiger auch erwägen, wie hoch der Zeitaufwand für die Selbstlesung voraussichtlich werden wird. Handelt es sich um ein nach RVG vergütetes Mandat oder eine Pflichtverteidigung ist im Einzelfall zu erwägen, ob eine Selbstlesung für den Verteidiger aus ökonomischer Sicht unzumutbar ist und gegebenenfalls im Widerspruch darauf hinzuweisen.

b. Zeitpunkt und Form

Tritt der Fall ein, dass die Durchführung des Selbstleseverfahrens aus Sicht der Verteidigung nicht zielführend ist, muss der Verteidiger unverzüglich, also ohne jedes schuldhafte Zögern[855], Widerspruch gegen die Anordnung des Selbstleseverfahrens erheben, § 249 Abs. 2 S. 2 StPO. Wie bereits dargestellt, erfolgt die Erhebung des Widerspruchs in der Regel nur dann unverzüglich, wenn sie

853 Vgl. oben D. II. 1.

854 Vgl. oben E. I. 10.

855 KK StPO-Diemer, § 249, Rn. 35; Löwe-Rosenberg, StPO, Mosbacher, 26. Auflage, § 249, Rn. 75; MüKo, StPO, Kreicker, § 249, Rn. 55; SK-StPO, Frister, § 249, Rn. 70.

unmittelbar nach der Anordnung des Selbstleseverfahrens durch den Vorsitzenden vorgenommen wird.[856]

Dies ist für den Verteidiger meist auch möglich, da die Durchführung des Selbstleseverfahrens oft bereits vorab angekündigt wird und somit Gelegenheit besteht die von der Selbstleseanordnung umfassten Urkunden im Vorfeld betreffend ihre Tauglichkeit für die Beweiserhebung nach § 249 Abs. 2 StPO zu prüfen. Hier besteht auch die Möglichkeit, den beabsichtigten Widerspruch gegen die Anordnung des Selbstleseverfahrens vorzeitig anzukündigen. So kann möglicherweise die Entscheidung des Vorsitzenden noch vor Anordnung des Selbstleseverfahrens dahingehend beeinflusst werden, dass er die Verlesung wählt. Ist die nicht der Fall, ist es zwingend erforderlich, dass der Verteidiger nach Anordnung des Selbstleseverfahrens ausdrücklich Widerspruch erhebt, da nur dieser die Verpflichtung des Gerichts zur Entscheidung über den Widerspruch auslöst.[857]

Wird das beabsichtigte Selbstleseverfahren nicht vorab angekündigt, muss der Verteidiger versuchen, anhand des zur Vorbereitung der Hauptverhandlung durchgeführten Aktenstudiums die Situation einzuschätzen.[858] Gelingt dies nicht oder ist die Anordnung des Selbstleseverfahrens betreffend eine bestimmte Urkunde für den Verteidiger überraschend, sollte er das Gericht auf diese Gegebenheit hinweisen und die Einräumung einer angemessenen Frist zur Entscheidung, ob Widerspruch gegen die Anordnung des Selbstleseverfahrens eingelegt wird oder nicht, beantragen.[859]

Eine Widereinsetzung in den vorigen Stand ist nicht möglich, da es sich nicht um eine Frist nach § 44 StPO handelt.[860] Der Verteidiger ist daher angehalten, sich um die unverzügliche Erhebung des Widerspruchs zu bemühen.

Der Widerspruch muss nicht begründet werden, da es sich nicht um einen Antrag nach § 238 Abs. 2 StPO handelt[861] und der Widerspruch nur die Form der Beweiserhebung, nicht jedoch die Beweisverwendung beanstandet.[862]

---

856 Vgl. oben B. III. 3.

857 Löwe-Rosenberg, StPO, Mosbacher, 26. Auflage, § 249, Rn. 71; SK-StPO, Frister, § 249, Rn. 72.

858 Löwe-Rosenberg, StPO, Mosbacher, 26. Auflage, § 249, Rn. 75.

859 Löwe-Rosenberg, StPO, Mosbacher, 26. Auflage, § 249, Rn. 75.

860 Eisenberg, Beweisrecht StPO, Rn. 2047; KMR StPO, Heintschel-Heinegg, § 249, Rn. 46; SK-StPO, Frister, § 249, Rn. 70.

861 KK StPO-Diemer, § 249, Rn. 35; Löwe-Rosenberg, StPO, Mosbacher, 26. Auflage, § 249, Rn. 72; MüKo, StPO, Kreicker, § 249, Rn. 55; SK-StPO, Frister, § 249, Rn. 69.

862 Löwe-Rosenberg, StPO, Mosbacher, 26. Auflage, § 249, Rn. 72.

Dem Verteidiger ist jedoch anzuraten, den Widerspruch zu begründen, um offensichtlich zu machen, aus welchen Gründen der Urkundenbeweis durch das Selbstleseverfahren im vorliegenden Fall zu beanstanden ist.[863] Nur so kann eine zielgerichtete Beeinflussung des Gerichts, dass nach pflichtgemäßem Ermessen entscheidet, erfolgen.

Problematisch ist bei der Urteilsbegründung, dass die Gründe, die allgemein gegen die Anwendung des Selbstleseverfahrens sprechen – die Einschränkung des Unmittelbarkeits- und Öffentlichkeitsgrundsatzes – bei der Einführung des Selbstleseverfahrens gesehen und in Kauf genommen wurden.[864] Daher ist es anzuraten, dass der Verteidiger bei der Begründung des Widerspruch im Details auf die oben aufgeführten Gründe, die gegen die Anwendung des Selbstleseverfahrens sprechen und dem Verteidiger Anlass geben Widerspruch einzulegen, einzugehen.

c. *Entscheidung des Gerichts*

Als Reaktion auf den Widerspruch kann der Vorsitzende direkt die Verlesung der entsprechenden Urkunden anordnen[865], bzw. falls es noch nicht an der Zeit ist, diese in die Hauptverhandlung einzuführen, die Urkunde aus der Selbstleseanordnung ausnehmen. Ist das Selbstleseverfahren im gegenständlichen Verfahren grundsätzlich nicht anzuwenden, da es nicht praktikabel ist oder aus anderen Gründen die Verlesung vorzuziehen ist, wird die Anordnung des Selbstleseverfahrens zurückgenommen und für sämtliche Urkunden die Verlesung angeordnet.

Entscheidet sich das Gericht für die Verlesung der Urkunde, die betreffend Widerspruch erhoben wurde, sind keine weiteren Schritte veranlasst.[866]

Wählt der Vorsitzende nicht die Verlesung, entscheidet das Gericht per Beschluss nach pflichtgemäßem Ermessen, welche Form des Urkundenbeweises anzuwenden ist.[867] Prüfungsgegenstand sind die Widerspruchsbefugnis des widerspruchseinlegenden Verfahrensbeteiligten, die Rechtzeitigkeit des Widerspruchs und das Vorliegen der gesetzlichen Voraussetzungen für die Durchführung des Selbstleseverfahrens.[868] Das Gericht beurteilt zudem im Rahmen seines

---

863 Löwe-Rosenberg, StPO, Mosbacher, 26. Auflage, § 249, Rn. 72.

864 Kirchner, StraFo 2015, 52 (54).

865 KK StPO-Diemer, § 249, Rn. 35; Löwe-Rosenberg, StPO, Mosbacher, 26. Auflage, § 249, Rn. 76.

866 Eisenberg, Beweisrecht StPO, Rn. 2049; Löwe-Rosenberg, StPO, Mosbacher, 26. Auflage, § 249, Rn. 76 f; SK-StPO, Frister, § 249, Rn. 73.

867 KK StPO-Diemer, § 249, Rn. 35.

868 Eisenberg, Beweisrecht StPO, Rn. 2049.

Ermessensspielraums, ob die Einschränkung des Mündlichkeitsgrundsatzes im konkreten Fall in einem angemessenen Verhältnis zu der zu erwartenden Verfahrensvereinfachung steht.[869]

Bei der Ermessensausübung ist regelmäßig keine besonderes Augenmerk auf die Aufklärungspflicht des Gerichts zu legen, da die Beweiserhebungen durch Verlesung und Selbstlesung qualitativ gleichwertig sind.[870]

In den Fällen, in denen das Gericht den Widerspruch zurückweist, was auch bei Widerspruch durch Nichtberechtigte und nicht unverzüglich erhobenem Widerspruch der Fall ist, hat es die Zurückweisung als unzulässig oder unbegründet zu begründen.[871] Die Begründung ist erforderlich, um die Ermessensentscheidung des Gerichts überprüfen zu können.[872] Sie muss daher die wesentlichen rechtlichen und tatsächlichen Erwägungen des Gerichts enthalten.[873]

Wird der Widerspruch als verspätet zurückgewiesen, ist darzulegen, dass ein früherer Widerspruch möglich und zumutbar war.[874] Bei einem Widerspruch durch Nichtberechtigte ist deren mangelnde Befugnis zu erläutern.[875]

Die Anforderungen an die Ausführlichkeit der Begründung der Zurückweisung des Widerspruchs richten sich nach dem Gehalt des Widerspruchs selbst, wobei sich das Gericht nicht mit jedem einzelnen Vorbringen des Widerspruchs befassen muss.[876] Auch deshalb ist die Verteidigung gut beraten, wenn sie in der Begründung des Widerspruchs prägnant auf die im konkreten Fall der Durchführung des Selbstleseverfahrens entgegenstehenden Punkte eingeht und sich nicht in allgemeinen Ausführungen verliert. Dies trägt dazu bei, dass das Gericht sich dezidiert mit den Argumenten der Verteidigung auseinandersetzen muss und sich nicht auf die – nur in den seltensten Fällen ausreichende – Wiedergabe der gesetzlichen Vorgaben für das Selbstleseverfahren zurückziehen kann.[877] Der Beschluss des Gerichts ist nicht mit der Beschwerde anfechtbar, § 305 S. 1 StPO.[878]

---

869 Eisenberg, Beweisrecht StPO, Rn. 2049.

870 KK StPO-Diemer, § 249, Rn. 35.

871 Löwe-Rosenberg, StPO, Mosbacher, 26. Auflage, § 249, Rn. 77; SK-StPO, Frister, § 249, Rn. 73.

872 Eisenberg, Beweisrecht StPO, Rn. 2050; Löwe-Rosenberg, StPO, Mosbacher, 26. Auflage, § 249, Rn. 77.

873 Löwe-Rosenberg, StPO, Mosbacher, 26. Auflage, § 249, Rn. 77; Meyer-Goßner/Schmitt, StPO, § 34, Rn. 4.

874 Löwe-Rosenberg, StPO, Mosbacher, 26. Auflage, § 249, Rn. 77.

875 Löwe-Rosenberg, StPO, Mosbacher, 26. Auflage, § 249, Rn. 77.

876 Löwe-Rosenberg, StPO, Mosbacher, 26. Auflage, § 249, Rn. 77.

877 Löwe-Rosenberg, StPO, Mosbacher, 26. Auflage, § 249, Rn. 77.

878 Eisenberg, Beweisrecht StPO, Rn. 2049; MüKo, StPO, Kreicker, § 257, Rn. 55.

2. Erklärungsrecht des Verteidigers, § 257 Abs. 2 StPO

Ein wesentlicher Nachteil des Selbstleseverfahrens ist die Tatsache, dass Urkunden in die Hauptverhandlung eingeführt werden, ohne dass deren Inhalt zwischen den Verfahrensbeteiligten thematisiert und diskutiert wird. Diesem Defizit kann jedoch entgegengewirkt werden, indem die Staatsanwaltschaft, der Angeklagte und der Verteidiger von ihrem Erklärungsrecht aus § 257 Abs. 1 u. 2 StPO Gebrauch machen.

An dieser Stelle kommt insbesondere dem Verteidiger eine große Verantwortung zu, da er sich nicht darauf verlassen kann, dass der Staatsanwalt Beweise, die für und gegen den Angeklagten sprechen in derselben Weise erforscht und würdigt, wie die Verteidigung. Es ist vielmehr davon auszugehen, dass der Verteidiger sehr viel eher Willens und vor allem auch in der Pflicht ist, auf Punkte hinzuweisen, die geeignet sind den Angeklagten zu entlasten, und diese mit der gebotenen Sorgfalt herauszuarbeiten. Für eine effektive und kunstgerecht Verteidigung ist es daher unerlässlich, dass der Verteidiger die vom Selbstleseverfahren umfassten Urkunden zur Kenntnis nimmt und überprüft, ob diese Diskussionspunkte aufwerfen, deren Behandlung für die Verteidigung förderlich sein kann oder möglicherweise auch Passagen enthalten, die mit Gegenbeweisen widerlegt oder entkräftet werden müssen.

Darüber hinaus bewirkt die Wahrnehmung des Erklärungsrechts, dass der Inhalt der im Selbstleseverfahren eingeführten Urkunden auch der Öffentlichkeit bekannt gemacht wird.

a. Eigenständiges Erklärungsrecht

Durch § 257 Abs. 2 StPO steht jedem Verteidiger das Recht zu, im Anschluss an jede einzelne Beweiserhebung Erklärungen abzugeben. Wird ein Angeklagter von mehreren Verteidigern vertreten, steht auch jedem einzelnen Verteidiger dieses Erklärungsrecht zu.[879] Entscheidend ist auch, dass der Verteidiger von seinem Erklärungsrecht unabhängig von seinem Mandanten Gebrauch machen kann – somit ist eine Erklärung des Verteidigers nach § 257 Abs. 2 StPO auch bei einem schweigenden Angeklagten zulässig.[880]

Im Gegensatz zum Angeklagten muss der Verteidiger nicht vom Vorsitzenden befragt werden, ob er von seinem Erklärungsrecht Gebrauch machen

879 Beck'scher Online-Kommentar, StPO, Eschelbach, § 257, Rn. 13; Burkhard, StV 2004, 390 (390); Leipold, StraFo 2001, 300 (300); MüKo, StPO, Cierniak/Niehaus, § 257, Rn. 3.

880 Burkhard, StV 2004, 390 (390); Leipold, StraFo 2001, 300 (300).

möchte, sondern er muss erklären, dass er eine Erklärung zu den im Selbstleseverfahren eingeführten Urkunden abgeben möchte. Erst wenn der Vorsitzende dem Verteidiger das Wort erteilt, ist dieser berechtigt, zu der Beweiserhebung Erklärungen abzugeben.[881]

b. Gestaltungsmöglichkeiten bei der Wahrnehmung des Erklärungsrechts

Aufgrund des im Einzelfall größeren Umfangs einer Erklärung, insbesondere, wenn zu mehreren von derselben Selbstleseanordnung umfassten Urkunden Erklärungen abgegeben werden sollen, kann es sinnvoll sein, die Absicht, eine Erklärung abzugeben, bereits vorab anzukündigen.

Dies ist bei Erklärungen zu vom Selbstleseverfahren umfassten Urkunden in der Regel problemlos möglich, da dem Verteidiger die Urkunden bereits aus der Vorbereitung der Hauptverhandlung bekannt sind und er daher schon bei der Kenntnisnahme der Selbstleseliste abschätzen kann, zu welchen Urkunden Erklärungen abgegeben werden sollen. Hier zeigt sich ein Vorteil bei der Wahrnehmung des Erklärungsrechts im Zusammenhang mit dem Selbstleseverfahren gegenüber der Erklärung zu Urkunden, die in der Hauptverhandlung verlesen werden: In der Regel ist nicht bekannt, welche Urkunden an welchem Hauptverhandlungstag verlesen werden, sodass eine Erklärung ad hoc erfolgen muss, wenn nicht das Gericht eine Unterbrechung zur Vorbereitung der Erklärung gewährt.[882] Ist hingegen das Selbstleseverfahren angeordnet, kann der Verteidiger in aller Ruhe außerhalb der Hauptverhandlung die Urkunden durcharbeiten, Verteidigungspotential erkennen und eine dementsprechende Erklärung vorbereiten.

Die frühzeitige Ankündigung der Absicht, eine Erklärung abzugeben, ermöglicht es dem Gericht, die dafür benötige Zeit einzuplanen und den weiteren Verfahrensgang darauf anzupassen. Dies ist auch im Sinne der Verteidigung, da dadurch sichergestellt wird, dass genügend Zeit für die Erklärung zur Verfügung steht und auch alle Beteiligten bei der Sache sind und nicht etwa durch bereits vor dem Sitzungssaal wartende Zeugen abgelenkt sind.

Zudem bietet es sich bei längeren Erklärungen, die bereits während des laufenden Selbstleseverfahrens gedanklich entstehen, an, diese in einen Schriftsatz zu fassen und nach Abschluss des Selbstleseverfahrens zusätzlich zur mündlichen

---

881 Burkhard, StV 2004, 390 (392); Löwe-Rosenberg, StPO, Stuckenberg, 26. Auflage, § 257, Rn. 14; Meyer-Goßner/Schmitt, StPO, § 257, Rn. 5.

882 Burkhard, StV 2004, 390 (391); Löwe-Rosenberg, StPO, Stuckenberg, 26. Auflage, § 257, Rn. 19.

Erklärung in der Hauptverhandlung an die weiteren Verfahrensbeteiligten zu übergeben und zudem eine Abschrift zum Protokoll zu reichen. Dieses Vorgehen hat den Vorteil, dass zum einen die Inhalte der vom Selbstleseverfahren umfassten Urkunden in der Hauptverhandlung zur Sprache kommen und auch der Öffentlichkeit zur Kenntnis gelangen. Zum anderen besteht für die weiteren Verfahrensbeteiligten und das Gericht die Möglichkeit, die Gedankengänge der Verteidigung nachzuvollziehen und wenn nötig auch später nochmals im Wortlaut durchzuarbeiten.

In Fällen, in denen es auf den exakten Wortlaut einer Urkunde ankommt, empfiehlt es sich, die entsprechende Passage in der Hauptverhandlung zu verlesen und nicht nur Bezug auf eine bestimmte Urkunde zu nehmen. Bei diesem Vorgehen kann sichergestellt werden, dass jeder der Verfahrensbeteiligten von dem genauen Wortlaut Kenntnis nimmt und diesen mit der Akzentuierung des Verteidigers und im Zusammenhang mit dessen Erklärung nochmals einer neuen Wertung unterziehen kann.

Zudem bietet diese Vorgehensweise den Vorteil, dass auch die Öffentlichkeit von dem Wortlaut der Urkunde Kenntnis erlangt. Gerade in medienwirksamen Prozessen kann es dem Angeklagten nützen, wenn die Öffentlichkeit und damit auch die Presse den genauen Wortlaut hören und gegebenenfalls in die Berichterstattung aufnehmen. So besteht die Möglichkeit, dass ein neues Bild der Rolle und der Verantwortung des Angeklagten gezeichnet oder zumindest dessen Handeln in neuem Lichte dargestellt wird.

c. *Keine Vorwegnahme des Plädoyers*

Die Erklärung zur Beweiserhebung darf das Plädoyer nicht vorwegnehmen, § 257 Abs. 3 StPO. Dies hindert den Verteidiger jedoch nicht daran, eine umfangreiche Erklärung zu den im Selbstleseverfahren eingeführten Urkunden abzugeben, sofern er es für erforderlich hält.

An dieser Stelle ist insbesondere anzumerken, dass bei der Erhebung des Urkundenbeweises durch Selbstlesung das Erklärungsrecht erst nach der Protokollierung des Abschlusses des Selbstleseverfahrens besteht.[883] Im Selbstleseverfahren wird jedoch in aller Regel nicht nur eine Urkunde eingeführt, sodass der Verteidiger sich nicht wie bei der Verlesung auf die Diskussion des Inhalts eines einzelnen Schriftstücks beschränken kann. Viel mehr ist in einer Mehrheit der Fälle eine Vielzahl von Urkunden von der Selbstleseanordnung umfasst, sodass es nicht ausgeschlossen ist, dass der Verteidiger auch zu mehreren

883 MüKo, StPO, Kreicker, § 249, Rn. 61.

Dokumenten eine Erklärung abgegeben möchte. Hier ist ihm die dafür benötigte Zeit einzuräumen, auch wenn es bedeutet, dass ein längerer Zeitraum in Anspruch genommen werden muss.[884]

Der Zeitaufwand allein und auch die Tatsache, dass auf einmal zu mehreren Urkunden Stellung genommen wird, deuten nicht darauf hin, dass das Plädoyer vorweggenommen wird. Dies ergibt sich schon allein daraus, dass es dem Verteidiger bei der Verlesung der Urkunden nach jeder einzelnen Urkunden zu gestatten ist, sich zu dieser zu erklären. Der Verteidiger hat daher vor Abschluss des Selbstleseverfahrens genau zu prüfen, zu welchen Urkunden eine Erklärung die Position des Angeklagten stützen kann und zu allen relevanten Punkten eine Erklärung vorzubereiten sowie diese in der Hauptverhandlung anzugeben.

Die Gelegenheit zur Erklärung zu jeder Urkunde darf ihm nicht dadurch genommen werden, dass durch die Anordnung des Selbstleseverfahrens eine Situation provoziert wird, in der er zu mehreren Dokumenten gleichzeitig Erklärungen abgeben muss, und daraus der Vorwurf der Vorwegnahme des Plädoyers konstruiert wird.

d. *Reaktionsmöglichkeiten des Verteidigers bei Missachtung des Erklärungsrechts*

Sieht der Vorsitzende die Schwelle zur unzulässigen Vorwegnahme des Plädoyers dennoch überschritten, so kann er dem Verteidiger nach vorangegangener entsprechender Ermahnung das Wort entziehen.[885] Gegen diesen Eingriff kann der Verteidiger gerichtliche Entscheidung gemäß § 238 Abs. 2 StPO beantragen.[886]

Doch nicht nur bei der Kontrolle der Einhaltung des § 257 Abs. 3 StPO greift der Vorsitzende in die Rechte des Verteidigers ein. Es kommt auch durchaus vor, dass der Vorsitzende dem Verteidiger auf dessen Antrag hin nicht das Wort erteilt, sodass dieser keine Erklärung abgeben kann. Zunächst ist festzustellen, dass das Erklärungsrecht bei rechtzeitig gestelltem Antrag erhalten bleibt.[887] In diesem Fällen sollte der Verteidiger durch Nachfrage sicherstellen, dass sein Antrag auf Erteilung des Wortes zur Abgabe einer Erklärung gemäß § 257 Abs. 2

884 Vgl. zum Ganzen Burkhard, StV 2004, 390.

885 Eisenberg, Beweisrecht StPO, Rn. 806; KK StPO-Diemer, § 257, Rn. 4; Löwe-Rosenberg, StPO, Stuckenberg, 26. Auflage, § 257, Rn. 31; MüKo, StPO, Cierniak/Niehaus, § 257, Rn. 16.

886 Eisenberg, Beweisrecht StPO, Rn. 806; KK StPO-Diemer, § 257, Rn. 4; Löwe-Rosenberg, StPO, Stuckenberg, 26. Auflage, § 257, Rn. 32; MüKo, StPO, Cierniak/Niehaus, § 257, Rn. 16.

887 Burkhard, StV 2004, 390 (392).

StPO protokolliert wurde und gegebenenfalls dafür sorgen, dass ein Nachtrag erfolgt.[888] Daraufhin ist es sinnvoll eine Entscheidung des Gerichts wegen Nichterteilung des Wortes zur Verwirklichung des Erklärungsrechts zu beantragen.[889]

Gleiches gilt, wenn der Verteidiger zur Vorbereitung einer Erklärung um eine Unterbrechung der Hauptverhandlung bittet.[890] Hier ist jedoch, wie bereits erläutert, zu beachten, dass der Verteidiger im Fall der Erklärung zu Urkunden, die Gegenstand eines Selbstleseverfahrens waren, bereits vor Abschluss des Selbstleseverfahrens Gelegenheit hat, eine Erklärung vorzubereiten. Nur mit einigem Begründungsaufwand wird hier zu rechtfertigen sein, dass eine Unterbrechung der Hauptverhandlung zur Vorbereitung einer Stellungnahme erforderlich ist. Dies gilt freilich nicht, wenn die Staatsanwaltschaft eine Erklärung abgegeben hat und der Verteidiger Zeit zur Ausarbeitung einer Gegenerklärung benötigt.

Liegen hingegen keine Überschreitungen des Erklärungsrechts vor, darf der Verteidiger in seinen Ausführungen nicht unterbrochen werden. Wird dies von den anderen Beteiligten nicht beachtet, kann der Verteidiger den Vorsitzenden mit Hinweis auf dessen Sachleitungsbefugnis um die Unterbindung von Unterbrechungen bitten und bei Unterlassung oder Entzug des Wortes eine Entscheidung gemäß § 238 Abs. 2StPO beantragen.[891]

e. *Kritik am Erklärungsrecht im Zusammenhang mit dem Selbstleseverfahren*

Bei allen Gestaltungsmöglichkeiten des Verteidigers bei der Beweiserhebung mittels Durchführung des Selbstleseverfahrens wird in der Literatur im Hinblick auf das Erklärungsrecht nach § 257 Abs. 2 StPO dennoch Kritik laut.

So wird angeführt, dass das Erklärungsrecht eine leere Hülle darstelle, wenn die Erklärung zu einer Urkunde nicht direkt im Anschluss an deren Kenntnisnahme abgegeben werden kann, da möglicherweise schon eine verfestigte Meinung bei den Verfahrensbeteiligten besteht.[892]

---

888 Burkhard, StV 2004, 390 (392).

889 Beck'scher Online-Kommentar, StPO, Eschelbach, § 257, Rn. 13; Burkhard, StV 2004, 390 (392).

890 Beck'scher Online-Kommentar, StPO, Eschelbach, § 257, Rn. 13.

891 Burkhard, StV 2004, 390 (396).

892 Dahs, NJW 1995, 553 (556); Meyer-Lohkamp, StV 2014, 121 (123); allgemein zur Notwendigkeit eines frühzeitigen Vortrags der Verteidigung: Sommer Effektive Strafverteidigung, 2011 Kap. 3, Rn. 149 ff.

Dem wird von anderer Seite[893] entgegengehalten, dass nicht ersichtlich sei, weshalb das Erklärungsrecht nach jeder Einzelurkunde der „Sammelerklärung" zu sämtlichen vom Selbstleseverfahren umfassten Urkunden nach dessen Abschluss überlegen sein soll. Insbesondere bei großen, für das Selbstleseverfahren typischen Urkundenmengen, bei denen sich die Bedeutung der Einzelurkunde erst aus dem Gesamtzusammenhang ergebe, sei es sogar sinnvoll, erst nach Kenntnisnahme aller Urkunden eine Erklärung abzugeben. In dieser bestehe sodann für den Verteidiger die Möglichkeit, einzelne Urkunden innerhalb der Erklärung hervorzuheben.

Natürlich stellt es für die Verteidigung einen Nachteil dar, wenn eine Erklärung zu bestimmten Urkunden erst abgegeben werden kann, wenn das Selbstleseverfahren abgeschlossen ist. Hier besteht immer die Gefahr, dass die anderen Verfahrensbeteiligten die Urkunden schon einige Zeit zuvor zur Kenntnis genommen haben und sich ihre Meinung zum Inhalt dieser Urkunden bereits verfestigt hat.

Im Hinblick auf den Vorsitzenden, den Berichterstatter und den Vertreter der Staatsanwaltschaft ist dies aber auch dann häufig der Fall, wenn eine Urkunde nicht im Wege des Selbstleseverfahrens, sondern durch Verlesung eingeführt und unmittelbar im Anschluss daran eine Stellungnahme abgegeben werden kann. Denn sie werden in aller Regel schon in der Vorbereitung der Hauptverhandlung, also zeitlich der Verlesung weit vorgelagert, die Urkunden gelesen haben. Eine erneute Kenntnisnahme nach der Selbstleseanordnung findet vermutlich eher selten statt. Damit ist es wahrscheinlich, dass außer bei den Schöffen und beim Beisitzer auch bei der Verlesung bereits eine verfestigte Meinung zum Inhalt einer Urkunde gegeben ist, wenn die Erklärung des Verteidigers erfolgt. Ein gravierender Nachteil ist daher durch die späte Möglichkeit der Wahrnehmung des Erklärungsrechts bei Anordnung des Selbstleseverfahrens nicht gegeben.

3. Antrag auf richterliche Entscheidung, § 238 Abs. 2 StPO

Trotz der Regelung des § 249 Abs. 2 S. 2 StPO ist auch im Zusammenhang mit dem Selbstleseverfahren der Antrag auf richterliche Entscheidung in verschiedenen Situationen zulässig und sogar erforderlich, da ansonsten eine Beanstandung in der Revision nicht mehr möglich ist[894]. So führte der BGH aus

> „Weder auf (etwaige) Fehler bei der Anordnung, noch bei der Durchführung des Selbstleseverfahrens kann mit Erfolg eine Verfahrensrüge gestützt werden, wenn zuvor kein Gerichtsbeschluss herbeigeführt wurde. […]Geht es nicht um die Anordnung, sondern

893 Mosbacher, NStZ 2013, 199 (202).

894 Kritisch Lindemann, StV 2011, 459 (460 f); ausführlich zur Revision unten.

die ebenfalls zunächst vom Vorsitzenden zu bestimmende Art der Durchführung des Selbstleseverfahrens […] ist eine Entscheidung gemäß § 238 Abs. 2 StPO herbei zu führen, wobei dann nur die Rechtmäßigkeit, nicht aber die Zweckmäßigkeit der beanstandeten Maßnahme zu prüfen ist […].“[895]

Um einen Rügeverlust in der Revision zu vermeiden, sollte daher stets die Möglichkeit des § 238 Abs. 2 StPO genutzt werden, wenn beim Verteidiger Zweifel an der Rechtmäßigkeit der Anordnung und Durchführung des Selbstleseverfahrens bestehen.[896] Dies gilt insbesondere, da der BGH an der Präklusionsmöglichkeit festgehalten hat.[897]

Der Widerspruch gemäß § 249 Abs. 2 S. 2 StPO ersetzt nur im Falle der Ablehnung der Anordnung des Selbstleseverfahrens den Antrag auf Entscheidung des Gerichts gemäß § 238 Abs. 2 StPO.[898] Wird dem Widerspruch durch den folgenden Gerichtsbeschluss nicht abgeholfen, ist diese Ermessensentscheidung in der Instanz nach § 305 S. 1 StPO nicht mehr weiter angreifbar.[899]

Alle Entscheidungen des Gerichts bei der Durchführung des Selbstleseverfahrens sind hingegen einer Beanstandung nach § 238 Abs. 2 StPO zugänglich.[900]

Will der Verteidiger beispielsweise gegen die Verwendung einer bestimmten Urkunde als Beweismittel vorgehen, ist bei der Beweiserhebung mittels Selbstlesung, § 249 Abs. 2 StPO, ebenso wie bei der Beweiserhebung mittels Verlesung, § 249 Abs. 1 StPO, der Antrag auf Entscheidung des Gerichts gemäß § 238 Abs. 2 StPO zulässig.[901] Der Verteidiger hat bei Anordnung des Selbstleseverfahrens daher nicht nur zu prüfen, ob die Verlesung bestimmter Urkunden der Selbstlesung vorzuziehen ist, sondern muss auch überprüfen, ob Gründe vorliegen, die gegen die Verwendung einer Urkunde als Beweismittel sprechen.

---

895 BGH, Beschluss vom 14.12.2010 – 1 StR 422/10, StV 2011, 458 (459).

896 Kirchner, StraFo 2015, 52 (58); Ventzke, StV 2014, 114 (115).

897 BGH, Beschluss vom 23.05.2012 – 1 StR 208/12, NStZ 2012, 584 (585).

898 KMR StPO, Heintschel-Heinegg, § 249, Rn. 46; Meyer-Goßner/Schmitt, StPO, § 249, Rn. 21.

899 Beck'scher Online-Kommentar, StPO, Ganter, § 249, Rn. 23; Eisenberg, Beweisrecht StPO, Rn. 2050; Meyer-Goßner/Schmitt, StPO, § 249, Rn. 21; MüKo, StPO, Kreicker, § 249, Rn. 76.

900 Löwe-Rosenberg, StPO, Mosbacher, 26. Auflage, § 249, Rn. 103; Meyer-Goßner/Schmitt, StPO, § 249, Rn. 21; SK-StPO, Frister, § 249, Rn. 107.

901 Löwe-Rosenberg, StPO, Mosbacher, 26. Auflage, § 249, Rn. 103; Meyer-Goßner/Schmitt, StPO, § 249, Rn. 21; SK-StPO, Frister, § 249, Rn. 107.

Ein weiterer Anwendungsfall des § 238 Abs. 2 StPO liegt vor, wenn der Vorsitzende den Verfahrensbeteiligten zu wenig Zeit für die Selbstlesung einräumt.[902] Auch die Feststellungen des Gerichts gemäß § 249 Abs. 2 S. 3 StPO können nach § 238 Abs. 2 StPO beanstandet werden.[903]

Weitere Ansatzpunkte für die Beantragung einer gerichtlichen Entscheidung betreffend das „Wie" der Durchführung des Selbstleseverfahrens sind die Verfügbarkeit von Dolmetschern oder Vorlesern, der Zeitpunkt der Durchführung und das Bereitstellen der benötigten Unterlagen.[904]

Wie oben bereits ausgeführt, besteht die Möglichkeit gerichtliche Entscheidung zu beantragen, um eine Erstattung der Kosten für den Ausdruck einer E-Akte zu erreichen, die vom Bezirksrevisor nicht mehr beanstandet werden kann.[905]

4. Antrag auf richterliche Erklärung

Ein für die Verteidigung entscheidender Nachteil bei der Durchführung des Selbstleseverfahrens anstatt der Verlesung der einzuführenden Urkunden ist die fehlende Rückschlussmöglichkeit auf die Intention des Gerichts.[906] Wird eine Urkunde in der Hauptverhandlung verlesen, kann der Verteidiger anhand der Mimik, Gestik und Intonation des Vorsitzenden bei der Verlesung Rückschlüsse ziehen, welche Bedeutung er einer bestimmten Urkunde für die Entscheidungsfindung beimisst. Auch die Tatsache, dass der Vorsitzende nur bestimmte Teile einer Urkunde verliest und andere überspringt liefert Anhaltspunkte für die Gewichtung des Beweismittels und einzelner Passagen daraus durch das Gericht. Zudem besteht die Möglichkeit, die Intention des Gerichts zu ergründen, wenn Urkunden im Rahmen eines Vorhaltes durch Verlesung in die Hauptverhandlung eingeführt werden. Hier kann der Verteidiger beobachten, welche exakten Passagen vorgehalten werden und zu welchen Details nachgefragt wird.

Wird nun betreffend einer bestimmten kompletten Urkunde oder gar eines ganzen Dokumentenkonvoluts das Selbstleseverfahren angeordnet, entfällt diese Filterfunktion und der Verteidiger kann nur – ohne jegliche Anhaltspunkte – mutmaßen, welchen Teilen der von der Selbstleseanordnung umfassten Urkunden

---

902 Löwe-Rosenberg, StPO, Mosbacher, 26. Auflage, § 249, Rn. 103; MüKo, StPO, Kreicker, § 249, Rn. 77; SK-StPO, Frister, § 249, Rn. 107.

903 Meyer-Goßner/Schmitt, StPO, § 249, Rn. 21.

904 Kirchner, StraFo 2015, 52 (58); Ventzke, StV 2014, 114 (115).

905 Vgl. oben E. III. 2. c.

906 BGH, Beschluss vom 28.08.2012 – 5 StR 251/12, NStZ 2012, 708 (708); a.A.: Ventzke, StV 2014, 114 (118).

welche Bedeutung durch das Gericht beigemessen wird. Einen kleinen Hinweis kann bei langen Zwischenverfahren die Gliederung der Akte durch den Vorsitzenden bieten, sofern diese nicht schon durch die Staatsanwaltschaft vorgenommen wurde. Es ist jedoch selten der Fall, dass hier Rückschlussmöglichkeiten bestehen. Der Verteidiger steht daher vor dem Dilemma, dass bei der Anordnung des Selbstleseverfahrens aus seiner Sicht eine unzureichende Konkretisierung des Prozessinhalts erfolgt.

Die Verteidigung kann dieser misslichen Lage nur entkommen, wenn die Absicht und der Standpunkt des Gerichts erfragt werden. Dies kann auf zwei Arten erfolgen: Der Verteidiger bittet bei der Anordnung des Selbstleseverfahrens um eine genaue Bezeichnung der vom Selbstleseverfahren erfassten einzelnen Seiten einer Urkunde oder er fragt den Vorsitzenden ganz konkret nach seiner Wertung der in den Urkunden enthaltenen Informationen.

a. Antrag auf Einschränkung der Selbstleseanordnung

Die erste Variante führt nur zu einer indirekten Erklärung des Gerichts und kommt der Situation gleich, dass bei der Verlesung in der Hauptverhandlung nicht die kompletten Urkunden, sondern nur Passagen daraus verlesen werden. Auf diese Weise kann eine Akzentuierung und Hervorhebung durch das Gericht erfolgen.

Ein Anspruch auf die Beschränkung der Selbstleseanordnung auf bestimmte Seiten oder Passagen besteht nicht, solange aus derselben eindeutig hervorgeht, welche Urkunden in welchem Umfang umfasst sind. Der Umfang der im Selbstleseverfahren einzuführenden Urkunden liegt allein im Ermessen des Vorsitzenden und kann vom Verteidiger nicht beanstandet werden. Zudem wird in der Literatur vertreten, dass die Selbstleseanordnung im Zweifel auf die gesamte Urkunde zu erstrecken ist, um sicherzustellen, dass der Inhalt aus sich heraus, auch ohne mündliche Erörterung. verständlich ist.[907] Dies kann ein Argument gegen die Einschränkung der Selbstleseanordnung durch das Gericht sein.

Es bietet sich daher an, bei Bekanntgabe der Selbstleseliste genau zu prüfen, ob Urkunden umfasst sind, bei denen eine Konkretisierung auf bestimmte Seiten oder Passagen für die Verteidigung von Vorteil wäre, da sich nicht ohne weiteres ergibt, worauf es dem Vorsitzenden bei der Beweiserhebung ankommt. Finden sich solche Urkunden in der Selbstleseanordnung, kann der Verteidiger das Gespräch mit dem Vorsitzenden suchen, um auf sein Begehren hinzuweisen. Wird ein beabsichtigtes Selbstleseverfahren frühzeitig angekündigt, kann es von

---

907 Knierim/Rettenmaier StV 2006, 155 (157); SK-StPO, Frister, § 249, Rn. 64.

Vorteil sein, außerhalb der Hauptverhandlung auf die Unklarheiten für die Verteidigung hinzuweisen.

Ein aggressives Vorgehen, um eine Einschränkung zur Konkretisierung der aus Sicht des Gerichts relevante Beweise zu erhalten, ist nicht sinnvoll, da ein Anspruch auf eine entsprechende Erklärung des Gerichts nach herrschender Meinung nicht besteht.[908] In dieser Situation ist der Verteidiger ausschließlich auf den guten Willen des Vorsitzenden angewiesen. Sollte es der Vorsitzende ablehnen, die Selbstleseanordnung einzuschränken, besteht die Möglichkeit, gegen die Durchführung des Selbstleseverfahrens Widerspruch einzulegen. Dieser dürfte auch nach den Diskussionen zur Einschränkung der Selbstleseanordnung mit dem Vorsitzenden noch als „unverzüglich eingelegt" anzusehen sein, da er direkt im Anschluss an die Kenntnis der endgültigen Entscheidung des Gerichts über die Anordnung des Selbstleseverfahrens erfolgte.

Eine Drohung mit der Erhebung des Widerspruchs für den Fall, dass der Vorsitzende keine Einschränkung vornimmt, dürfte in den wenigsten Fällen zielführend sein. Denn der BGH hat einen Anspruch der Verteidigung auf Mitteilung der vorläufigen Bewertung von Beweismitteln durch das Gericht abgelehnt[909], womit ein Erfolg in der Revision unwahrscheinlich ist. Der „erpresste" Vorsitzende selbst wird kaum willens sein, seine Entscheidung nach einer derartigen Drohung zu überdenken und an der unanfechtbaren Entscheidung des Gerichts[910] zur umfassenden Selbstleseanordnung festhalten.

b. Antrag auf Erklärung zur Bewertung des Beweiswerts einer Urkunde

Deutlich zielführender ist es natürlich den Vorsitzenden direkt zu fragen, welchem Teil der vom Selbstleseverfahren umfassten Urkunden er welchen Beweiswert zumisst. Der BGH hat jedoch entschieden, dass der Verteidiger keinen Anspruch auf eine dementsprechende Erklärung hat:

> „Unter keinem rechtlichen Gesichtspunkt ist das Gericht verpflichtet, die Prozessbeteiligten über die vorläufige Bewertung von Beweismitteln zu informieren."[911]

> „Das LG war unter keinem rechtlichen Gesichtspunkt verpflichtet, einen Hinweis darauf zu erteilen, daß es die Aussage der Zeugin etwa anders als die Verteidigung verstanden

908 Vgl. sogleich.

909 BGH, Beschluss vom 20.02.2008 – 5 StR 564/07, NStZ-RR 2008, 180 (181); BGH, Beschluss vom 03.09.1997 – 5 StR 237/97, NJW 1997, 3182 (3182); hierzu gleich ausführlich.

910 Vgl. oben E. IV. 1. c.

911 BGH, Beschluss vom 20.02.2008 – 5 StR 564/07, NStZ-RR 2008, 180 (181).

hat. […] Der Tatrichter hat – erst – in der Urteilsberatung darüber zu befinden, wie er die einzelnen verwendeten Beweismittel einschätzt."[912]

Dennoch ist es aus Sicht der Verteidigung in vielen Fällen für ein effektives Agieren in der Hauptverhandlung erforderlich zu wissen, welchen Teilen der vom Selbstleseverfahren umfassten Urkunden das Gericht für die Urteilsfindung Bedeutung bemisst. Für einen Anspruch auf eine dementsprechende richterliche Erklärung kommen unterschiedliche Ansatzpunkte in Betracht.

aa. Richterlicher Hinweis, § 265 StPO

Als Grundlage für einen Anspruch auf richterliche Erklärung im Zusammenhang mit der Anordnung des Selbstleseverfahrens käme § 265 Abs. 2 StPO in Betracht.

„§ 265 Veränderung des rechtlichen Gesichtspunktes oder der Sachlage

(2) Ebenso ist zu verfahren, wenn

1. sich erst in der Verhandlung vom Strafgesetz besonders vorgesehene Umstände ergeben, welche die Strafbarkeit erhöhen oder die Anordnung einer Maßnahme oder die Verhängung einer Nebenstrafe oder Nebenfolge rechtfertigen,
2. das Gericht von einer in der Verhandlung mitgeteilten vorläufigen Bewertung der Sach- oder Rechtslage abweichen will oder
3. der Hinweis auf eine veränderte Sachlage zur genügenden Verteidigung des Angeklagten erforderlich ist."

Eine Anwendung der § 265 Abs. 2 Nr. 1 und 3 StPO scheidet aus, da hierfür eine Änderung der Sachverhaltsbewertung bzw. der Sachlage erforderlich wäre. Dies ist bei der Anordnung des Selbstleseverfahrens nicht der Fall, da erst eine Beweisaufnahme zur Feststellung des Tatgeschehens und der Begleitumstände erfolgen soll.

Auch § 265 Abs. 2 Nr. 2 StPO kann nicht herangezogen werden, da das Gericht von keiner bereits mitgeteilten Bewertung der Sach- und Rechtslage abweichen kann, da ja gerade diese Bewertung erfragt werden soll. Allerdings zeigt die Vorschrift, dass es durchaus zulässig ist, dass das Gericht den Verfahrensbeteiligten seine Einschätzung betreffend bestimmte Beweismittel mitteilt. Ein Anspruch auf richterliche Erklärung in der konkreten Situation der Anordnung des Selbstleseverfahrens kann jedoch nicht auf § 265 Abs. 2 Nr. 2 StPO gestützt werden.

912 BGH, Beschluss vom 03.09.1997 – 5 StR 237/97, NJW 1997, 3182 (3182).

bb. Rechtsgedanke des Zivilprozessrechts

Ein Blick in das Zivilprozessrecht zeigt auf, dass ein Anrecht auf Mitteilungen durch das Gericht bereits vor der Urteilsfindung unserer Rechtsordnung nicht fremd ist. So ist in § 139 Abs. 2 ZPO ganz ausdrücklich festgehalten:

> „[1]Auf einen Gesichtspunkt, den eine Partei erkennbar übersehen oder für unerheblich gehalten hat, darf das Gericht, soweit nicht nur eine Nebenforderung betroffen ist, seine Entscheidung nur stützen, wenn es darauf hingewiesen und Gelegenheit zur Äußerung gegeben hat. [2]Dasselbe gilt für einen Gesichtspunkt, den das Gericht anders beurteilt als beide Parteien."

Diese Regelung wird durch § 279 Abs. 3 ZPO ergänzt:

> „Im Anschluss an die Beweisaufnahme hat das Gericht erneut den Sach- und Streitstand und, soweit bereits möglich, das Ergebnis der Beweisaufnahme mit den Parteien zu erörtern."[913]

Eine dem entsprechende Regelung im Strafprozessrecht würde der Verteidigung die Möglichkeit eröffnen, vom Vorsitzenden Informationen zur Beurteilung einer Urkunden, die vom Selbstleseverfahren umfasst ist, zu erlangen. In Fällen, in denen Unklarheit darüber besteht, welche konkreten Inhalte einer Urkunde für die Urteilsfindung von Bedeutung sind, könnte der Verteidiger dem Gericht mitteilen, dass aus seiner Sicht betreffend einer bestimmten Urkunde keine Entscheidungsrelevanz vorliegt. Vertritt das Gericht eine gegenläufige Auffassung, wäre es verpflichtet, die Verteidigung darauf hinzuweisen. Entscheidend ist hierbei, dass das Gericht über die Einschätzung der Verteidigung in Kenntnis gesetzt wird.

Der Verteidiger müsste daher entweder bei seinem Antrag auf richterliche Erklärung bereits deutlich machen, wie er den Beweiswert der betroffenen Urkunde einschätzt. Oder er müsste, für den Fall, dass die Urkunde ohne Einschränkung oder Erklärung durch das Gericht mittels Selbstleseverfahren eingeführt wurde, von seinem Erklärungsrecht nach § 257 Abs. 2 StPO Gebrauch machen. So bestünde die Möglichkeit im Nachhinein zu erfahren, welche Auffassung das Gericht vertritt. Dies würde dann zwar erst zu einem vergleichsweise späten Zeitpunkt erfolgen, aber immer noch früh genug, um, wenn notwendig, Beweisanträge zu stellen, die es ermöglichen, die Beweiswertung durch das Gericht zu beeinflussen.

---

913 Die Reichweite des § 279 Abs. 3 ZPO ist umstritten, vgl. hierzu BGH, Urteil vom 15.04.2016 – V ZR 42/15, NJW 2016, 3100 ff mit Anmerkung von Dr. Madeleine Tolani.

Bislang ist eine den Vorschriften der §§ 139 Abs. 2, 279 Abs. 3 ZPO entsprechende Regelung im Strafrecht nicht etabliert.[914] Bei einem Vergleich von Straf- und Zivilprozessrecht stellt sich jedoch die Frage, weshalb im Zivilverfahren, in dem es „nur" um Ansprüche der Parteien gegeneinander geht, eine Erklärungspflicht des Gericht gesetzlich festgelegt ist und im Strafverfahren, in dem es um Schuld oder Unschuld, um Geld- oder gar Haftstrafen für den Angeklagten geht, hingegen nicht. Eine effektive Verteidigung in Strafsachen erfordert nicht nur eine umfassende Kenntnis der Beweislage, sondern auch die Information der Verteidigung über die Beweisbewertung durch das Gericht. Nur so besteht die Möglichkeit, dass Beweisanträge gestellt werden, um eine aus Sicht der Verteidigung bestehende Fehleinschätzung des Gerichts, die zu einer (schwerwiegenderen) Verurteilung des Mandaten führen kann, zu revidieren.

cc. Recht auf ein faires Verfahren

Das Recht auf ein faires Verfahren, Art. 6 Abs. 1 EMRK, beinhaltet auch, dass dem Angeklagten die Möglichkeit gewährt wird, auf den Verfahrensausgang auf der Grundlage der ausreichenden Information über den Verfahrensstoff ungestört einzuwirken sowie verschiedene Hinweis- und Belehrungspflichten für das Gericht[915] und die Pflicht des Gerichts, Überraschungsentscheidungen vorzubeugen[916].

Wie soeben ausgeführt, ist es für eine effektive Verteidigung und damit für ein faires Verfahren von großer Bedeutung, dass der Verteidiger die Beweisbewertung durch das Gericht zumindest im Ansatz kennt, da es nur so möglich ist, auf die weitere Beweiserhebung einzuwirken, möglicherweise erforderliche Beweisanträge zu stellen und Missverständnisse auszuräumen. Nur so kann der Angeklagte – gegebenenfalls unter Mitwirkung seines Verteidigers – die Urteilsfindung beeinflussen und er wird durch den Urteilsspruch nicht überrascht. Hierfür ist die Mitwirkung des Gerichts durch Hinweise zu der eigenen Beweiswürdigung betreffend die vom Selbstleseverfahren umfassten Urkunden erforderlich.

Dem hält die Rechtsprechung entgegen, dass es nicht notwendig ist, ein Zwischenverfahren, in dem das Gericht zum Inhalt und zum Ergebnis der Beweiserhebung Stellung nimmt, durchzuführen.[917]

---

914 Beck'scher Online-Kommentar, StPO, Eschelbach, § 265, Rn. 5.

915 Löwe-Rosenberg, StPO, Kühne, 27. Auflage, Einleitung I, Rn. 108.

916 KK StPO-Fischer, Einleitung, Rn. 139; Löwe-Rosenberg, StPO, Kühne, 27. Auflage, Einleitung I, Rn. 108.

917 BGH, Beschluss vom 03.09.1997 – 5 StR 237/97, NJW 1997, 3182 (3182); Ausführlich dazu König, Anmerkung zu BGH, Beschluss vom 03.09.1997 – 5 StR 237/97, StV 1998, 113 (113 ff).

Ein Ausfluss des Grundsatzes des fairen Verfahrens ist der Grundsatz der Waffengleichheit[918], der einen Ausgleich der verfahrensspezifischen Unterschiede der Rollen von Staatsanwaltschaft und Angeklagtem im Verfahren fordert[919]. Beide Seiten sollen die gleichen Chancen haben, auf die Entscheidungsfindung einzuwirken.[920]

Solange das Gericht seine Einschätzung betreffend die vom Selbstleseverfahren umfassten Urkunden nicht mit der Staatsanwaltschaft besprochen hat, lässt sich aus dem Grundsatz der Waffengleichheit daher kein Anspruch auf richterliche Erklärung diesbezüglich herleiten.

dd. Fürsorgepflicht des Gerichts

Die Fürsorgepflicht des Gerichts wird allgemein als Unterfall des Fairnessgrundsatzes betrachtet.[921] Elementarer Bestandteil der Fürsorgepflicht ist es den Verfahrensbeteiligten die Wahrnehmung ihrer prozessualen Befugnisse zu ermöglichen[922] und die beherrschende Stellung der staatlichen Strafverfolgungsbehörden im Strafverfahren abzumildern[923]. Auch der Schutz des Angeklagten vor Überraschungsentscheidungen des Gerichts ist von der Fürsorgepflicht umfasst.[924]

Die aus dem Fairnessprinzip abgeleitete Fürsorgepflicht des Gerichts eignet sich daher auch als Grundlage für einen Anspruch auf richterliche Erklärung zur Beweisbewertung des Gerichts betreffend die vom Selbstleseverfahren umfassten Urkunden. Wie bereits ausgeführt, ist die Wahrnehmung der prozessualen Befugnis der Verteidigung nur dann umfassend möglich, wenn der Verteidiger die Beweisbewertung des Gerichts einschätzen und gegebenenfalls entsprechende Beweisanträge stellen kann. Nur durch die Mitteilung, wie das Gericht die im Selbstleseverfahren zu erhebenden Beweise einschätzt, kann die Verteidigung

---

918 KK StPO-Fischer, Einl., Rn. 140; Löwe-Rosenberg, StPO, Kühne, 27. Auflage, Einleitung I, Rn. 107, 117.

919 BVerfG, Beschluss vom 12.01.1983 – 2 BvR 864/81, NStZ 1983, 273 (273); Löwe-Rosenberg, StPO, Kühne, 27. Auflage, Einleitung I, Rn. 107, 117; Meyer-Goßner/Schmitt, StPO, Einleitung, Rn. 88.

920 Beck'scher Online-Kommentar, StPO, Valerius, Art. 6 EMRK, Rn. 10; Löwe-Rosenberg, StPO, Esser, 27. Auflage, Art. 6 EMRK, Rn. 204.

921 KK StPO-Fischer, Einl., Rn. 165; Löwe-Rosenberg, StPO, Kühne, 27. Auflage, Einleitung I, Rn. 107, 121.

922 KK StPO-Fischer, Einl., Rn. 165; Löwe-Rosenberg, StPO, Kühne, 27. Auflage, Einleitung I, Rn. 122.

923 Löwe-Rosenberg, StPO, Kühne, 27. Auflage, Einleitung I, Rn. 122.

924 Löwe-Rosenberg, StPO, Kühne, 27. Auflage, Einleitung I, Rn. 124; SK-StPO, Rogall, Vor § 133, Rn. 116.

auf Augenhöhe agieren und so der beherrschenden Stellung des Gerichts im Verfahren entgegentreten. Zuletzt ist das Recht auf richterliche Erklärung geeignet, den Angeklagten vor Überraschungsentscheidungen zu bewahren. In Fällen, in denen das Selbstleseverfahren betreffend Urkunden, deren Bewertung und Einordnung in die Urteilsfindung durch das Gericht unbekannt sind, erfolgt, ist der Urteilsausspruch für die Verteidigung und den Angeklagten unklar, eine möglicherweise erforderliche ausgedehnte Verteidigungsstrategie durch das Stellen von Beweisanträgen und die Schwerpunktsetzung im Plädoyer ist nicht durchführbar. So kann die Verkündung des Urteils zu einer Überraschung für den Angeklagten werden. Dies gilt es durch umfassende Information der Prozessbeteiligten zur Wahrung eines fairen Verfahrens zu verhindern.

Der BGH vertritt allerdings die Ansicht, dass eine Unterrichtung der Prozessbeteiligten über die Beweisbewertung durch das Gericht nicht der Fürsorgepflicht unterfällt.[925]

ee. Ergebnis

Es wurde dargestellt, dass im Hinblick auf das Recht auf ein faires Verfahren und die Fürsorgepflicht des Gerichts durchaus ein Anspruch der Verteidigung auf richterliche Erklärung zu der Beweisbewertung der vom Selbstleseverfahren umfassten Urkunden besteht. Insbesondere der Vergleich mit den zivilprozessualen Vorschriften zeigt, dass unserer Rechtsordnung eine Mitteilungsobliegenheit des Gerichts seine eigene Beweiswürdigung betreffend nicht fremd ist.

Gerade in einem so sensiblen Bereich wie der Strafjustiz ist es daher von großer Bedeutung, dass dem Angeklagten auch bei Durchführung des Selbstleseverfahrens sämtliche Informationen zur Verfügung stehen, die für eine effektive Verteidigung und ein gezieltes Vorgehen in der Gestaltung der Prozessführung erforderlich sind.

Hier wäre es sachgerecht, wenn sich die Rechtsprechung dem Zivilprozessrecht durch eine Anerkennung der Hinweispflicht auch im Strafverfahren annähern würde. Denn der BGH verschärft immer wieder über den Gesetzeswortlaut hinaus die Pflichten der Verteidigung. Man denke nur an die Widerspruchslösung oder die Konnexität von Beweisanträgen. Mit zweierlei Maß zu Lasten des Angeklagten darf der BGH aber nicht argumentieren.

Angesichts der Tatsache, dass der Anspruch auf richterliche Erklärung von der Rechtsprechung nicht anerkannt wird, ist der Verteidigung anzuraten, durch einen Dialog mit dem Gericht dessen Wertung der im Selbstleseverfahren zu erhebenden Urkundenbeweise in Erfahrung zu bringen. Ist dies nicht möglich

925 BGH, Beschluss vom 20.02.2008 – 5 StR 564/07, NStZ-RR 2008, 180 (181).

und hat auch ein Widerspruch gegen die Durchführung des Selbstleseverfahrens keinen Erfolg, sollte im Hinblick auf Urkunden mit unklarem Beweiswert von der Möglichkeit der Erklärung nach § 257 Abs. 2 StPO umfassend Gebrauch gemacht werden, um so eine Reaktion oder Äußerung des Gerichts hervorzurufen.

Dieses Vorgehen kann jedoch nur eine Übergangslösung sein. Der Gesetzgeber und die Rechtsprechung sind angehalten, sich in diesem wichtigen Punkt zu bewegen und für Rechtssicherheit zu sorgen. Dem Verteidiger muss zudem ein gesetzlicher Anspruch auf Auskunft über die vorläufige Beweisbewertung durch das Gericht zustehen. Die im Koalitionsvertrag von 2018 beabsichtigte Modernisierung des Selbstleseverfahrens bietet hierfür eine Möglichkeit, die der Gesetzgeber nicht ungenutzt lassen sollte. Nur so kann eine effektive Verteidigung sichergestellt werden, die für die Durchführung eines fairen Verfahrens unerlässlich ist.

V. Tätigwerden der Staatsanwaltschaft

Der Staatsanwaltschaft stehen mit der Möglichkeit zum Widerspruch, § 249 Abs. 2 S. 2 StPO, dem Erklärungsrecht, § 257 Abs. 2 StPO, dem Antrag auf richterliche Entscheidung, § 238 Abs. 2 StPO und dem Antrag auf richterliche Erklärung dieselben Möglichkeiten des Tätigwerdens wie der Verteidigung offen.

Als dem „Gegenspieler" der Verteidigung im Strafverfahren kann sich der Staatsanwaltschaft derselben prozessualen wie auch prozesstaktischen Möglichkeiten bedienen. Die Einzelheiten zu den Handlungsalternativen der Staatsanwaltschaft können daher den Ausführungen zum Tätigwerden des Verteidigers entnommen werden.[926]

VI. Das Revisionsverfahren

Geht aus dem Sitzungsprotokoll hervor, dass sich das Gericht in seiner Entscheidung auf den Beweis durch eine Urkunde stützt, über die weder im Rahmen der Verlesung noch im Rahmen des Selbstleseverfahrens noch in sonstiger Weise Beweis erhoben wurde, ist wegen eines Verstoßes gegen § 261 StPO die Inbegriffsrüge eröffnet.[927] Diese Konstellation stellt den einfachsten und offensichtlichsten Verfahrensfehler im Zusammenhang mit der Erhebung des Urkundenbeweises mittels Selbstleseverfahren dar. Da es hier jedoch nicht auf die Eigenheiten des

---

926 Vgl. oben E. IV.

927 Eisenberg, Beweisrecht StPO, Rn. 2064, 2065; KK StPO-Diemer, § 249, Rn. 52; Löwe-Rosenberg, StPO, Mosbacher, 26. Auflage, § 249, Rn. 108; Meyer-Goßner/Schmitt, StPO, § 249, Rn. 30.

Selbstleseverfahrens zur Begründung einer Revision ankommt, bleibt dieser Fall im Folgenden außen vor.

Deutlich interessanter sind die speziell bei der Durchführung des Selbstleseverfahrens anzutreffenden Verfahrensfehler. Der häufigste Revisionsgrund ist die fehlerhafte Protokollierung des Selbstleseverfahrens durch das Gericht.

In allen Fällen, in denen eine Revision auf einen Verfahrensfehler im Zusammenhang mit dem Selbstleseverfahren gestützt werden soll, ist zu beachten, dass eine Rüge ausgeschlossen ist, wenn der Anordnung des Selbstleseverfahrens nicht unverzüglich widersprochen wurde, da ein nicht rechtzeitiger erfolgter Widerspruch in der Revision nicht nachgeholt werden kann.[928]

Soll die Revision auf die fehlerhafte Durchführung des Selbstleseverfahrens gestützt werden, ist ein in der Hauptverhandlung erfolgter Antrag nach § 238 Abs. 2 StPO erforderlich.[929]

1. Entscheidung zwischen Verlesung und Selbstleseverfahren

Die Entscheidung, ob eine Urkunde im Wege der Verlesung oder des Selbstleseverfahrens einzuführen ist, liegt im freien Ermessen des Gerichts.[930] Dem Gericht kommt hier ein sehr weiter Ermessensspielraum zu. Zudem stehen beide Varianten der Erhebung des Urkundenbeweises gleichwertig nebeneinander[931], womit eine erfolgreiche Revision auf Grundlage einer Verletzung des § 261 StPO kaum denkbar ist.[932] In Betracht käme lediglich, dass die Verlesung einen besseren Erkenntnisgewinn erbracht hätte, als die Selbstlesung[933], was im Einzelfall jedoch schwerlich nachzuweisen sein wird. Durch die Wahl des Selbstleseverfahrens tritt in aller Regel auch keine Beschränkung der Verteidigung in einem wesentlichen Punkt, § 338 Nr. 8 StPO, ein[934], womit kein absoluter Revisionsgrund vorliegt.

---

928 Eisenberg, Beweisrecht, Rn. 2069; Löwe-Rosenberg, StPO, Mosbacher, 26. Auflage, § 249, Rn. 110, 114; Meyer-Goßner/Schmitt, StPO, § 249, Rn. 31; SK-StPO, Frister, § 249, Rn. 116.

929 BGH, Beschluss vom 23.05.2012 – 1 StR 208/12, NStZ 2012, 584 (585); Löwe-Rosenberg, StPO, Mosbacher, 26. Auflage, § 249, Rn. 114.

930 Vgl. oben E. III. 1. a.

931 Vgl. oben B. IV.

932 KMR StPO, Heintschel-Heinegg, § 249, Rn. 66; Löwe-Rosenberg, StPO, Mosbacher, 26. Auf., § 249, Rn. 110.

933 Meyer-Goßner/Schmitt, StPO, § 249, Rn. 31; SK-StPO, Frister, § 249, Rn. 116.

934 Löwe-Rosenberg, StPO, Mosbacher, 26. Auflage, § 249, Rn. 110.

Gleiches gilt, wenn eine Widerspruchbescheidung angegriffen werden soll[935], da es sich auch hierbei um eine Ermessensentscheidung des Gerichts handelt.

2. Nicht ordnungsgemäße Protokollierung

Der mit Abstand am häufigsten anzutreffende Fall einer erfolgreichen Revision im Zusammenhang mit der Durchführung des Selbstleseverfahrens ist dessen fehlerhafte Protokollierung.[936] Zwar geht aus dem Gesetzeswortlaut klar hervor, was wie zu protokollieren ist[937], dennoch unterlaufen im Gerichtsalltag an den verschiedensten Stellen Fehler bei der Protokollierung des Selbstleseverfahrens.

So sah sich auch der BGH veranlasst, im Beschluss vom 15.09.2015 auszuführen, dass „das Selbstleseverfahren [...] zur Vermeidung von Missverständnissen tunlichst entsprechend dem Gesetzeswortlaut abgeschlossen werden“[938] sollte.

a. Protokollierung der Anordnung des Selbstleseverfahrens

Die Anordnung des Selbstleseverfahrens ist ebenso wie dessen Abschluss – durch die Protokollierung der Feststellungen zur Kenntnisnahme – in das Hauptverhandlungsprotokoll aufzunehmen. In diesem Zusammenhang haben den BGH insbesondere die beiden folgenden Problemfelder beschäftigt.

aa. Fehlerhafte Abfolge von Protokollierung der Kenntnisnahme und der Anordnung des Selbstleseverfahrens

Der Entscheidung des BGH vom 28.08.2012 lag zugrunde, dass bezüglich des Wortprotokolls einer Telefonüberwachung das Selbstleseverfahren durchgeführt werden sollte: Zunächst wurde das beabsichtigte Selbstleseverfahren nur angekündigt und nicht angeordnet. Zudem wurde eine Liste mit weitern Urkunden, deren Einführung mittels Selbstleseverfahren vorgesehen war, an die Verfahrensbeteiligten übergeben. Im nächsten Hauptverhandlungstermin wurde erörtert, welche Urkunden vom Selbstleseverfahren umfasst sein sollen und sodann festgestellt, dass die Schöffen und Berufsrichter die Urkunden bereist gelesen haben und die Staatsanwaltschaft und die Verteidigung Gelegenheit dazu hatten. Erst im Anschluss daran verfügte der Vorsitzenden, dass auf die Verlesung der im Selbstleseverfahren einzuführenden Urkunden verzichtet wird

935 Löwe-Rosenberg, StPO, Mosbacher, 26. Auflage, § 249, Rn. 110.

936 Allgemein zur Inbegriffsrüge bei der fehlerhaften Protokollierung des Selbstleseverfahrens: Sättele, WiJ 2010, S. 120 (121).

937 Vgl. oben E. III. 5.

938 BGH, Beschluss vom 15.09.2015 – 5 StR 330/15, BeckRS 2015, 16392.

und ordnete das Selbstleseverfahren an. Sodann wurde festgestellt, dass ein Angeklagter noch keine Gelegenheit gehabt hatte, von den Urkunden Kenntnis zu nehmen, woraufhin ihm die betreffenden Urkunden ausgehändigt wurden. Am nächsten Hauptverhandlungstag wiederholte der Vorsitzende die Feststellungen zur Kenntnisnahme und ordnete wieder im Anschluss an diese Feststellungen die Durchführung des Selbstleseverfahrens an.[939]

In seiner Entscheidungsbegründung bezieht der BGH keine Stellung zu der ungewöhnlichen Konstellation, dass die Feststellung der Kenntnisnahme der Verfahrensbeteiligten vor der Anordnung des Selbstleseverfahrens erfolgt. Es wird lediglich von der „strukturell allzu spät erst nach Feststellung der Selbstlesemodalitäten getroffenen ausdrücklichen Vorsitzendenanordnung“[940] gesprochen. Ventzke wird hier deutlicher und sieht in der Reihenfolge des Vorgehens des Vorsitzenden ein „die Durchführung des Selbstleseverfahrens prägende[s] wenig professionelle[s] Agieren des Vorsitzenden.[941]

Einen Verfahrensfehler sah der BGH in diesem unorthodoxen Vorgehen jedoch nicht, die Revision blieb erfolglos. Dieser Sichtweise kann zugestimmt werden. Voraussetzung für die wirksame Erhebung des Urkundenbeweises mittels Selbstleseverfahren ist, dass das Gericht vom Wortlaut der Urkunden Kenntnis genommen hat und die übrigen Verfahrensbeteiligten Gelegenheit dazu hatte. Im Hinblick auf den Vorsitzenden, den Berichterstatter, die Verteidigung und die Staatsanwaltschaft ist es sogar die Regel, dass die Urkunden bereits vor Anordnung des Selbstleseverfahrens im Ermittlungs- bzw. Zwischenverfahren gelesen wurden. Eine erneute Kenntnisnahme des Wortlauts der Urkunden ist zwar möglich und oft genug auch ratsam, jedoch für die ordnungsgemäße Durchführung des Selbstleseverfahrens nicht erforderlich. So wurde bereits entschieden, dass es möglich ist, das Selbstleseverfahren anzuordnen und sogleich aufgrund einer bereits in der Vergangenheit erfolgten Kenntnisnahme für durchgeführt zu erklären.[942]

Damit führt die falsche Reihenfolge der Protokollierung der Feststellung zur Kenntnisnahme durch die Verfahrensbeteiligten und die erst im Anschluss erfolgte Anordnung des Selbstleseverfahrens zwar zu Irritationen. Sie stellt jedoch keinen Verfahrensfehler dar, der in der Revision erfolgreich angegriffen werden kann.

---

939 Gesamter Sachverhalt aus: BGH, Beschluss vom 28.08.2012 – 5 StR 251/12, NStZ 2012, 708 (708).

940 BGH, Beschluss vom 28.08.2012 – 5 StR 251/12, NStZ 2012, 708 (708).

941 Ventzke, StV 2014, 114 (117).

942 BGH, Beschluss vom 10.01.2012 – 1 StR 587/11, BeckRS 2012, 03907.

bb. Nur Protokollierung der Anordnung des Selbstleseverfahrens

Wird lediglich die Anordnung des Selbstleseverfahrens durch den Vorsitzenden protokolliert und nicht auch der Abschluss des Selbstleseverfahrens durch die Feststellung und Protokollierung der Kenntnisnahme der Verfahrensbeteiligten, liegt keine ordnungsgemäße Einführung der vom Selbstleseverfahren umfassten Urkunden vor.[943] Denn von der Protokollierung der Anordnung des Selbstleseverfahrens kann nicht automatisch auf die erfolgte Feststellung und Protokollierung der Kenntnisnahme der vom Selbstleseverfahren umfassten Urkunden geschlossen werden.[944] Stützt sich das Urteil dennoch in der Beweiswürdigung auf diese Urkunden, ist eine Inbegriffsrüge wegen Verletzung des § 261 StPO erfolgreich.

In diesem Fall liegt auch keine Fehler- oder Lückenhaftigkeit des Protokolls vor, womit die negative Beweiskraft[945] des Protokolls zum Tragen kommt und es dem Revisionsgericht nicht möglich ist, die erfolgte Feststellung der Kenntnisnahme im Wege des Freibeweises zu ermitteln.[946]

b. Protokollierung der Kenntnisnahme durch das Gericht

Eine exakte Formulierung der Protokollierung der Durchführung der Kenntnisnahme der vom Selbstleseverfahren umfassten Urkunden durch das Gericht ist nicht vorgeschrieben.[947] Aus dem Wortlaut des § 249 Abs. 2 StPO ist jedoch zu schließen, dass die Formulierung „die Richter haben vom Wortlaut der vom Selbstleseverfahren umfassten Urkunden Kenntnis genommen" korrekt ist. Entscheidend ist, dass bei der Protokollierung nicht zwischen Berufsrichtern und Schöffen unterschieden werden darf.[948] So führte der BGH im Urteil vom 30.08.2000 aus:

> „Macht das Tatgericht vom Selbstleseverfahren gemäß § 249 Abs. 2 StPO Gebrauch, darf hinsichtlich der Vorgehensweise nicht zwischen Berufsrichtern und Schöffen differenziert werden. Auch die Schöffen müssen tatsächlich vom Wortlaut der Urkunden

---

943 BGH, Beschluss vom 04.09.2013 – 5 StR 306/13, NStZ 2014, 224 (224); Schlothauer/Weider, Rn. 1251.

944 BGH, Beschluss vom 30.09.2009 – 2 StR 280/09, wistra 2010, 31(32); Anmerkung Hoffmann zu BGH, Beschluss vom 04.09.2013 – 5 StR 306/13, NStZ 2014, 224 (225); Schlothauer/Weider, Rn. 1251.

945 Weitere Details zur negativen Beweiskraft des Protokolls unten E. VI. 3.

946 BGH, Beschluss vom 30.09.2009 – 2 StR 280/09, wistra 2010, 31(32); Schlothauer/Weider, Rn. 1251; zur Möglichkeit der Protokollberichtigung ausführlich unten E. VI. 4.

947 Schlothauer/Weider, Rn. 1250.

948 BGH, Beschluss vom 30.09.2009 – 2 StR 280/09, wistra 2010, 31(31); BGH, Urteil vom 30.08.2000 – 2 StR 85/00, NStZ 2001, 161 (161).

Kenntnis genommen, diese also gelesen haben. Der Vorsitzende muß gemäß § 249 Abs. 2 Satz 3 StPO die Feststellung über die Kenntnisnahme in das Protokoll aufnehmen."[949]

aa. Protokollierung der Kenntnisnahme des Inhalts der Urkunden statt des Wortlauts

Es wird in Literatur und Rechtsprechung teilweise die Ansicht vertreten, dass es auch ausreichend ist, wenn protokolliert wird, dass die Richter und Schöffen vom „Inhalt" der Urkunden Kenntnis genommen haben.[950] Dies stellt zwar eine Abweichung vom Gesetzeswortlaut dar, jedoch ist eine exakte Formulierung, wie bereits ausgeführt, nicht vorgegeben.

„Richter und Schöffen müssen nach Anordnung des Selbstleseverfahrens gemäß § 249 II StPO vom Wortlaut der Urkunden Kenntnis genommen haben, wie die Revision zutreffend ausführt. Der Vorsitzende muss gemäß § 249 II Satz 3 StPO die Feststellung über die 'Kenntnisnahme' in das Protokoll aufnehmen (BGHR StPO § 249 Kenntnisnahme 1; BGH NStZ 2000, 47 = Beschluss vom 21.9.1999 – 1 StR 389/99). Das Gesetz schreibt weder vor, auf welche Art und Weise der Vorsitzende die Kenntnisnahme festzustellen hat noch die Formulierung dieser Feststellung im Protokoll. In der Sitzungsniederschrift ist – im Zusammenhang mit der Anordnung des Selbstleseverfahrens gemäß § 249 II StPO – vermerkt:

'Es wird festgestellt, dass die Schöffen und die Berufsrichter erklärten, dass sie vom Inhalt aller im Selbstleseverfahren in die Hauptverhandlung eingeführten Urkunden Kenntnis genommen haben'.

Da dieser Feststellung nach dem Protokoll die Anordnung des Selbstleseverfahrens vorausgegangen ist, läßt die Gesamtheit des Protokolls den Schluß zu, dass die festgestellte Kenntnisnahme laut abgegebener Erklärungen durch Selbstlesen erfolgt ist. Dann aber haben die Erklärenden sowohl vom Inhalt als auch vom Wortlaut Kenntnis genommen. Das Protokoll beweist hier die Feststellung der Kenntnisnahme. Es kann grundsätzlich keinen Beweis (§ 274 StPO) für die Richtigkeit der Feststellung erbringen, ob nämlich die Erklärenden tatsächlich vom Wortlaut Kenntnis genommen haben.

Vorsorglich hat der Senat dienstliche Äußerungen eingeholt, in denen die Berufsrichter und Schöffen bestätigt haben, dass die Kenntnisnahme – auch des Wortlauts – durch Selbstlesen erfolgt ist. Dies war nach den dienstlichen Äußerungen auch Inhalt der abgegebenen Erklärungen und damit auch der protokollierten 'Feststellung'."[951]

---

949 BGH, Urteil vom 30.08.2000 – 2 StR 85/00, NStZ 2001, 161 (161).

950 BGH, Beschluss vom 28.01.2010 – 5 StR 169/09, BeckRS 2010, 04018; BGH, Urteil vom 24.06.2003 – 1 StR 25/03, BeckRS 2003, 06064; Schlothauer/Weider, Rn. 1250.

951 BGH, Urteil vom 24.06.2003 – 1 StR 25/03, BeckRS 2003, 06064.

Auch in einem späteren Urteil postuliert der BGH, dass die Formulierung in der Protokollierung, dass das Gericht vom Inhalt der Urkunden Kenntnis genommen hat, als Kenntnisnahme des Wortlauts der Urkunden auszulegen sei, da anders eine Kenntnisnahme des Inhalts der Urkunde nicht möglich sei.[952]

Dieser Ansicht kann nicht ohne weiteres gefolgt werden, denn eine Kenntnisnahme des Inhalts ist auch möglich, wenn ein Bericht über die entscheidenden Punkte eines Schriftstückes zur Kenntnis genommen wird. Hierbei werden die wesentlichen Informationen eines Schriftstückes mitgeteilt, was eine Aufnahme des Inhalts dieses Schriftstückes bedeutet. Der exakte Wortlaut muss hierbei nicht mitgeteilt werden. Gerade auf diesen kommt es bei der Selbstlesung nach dem Gesetzestext des § 249 Abs. 2 StPO jedoch an.

Wohl aus diesem Grund hat der BGH in einer früheren Entscheidung auch festgestellt, dass bei der Protokollierung der Kenntnisnahme des Inhalts der selbst zu lesenden Urkunden Zweifel an der ordnungsgemäßen Durchführung des Selbstleseverfahrens aufkommen könnten:

> „Formulierungen wie: ‘Die Schöffen haben vor der Verhandlung im Beratungszimmer vom Inhalt (der) Schriftstücke Kenntnis genommen’ könnten den Schluß zulassen, daß den Anforderungen des § 249 Abs. 2 StPO nicht entsprochen worden ist.“[953]

In Anbetracht der unterschiedlichen Wertungen durch den BGH kann die Verteidigung in Fällen, in denen nicht die Kenntnisnahme des Wortlauts, sondern des Inhalts der Urkunden protokolliert wurde, durchaus den Versuch unternehmen, eine Revision auf diesen Protokollierungsfehler zu stützen.

Dem Vorsitzenden ist anzuraten, bei der Protokollierung der Kenntnisnahme darauf zu achten, dass festgehalten wird, dass die Urkunden im Wortlaut zur Kenntnis genommen wurden. Nur so kann sichergestellt werden, dass auch tatsächlich eine revisionsfeste Protokollierung vorliegt.

bb. Protokollierung der Kenntnisnahme der Urkunde statt des Wortlauts der Urkunde

Die BGH-Rechtsprechung zum Selbstleseverfahren zeigt, dass in der Praxis die unterschiedlichsten Formulierungen bei der Protokollierung der Kenntnisnahme der vom Selbstleseverfahren umfassten Urkunden durch das Gericht zur Anwendung kommen. So hatte der BGH auch zu entscheiden, ob es ausreichend ist, wenn protokolliert wird, dass von den selbst zu lesenden Urkunden Kenntnis genommen wurde und nicht von deren Wortlaut. In diesem Zusammenhang stellt

---

952 BGH, Beschluss vom 28.01.2010 – 5 StR 169/09, BeckRS 2010, 04018.

953 BGH, Urteil vom 30.08.2000 – 2 StR 85/00, NStZ 2001, 161 (161).

das Urteil fest, dass es bei der Protokollierung des Selbstleseverfahrens nicht auf den Wortlaut des Protokollvermerks ankommt und dass die Protokollierung der Kenntnisnahme der Urkunden als Protokollierung der Kenntnisnahme des Wortlauts der Urkunden auszulegen sei.[954]

> „Im Verlauf der Hauptverhandlung hat der Strafkammervorsitzende bezüglich mehrerer Urkunden das Selbstleseverfahren angeordnet. Betreffend ein Urteil des LG Nürnberg-Fürth hat er am darauffolgenden Hauptverhandlungstermin zu Protokoll die Feststellung getroffen, dass das Selbstleseverfahren beendet ist, die Mitglieder der Kammer „von dem Urteil" Kenntnis genommen haben und die übrigen Prozessbeteiligten hierzu Gelegenheit hatten. Betreffend eine Reihe von Urkunden zu Geldbewegungen sowie zu Haftabwesenheitszeiten des Angekl. MK hat der Vorsitzende zu Protokoll festgestellt, dass die Kammer „von den Urkunden", für die in der letzten Hauptverhandlung das Selbstleseverfahren angeordnet worden ist, Kenntnis genommen hat und die übrigen Prozessbeteiligten Gelegenheit hierzu hatten. Hinsichtlich mehrerer amtsgerichtlicher Urteile hat er zu Protokoll festgestellt, dass das Selbstleseverfahren beendet ist und die Kammer „von den Urteilen" Kenntnis genommen hat und die übrigen Prozessbeteiligten Gelegenheit hatten, hiervon Kenntnis zu nehmen. [...] Der Wortlaut des Protokollvermerks nach § 249 II 3 StPO ist für den Nachweis der ordnungsgemäßen Durchführung des Selbstleseverfahrens ohne Belang. [...] Durch die hier vom Vorsitzenden zu Protokoll erklärten Feststellungen, die im Übrigen ohnehin als Feststellung der Kenntnisnahme vom Wortlaut der Schriftstücke durch Richter und Schöffen auszulegen sein dürften [...], sind die Schriftstücke in hinreichender Form zum Inbegriff der Hauptverhandlung gemacht worden und damit verwertbar."[955]

Auch in diesem Fall ist es zweifelhaft, ob den Ausführungen des BGH gefolgt werden kann. Die Kenntnisnahme einer Urkunde kann auch nur darin bestehen, dass die Urkunde als physisch existentes Stück Papier erkannt wird, ohne dass der Gedankeninhalt zur Kenntnis genommen wird, ähnlich wie bei einer Beweiserhebung durch Inaugenscheinnahme. Diese Art der Kenntnisnahme der Urkunde genügt den Anforderungen des Selbstleseverfahrens jedoch nicht.

Sollte daher in der Protokollierung der Kenntnisnahme des Gerichts die Phrase „vom Wortlaut" fehlen, besteht grundsätzlich die Möglichkeit einer Rüge in der Revision. Im Hinblick auf die BGH-Rechtsprechung sind an die Erfolgsaussichten jedoch keine allzu hohen Erwartungen zu knüpfen.

Wie bereits im vorangegangen Fall sollte das Gericht auf eine exakte Protokollierung der Kenntnisnahme des Wortlauts achten und sich nicht darauf verlassen, dass das Revisionsgericht an der zuvor zitieren Sichtweise festhalten wird.

---

954 BGH, Beschluss vom 20.07.2010 – 3 StR 76/10, NJW 2010, 3382 (3382 f).

955 BGH, Beschluss vom 20.07.2010 – 3 StR 76/10, NJW 2010, 3382 (3382 f).

cc. Protokollierung der Gelegenheit zur Kenntnisnahme durch die Berufsrichter und Schöffen

Es kommt auch immer wieder vor, dass anstatt der Kenntnisnahme des Wortlauts der Urkunden durch das Gericht nur dessen ausreichende Gelegenheit zur Kenntnisnahme protokolliert wird.[956] Hier besteht Einigkeit, dass diese Protokollierung für eine ordnungsgemäße Durchführung des Selbstleseverfahrens nicht ausreichend ist, da es erforderlich ist, dass die Mitglieder des Gerichts die Urkunden tatsächlich gelesen haben und nicht nur die Gelegenheit dazu hatten.[957]

dd. Fehlende Protokollierung betreffend die Kenntnisnahme durch alle Mitglieder des Gerichts

Voraussetzung für eine wirksame Einführung von Urkunden mittels Selbstleseverfahren ist zudem, dass betreffend aller Mitglieder des Gerichts festgestellt wird, dass diese vom Wortlaut der Urkunden Kenntnis genommen haben und dies auch so in das Sitzungsprotokoll aufgenommen wird.[958] Wird im Protokoll nur die Kenntnisnahme durch die Schöffen und die Beisitzer wiedergegeben, ist aufgrund der negativen Beweiskraft der Protokolls davon auszugehen, dass der Vorsitzende von dem Wortlaut der Urkunden keine Kenntnis genommen hat, auch wenn es in der Praxis die Regel ist, dass er die Urkunden in der Vorbereitung auf die Hauptverhandlung gelesen hat.[959]

3. Negative Beweiskraft des Protokolls

Der negativen Beweiskraft des Protokolls kommt im Zusammenhang mit dem Selbstleseverfahren große Bedeutung zu. Immer wieder finden sich Hauptverhandlungsprotokolle, in denen der Abschluss des Selbstleseverfahrens oder die Kenntnisnahme durch bestimmte Verfahrensbeteiligte nicht in die Sitzungsniederschrift aufgenommen wurden.

---

956 BGH, Beschluss vom 10.01.2012 – 1 StR 587/11, BeckRS 2012, 03907; BGH, Beschluss vom 15.03.2011 – 1 StR 33/11, NStZ 2011, 533.

957 BGH, Beschluss vom 10.01.2012 – 1 StR 587/11, BeckRS 2012, 03907; BGH, Beschluss vom 15.03.2011 – 1 StR 33/11, NStZ 2011, 533; Schlothauer/Weider, Rn. 1250.

958 BGH, Beschluss vom 30.09.2009, 2 StR 280/09, wistra 2010, 31 (31); BGH, Beschluss vom 23.03.2006 – 4 StR 584/05, NStZ 2006, 512 (512); BGH, Beschluss vom 07.07.2004 – 5 StR 412/03, NStZ 2005, 160 (160); Schlothauer/Weider, Rn. 1250.

959 BGH, Beschluss vom 30.09.2009, 2 StR 280/09, wistra 2010, 31 (31); BGH, Beschluss vom 23.03.2006 – 4 StR 584/05, NStZ 2006, 512 (512); BGH, Beschluss vom 07.07.2004 – 5 StR 412/03, NStZ 2005, 160 (160); Schlothauer/Weider, Rn. 1250.

So wurde bereits festgestellt, dass es nicht ausreichend ist, nur die Anordnung des Selbstleseverfahrens, nicht aber dessen Abschluss zu protokollieren.[960] Zudem wurde im vorangegangenen Abschnitt erörtert, dass betreffend alle Mitglieder des Gerichtes Feststellung zu deren Kenntnisnahme des Wortlauts der Urkunden zu treffen und diese zu protokollieren sind.[961]

Der BGH stellte zudem in seinem Beschluss vom 23.05.2012 fest, dass eine Rüge nicht erfolgreich sein kann, wenn die ordnungsgemäße Durchführung des Selbstleseverfahrens zu Protokoll festgestellt ist.

> „Ist, wie hier, eine ordnungsgemäße Durchführung des Selbstleseverfahrens durch das Hauptverhandlungsprotokoll belegt, kann erfolgreiches Revisionsvorbringen nicht auf Überlegungen zu einer – jedenfalls objektiv – fehlenden 'Wahrhaftigkeit' der zu Grunde liegenden richterlichen Erklärungen gestützt werden.“[962]

Diese Sichtweise wird in der Literatur nicht geteilt. Es besteht Einigkeit, dass zwar nicht entgegen der negativen Beweiskraft des Protokolls geltend gemacht werden kann, dass trotz fehlender Protokollierung eine Kenntnisnahme erfolgt ist.[963] Hingegen ist es aus Sicht der Literatur ohne Weiteres möglich, die Revision darauf zu stützen, dass eine Kenntnisnahme zwar protokolliert wurde, diese tatsächlich aber nicht erfolgt ist.[964]

Auch die Rechtsprechung erkennt inzwischen an, dass die Protokollierung der Feststellung der Kenntnisnahme durch Berufsrichter und Schöffen nicht beweist, dass diese tatsächlich vom Wortlaut der Urkunden Kenntnis genommen haben. Die Entscheidung des BGH vom 20.07.2010 stellt hier ein Abweichen von der bislang geltenden Rechtsprechung dar.[965] Dies wird im Einklang mit der Sichtweise in der Literatur damit begründet, dass die Selbstlesung außerhalb der Hauptverhandlung stattfindet und der Urkundenbeamte naturgemäß nur das bestätigen kann, was er selbst wahrnimmt[966]. Dies ist im Fall der Protokollierung

---

960 Vgl. oben E. VI. 2. a. bb.

961 Vgl. oben E. VI. 2. b. dd.

962 BGH, Beschluss vom 23.05.2012 – 1 StR 208/12, BeckRS 2012, 11778.

963 Meyer-Goßner/Schmitt, StPO, § 249, Rn. 31; SK-StPO, Frister, § 249, Rn. 117; Ventzke, StV 2014, 114 (116).

964 Löwe-Rosenberg, StPO, Mosbacher, 26. Auflage, § 249, Rn. 111; Meyer-Goßner/Schmitt, StPO, § 249, Rn. 31; SK-StPO, Frister, § 249, Rn. 118; Ventzke, StV 2014, 114 (116); die Entscheidung wurde in BGH, Beschluss vom 20.07.2010 – 3 StR 76/10, NJW 2010, 3382 (3383) offengelassen, das Problem wurde jedoch erkannt.

965 BGH, Beschluss vom 20.07.2010 – 3 StR 76/10, NJW 2010, 3382 (3383); ausführlich dazu Sättele, WiJ 2010, S. 120 (122 ff).

966 BGH, Beschluss vom 20.07.2010 – 3 StR 76/10, NJW 2010, 3382 (3383).

der Feststellung der Kenntnisnahme des Wortlauts der Urkunden durch die Richter deren Aussage in der Hauptverhandlung, dass sie vom Wortlaut der vom Selbstleseverfahren umfassten Urkunden Kenntnis genommen haben. Auch der Vorsitzende, der diese Feststellung trifft, hat nur seine eigene Person betreffend positives Wissen über die Durchführung der Selbstlesung.[967] Bei allen anderen Mitgliedern des Gerichts muss er sich auf deren Zusicherung, dass sie die Urkunden im Wortlaut zur Kenntnis genommen haben, verlassen.[968] Damit ist der Verfahrensrüge, dass entgegen der protokollierten Feststellung eine Kenntnisnahme seitens des Gerichts nicht stattfand, der Weg bereitet. Einen Hinweis, wie eine derartige Verfahrensrüge zu behandeln ist, lässt die Entscheidung zum Bedauern der Literatur leider vermissen.[969]

Aus der Entscheidung ist allerdings zu schließen, dass der Begründungsaufwand, um eine falsche Protokollierung der tatsächlich aus Sicht des Revisionsführers nicht erfolgten Kenntnisnahme zu widerlegen, enorm hoch ist. Sättele merkt an, dass die Inbegriffsrüge Aussicht auf Erfolg hat. Für den Fall, dass im Freibeweisverfahren bewiesen werden kann, dass eine Kenntnisnahme des Inhalts der Urkunden durch das Gericht tatsächlich nicht erfolgt ist, wurde das Beweismittel nicht zum Inbegriff der Hauptverhandlung und kann daher nicht als Grundlage für das Urteil dienen.[970]

4. Protokollberichtigung und Rügeverkümmerung

Ein häufiger Fehler bei der Durchführung des Selbstleseverfahrens ist, wie bereits ausführlich dargelegt, dessen nicht ordnungsgemäße Protokollierung.[971] Daher kommt auch im Zusammenhang mit dem Selbstleseverfahren der sogenannten Rügeverkümmerung eine wichtige Rolle zu.

Der Große Senat für Strafsachen des BGH[972] hat entschieden, dass es auch nach Erhebung der Verfahrensrüge noch zulässig ist, das Hauptverhandlungsprotokoll zu berichtigen oder zu ändern. Dies hat zur Folge, dass die Rüge einer fehlerhaften Protokollierung im Nachhinein entfallen kann – die sogenannte Rügeverkümmerung.[973]

967 BGH, Beschluss vom 20.07.2010 – 3 StR 76/10, NJW 2010, 3382 (3383).
968 BGH, Beschluss vom 20.07.2010 – 3 StR 76/10, NJW 2010, 3382 (3383).
969 Beukelmann/Leipold, NJW Spezial, 2010, 633 (634); Sättele, WiJ 2010, S. 120 (124).
970 Sättele, WiJ 2010, S. 120 (124).
971 Vgl. oben E. VI. 2.
972 BGH, Beschluss vom 23.04.2007 – GSSt 1/06, NJW 2007, 2419.
973 MAH, Krause, § 7, Rn. 192a.

Entscheidend ist, dass der Verteidiger im Rahmen des Berichtigungsverfahrens anzuhören ist und dass er die Gelegenheit hat, gegen die Berichtigung des Protokolls Widerspruch zu erheben.[974] Hier kommt es darauf an, dass der Verteidiger bereits in der Vorinstanz den Gang der Hauptverhandlung sorgfältig dokumentiert hat, um in der Revision begründen zu können, dass eine Berichtigung des Protokolls mangels Fehler nicht möglich ist.

Kommt eine Protokollberichtigung nicht zustande, weil sich die Urkundenperson nicht mehr erinnern kann, ob der fehlende Verfahrensvorgang tatsächlich stattgefunden hat oder nicht, muss das unberichtigte Protokoll als Entscheidungsgrundlage in der Revision herangezogen werden.[975] In diesem Sinne hatte der BGH entschieden, dass in einem Verfahren, in dem der Abschluss des Selbstleseverfahrens nicht protokolliert worden war und die Urkundenperson sich nicht erinnern konnte, ob die Kenntnisnahme des Inhaltes der Urkunden festgestellt worden war oder nicht, davon auszugehen ist, dass dieser nicht erfolgt ist.[976] Die Entscheidung wurde genutzt, um grundsätzlich zu klären, dass das Protokollberichtigungsverfahren im Zusammenhang mit dem Selbstleseverfahren[977] anwendbar ist:

> „Das vom Großen Senat für Strafsachen des BGH [...] im Wege verfassungsgerichtlich gebilligter Rechtsfortbildung [...] eingeführte Protokollberichtigungsverfahren, das geeignet ist, einer auf den Inhalt des Protokolls gegründeten Verfahrensrüge nach Revisionseinlegung die Erfolgsaussicht zu entziehen, hätte auch die hier vom Vorsitzenden erstrebte Protokollberichtigung hinsichtlich des Abschlusses des Selbstleseverfahrens erfasst. Leitsätze und Gründe des Beschlusses des Großen Senats für Strafsachen und der dessen Rechtsauffassung billigende Beschluss des Zweiten Senats des BVerfG enthalten keine Einschränkungen auf bestimmte Fallkonstellationen. Der Große Senat stellt vielmehr auf die Vorteile des neuen Protokollberichtigungsverfahrens ab [...], wozu gerade auch eine Begrenzung der bisherigen immer stärker ausgeweiteten Rechtsprechung zur Lückenhaftigkeit des Protokolls gehöre, der – jedenfalls in Grenzfällen – hinreichend klare und verlässliche Konturen fehlen [...] Diese Erwägungen gelten ersichtlich für alle Varianten einer Protokollberichtigung. Der – nicht tragend geäußerten – Rechtsauffassung des 2. Strafsenats, eine Protokollberichtigung sei hinsichtlich des Selbstleseverfahrens gem. § 249 II StPO ausgeschlossen [...] ist lediglich zu entnehmen, dass die als Abschluss des Selbstleseverfahrens vorgeschriebene Feststellung der

---

974 MAH, Krause, § 7, Rn. 192a.

975 BGH, Beschluss vom 28.01.2010 – 5 StR 169/09, NJW 2010, 2068 (2068).

976 BGH, Beschluss vom 28.01.2010 – 5 StR 169/09, NJW 2010, 2068 (2068).

977 In BGH, Urteil vom 04.09.2014 – 1 StR 75/14, BeckRS 23581 wurde die nachträgliche Protokollberichtigung im Zusammenhang mit der Protokollierung der Feststellungen nach § 249 Abs. 2 S. 3 StPO als zulässig und ordnungsgemäß bewertet.

> Kenntnisnahme vom Wortlaut der Urkunden auf diesem Wege nicht nachholbar ist. Hinsichtlich der tatsächlich erfolgten entsprechenden Feststellung des Vorsitzenden in der Hauptverhandlung, die lediglich versehentlich nicht protokolliert wurde, bleibt die Protokollberichtigung zulässig."[978]

Die im vorstehenden Beschluss genannte Entscheidung des 2. Senats vom 08.07.2009[979] stellt fest, dass eine Protokollberichtigung vorliegend nicht in Betracht komme. Die Protokollierung gemäß § 249 Abs. 2 StPO beweise nicht, dass die Richter tatsächlich vom Inhalt der Urkunden Kenntnis genommen haben, sondern lediglich, dass in der Hauptverhandlung die diesbezügliche Feststellung durch den Vorsitzenden vorgenommen worden ist. Eine grundsätzliche Aussage zur möglichen Anwendung der Protokollberichtigung um Zusammenhang mit dem Selbstleseverfahren wird daher nicht getroffen.

5. Verfahrensfehler bei der Durchführung des Selbstleseverfahrens

Verfahrensfehler bei der Durchführung des Selbstleseverfahrens können gemäß § 337 StPO als Verstoß gegen § 249 Abs. 2 StPO Gegenstand einer erfolgreichen Revision sein.[980] Zudem kommt eine Verletzung des § 261 StPO in Betracht, wenn der Verfahrensfehler dazu führt, dass die Urkunde nicht in zulässiger Weise in die Verhandlung eingeführt wurde und damit Zweifel hinsichtlich ihrer Verwertbarkeit in der Urteilsfindung bestehen.[981]

a. Keine Gelegenheit zur Kenntnisnahme

So kann gerügt werden, dass ein Verfahrensbeteiligter nicht ausreichend Gelegenheit zur Kenntnisnahme der Urkunden hatte[982], selbst wenn in der Protokollierung des Selbstleseverfahrens das Gegenteil festgehalten wurde[983]. Das Protokoll belegt nur, dass der Vorsitzende festgestellt hat, dass alle Verfahrensbeteiligten ausreichend Gelegenheit zur Kenntnisnahme hatten. Es trifft jedoch

---

978 BGH, Beschluss vom 28.01.2010 – 5 StR 169/09, NJW 2010, 2068 (2069).

979 BGH, Beschluss vom 08.07.2009 – 2 StR 54/09, BeckRS 2009, 20919; ausführlich zu dieser Entscheidung Dehne-Niemann, wistra 2011, 213 (215 ff).

980 Löwe-Rosenberg, StPO, Mosbacher, 26. Auflage, § 249, Rn. 111; SK-StPO, Frister, § 249, Rn. 117.

981 Löwe-Rosenberg, StPO, Mosbacher, 26. Auflage, § 249, Rn. 111.

982 Löwe-Rosenberg, StPO, Mosbacher, 26. Auflage, § 249, Rn. 111; Pfeiffer, StPO, § 249, Rn. 12; Schlothauer/Weider, Rn. 1252.

983 Löwe-Rosenberg, StPO, Mosbacher, 26. Auflage, § 249, Rn. 111; Meyer-Goßner/Schmitt, StPO, § 249, Rn. 31; SK-StPO, Frister, § 249, Rn. 118.

keine Aussage darüber, ob dies wirklich zutreffend ist.[984] Es wird vertreten, dass für eine erfolgreiche Revision erforderlich ist, dass bereits in der Hauptverhandlung der Protokollierung der ausreichenden Gelegenheit zur Kenntnisnahme widersprochen wurde.[985]

Im Rahmen dieser Rüge ist mittels Freibeweis zu ermitteln und darzulegen, aus welchen konkreten Gründen keine oder nur eine unzureichende Gelegenheit zur Kenntnisnahme bestand.[986] Diese tatsächlichen Gründe sind in der Revisionsbegründung vorzutragen.[987]

Es ist denkbar, die zeitliche Belastung außerhalb des gegenständlichen Verfahrens, eine die Möglichkeit der Kenntnisnahme ausschließende Krankheit des Verfahrensbeteiligten – die idealerweise mit einem ärztlichen Attest belegt werden kann – oder die fehlende Verfügbarkeit der zu lesenden Urkunden anzuführen. Es kann zudem angemerkt werden, dass trotz Hinweis an das Gericht keine ausreichende Individualisierung der Urkunden vorgenommen wurde, Selbstleseordner unvollständig waren und dies nicht durch Akteneinsicht kompensiert werden konnte oder dem inhaftierten Angeklagten keine ausreichende Möglichkeit zur Kenntnisnahme geboten werden konnte, da die notwendige EDV nicht oder nicht für einen ausreichenden Zeitraum zur Verfügung gestellt wurde.

Auch die bereits erläuterten tatsächlichen Hindernisse für die Durchführungen eines Selbstleseverfahrens wie Analphabetismus, Blindheit oder andere Sehbehinderungen und mangelnde Sprachkenntnis kommen als Grundlage für eine Rüge in Betracht. Hier ist ergänzend darzustellen, dass die bereits erörterten Möglichkeiten, diesen Einschränkungen entgegenzuwirken nicht oder nicht in ausreichendem Maß ergriffen wurden. Dabei ist zu beachten, dass das Vorliegen dieser praktischen Einschränkungen nicht per se gegen die Durchführung des Selbstleseverfahrens spricht.[988]

In allen Fällen ist es, wie bereits ausgeführt, erforderlich, dass bereits in der Hauptverhandlung eine Rüge erfolgt ist.[989]

---

984 Löwe-Rosenberg, StPO, Mosbacher, 26. Auflage, § 249, Rn. 111; Meyer-Goßner/Schmitt, StPO, § 249, Rn. 31; SK-StPO, Frister, § 249, Rn. 117.

985 Schlothauer/Weider, Rn. 1252.

986 Löwe-Rosenberg, StPO, Mosbacher, 26. Auflage, § 249, Rn. 111; Meyer-Goßner/Schmitt, StPO, § 249, Rn. 31.

987 Löwe-Rosenberg, StPO, Mosbacher, 26. Auflage, § 249, Rn. 111.

988 Vgl. oben D. II. 1.

989 BGH, Beschluss vom 23.05.2012 – 1 StR 208/12, NStZ 2012, 584 (585); Löwe-Rosenberg, StPO, Mosbacher, 26. Auflage, § 249, Rn. 114; Schlothauer/Weider, Rn. 1252.

Es ist ergänzend zur Rüge sinnvoll, ausdrücklich vorzutragen, dass auf die Gelegenheit zur Kenntnisnahme der Urkunden nicht verzichtet wurde und bis zum Ende der Beweisaufnahme keine Heilung des Verfahrensfehlers durch Verlesung oder Wiederholung des Selbstleseverfahrens erfolgt ist.[990]

b. *Keine Kenntnisnahme durch Berufsrichter oder Schöffen*

Die Rüge, dass Berufsrichter oder Schöffen die vom Selbstleseverfahren umfassten Urkunden trotz gegenteiliger Protokollierung nicht gelesen haben ist zwar grundsätzlich möglich[991], aber in der Praxis schwer zu beweisen, da das Beratungsgeheimnis, §§ 43, 45 DRiG einer Nachprüfung entgegensteht[992]. Dennoch ist die Rüge grundsätzlich dem Freibeweis zugänglich.[993] Der Revisionsführer muss sich daher auf äußere Umstände stützen, die belegen können, dass eine Kenntnisnahme nicht möglich war, was regelmäßig nur bei offenkundigen Fehlern erfolgreich sein wird[994]. Ist es dennoch möglich, hat das Revisionsgericht eine diesbezügliche dienstliche Erklärung des Vorsitzenden einzuholen.[995] Erfolgsaussichten einer derartigen Revision sind durchaus im Rahmen der Möglichen. So hat der BGH in Hinsicht auf das rein tatsächliche Vorbringen des Revisionsführers zwar 2012 noch entschieden:

> „Die Revision macht geltend, das angeordnete Selbstleseverfahren sei nicht ordnungsgemäß durchgeführt worden. Innerhalb von vier Tagen, darunter ein Wochenende, hätte das Gericht insgesamt 674 Seiten (vielfach mit wenigen Zeilen beschriebene Rechnungen) nicht ordnungsgemäß zur Kenntnis nehmen können. [...] Im Übrigen entbehrte die Behauptung, es sei 'nicht plausibel, dass u.a. ein Glasermeister, der an Werktagen in aller Regel arbeitet, von dem ihm zum Selbstlesen zugewiesenen Urkunden und Schriftstücken' ordnungsgemäß im Selbstleseverfahren Kenntnis genommen hätte, jeglicher Grundlage.“[996]

Inzwischen hat sich der BGH der Möglichkeit der Rüge der mangelnden Möglichkeit der Kenntnisnahme durch das Gericht allerdings etwas geöffnet:

---

990 Schlothauer/Weider, Rn. 1253.

991 Löwe-Rosenberg, StPO, Mosbacher, 26. Auflage, § 249, Rn. 111; SK-StPO, Frister, § 249, Rn. 118.

992 KK StPO-Diemer, § 249, Rn. 53; Löwe-Rosenberg, StPO, Mosbacher, 26. Auflage, § 249, Rn. 111; a.A.: Gubitz, NStZ 2018, 230 (231).

993 Gubitz, NStZ 2018, 230 (231).

994 KK StPO-Diemer, § 249, Rn. 53; Ventzke, StV 2014, 114 (116).

995 SK-StPO, Frister, § 249, Rn. 118.

996 BGH, Beschluss vom 23.05.2012 – 1 StR 208/12, BeckRS 2012, 11778.

„Ungeachtet dessen geht mit dem Vorwurf eines verfahrensfehlerhaft unangemessen kurzen Zeitraums für das Selbstleseverfahren [...] die Behauptung einher, wegen der nicht ausreichenden Zeit sei auch tatsächlich nicht alles gelesen worden, was Gegenstand des Selbstleseverfahrens war. Deshalb bedarf es bei einer den unzureichenden Zeitraum des Selbstleseverfahrens beanstandenden Rüge Vortrags zu den konkreten tatsächlichen Umständen, aus denen sich das Unterbleiben der Selbstlesung oder die nicht ausreichende Zeit dafür ergeben kann [...]. Die pauschalen Angaben über den regelmäßigen Umfang des Inhalts von Leitzordnern und der sich daraus ergebenden Blattzahl reichen dafür jedenfalls nicht. Immerhin ermöglicht das Einrücken der Selbstleselisten, die Angaben zu den Blattzahlen der erfassten Schriftstücke enthalten, dem Senat, die Gesamtblattzahl grob selbst zu berechnen. [...] Ausweislich der von der Revision vorgelegten Selbstleselisten handelt es sich bei zahlreichen der Schriftstücke um listenmäßige Aufstellungen, auf die sich die von der Revision geltend gemachten durchschnittlichen Zeiten für das Erfassen einer Seite nicht ohne Weiteres übertragen lassen. In der Person der beiden Schöffinnen liegende konkrete tatsächliche Umstände, die dem Lesen der beiden Selbstlesekonvolute in dem genannten Gesamtzeitraum entgegengestanden haben könnten, teilt die Revision nicht mit.“[997]

In dem Beschluss zeigt sich deutlich, dass der BGH durchaus eine Möglichkeit sieht, die fehlende Kenntnisnahme durch Richter und Schöffen zu rügen. Es stellt sich aber die Frage, wie detailliert der Revisionsführer darlegen muss, weshalb das Gericht die vom Selbstleseverfahren umfassten Urkunden nicht zur Kenntnis nehmen konnte. Der BGH scheint sowohl Argumente hinsichtlich der für die Selbstlesung benötigten Zeit, als auch Gründe, die in der Person der (Laien-) Richter selbst liegen als grundsätzlich zulässig zu erachten. In der Revision sind daher konkrete tatsächliche Umstände anzuführen, die einer Kenntnisnahme der Richter entgegengestanden haben.[998] *Gubitz* führt in Bezug auf das zitierte Urteil Empfehlungen zur Revisionsbegründung an:

„Daraus folgt zum einen, die Zahl der Urkunden und die zur Verfügung stehende Zeit genau zu benennen. Zum anderen können auch Ausführungen zum individuellen Leseverständnis erforderlich sein und solche Faktoren benannt werden, die ein inhaltliches Verständnis angesichts des konkreten Erscheinungsbilds, Zustands oder Inhalt der Urkunde erschweren oder erleichtern. In den allermeisten Fällen werden sich zudem Ausführungen dazu empfehlen, ob die zur Verfügung stehende Zeit für die Verteidigung selbst ausgereicht hat und wenn ja, weshalb dies für andere Beteiligte dann anders (gewesen) sein sollte; zu denken ist etwa an das durch die Vorbefassung von Verteidigern erleichterte Verständnis der Urkunden, die den Schöffen vorher naturgemäß nicht zugänglich gewesen sind. [...] Die objektive Unmöglichkeit des vollständigen Lesens angesichts zu kurzer Zeit kann sich etwa durch einen Vergleich mit anerkannten Maßstäben

997 BGH, Beschluss vom 09.11.2017 – 1 StR 554/16, NStZ 2018, 230 (230).
998 Gubitz, NStZ 2018, 230 (231).

belegen lassen. So finden sich beispielsweise in der Rspr. zum Justizvergütungs- und -entschädigungsgesetz (JVEG) Überlegungen zu plausiblen Lesegeschwindigkeiten."[999]

Dies zeigt, dass eine Revision mit der Rüge der mangelhaften Kenntnisnahme des Wortlauts der Urkunden durch das Gericht durchaus Aussicht auf Erfolg haben kann. Im Zweifel wird dennoch schwer nachzuweisen sein, dass der Berufs- oder Laienrichter tatsächlich nicht die Zeit gefunden haben kann, von den Urkunden in der Selbstleseanordnung Kenntnis zu nehmen. Zum einen werden der Vorsitzende und der Berichterstatter in aller Regel bereits vor Durchführung der Hauptverhandlung die Urkunden zur Kenntnis genommen haben. Zum anderen bestehen nur beschränkte Einsichtsmöglichkeiten in die verfügbare Zeit von Richtern und Laienrichtern. Es bleibt daher nur Geltendmachung eines zu kurzen Zeitraums für die Durchführung der Selbstlesung. Diesem Einwand kann das Gericht jedoch durch eine frühzeitige Anordnung des Selbstleseverfahrens vorbeugen.

6. Selbstleseverfahren bei unzulässigen Urkunden

Die Durchführung des Selbstleseverfahrens ist nicht im Hinblick auf jede Urkunde zulässig. So sind Urkunden nach §§ 253, 254 StPO sowie Urkunden, die einem Beweisverbot unterliegen, kein tauglicher Gegenstand des Selbstleseverfahrens. Entscheidend ist, dass auch in diesen Fällen der Widerspruch gegen die Anordnung des Selbstleseverfahrens zwingende Voraussetzung für eine erfolgreiche Revision ist.[1000]

7. Fehlen der Widerspruchbescheidung

In den Fällen, in denen in der Hauptverhandlung unverzüglich und damit rechtzeitig der Widerspruch gegen die Anordnung des Selbstleseverfahrens erhoben wurde, dieser Widerspruch jedoch nicht verbeschieden wurde, liegt aus Sicht der Literatur kein tauglicher Revisionsgrund vor. Durch die fehlende Widerspruchbescheidung würden die Informations- und Erklärungsrechte der Verfahrensbeteiligten nicht verletzt, sodass die Beweisgrundlage des Urteils unberührt bleibe und kein Beruhen des Urteils auf der unterlassenen Widerspruchsbescheidung gegeben sei.[1001]

---

999 Gubitz, NStZ 2018, 230 (231).

1000 Löwe-Rosenberg, StPO, Mosbacher, 26. Auflage, § 249, Rn. 114; Schlothauer/Weider, Rn. 1261.

1001 Eisenberg, Beweisrecht StPO, Rn. 2069; Löwe-Rosenberg, StPO, Mosbacher, 26. Aufl., § 249, Rn. 110; Meyer-Goßner/Schmitt, StPO, § 249, Rn. 31; Mosbacher NStZ 2013, 199 (200).

Der BGH hingegen schließt ein Beruhen des Urteils auf der unterbliebenen Widerspruchbescheidung nicht generell aus, wie sich aus der Entscheidung vom 28.08.2012 ergibt. Diesem Beschluss lag folgender Sachverhalt zugrunde: Bezüglich der Wortprotokolle einer Telefonüberwachung sollte das Selbstleseverfahren durchgeführt werden. Zunächst wurde das beabsichtigte Selbstleseverfahren nur angekündigt – nicht angeordnet – woraufhin die Verteidigung gegen die Anordnung des Selbstleseverfahrens Widerspruch ankündigte. Zudem wurde eine Liste mit weitern Urkunden, deren Einführung mittels Selbstleseverfahren vorgesehen war, an die Verfahrensbeteiligten übergeben. Daraufhin erfolgte im nächsten Hauptverhandlungstermin ein Widerspruch gegen die Durchführung des Selbstleseverfahrens, der nicht verbeschieden wurde. Stattdessen wurde erörtert, welche Urkunden vom Selbstleseverfahren umfasst sein sollen und sodann festgestellt, dass die Schöffen und Berufsrichter die Urkunden bereist gelesen und die Staatsanwaltschaft und die Verteidigung Gelegenheit dazu hatten. Erst im Anschluss daran verfügte der Vorsitzenden, dass auf die Verlesung der im Selbstleseverfahren einzuführenden Urkunden verzichtet wird und ordnete das Selbstleseverfahren an. Sodann wurde festgestellt, dass ein Angeklagter noch keine Gelegenheit gehabt hatte, von den Urkunden Kenntnis zu nehmen, woraufhin ihm die betreffenden Urkunden ausgehändigt wurden. Am nächsten Hauptverhandlungstag wiederholte der Vorsitzende die Feststellungen zur Kenntnisnahme und ordnete wieder im Anschluss an diese Feststellungen die Durchführung des Selbstleseverfahrens an. Eine Verbescheidung der Widersprüche erfolgte bis zum Ende der Hauptverhandlung nicht.[1002]

Zunächst führt der BGH aus, dass in diesem speziellen Fall die Einlegung des Widerspruches bereits nach der Ankündigung des Selbstleseverfahrens wirksam ist, da der Vorsitzende bei der Durchführung des Selbstleseverfahrens von der üblichen Reihenfolge abgewichen ist:

> „Der Bf. beanstandet mit Recht einen Verstoß bei der Anordnung des Selbstleseverfahrens. Über den Widerspruch des Verteidigers ist nicht durch Gerichtsbeschluss entschieden worden. Dies war nach § 249 II 2 StPO geboten, und zwar ungeachtet dessen, dass der Widerspruch hier bereits vor der eigentlichen Vorsitzendenanordnung, indes nach deren ausdrücklicher Ankündigung erhoben worden ist. Dies gilt jedenfalls angesichts der strukturell allzu spät erst nach Feststellung der Selbstlesemodalitäten getroffenen ausdrücklichen Vorsitzendenanordnung. Dass der klar und unbedingt, nicht etwa nur vorläufig erklärte und später ausweislich des Revisionsvorbringens weder in Frage gestellte noch gar zurückgenommene Widerspruch nach Erlass der schließlich

1002 Gesamter Sachverhalt aus: BGH, Beschluss vom 28.08.2012 – 5 StR 251/12, NStZ 2012, 708 (708).

allein vom Vorsitzenden getroffenen Anordnung des Selbstleseverfahrens nicht wiederholt worden ist, begründet bei dem hier gegebenen Verfahrensablauf nicht etwa einen Verlust der Revisionsrüge. Der durch das Unterbleiben eines Gerichtsbeschlusses trotz Widerspruchs gegen die Anordnung des Selbstleseverfahrens begründete Verstoß gegen § 249 II 2 StPO kann grundsätzlich mit der Revision gerügt werden."[1003]

Sodann wird in den Entscheidungsgründen erläutert, dass es grundsätzlich nicht ausgeschlossen ist, dass ein Urteil auf der fehlenden Verbescheidung eines Widerspruchs gegen die Durchführung des Selbstleseverfahrens beruht. Dies wird insbesondere damit begründet, dass der Senat im Selbstleseverfahren eine Ausnahmeregelung gegenüber der Verlesung von Urkunden sieht. Zudem wird die Einschränkung der Verteidigung durch die fehlende Rückschlussmöglichkeit auf die Intention des Gerichts zu Begründung angeführt:

„Entgegen einer verbreiteten Ansicht im Schrifttum […] ist auch nicht regelmäßig auszuschließen, dass das Urteil auf einem solchen Verstoß beruht. Vielmehr ist stets die Möglichkeit in Betracht zu ziehen, dass aufgrund des Gerichtsbeschlusses vom Selbstleseverfahren Abstand genommen worden wäre. Da der gemäß § 249 II 2 StPO erhobene Widerspruch lediglich das Absehen von der Verlesung – mithin die Art der Beweiserhebung und nicht die Verwertung der Urkunden als solche – betrifft, ist mit dem Revisionsvortrag bei der Beruhensprüfung darauf abzustellen, ob ausgeschlossen werden kann, dass für den Fall alternativer Verlesung nach § 249 I StPO der in dem mangelhaft angeordneten Selbstleseverfahren eingeführten Urkunden ein abweichendes Beweisergebnis denkbar wäre, und zwar namentlich infolge hierbei erhobener erheblicher Einwände von Verfahrensbeteiligten. Eine derartige Prüfung vermag nicht ohne weiteres stets einen Ausschluss des Beruhens des Urteils auf dem Verstoß zu rechtfertigen. Bereits aus dem unter anderem in §§ 250, 261, 264 StPO zum Ausdruck kommenden Prinzip der Mündlichkeit der Beweisaufnahme, das auch gewährleisten soll, dass der Prozessstoff den Beteiligten zur Kenntnis gebracht und zur Diskussion gestellt wird […], lässt sich der Ausnahmecharakter des Selbstleseverfahrens – gegenüber dem Regelfall der Urkundenverlesung in der Hauptverhandlung gemäß § 249 I StPO – ableiten. Dieser findet in der speziell für das Selbstleseverfahren als besondere Form der Einführung von Urkunden geregelten Widerspruchsmöglichkeit und dem durch den Widerspruch begründeten Erfordernis eines Gerichtsbeschlusses seinen gesetzlichen Ausdruck.

Vor dem Hintergrund dieser gesetzlichen Wertung ist grundsätzlich davon auszugehen, dass die Verlesung jenseits prozessökonomischer Erwägungen die im Vergleich zum Selbstleseverfahren vorzugswürdige Methode der Einführung von Beweisstoff in die Hauptverhandlung darstellt. Dies dürfte letztlich auch der Vorstellung des historischen Gesetzgebers entsprechen. Zwar war das Selbstleseverfahren im Gesetzgebungsverfahren, wonach unter anderem die bis dahin geltende Voraussetzung des Verzichts aller Prozessbeteiligten auf die Urkundenverlesung gestrichen wurde, ursprünglich als

1003 BGH, Beschluss vom 28.08.2012 – 5 StR 251/12, NStZ 2012, 708 (708).

gleichwertige Alternative zu der Verlesung in der Hauptverhandlung konzipiert [...]. In der Begründung der dann Gesetz gewordenen Beschlussempfehlung des Rechtsausschusses, durch die die Widerspruchsmöglichkeit in den Entwurf eingebracht wurde, wird jedoch darauf abgestellt, dass „der Staatsanwaltschaft, dem Angeklagten und dem Verteidiger eine formalisierte Einflussnahme auf die Entscheidung darüber, ob von der Verlesung abgesehen werden soll, weiterhin ermöglicht werden sollte" [...]. Mit der Einfügung des § 249 II 2 StPO in den ursprünglichen Entwurf hat der Gesetzgeber somit am Ausnahmecharakter des Selbstleseverfahrens festgehalten und einer mit ihm verbundenen gewissen Beeinträchtigung der Teilhaberechte von Verfahrensbeteiligten Rechnung getragen. Dementsprechend hat auch der BGH schon zum Ausdruck gebracht, dass mit dem Selbstleseverfahren potentielle Einbußen der Qualität des Urkundenbeweises verbunden sind, die der Gesetzgeber allerdings in Kauf genommen hat und die daher von den Verfahrensbeteiligten prinzipiell zu akzeptieren sind [...].

Neben normativen Überlegungen streiten auch rein tatsächliche Erwägungen dafür, ein Beruhen des Urteils auf einem Verstoß gegen § 249 II 2 StPO nicht von vornherein als ausgeschlossen anzusehen. Eine Verlesung in der Hauptverhandlung kann den Verfahrensbeteiligten eine Chance geben, eher zu erkennen, welchen Urkunden oder Urkundeninhalten das Gericht besondere Bedeutung beimisst. Insbesondere ergibt sich durch die Verlesung die Gelegenheit für Erörterungen in unmittelbarem Zusammenhang mit der Einführung des jeweiligen Beweismittels [...]. Schwächen des Selbstleseverfahrens werden auch nicht etwa durch – jenseits des freilich in vielen Umfangsverfahren besonders wichtigen Gesichtspunkts der Prozessökonomie – denkbare Vorteile gegenüber dem Verlesen in der Hauptverhandlung ausgeglichen. Denn es bleibt neben den Richtern auch dem Staatsanwalt, dem Verteidiger und dem Angeklagten in der Regel unbenommen, in der Hauptverhandlung verlesene Urkunden selbst noch einmal zu lesen."[1004]

Gleichwohl sieht das Gericht im zu entscheidenden Fall keine Hinweise darauf, dass das Urteil auf der fehlenden Verbescheidung des Widerspruchs beruht.

„Im zu entscheidenden Fall kann gleichwohl ausgeschlossen werden, dass das Urteil auf dem gerügten Verstoß beruht. Dies kann zwar nicht schon daraus gefolgert werden, dass in der Revisionsbegründung nicht angegeben ist, in welcher Weise sich die Art der Beweiserhebung, also die Einführung der dem Urteil zugrunde liegenden Urkunden im Selbstleseverfahren statt durch Verlesung, auf das Beweisergebnis ausgewirkt hat und welche anderweitigen Erkenntnisse im Fall des Verlesens zu gewinnen gewesen wären [...]. In Anbetracht der im Urteil der Beweiswürdigung zugrunde gelegten Urkundeninhalte ist indessen nicht ansatzweise ersichtlich, wie eine Verlesung in der Hauptverhandlung zu einer anderen Bewertung der eingeführten Telefongespräche und Observationsberichte hätte führen sollen. Insbesondere angesichts der Vielzahl der aus diesen gewonnenen Indizien, für die es durchweg auf Formulierungsdetails nicht angekommen ist, ist nicht vorstellbar, dass diese seitens der StrK nach Verlesung in der

1004 BGH, Beschluss vom 28.08.2012 – 5 StR 251/12, NStZ 2012, 708 (708 f).

Hauptverhandlung anders als geschehen hätten bewertet werden können oder dass der Angekl. durch Aufdeckung von Missverständnissen oder die Abgabe von entlastenden Erklärungen für das dokumentierte Verhalten die Schlussfolgerungen der StrK ernsthaft hätte in Frage stellen können. Insoweit fällt zusätzlich ins Gewicht, dass die durch die im Selbstleseverfahren eingeführten Urkunden gewonnenen Erkenntnisse zu einem erheblichen Teil durch Zeugenaussagen, im Fall II.4 der Urteilsgründe auch durch objektive Beweismittel maßgeblich gestützt werden."[1005]

Dieser Sichtweise widerspricht *Ventzke* mit Nachdruck.[1006] Aus seiner Sicht verfängt die Argumentation des BGH nicht, da zum einen das Selbstleseverfahren keinen Ausnahmefall der Erhebung des Urkundenbeweises darstelle. Zum anderen schränke das Selbstleseverfahren die Verteidigung nicht ein, sondern die frühzeitige Bekanntgabe der Urkunden, über die Beweis erhoben werden soll, ermögliche eine effektivere Verteidigung, als die überraschende Verlesung von Einzelurkunden in der Hauptverhandlung.

Auch *Mosbacher* kommentiert die zuvor zitierte Entscheidung sehr kritisch.[1007] Zunächst ist es aus seiner Sicht ausgesprochen problematisch, in dem vor der Anordnung des Selbstleseverfahrens angekündigten Widerspruch für den Fall von dessen Durchführung einen wirksamen Widerspruch zu sehen.[1008]

Zudem argumentiert er – unter gleichzeitiger Bestätigung der in der Literatur vorherrschenden Ansicht – dass das Beruhen einer Entscheidung auf der unterbliebenen Verbescheidung eines Widerspruchs gegen die Durchführung des Selbstleseverfahrens in aller Regel auszuschließen sei. Denn die Entscheidung über die Art und Weise der Erhebung des Urkundenbeweises lasse die Beweisgrundlage für die Entscheidungsfindung des Gerichts und damit das Urteil unberührt, womit ein Beruhen auf der fehlenden Widerspruchbescheidung ausgeschlossen werden könne.[1009]

Weiter wird ausgeführt, dass es sich bei dem Widerspruch nach § 249 Abs. 2 StPO um eine Sonderform des Zwischenrechtsbehelfes nach § 238 Abs. 2 StPO handle.[1010] In diesem Zusammenhang zieht *Mosbacher* einen Vergleich der möglichen Beanstandung einer fehlenden Bescheidung beider Zwischenrechtsbehelfe in der Revision:

1005 BGH, Beschluss vom 28.08.2012 – 5 StR 251/12, NStZ 2012, 708 (708 f).
1006 Ventzke, StV 2014, 114 (118), mit mehrfachem Bezug auf Mosbacher, NStZ 2013, 199.
1007 Mosbacher, NStZ 2013, 199.
1008 Mosbacher, NStZ 2013, 199 (200).
1009 Mosbacher, NStZ 2013, 199 (200).
1010 Mosbacher, NStZ 2013, 199 (201).

„Im Rahmen von § 238 II StPO ist in der Rspr. des BGH zwar anerkannt, dass das Unterlassen eines Gerichtsbeschlusses nach Anrufung des Gerichts die Revision nur begründet, wenn auch die beanstandete Maßnahme des Vorsitzenden unzulässig war, denn nur dann 'beruht' die Entscheidung auf diesem Mangel. Da es bei § 249 II StPO indes nicht nur wie bei § 238 II StPO um die Beanstandung der Vorsitzendenmaßnahme 'als unzulässig' (vgl. § 238 II StPO) geht, sondern nach allgemeiner Ansicht bei der Entscheidung nach § 249 II StPO auch Gesichtspunkte der Praktikabilität und alle sonstigen Gesichtspunkte eine Rolle spielen können, lässt sich nie ganz ausschließen, dass das Gericht im Falle der Beschlussfassung über den Widerspruch anstelle des Selbstleseverfahrens das Verlesen der Urkunden nach § 249 I StPO angeordnet hätte."[1011]

Aufgrund dessen sei es nicht entscheidend, ob das Gericht eine andere Vorgehensweise gewählt hätte, wenn der Widerspruch verbeschieden worden wäre, sondern ob eine Verlesung zu einem anderen Beweisergebnis gekommen wäre, als die Durchführung des Selbstleseverfahrens.[1012] Da die Einführung im Wege der Selbstlesung der Verlesung ebenbürtig, wenn nicht überlegen sei, ergäben sich hier keine Unterschiede.[1013] Ebensowenig wirke sich die Einschränkung des Mündlichkeitsprinzips auf das Beweisergebnis aus.[1014] Eine Einschränkung der Erklärungsrechte der Verfahrensbeteiligten sei aufgrund der Möglichkeit gemäß § 257 StPO Erklärungen abzugeben, nicht gegeben.[1015] Im Übrigen sei klar ersichtlich, dass nach dem Willen des Gesetzgebers die Verlesung und das Selbstleseverfahren zwei gleichwertig nebeneinander stehende Formen der Erhebung des Urkundenbeweises darstellen.[1016]

Zusammenfassend ist festzustellen, dass der Sichtweise der Literatur der Vorzug zu geben ist. Sämtliche vom BGH aufgeworfenen Argumente wurden vom Gesetzgeber bereits bei der Einführung des Selbstleseverfahrens erkannt und aufgrund der Vorzüge des Selbstleseverfahrens in Kauf genommen. Dennoch bleibt zu beachten, dass es Einzelfälle geben kann, in denen eine Entscheidung auf der fehlenden Verbescheidung des Widerspruchs beruht. Hier sind Fälle denkbar, in denen die bereits erläuterten praktischen Hindernisse für das Selbstleseverfahren als Begründung für den Widerspruch angeführt wurden und dennoch ohne Beachtung der besonderen Anforderungen an die Durchführung des Selbstleseverfahrens dieses vollzogen wurde. Denkbar sind hier beispielsweise

1011 Mosbacher, NStZ 2013, 199 (201).
1012 Mosbacher, NStZ 2013, 199 (201).
1013 Mosbacher, NStZ 2013, 199 (201).
1014 Mosbacher, NStZ 2013, 199 (201).
1015 Mosbacher, NStZ 2013, 199 (202); vgl. auch oben E. IV. 2. e.
1016 Mosbacher, NStZ 2013, 199 (202).

Missverständnisse bei fremdsprachigen Texten, die mangels Dolmetscher für den Angeklagten von diesem nicht erkannt und daher nicht aufgedeckt werden konnten. Dies ist in der Revisionsbegründung ausführlich vorzutragen.

Es ist daher insbesondere die Aufgabe des Verteidigers bei der fehlenden Entscheidung des Gerichts über einen wirksam erhobenen Widerspruch zu prüfen, ob im Fall einer Verlesung ein anderes Beweisergebnis als das erzielte denkbar gewesen wäre und das Urteil daher auf dem Verfahrensfehler beruht.

8. Umdeutung in einen Bericht des Vorsitzenden

Die Rechtsprechung vertritt die Ansicht, dass ein fehlerhaftes Selbstleseverfahren in eine Einführung der Urkunde durch den Bericht des Vorsitzenden über deren Inhalt umgedeutet werden kann.[1017] Aus rein praktischer Sicht kommt diese Umdeutung nur in den absoluten Ausnahmefällen, in denen der Vorsitzende zusätzlich zur Anordnung des Selbstleseverfahrens einen Bericht zum Inhalt der Urkunde abgibt, in Betracht.[1018]

Aus rechtlicher Sicht spricht gegen die Möglichkeit einer Umdeutung die Tatsache, dass sich der Bericht des Vorsitzenden auf eine Zusammenfassung des wesentlichen Inhalts der Urkunde beschränkt. Das Selbstleseverfahren hingegen erfasst den Wortlaut der gesamten Urkunde, solange nicht ausdrücklich die Beschränkung auf einzelne Passagen (aber auch diese im Wortlaut) angeordnet ist.[1019] Zudem würde eine Umdeutung durch das Revisionsgericht bedeuten, dass dieses über die Art der Beweiserhebung entscheidet, obwohl diese Entscheidung dem Tatrichter vorbehalten ist.[1020]

9. Beruhen des Urteils auf dem fehlerhaften Selbstleseverfahren

Ein Urteil beruht auf dem fehlerhaft durchgeführten Selbstleseverfahren, wenn nicht ausgeschlossen werden kann, dass die Urteilsfindung durch die nicht ordnungsgemäß eingeführten Urkunden beeinflusst worden ist.[1021]

Die Anordnung des Selbstleseverfahrens betreffend bestimmte Urkunden allein reicht aber noch nicht aus, um die Bedeutung dieser Urkunden für die

1017 BGH, Beschluss vom 10.12.1980 – 3 StR 410/80, NStZ 1981, 231 (231 f).

1018 KMR StPO, Heintschel-Heinegg, § 249, Rn. 67; Meyer-Goßner/Schmitt, StPO, § 249, Rn. 31; Pfeiffer, StPO, § 249, Rn. 45; SK-StPO, Frister, § 249, Rn. 119.

1019 Eisenberg, Beweisrecht StPO, Rn. 2072; SK-StPO, Frister, § 249, Rn. 119.

1020 Eisenberg, Beweisrecht StPO, Rn. 2072; SK-StPO, Frister, § 249, Rn. 119.

1021 BGH, Beschluss vom 10.01.2012 – 1 StR 587/11, BeckRS 2012, 03907; Schlothauer/Weider, Rn. 1256.

Urteilsfindung zu belegen, auch wenn die in Frage stehenden Urkunden in der Aufzählung der Beweismittel im Urteil zu finden sind.[1022] Auf der fehlerhaften Anordnung des Selbstleseverfahrens kann ein Urteil daher nur ausnahmsweise beruhen, wenn nachgewiesen werden kann, dass die Verlesung einen größeren Beweiswert gehabt hätte.[1023]

Ein Urteil kann jedoch auf der fehlerhaften Durchführung des Selbstleseverfahrens beruhen, beispielsweise wenn die tatsächlich nicht erfolgte Kenntnisnahme durch das Gericht bewiesen ist.[1024]

Die Frage, ob ein Urteil auf einer fehlerhaft unterbliebenen Widerspruchsbescheidung beruhen kann, wurde bereits erörtert. Es wurde festgestellt, dass es in Einzelfällen möglich ist, dass ein Urteil auf diesem Verfahrensfehler beruht.[1025]

1022 BGH, Beschluss vom 10.01.2012 – 1 StR 587/11, BeckRS 2012, 03907; Schlothauer/Weider, Rn. 1256.

1023 KMR StPO, Heintschel-Heinegg, § 249, Rn. 66; Schlothauer/Weider, Rn. 1256.

1024 Löwe-Rosenberg, StPO, Mosbacher, 26. Auflage, § 249, Rn. 111; Meyer-Goßner/Schmitt, StPO, § 249, Rn. 31; SK-StPO, Frister, § 249, Rn. 117.

1025 Vgl. oben E. VI. 7.

F. Rechtsvergleich mit Österreich

Die Rechtsordnung in Österreich kennt trotz grundsätzlich ähnlicher Prinzipen bei der Beweisführung keine mit dem Selbstleseverfahren vergleichbaren Regelungen zur vereinfachten Beweiserhebung mittels Urkundenbeweis.

Der Urkundenbeweis ist in Österreich in § 252 ÖStPO geregelt. Er sieht in § 252 Abs. 2a ÖStPO eine vereinfachte Form der Beweiserhebung mittels Urkunden durch den Bericht des Vorsitzenden über deren erheblichen Inhalt vor.

„§ 252 ÖStPO

(1) Protokolle über die Vernehmung von Mitbeschuldigten und Zeugen, Protokolle über die Aufnahme von Beweisen, Amtsvermerke und andere amtliche Schriftstücke, in denen Aussagen von Zeugen oder Mitbeschuldigten festgehalten worden sind, Gutachten von Sachverständigen sowie Ton- und Bildaufnahmen über die Vernehmung von Mitbeschuldigten oder Zeugen dürfen bei sonstiger Nichtigkeit nur in den folgenden Fällen verlesen oder vorgeführt werden.

Nr. 1 wenn die Vernommenen in der Zwischenzeit gestorben sind; wenn ihr Aufenthalt unbekannt oder ihr persönliches Erscheinen wegen ihres Alters, wegen Krankheit oder Gebrechlichkeit oder wegen entfernten Aufenthaltes oder aus anderen erheblichen Gründen füglich nicht bewerkstelligt werden konnte;

Nr. 2 wenn die in der Hauptverhandlung Vernommenen in wesentlichen Punkten von ihren früher abgelegten Aussagen abweichen;

Nr. 2a wenn Zeugen die Aussage berechtigt verweigern (§§ 156, 157 und 158) und die Staatsanwaltschaft und der Angeklagte Gelegenheit hatten, sich an einer gerichtlichen Vernehmung zu beteiligen (§§ 165, 247);

Nr. 3 wenn Zeugen, ohne dazu berechtigt zu sein, oder wenn Mitangeklagte die Aussage verweigern; endlich

Nr. 4 wenn über die Vorlesung Ankläger und Angeklagter einverstanden sind.

(2) Amtsvermerke über einen Augenschein (§ 149 Abs. 2) und Befunde, gegen den Angeklagten früher ergangene Straferkenntnisse sowie Urkunden und Schriftstücke anderer Art, die für die Sache von Bedeutung sind, müssen vorgelesen werden."

(2a) Anstelle der Vorlesung oder Vorführung (Abs. 1 und 2) kann der Vorsitzende den erheblichen Inhalt der Aktenstücke vortragen, soweit die Beteiligten des Verfahrens zustimmen und die Aktenstücke sowohl allen Mitgliedern des Schöffengericht als auch den Beteiligten zugänglich sind.

(3) Nach jeder Vorlesung und jedem Vortrag (Abs. 2a) ist der Angeklagte zu befragen, ob er darüber etwas zu bemerken habe. Er kann dabei auch auf andere Teile der vorgetragenen Aktenstücke eingehen und die Vorlesung dieser oder anderer Aktenstücke verlangen, die für die Sache von Bedeutung sind.

(4) Die Bestimmungen des Abs. 1 dürfen bei sonstiger Nichtigkeit nicht umgangen werden."

Die Möglichkeit der Einführung des Urkundenbeweises mittels Vortrag durch den Vorsitzenden gemäß § 252 Abs. 2a ÖStPO wurde durch die Strafprozessnovelle 2005 gesetzlich normiert[1026] und war bereits zuvor von der Rechtsprechung anerkannt.[1027]

Weitere Alternativen zur Erhebung des Urkundenbeweises sind in Österreich weder gesetzlich geregelt, noch von der Rechtsprechung anerkannt.

I. Regelung des § 252 Abs. 2a ÖStPO

Wie die Regelung des § 252 ÖStPO zeigt, kennt die Österreichische Strafprozessordnung keine dem Selbstleseverfahren in Deutschland entsprechende Möglichkeit der vereinfachten Beweiserhebung bei der Einführung von Urkunden.

Im österreichischen Strafverfahren bleibt daher neben der Verlesung, § 252 Abs. 1 ÖStPO, nur Möglichkeit, eine Urkunde mittels Vortrag des erheblichen Inhalts durch den Vorsitzenden, § 252 Abs. 2a ÖStPO in das Verfahren einzuführen. Davon wird in der Praxis so regelmäßig Gebrauch gemacht, dass man dieses Vorgehen als eine häufige oder auch übliche Rechtspraxis bezeichnen kann.[1028]

Die Anwendbarkeit des § 252 Abs. 2a ÖStPO ist an verschiedene Vorgaben geknüpft.

Zunächst ist es nicht erforderlich, dass der Vorsitzende den gesamten Inhalt eines Aktenstücks zusammenfasst und wiedergibt, sondern er trägt lediglich den erheblichen Inhalt eines Schriftstücks vor.[1029] Erheblich im Sinn der Vorschrift ist „alles, was für das Vorliegen oder Nichtvorliegen einer entscheidenden Tatsache von Bedeutung sein kann".[1030] Übertragen auf das Verständnis des Strafverfahrens in Deutschland würde dies wohl bedeuten, dass sämtliche Inhalte, die bei der Urteilsfindung von Belang sein können, vorzutragen sind.

Die Ersetzung der Verlesung von Urkunden durch den Vortrag des Vorsitzenden setzt den Verzicht auf die Verlesung und die Zustimmung zum Vortrag aller Beteiligten voraus.[1031] Beteiligte des Verfahrens sind gemäß § 220 ÖStPO die

---

1026 Bundesgesetzblatt für die Republik Österreich, BGBl. I Nr. 164/2004.

1027 Fuchs/Ratz, StPO, Kirchbacher, § 252, Rn. 132.

1028 Auskunft eines Strafrichters am Oberlandesgericht Innsbruck, zweier Staatsanwälten der Staatsanwaltschaft Wien und zweier in Österreich zugelassener Strafverteidiger.

1029 Fabrizy, StPO, § 252, Rn. 24; Fuchs/Ratz, StPO, § 252, Rn. 133.

1030 Fuchs/Ratz, StPO, Kirchbacher, § 252, Rn. 133.

1031 Fabrizy, StPO, § 252, Rn. 24; Fuchs/Ratz, StPO, Kirchbacher, § 252, Rn. 134.

Staatsanwaltschaft, der Angeklagte, der Haftungsbeteiligte, der Privatankläger, der Subsidiarankläger und der Privatbeteiligte.

Zudem ist eine genaue Bezeichnung aller Schriftstücke, die durch Vortrag des Vorsitzenden in die Hauptverhandlung eingeführt wurden, im Protokoll vorzunehmen.[1032]

Die Aktenteile, auf die sich der Vortrag des Vorsitzenden bezieht, müssen für die Beteiligten zugänglich sein. Es ist jedoch nicht erforderlich, dass alle Beteiligten in die Schriftstücke Einsicht genommen haben, die grundsätzliche Möglichkeit der Akteneinsichtnahme ist ausreichend. Die Akteneinsichtnahme muss auch nicht im Gerichtssaal gewährt werden, eine Bereitstellung in gesonderten Räumen der Justiz ist ebenfalls zulässig.[1033] Die Kenntnis der einzuführenden Aktenteile durch alle Beteiligten ist hingegen nicht geeignet, den Vortrag durch den Vorsitzenden zu ersetzen.[1034] Dies schließt offiziell[1035] ein Selbstleseverfahren „durch die Hintertür" aus.

II. Vergleichbare Regelungen in Deutschland

Die Vorschrift ähnelt sehr der Fassung des § 249 Abs. 2 StPO von 1979, die insoweit eine Mitteilung des wesentlichen Inhalts der vom Selbstleseverfahren umfassten Urkunden durch den Vorsitzenden vorsah[1036]:

> „Von der Verlesung einer Urkunde oder eines anderen als Beweismittel dienenden Schriftstücks kann abgesehen werden, wenn die Staatsanwaltschaft, der Verteidiger und der Angeklagte hierauf verzichten. Der wesentliche Inhalt soll mitgeteilt werden. [...]"[1037]

Hier lag eine Kombination von Selbstleseverfahren und dem Bericht des Vorsitzenden über den wesentlichen Inhalt der Urkunden vor, wobei es sich lediglich um eine Sollvorschrift handelte.

Gesetzlich ist der Bericht des Vorsitzenden über den Inhalt von Urkunden zur Erhebung des Urkundenbeweises in Deutschland nicht verankert. Es ist jedoch von der Rechtsprechung anerkannt, dass die Verlesung von Urkunden bei

1032 Fuchs/Ratz, StPO, Kirchbacher, § 252, Rn. 136.

1033 Fuchs/Ratz, StPO, Kirchbacher, § 252, Rn. 135.

1034 Fabrizy, StPO, § 252, Rn. 24.

1035 Vgl. unten F. III. 3.

1036 Vgl. B II. 1.

1037 Strafverfahrensänderungsgesetz 1979 vom 05.10.1978, BGBl I S. 1645 (1648).

vorliegendem Einverständnis aller Beteiligten durch den Bericht des Vorsitzenden über den Inhalt der Urkunden ersetzt werden kann[1038]:

> „Dazu ist in der Rechtsprechung anerkannt, dass der Vorsitzende, statt ein solches verlesbares Schriftstück wörtlich zu verlesen, seinen Inhalt in anderer Weise feststellen und bekannt geben kann, wenn und solange nicht einer der Prozessbeteiligten die Verlesung beantragt (vgl. RGSt 3, 141 und 282; 26, 32; 35, 198). Auch der Bundesgerichtshof hat schon in diesem Sinne entschieden (Urt. vom 28.11.1950 – 2 StR 50/50).“ [1039]

Durch die Einführung des Selbstleseverfahrens in Deutschland sollte diese Möglichkeit der Beweiserhebung nicht ersetzt, sondern ergänzt werden, da beide Varianten unterschiedliche Ziele verfolgen. Dies ergibt sich bereits aus der Erklärung des BGH, dass die bisherige Rechtsprechung zum Bericht des Vorsitzenden auch nach Einführung des Selbstleseverfahrens Geltung hat und zudem aus der ausdrücklichen Erklärung in derselben Entscheidung, dass die Einführung des Selbstleseverfahrens eine Erweiterung der Verfahrensvereinfachung für die Gerichte darstellt.[1040] Das Selbstleseverfahren soll die Einführung von umfangreichen Urkunden auf deren Wortlaut es ankommt erleichtern. Der Bericht des Vorsitzenden ist in Fällen vorgesehen, in denen es im Urteil nur auf den Inhalt der Urkunden und nicht auf deren Wortlaut ankommen wird.[1041]

Die Voraussetzungen für die Zulässigkeit des Berichts des Vorsitzenden in Deutschland wurden durch Gerichte festgelegt.

Zunächst ist der Bericht durch den Vorsitzenden nur dann zulässig, wenn auch die Verlesung der Urkunde nicht nach den §§ 250, 256 StPO ausgeschlossen wäre.[1042]

1038 Zum Ganzen: Beck'scher Online-Kommentar, StPO, Ganter, § 249, Rn. 26; KMR StPO, Heintschel-Heinegg, § 249, Rn. 54; Löwe-Rosenberg, StPO, Mosbacher, 26. Auflage, § 249, Rn. 44 ff; Meyer-Goßner/Schmitt, StPO, § 249, Rn. 26; MüKo-Kreicker, § 249, Rn. 47 ff; SK-StPO, Frister, § 249, Rn. 81 ff.

1039 BGH, Urteil vom 04.04.1951 – 1 StR 54/51, BeckRS 1951, 31399770.

1040 BGH, Urteil vom 10.12.1980 – 3 StR 410/80, NJW 1981, 694 (694).

1041 BGH, Urteil vom 10.12.1980 – 3 StR 410/80, NJW 1981, 694 (694).

1042 Meyer-Goßner/Schmitt, StPO, § 249, Rn. 27; die dort zitierte Entscheidung BGH, Urteil vom 28.03.1930 – 1 StR 244/30, RG 64, 78 geht zwar auf die Zulässigkeit der Beweiserhebung im Zusammenhang mit den §§ 250, 256 StGB ein, jedoch wird kein klarer Bezug zum Bericht des Vorsitzenden über den Inhalt einer Urkunden dargestellt, sondern diese Möglichkeit nur an einer Stelle erwähnt.

Eine Urkunde wird wirksam zum Gegenstand der Beweisaufnahme, wenn der Vorsitzende in der Hauptverhandlung den wesentlichen Inhalt der Urkunde bekannt gibt und keiner der Beteiligten diesem Vorgehen widerspricht.[1043]

Eine weitere Voraussetzung ist, dass die richterliche Aufklärungsplicht nicht die wörtliche Verlesung der Urkunde erforderlich macht.[1044] Daher ist die Verlesung insbesondere dann erforderlich, wenn sich aus der Urkunde unmittelbar die dem Angeklagten vorgeworfene Tat ergibt.[1045]

Der sachliche Bericht über den Urkundeninhalt hat ohne eigene Wertung durch den Vorsitzenden oder auf seine Anordnung hin durch ein anderes Mitglied des Spruchkörpers zu erfolgen.[1046]

Abschließend sind die Zustimmung der Beteiligten, die Anordnung und die Durchführung des Berichts gemäß § 273 Abs. 1 StPO in das Sitzungsprotokoll aufzunehmen.[1047]

Die Tatsache, dass die Möglichkeit der Erhebung des Urkundenbeweises durch den Bericht des Vorsitzenden über den wesentlichen Inhalt der Urkunde auch in aktuellerer Rechtsprechung Erwähnung findet[1048], zeigt, dass diese Art der Beweiserhebung noch immer als zulässig erachtet wird.

III. Vergleich Österreich – Deutschland

Ein Vergleich der gesetzlichen Normierung des Urkundenbeweises in Österreich und Deutschland weist Gemeinsamkeiten, wie auch deutlich voneinander abweichende Rechtsansichten auf.

1. Vergleich der Möglichkeit des Berichts durch den Vorsitzenden

Stellt man die aus der Rechtsprechung entwickelte gesetzliche Regelung des Berichts durch den Vorsitzenden in Österreich und die von der Rechtsprechung in Deutschland anerkannte Möglichkeit des Berichts des Vorsitzenden

1043 BGH, Urteil vom 10.12.1980 – 3 StR 410/80, NJW 1981, 694 (694).

1044 BGH, Urteil vom 10.12.1980 – 3 StR 410/80, NJW 1981, 694 (694); BGH, Urteil vom 23.10.1957 – 3 StrR 37/57, NJW 1957, 1846 (1846).

1045 BGH, Urteil vom 23.10.1957 – 3 StrR 37/57, NJW 1957, 1846 (1846).

1046 MüKo-Kreicker, § 249, Rn. 47.

1047 Beck'scher Online-Kommentar, StPO, Ganter, § 249, Rn. 26; MüKo-Kreicker, § 249, Rn. 49.

1048 OLG Köln, Beschluss vom 20.03.2015 – 1 RVs 232/14, BeckRS 2015, 19164; OLG Stuttgart, Beschluss vom 20.03.2012 – 4 Ws 276/11, StraFo 2012, 322 (322); BVerfG, Beschluss vom 25.01. 2005 – 2 BvR 656/99, 57/99 u. 683/99, NJW 2005, 1999 (2002).

in Deutschland einander gegenüber, zeigt sich, dass der Inhalt der Regelungen insoweit nahezu identisch ist.

Beide Rechtsordnungen sehen einen sachlichen Bericht des Vorsitzenden über den erheblichen bzw. wesentlichen Inhalt der Urkunden vor. Zudem erfordern sie das Einverständnis aller Beteiligten und die abschließende Protokollierung der Beweiserhebung.

Lediglich die in Österreich geforderte Zugangsmöglichkeit zu den Urkunden, über die berichtet wird, ist in Deutschland keine Voraussetzung für die Wirksamkeit der Beweiserhebung.

Der Ursprung dieses Unterschieds erschließt sich nicht, da im österreichischen Strafverfahren sogar der Beschuldigte ein Recht auf Akteneinsicht hat, § 51 ÖStPO, und auch der Verteidiger über den Beschuldigten, §§ 57 Abs. 2, 51 ÖStPO, Opfer, §§ 66 Abs. 1 Nr. 2, 68 Abs. 2 ÖStPO, Privatbeteiligte und Privatkläger, § 68 Abs. 1 ÖStPO und Behörden § 76 Abs. 1 S. 3 ÖStPO Akteneinsicht beantragen können. Somit besteht in beiden Rechtsordnungen für die (potentiellen) Verfahrensbeteiligten die Möglichkeit vom Wortlaut der Urkunden, über die vom Vorsitzenden zusammenfassend berichtet wird, Kenntnis zu nehmen und Kopien der Dokumente mit in die Verhandlung zu bringen, um den Bericht überprüfen zu können.

Die Materialen in der Beilage XXII. GP zur Regierungsvorlage geben Raum für die Vermutung, dass durch diese Voraussetzung eine Grundlage geschaffen werden sollte, die das rechtliche Gehör des Angeklagten garantiert.[1049]

2. Selbstleseverfahren im Entwurf der Strafprozessnovelle in Österreich

Es stellt sich die Frage, weshalb in Deutschland im Jahr 1979, obwohl die Rechtsprechung die vereinfachte Beweiserhebung mittels Berichts durch den Vorsitzenden anerkannt hatte, das Selbstleseverfahren eingeführt wurde, während in Österreich lediglich die ständige Rechtsprechung zum Bericht des Vorsitzenden 2005 gesetzlich verankert wurde.

Aus den Gesetzesmaterialien und der Rechtsprechung geht klar hervor, dass in Deutschland eine weitere Möglichkeit der vereinfachten Erhebung des Urkundenbeweises geschaffen werden sollte, die im Gegensatz zum Bericht durch

1049 Strafprozessnovelle 2005, 679 der Beilagen XXII. GP – Regierungsvorlage – Materialien, S. 13 f.

den Vorsitzenden auch dann Anwendung findet, wenn es auf den Wortlaut der Urkunde ankommt.[1050]

Hier war dem Gesetzgeber also bewusst, dass eine zusätzliche Variante der Erhebung des Urkundenbeweises geschaffen wird. Auch der BGH bestätigte ausdrücklich, dass beide Formen der Beweiserhebung bestehen sollen und von der bisherigen Rechtsprechung nicht abgerückt wird.[1051]

In Österreich wurde 26 Jahre nach der Einführung des Selbstleseverfahrens in Deutschland, in denen dieses im Gerichtsalltag regelmäßig zur Anwendung kam und durch zwei Überarbeitungen bestätigt wurde, dagegen eine klare Entscheidung für die gesetzliche Fixierung des Berichts durch den Vorsitzenden getroffen. Die Möglichkeit, das Selbstleseverfahren ebenfalls gesetzlich zu regeln, wurde nicht ergriffen.

Die Lektüre der Stellungnahmen zur Strafprozessnovelle 2005[1052] zeigt, dass in einem früheren Entwurf des § 252 Abs. 2a ÖStPO-E noch nicht der Bericht durch den Vorsitzenden, sondern ein Verlesungsverzicht, der dem Selbstleseverfahren in Deutschland sehr nahe kommt, vorgesehen war:

> „Von der Verlesung und Vorführung (Abs. 1 und 2) darf abgesehen werden, wenn beide Teile darauf verzichten, alle Mitglieder des Gerichtshofs vom wesentlichen Inhalt der Aktenstücke Kenntnis genommen haben und Ankläger und Angeklagter Gelegenheit hatten."[1053]

Das Bundesministerium für Justiz in Österreich beabsichtigte also, entsprechend der Regelung in Deutschland, die Möglichkeit eines vereinfachten Urkundenbeweises durch die Normierung eines Verlesungsverzichts gesetzlich zu verankern.

1050 BGH, Urteil vom 10.12.1980 – 3 StR 410/80, NJW 1981, 694 (694); BT-Drs. 8/976 S. 23.

1051 BGH, Urteil vom 10.12.1980 – 3 StR 410/80, NJW 1981, 694 (694).

1052 Sämtliche Stellungnahmen abrufbar unter https://www.parlament.gv.at/SUCH/index.shtml?mode=simple&expert=false&advanced=false&simple=true&s.sm.query=strafprozessnovelle%202005&s.sm.type=simpleall&s.ac.language=de&s.ac.hitsPerPage=10&s.ac.offset=90&s.ac.linkHits=true&s.ac.sortBy=default&s.ac.sortOrder=&s.ac.spellchecking=suggest&s.ac.synonyms=true&s.ac.lemmatization=true&s.ac.filterTerms=&s.sm.tid=5127486e158f40d4bf6d039401f267e0&s.si%28navigation%29.navigationEnabled=true&s.si%28navigation%29.breadcrumbs=&s.si%28navigation%29.unsupervisedClustersLevel=0&s.si%28similarity%29.documentVector=&s.si%28similarity%29.similarType=&#messagesAnchor, zuletzt abgerufen am 06.04.2018.

1053 Bundesministerium für Justiz (Österreich) Entwurf Strafprozessnovelle 2005, 186/ME XXII. GP am 29.07.2004 zur Stellungnahme im Begutachtungsverfahren übersandt.

In der Regierungsvorlage[1054] findet das „Österreichische Selbstleseverfahren" sodann keine Erwähnung mehr. Der neu einzuführende § 252 Abs. 2a ÖStPO enthält hier bereits die später Gesetz gewordene Ausformung des Berichts durch den Vorsitzenden.

Zunächst fällt auf, dass sich kaum eine Stellungnahme der Einführung des § 252 Abs. 2a ÖStPO-E in der Form, die dem in § 249 Abs. 2 StPO geregelten Selbstleseverfahren entspricht, widmet. Von den 40 eingereichten Stellungnahmen zur Strafprozessnovelle nehmen nur acht auf die Neueinführung von § 252 Abs. 2a ÖStPO Bezug. Lediglich die Oberstaatsanwaltschaft Innsbruck[1055], der Bund Österreichischer Frauenvereine[1056], die Staatsanwaltschaft Graz[1057], die Vereinigung der österreichischen Richter, Bundessektion Richter und Staatsanwälte in der GÖD[1058], das Amt der Wiener Landesregierung[1059], der Österreichische Rechtsanwaltskammertag[1060], das Oberlandesgericht Wien[1061] und der Oberste Gerichtshof der Republik Österreich[1062] erwähnen die Neuregelung des dem Selbstleseverfahrens gleichkommenden Verlesungsverzichts in ihren Stellungnahmen.

Grundsätzlich wird dabei die Einführung des Verlesungsverzichts, soweit § 252 Abs. 2a ÖStPO-E erwähnt wurde, begrüßt. So führt beispielsweise das Oberlandesgericht Wien aus:

> „Die Ergänzung des § 252 a [sic] StPO halte ich ebenfalls für begrüßenswert. Damit ist es möglich, der in der Praxis immer wieder auftauende [sic] Problematik der tatsächlichen

---

1054 Strafprozessnovelle 2005, 679 der Beilagen XXII. GP – Regierungsvorlage – Gesetzestext, S. 3.

1055 Stellungnahme der Oberstaatsanwaltschaft Innsbruck zur Strafprozessnovelle 2005 vom 09.09.2004, S. 4.

1056 Stellungnahme des Bundes Österreichischer Frauenvereine zur Strafprozessnovelle 2005 vom 10.09.2004, S. 4; es erfolgte eine grundsätzliche Zustimmung mit geringer Kritik an der Formulierung.

1057 Stellungnahme der Staatsanwaltschaft Graz zur Strafprozessnovelle 2005 vom 07.09.2004, S. 10 f.

1058 Stellungnahme der Vereinigung der österreichischen Richter, Bundessektion Richter und Staatsanwälte in der GÖD zur Strafprozessnovelle 2005 vom 15.09.2004, S. 4.

1059 Stellungnahme des Amts der Wiener Landesregierung zur Strafprozessnovelle 2005 vom 10.09.2004, S. 5.

1060 Stellungnahme des Österreichischen Rechtsanwaltskammertags zur Strafprozessnovelle 2005 vom 16.09.2004, S. 4.

1061 Stellungnahme des Oberlandesgerichts Wien zur Strafprozessnovelle 2005 vom 30.08.2004, S. 28.

1062 Stellungnahme des Obersten Gerichtshofs der Republik Österreich zur Strafprozessnovelle 2005 vom 30.08.2004, S. 9.

Verlesung von umfangreichen Schriftstücken und Aktenteilen – zumindest mit Hilfe der Parteien – wirksam und effektiv zu begegnen."[1063]

Der Österreichische Rechtsanwaltskammertag führt in seiner Stellungnahme zur Strafprozessnovelle 2005 vom 16.09.2004 aus, dass gegen die Lockerung des Verlesungszwangs keine Bedenken bestünden, es für einen zulässigen Verzicht auf die Verlesung jedoch unerlässlich sei, dass für die Parteien tatsächlich die Möglichkeit besteht, vom Inhalt der Schriftstücke, die vom Bericht des Vorsitzenden umfasst sind, Kenntnis zu nehmen.[1064]

Eine kritische Auseinandersetzung mit der beabsichtigten Einschränkung des Vorlesungszwangs erfolgte insbesondere durch die Staatsanwaltschaft Graz:

> „Mit der beabsichtigten Neuregelung wird der in § 252 StPO normierte Verlesungszwang den Erfordernissen der Praxis angepasst, wodurch eine Beschleunigung der Hauptverhandlung mit einhergehender Kosteneinsparung zu erreichen ist. Bei Schöffen- und Geschworenenverhandlungen wird allerdings zu beachten sein, dass die beteiligten Laienrichter tatsächlich Kenntnis vom Inhalt der im § 252 Abs. 1 und Abs. 2 StPO erwähnten Aktenstücke erlangt haben. In jenen Fällen, wo der Verantwortung des Beschuldigten nur die Feststellung des kontradiktorisch gemäß § 162a StPO als Zeuge einvernommenen Opfers gegenüber gestellt werden kann, sind die Videoaufzeichnungen und Protokolle darüber den erkennenden Laienrichtern wohl unverzichtbar vorzuführen bzw. vorzulesen, damit diese eine nachvollziehbare Beweiswürdigung vornehmen können.
>
> In Anbetracht der ohnedies sehr eingeschränkten Möglichkeit, die Beweiswürdigung in Schöffen- und Geschworenenverfahren zu bekämpfen, birgt die nun beabsichtigte Neuregelung, von der Vorführung und Verlesung solcher Videoaufzeichnungen und Protokolle abzusehen, nicht nur die Gefahr einer kaum zu bekämpfenden bedenklichen Beweiswürdigung, sondern auch die Möglichkeit einer Benachteiligung des Privatbeteiligten in sich, zumal diese Partei keine Möglichkeit haben wird, zur Geltendmachung ihrer Ansprüche einem Verlesungs- oder Vorlesungsverzicht des Anklägers und des Angeklagten entgegenzutreten."[1065]

Mit den Bedenken betreffend die Kenntnisnahme durch die beteiligten Laienrichter wird ein Punkt aufgegriffen, der auch bei der Durchführung des Selbstleseverfahrens in Deutschland eine Rolle spielt.[1066]

1063 Stellungnahme des Oberlandesgerichts Wien zur Strafprozessnovelle 2005 vom 30.08.2004, S. 28.

1064 Stellungnahme des Österreichischen Rechtsanwaltskammertags zur Strafprozessnovelle 2005 vom 16.09.2004, S. 4.

1065 Stellungnahme der Staatsanwaltschaft Graz zur Strafprozessnovelle 2005 vom 07.09.2004, S. 10 f.

1066 Vgl. oben D. I. 7; E. III. 1. b.

Der Kritik an der fehlenden Verlesung von Protokollen wird in Deutschland durch die Normierung in § 251 StPO begegnet, der die Möglichkeit der Ersetzung der Vernehmung durch die Verlesung eines Vernehmungsprotokolls regelt.[1067]

Das Problem, dass nicht alle Verfahrensbeteiligten, die zur Kenntnisnahme der beweiserheblichen Urkunden berechtigt sind, auch ein Widerspruchsrecht haben, besteht in Deutschland ebenfalls. Hier fordert die Literatur ein Anhörungsrecht, das jedoch noch nicht geregelt ist.[1068]

Es ergeben sich aus der Stellungnahme der Staatsanwaltschaft Graz jedoch keine Hinweis darauf, weshalb der Verlesungsverzicht, der dem Selbstleseverfahren in Deutschland im Ergebnis entsprochen hätte, durch den Bericht des Vorsitzenden über den wesentlichen Inhalt der einzuführenden Urkunde ersetzt wurde.

Die Vereinigung der österreichischen Richter, Bundessektion Richter und Staatsanwälte in der GÖD[1069] weist ebenfalls darauf hin, dass die tatsächliche Kenntnisnahme aller Mitglieder des Gerichts für die Beweisaufnahme und Urteilsfindung essentiell ist und fordert daher ergänzend einen Bericht des Vorsitzenden über den Inhalt der Urkunde in der Hauptverhandlung.

An dieser Stelle kommt der Bericht der Vorsitzenden zwar zur Sprache, er wird jedoch als Ergänzung des Verlesungsverzichts gefordert. Es scheint, als habe der österreichische Gesetzgeber auf diese Kritik in der Weise reagiert, dass er, anstatt einen Verlesungsverzicht unter der Bedingung, dass ein ergänzender Bericht des Vorsitzenden erfolgt – was der Regelung des Selbstleseverfahren in Deutschland in der ursprünglichen Form von 1979 entsprochen hätte – zu normieren, direkt den Weg über den Bericht durch den Vorsitzenden gewählt hat.

In Anbetracht dessen, dass in der Stellungnahme der Vereinigung der österreichischen Richter, Bundessektion Richter und Staatsanwälte in der GÖD in jedem Fall und nicht nur fakultativ ein Bericht des Vorsitzenden gefordert wird erscheint es, wenn man der Kritik Folge leisten will, sinnvoll, nicht den Verlesungsverzicht unter der Voraussetzung des anschließenden Berichts durch den Vorsitzenden, sondern ausschließlich den Bericht durch den Vorsitzenden gesetzlich zu regeln.

Weitere Gründe, die gegen die Einführung eines Verlesungsverzichtes, der dem Selbstleseverfahren in Deutschland entspricht, anzuführen wären, sind aus den Gesetzgebungsunterlagen nicht ersichtlich und auch das Österreichische Justizministerium konnte keine weiterführenden Unterlagen benennen. Die

---

1067 Vgl. oben D. I. 3. c.

1068 Vgl. oben B. III. 3.

1069 Stellungnahme der Vereinigung der österreichischen Richter, Bundessektion Richter und Staatsanwälte in der GÖD zur Strafprozessnovelle 2005 vom 15.09.2004, S. 4.

Anfrage bei der Vereinigung der österreichischen Richter, Bundessektion Richter und Staatsanwälte in der GÖD blieb leider ebenfalls erfolglos.

Ein während des Gesetzgebungsverfahrens im Österreichischen Justizministerium tätiger Strafverteidiger erklärte, dass nicht alle Entwicklungsschritte und Überlegungen zu einem Gesetzgebungsverfahrens schriftlich dokumentiert sind. Er erinnerte sich jedoch an die Diskussion rund um die Einführung des Verlesungsverzichts. Ein Hauptproblem seien die Bedenken im Hinblick auf die Vereinbarkeit eines Verlesungsverzichts in der ursprünglich beabsichtigten Form mit dem Unmittelbarkeits- und Öffentlichkeitsgrundsatz gewesen.

Bei einem Selbstleseverfahren wäre die Öffentlichkeit der Hauptverhandlung durch Parteiöffentlichkeit ersetzt worden. Das sei mit dem Grundsatz der Öffentlichkeit der Hauptverhandlung als Kontrolleinrichtung gegenüber den Gerichten zur Vermeidung von In-Camera-Justiz, die dem Bürger eine Teilhabe an der Rechtsprechung gewährleisten soll, nicht vereinbar. Solange zumindest ein zusammenfassender Vortrag des wesentlichen Inhalts der Urkunden in der Hauptverhandlung erfolge, bleibe die Öffentlichkeit insofern gewahrt, dass ein Zuhörer vom Inhalt dieser Beweiserhebung Kenntnis nehmen könne.

Er verglich die Kritik am „Österreichischen Selbstleseverfahren" mit der Diskussion um das Österreichische Mandatsverfahren (das im Wesentlichen dem Strafbefehlsverfahren in Deutschland entspricht). Dieses wurde im Jahr 2000 aufgehoben und erst im Jahr 2015 nach einer Modifizierung wieder eingeführt, da durch die fehlende Konfrontation des Richters mit dem Beschuldigten der Unmittelbarkeitsgrundsatz und durch die fehlende Beteiligung der Öffentlichkeit der Öffentlichkeitsgrundsatz verletzt gewesen seien. Bei dem Vergleich von Mandatsverfahren und Selbstleseverfahren komme hinzu, dass sich die Konflikt mit dem Öffentlichkeitsgrundsatz und dem Unmittelbarkeitsgrundsatz bei dem Verlesungsverzicht in der Hauptverhandlung noch viel deutlicher zeigen würden als im schriftlichen Mandatsverfahren.

Diese Ausführungen zeigen, dass in Österreich ähnliche Vorbehalte gegenüber dem Selbstleseverfahren bestehen, wie in Deutschland. Unsere Nachbarn sind diesen in der Weise begegnet, dass auf die Einführung des Selbstleseverfahrens verzichtet wurde, um den Prozessmaximen Rechnung zu tragen. Im Strafprozessrecht in Deutschland wurden die Einschränkungen der Verfahrensgrundsätze der Unmittelbarkeit und Öffentlichkeit – soweit sie denn überhaupt angenommen werden – zugunsten der Ökonomisierung des Strafverfahrens hingegen in Kauf genommen und für vertretbar erklärt.[1070]

1070 Vgl. oben D. I. 2. und 3.

3. Stellungnahme

Es stellt sich die Frage, ob der Gesetzgeber in Österreich durch die Einführung des Berichts des Vorsitzenden im Gerichtsalltag als vereinfachte Form des Urkundenbeweises anstatt der Selbstlesung tatsächlich die gewünschten Ziele – die Wahrung der Unmittelbarkeit und Öffentlichkeit des Strafverfahrens – erreichen konnte.

In der Praxis scheint es nach der Auskunft von in Österreich tätigen Strafverteidigern und Staatsanwälten an der Information der Öffentlichkeit durch den Bericht des Vorsitzenden zu fehlen.[1071] Bei der Recherche zu § 252 Abs. 2a ÖSt-PO fällt auf, dass es wohl keine veröffentlichten Entscheidungen gibt, in denen die fehlerhafte Durchführung der Beweiserhebung nach § 252 Abs. 2a ÖStPO behandelt wird. Dies begründen die Praktiker damit, dass im österreichischen Strafverfahren – gerade in umfangreichen Hauptverhandlungen – die vereinfachte Erhebung des Urkundenbeweises sowohl aus Sicht der Verteidigung, als auch aus Sicht der Strafverfolgungsbehörden ein gängiges und äußert beliebtes Instrument ist, sodass dessen Anwendung in der Regel nie im Streit steht.

Im Gerichtsalltag dürfe man in einer Vielzahl der Fälle keine Durchführung der Beweiserhebung durch den Bericht des Vorsitzenden nach den Buchstaben des Gesetzes erwarten. Vielmehr sei es so, dass in der Hauptverhandlung keine inhaltliche Zusammenfassung des wesentlichen Inhalts der Urkunden durch den Vorsitzenden erfolge. Tatsächlich werde lediglich zu Protokoll genommen, dass auf die Verlesung der Urkunden verzichtet wird. Oftmals erfolge nicht einmal eine konkrete Benennung der einzelnen Urkunden, geschweige denn ein Hinweis auf deren wesentlichen Inhalt. Daran störe sich jedoch kein Verfahrensbeteiligter, solange der Inhalt oder Beweiswert der Urkunden nicht im Streit stehe. Sei dies doch einmal der Fall, würden die Verfahrensbeteiligten einem Verlesungsverzicht nicht zustimmen, was eine Verlesung der betreffenden Urkunden zur Folge habe.

Damit erkläre sich die fehlende Auseinandersetzung mit der Thematik des § 252 Abs. 2a ÖStPO in der Literatur und Rechtsprechung.

Der vereinfachte Urkundenbeweis sei eine sehr große Erleichterung für das Strafverfahren, da er die Dauer der Hauptverhandlung verkürze und den Verfahrensbeteiligten ermüdende Verlesungen von Urkunden, deren Inhalt allen Beteiligten ohnehin schon bekannt sei, erspare. Sollte es aus Sicht der Verfahrensbeteiligten dennoch einmal nötig sein, eine Urkunde im Wortlaut zur Kenntnis zu nehmen oder deren Inhalt der Öffentlichkeit mitzuteilen, könne

1071 Auskunft zweier Staatsanwälte der Staatsanwaltschaft Wien und zweier in Österreich zugelassener Strafverteidiger.

mit der Verweigerung der Zustimmung zum Verlesungsverzicht unkompliziert Abhilfe geschaffen werden.

Folgt man den Auskünften der österreichischen Praktiker, kommt man zu der Erkenntnis, dass der vereinfachte Urkundenbeweis in Deutschland durch das Selbstleseverfahren und der durch den an sich vorgesehen, tatsächlich aber selten erfolgenden Bericht des Vorsitzenden in Österreich schlussendlich zu demselben Ergebnis kommen: Wird der vereinfachte Urkundenbeweis ohne Beanstandung oder ergänzende Maßnahmen durch die Verfahrensbeteiligten durchgeführt, kommt der Inhalt der einzuführenden Urkunden in der Hauptverhandlung nicht zur Sprache.

Die verfahrensbeschleunigende Wirkung und die „Entschlackung" der Hauptverhandlung werden in beiden Fällen als ein willkommener Effekt gesehen. Die möglicherweise auftretenden Einschränkungen von Verfahrensgrundsätzen werden dabei in Kauf genommen. Sollte die vereinfachte Form des Urkundenbeweises einmal aus Sicht eines Verfahrensbeteiligten problematisch sein, bestehen Möglichkeiten in den Prozessablauf einzugreifen und die Verlesung zu erwirken.

In dieser Hinsicht macht es im Ergebnis kaum einen Unterschied, ob nach dem deutschen oder österreichischen Prozessrecht vorgegangen wird. Als einziger Unterschied ist anzuführen, dass im Selbstleseverfahren zumindest alle Verfahrensbeteiligten die Möglichkeit haben, von den Urkunden Kenntnis zu nehmen, da diese den Verfahrensbeteiligten zur Verfügung zu stellen sind.

Dies trifft bei dem Bericht des Vorsitzenden nur für die Verfahrensbeteiligten mit Akteneinsichtsrecht zu. Wie bereits im Zusammenhang mit dem deutschen Strafprozess erläutert wurde, ist davon auszugehen, dass die Berufsrichter, die Staatsanwaltschaft, die Verteidigung und der Angeklagte bereits im Zuge der Vorbereitung der Hauptverhandlung von den Urkunden Kenntnis genommen haben, indem sie diese selbst gelesen haben. Sie haben also bereits selbstständig außerhalb der Hauptverhandlung vom Wortlaut der Urkunden Kenntnis genommen.

Eine Ausnahme bilden allerdings die Schöffen und Geschworenen, denen kein Akteneinsichtsrecht zusteht. Diese haben zunächst einmal nicht die Möglichkeit, vom Inhalt der Urkunden, die durch den vereinfachten Urkundenbeweis nach § 252 Abs. 2a ÖStPO zum Gegenstand der Urteilsfindung gemacht werden, Kenntnis zu nehmen

Im Ergebnis hätte man durch dieses Vorgehen – in jedem Fall im Hinblick auf die Berufsrichter, die Staatsanwaltschaft, den Angeklagten und die Verteidigung – doch ein „Selbstleseverfahren durch die Hintertür".

G. Ausblick

Es wurde aufgezeigt, dass das Selbstleseverfahren positive wie negative Folgen für den Strafprozess und insbesondere für den Angeklagten und die Verteidigung mit sich bringt. Ganz allgemein ist festzustellen, dass die Vorteile, die der Verlesungsverzicht mit sich bringt, von der Verteidigung sehr geschätzt werden.

Kaum ein Verteidiger wird für die Abschaffung des Selbstleseverfahrens plädieren. Zu groß sind die positiven Auswirkungen auf die Prozessökonomie und den Arbeitsalltag des Verteidigers. Man stelle sich nur ein Verfahren vor, in dem Geschäftsberichte, Steuererklärungen oder Umsatzzahlen der verschiedensten Geschäftsbereiche mehrerer Jahre in der Hauptverhandlung verlesen werden. Nicht nur die Terminplanung der Verteidigung würde ad absurdum geführt werden. Auch die bereits bestehende Überlastung der Gerichte und Staatsanwaltschaften würde um ein Vielfaches steigen.

Es steht daher außer Frage, dass das Selbstleseverfahren ein wichtiges und grundsätzlich positiv zu bewertendes Instrument im Strafprozess ist.

Eine Strafjustiz ohne Selbstleseverfahren ist in Deutschland nicht mehr vorstellbar. Dies gilt umso mehr, wenn man sich die Entwicklung im Alltag der Strafverfolgung ansieht. Strafakten umfassen mehrere tausend Seiten, bei Durchsuchungen werden Geschäftsunterlagen im Terabyte-Bereich sichergestellt, jeder Angestellte sichert sich durch das Versenden unzähliger E-Mails ab – und das jeden einzelnen Arbeitstag. Über einen großen Teil dieser gesammelten Urkunden ist in der Hauptverhandlung Beweis zu erheben, da sie für die Entscheidungsfindung von Bedeutung sind. Müssten all diese Dokumente in der Hauptverhandlung verlesen werden, würde dies den Rahmen der Belastbarkeit der Strafverfolgungsbehörden sprengen. Der ohnehin sowohl bei der Staatsanwaltschaft als auch bei den Gerichten vorherrschende Personalmangel würde Ausmaße annehmen, die nicht mehr in den Griff zu bekommen wären. Der erforderliche Apparat bei der Justiz wäre nicht finanzierbar.

Dennoch weist das Selbstleseverfahren in der aktuell geltenden Form auch Facetten auf, die zu kritisieren sind. Einige wichtige Punkte sind reformbedürftig und können, wie aufgezeigt, auch durchaus an die Bedürfnisse der Beteiligten des Strafverfahrens angepasst werden. Die beabsichtigte Modernisierung des Selbstleseverfahrens bietet hierfür eine gute Gelegenheit.

So ist es unumgänglich, dass gerade im Hinblick auf Umfangsverfahren eine Ziffer im RVG geschaffen wird, die die Abrechnung der Durchführung des Selbstleseverfahrens ermöglicht. Es kann dem nach gesetzlichen Gebühren abrechnenden Anwalt nicht zugemutet werden, eine für die Verteidigung essentielle, zeitaufwendige Arbeit zu verrichten, ohne dafür eine angemessene Entlohnung zu erhalten.[1072]

Zudem stellt die fehlende Möglichkeit der Kontrolle, ob die Berufsrichter und Schöffen den Inhalt der vom Selbstleseverfahren umfassten Urkunden tatsächlich zur Kenntnis genommen haben, einen tiefen Einschnitt in die Handlungsmöglichkeiten der Verteidigung dar.[1073] Dieser Situation kann abgeholfen werden, indem der Vorsitzende Richter auf Antrag der Widerspruchsberechtigten hin in der Hauptverhandlung einen angemessenen Bericht über den wesentlichen Inhalt der Urkunden, die mittels Selbstleseverfahren eingeführt wurden, erstattet. So kann sichergestellt werden, dass alle zur Entscheidung berufenen Richter von allen dem Urteil zugrunde liegenden Beweismitteln Kenntnis genommen haben.

Weiter bleibt eine soweit ersichtlich noch nicht beantwortete Frage bestehen. Wie ausgeführt wurde, ist es nach der bestehenden Rechtslage möglich, dass ein kompletter Strafprozess im Zuge eines „All-Ins" außerhalb der Hauptverhandlung geführt werden könnte, sofern in einem Verfahren nur Urkunden und keine Zeugen, Sachverständigen oder die Inaugenscheinnahme als Beweismittel herangezogen werden sollen.[1074] In einem derartigen Verfahren wäre die Transparenz für die Öffentlichkeit aufgehoben. Ein Dialog zwischen Gericht und Verteidigung würde nicht stattfinden, solange nicht vom Erklärungsrecht nach § 257 StPO Gebrauch gemacht wird. Im Ergebnis würden auf die Verlesung der Anklageschrift faktisch sogleich der Schluss der Beweisaufnahme, die Plädoyers und die anschließende Urteilsverkündung folgen. Das würde bedeuten, die Strafjustiz zurück zum Inquisitionsverfahren zu führen. Diese Folge kann vom Gesetzgeber nicht gewollt sein. An dieser Stelle besteht eindeutig Klärungsbedarf.

Dieser Problematik kann ebenfalls mittels des Berichts des Vorsitzenden über den wesentlichen Inhalt der im Selbstleseverfahren einzuführenden Urkunden auf einen entsprechenden Antrag der Widerspruchsberechtigten hin, begegnet werden.

Eine entscheidende Verbesserung der Verteidigungsmöglichkeiten kann durch die Ergänzung des Selbstleseverfahrens durch eine eigenständige Kenntnisnahme der Tonaufnahmen aus der Telekommunikationsüberwachung durch die Verfahrensbeteiligten außerhalb der Hauptverhandlung erreicht werden.

1072 Vgl. dazu oben D. II. 2. d.

1073 Vgl. dazu oben E. II. 3.

1074 Vgl. dazu oben D. I. 2. c.

Zwar kann das Abhören der Tonaufnahmen, das eine Beweisaufnahme durch Inaugenscheinnahme darstellt, nicht im Zuge des Selbstleseverfahrens erfolgen. Es ist jedoch ohne weiteres möglich, die Selbstlesung der Verschriftung der Tonaufzeichnungen durch eine speziell gewährte Akteneinsicht zu ergänzen. Die Überlassung von Kopien der Aufzeichnungen der Telekommunikationsüberwachung ist nach geltendem Recht problemlos möglich.

Da sich jedoch gezeigt hat, dass große Teile der Strafverfolgungsbehörden davon ausgehen, dass eine Überlassung von Kopien von Audiodateien nicht zulässig ist, würde eine gesetzliche Regelung der „Selbst-Inaugenscheinnahme" – zumindest in besonderen Fällen – für Rechtssicherheit sorgen. Eine gesetzliche Regelung der Mitgabe von Kopien der Tonaufnahme aus der Telekommunikationsüberwachung könnte Teil der Anpassung der StPO an die Anforderung an das Strafverfahren im digitalen Zeitalter sein.

Dringender Reformbedarf besteht aus Sicht der Verteidigung bei dem fehlenden Anspruch auf richterliche Erklärung im Strafprozess gerade bei umfangreichen Selbstlesepaketen.[1075] Zwar wird damit an den Grundfesten des bisher üblichen Strafprozesses gerüttelt. Die Garantie für ein faires Verfahren kann es jedoch nur dann geben, wenn die Verteidigung die Möglichkeit hat, die Gedankengänge des Gerichts nachzuvollziehen und gegebenenfalls dafür zu sorgen, dass klarstellende Beweise erhoben oder Missverständnisse beseitigt werden.

Ein Vergleich mit dem Zivilprozess hat deutlich gemacht, dass ein derartiger Auskunftsanspruch unserer Rechtsordnung nicht fremd ist. Der positive Effekt für die Rechtsförmigkeit des Verfahrens wäre enorm, da die Mitteilung der vorläufigen Beweisbewertung durch das Gericht mühelos aufzeigen kann, ob eine Urkunde aus der Sicht beider Seiten als unstrittig einzustufen ist oder im Interesse der Verteidigung Handlungsbedarf besteht. In unserem digitalen Zeitalter, in dem davon auszugehen ist, dass das Selbstleseverfahren aufgrund der schieren Masse von Urkunden in den Strafakten immer mehr und in noch größerem Umfang zur Anwendung kommen wird, sind sowohl die Rechtsprechung als auch die Gesetzgebung in der Pflicht, sich für die Durchführung eines fairen Verfahrens einzusetzen. Die Gerichte sind angehalten, von der bisherigen Rechtsprechung des BGH[1076] abzuweichen und einen Auskunftsanspruch der Verteidigung anzuerkennen.

1075 Vgl. dazu oben E. IV. 4. b.

1076 BGH, Beschluss vom 20.02.2008 – 5 StR 564/07, NStZ-RR 2008, 180 (181); BGH, Beschluss vom 03.09.1997 – 5 StR 237/97, NJW 1997, 3182 (3182).

Der Gesetzgeber kann seiner Verantwortung nachkommen, indem er die Hinweispflichten des § 265 StPO erweitert. Die Normierung eines Auskunftsanspruchs über die vorläufige Beweiswürdigung des Gerichts wäre wünschenswert. Jedoch ist bereits bei der bloßen Formulierung dieser Forderung der Widerstand der Justiz nicht zu überhören. Das Argument, dass ein derartiger Auskunftsanspruch zum Missbrauch verleitet und geeignet ist, eine Hauptverhandlung immer weiter in die Länge zu ziehen, drängt sich geradezu auf.

Es muss jedoch in jedem Fall in Betracht gezogen werden, § 249 Abs. 2 StPO dahingehend zu ergänzen, dass das Gericht bei der Anordnung des Selbstleseverfahrens zugleich verpflichtet ist, betreffend die umfassten Urkunden eine Erklärung zur vorläufigen Beweiswürdigung abzugeben. Dieses Vorgehen hätte den Vorteil, dass die Verteidigung bereits bei der Anordnung des Selbstleseverfahrens beurteilen kann, ob gegen diese Widerspruch erhoben werden sollte, um die Verlesung der relevanten Urkunden in der Hauptverhandlung und die Gelegenheit zur direkt anschließenden Diskussion ihres Inhalts zu erreichen. Zudem würde die Beschränkung auf vom Selbstleseverfahren umfasste Urkunden einer exzessiven Nutzung des Erklärungsanspruches und der damit verbundenen drohenden Prozessverschleppung entgegenwirken.

Eine Modernisierung der gesetzlichen Regelung des Selbstleseverfahrens könnte daher durch die Erweiterung des § 249 Abs. 2 StPO um zwei weitere Sätze erfolgen:

> [1]Von der Verlesung kann, außer in den Fällen der §§ 253 und 254, abgesehen werden, wenn die Richter und Schöffen vom Wortlaut der Urkunde Kenntnis genommen haben und die übrigen Beteiligten hierzu Gelegenheit hatten.
>
> [2]Widerspricht der Staatsanwalt, der Angeklagte oder der Verteidiger unverzüglich der Anordnung des Vorsitzenden, nach Satz 1 zu verfahren, so entscheidet das Gericht.
>
> **[3]Das Gericht hat den Widerspruchsberechtigten auf deren schriftlichen Antrag hin mitzuteilen, wie es den Inhalt der nach Abs. 2 S. 1 einzuführenden Urkunden beurteilt.**
>
> **[4]Das Gericht hat auf Antrag der Widerspruchsberechtigten in der Hauptverhandlung einen angemessenen Bericht über den wesentlichen Inhalt der nach Abs. 2 S. 1 einzuführenden Urkunden zu erstatten.**
>
> [5]Die Anordnung des Vorsitzenden, die Feststellungen über die Kenntnisnahme und die Gelegenheit hierzu und der Widerspruch sind in das Protokoll aufzunehmen.

Diese Arbeit hat die Vor- und Nachteile des Selbstleseverfahrens sowie dessen rechtlichen und praktischen Besonderheiten aufgezeigt. Die größten Bedenken bereitete dabei die Beschneidung der Verteidigungsmöglichkeiten aufgrund der bei der Anordnung des Selbstleseverfahrens fehlenden Möglichkeit, die Intention des Gerichts einzuschätzen, nachzuvollziehen und ihr gegebenenfalls entgegenzuwirken. Erklärtes Ziel dieser Arbeit ist es daher, einen Denkanstoß zu geben, der die Gesetzgebung und die Rechtsprechung dazu bewegt, die Rechte der Verteidigung in dieser Hinsicht zu stärken und damit einen entscheidenden Beitrag zur Etablierung eines fairen Strafverfahrens zu leisten.

Literaturverzeichnis

Beck'scher Onlinekommentar BGB, Stand: 01.11.2017, 45. Edition, Hrsg.: Bamberger, Roth, Hau, Poseck.
(zit.: Beck'scher Online-Kommentar, BGB, Bearbeiter)

Beck'scher Onlinekommentar JGG, Stand: 01.10.2017, 7. Edition, Hrsg.: Gertler, Kunkel, Putzke.
(zit.: Beck'scher Online-Kommentar, JGG, Bearbeiter)

Beck'scher Onlinekommentar StPO, Stand: 01.01.2018, 29. Edition, Hrsg.: Graf.
(zit.: Beck'scher Online-Kommentar, StPO, Bearbeiter)

Beukelmann, Stephan, Aufwendungserstattung bei Ausdruck einer E-Akte, NJW Spezial 2014, S. 696.
(zit.: Beukelmann, NJW Spezial 2014)

Beukelmann, Stephan/Leipold, Klaus, Anforderungen an die Formulierung des Anklagesatzes bei Serienbetrug, NJW Spezial 2010, S. 249.
(zit.: Beukelmann/Leipold, NJW Spezial 2010)

Beukelmann, Stephan/Leipold, Klaus, Beweiskraft des Protokollvermerks zum Selbstleseverfahren, NJW Spezial 2010, S. 633–634.
(zit.: Beukelmann/Leipold, NJW Spezial 2010)

Bockenmühl, Jan, Anmerkung zu OLG Stuttgart, Beschluss vom 09.01.2014 - 6 - 2 STE 2/12, StV 2014, S. 537–539.
(zit.: Bockenmühl, StV 2014)

Burkhard, Jörg, Erklärungsrecht des Verteidigers, § 257 Abs. 2 StPO, StV 2004, S. 390–399.
(zit.: Burkhard, StV 2004)

Christl, Erik, Europäische Mindesstandards für Beschuldigtenrechte - Zur Umsetzung der EU-Richtlinien über Sprachmittlung und Information im Strafverfahren, NStZ 2014, S. 376–383.
(zit.: Christl, NStZ 2014)

Cornelius, Kai, Konfrontationsrecht und Unmittelbarkeitsgrundsatz, NStZ 2008, 244.
(zit.: Cornelius, NStZ 2008)

Dahs, Hans, Das Verbrechensbekämpfungsgesetz vom 28.10.1994 – ein Produkt des Superwahljahres, NJW 1995, S. 553–557.
(zit.: Dahs, NJW 1995)

Dehne-Niemann, Jan, Kritische Anmerkungen zur neuen Praxis der „Rügeverkümmerung", wistra 6/2011, S. 213–220.

(zit.: Dehne-Niemann, wistra 2011)

Eisenberg, Ulrich, Beweisrecht der StPO, Spezialkommentar, 10. Auflage, 2017.

(zit.: Eisenberg, Beweisrecht StPO)

Eisenberg, Ulrich, Gesetz zur Stärkung der Verfahrensrechte Beschuldigter im Strafverfahren – Bedeutung und Unzuträglichkeiten, Juristische Rundschau 2013, S. 442–451.

(zit.: Eisenberg, JR 2013)

Eisenberg, Ulrich, Kommentar zum Jugendgerichtsgesetz, 19. Auflage, 2017.

(zit.: Eisenberg, JGG, Bearbeiter)

Fabrizy, Ernst Eugen, StPO und wichtige Nebengesetze, 10. Auflage, 2008.

(zit.: Fabrizy, StPO)

Ferber, Sabine, Strafkammerbericht – Fakten und Folgerungen aus einer rechtstatsächlichen Untersuchung landgerichtlicher Strafverfahren (2009–2014), herausgegeben vom Oberlandesgericht Celle, 2017.

(zit.: Ferber, Strafkammerbericht)

Fuchs, Helmut/Ratz, Eckhart, Wiener Kommentar zur Strafprozessordnung – StPO, Stand: 01.05.2009.

(zit.: Fuchs/Ratz, StPO, Bearbeiter)

Gatzweiler, Cliff, Die neuen EU-Richtlinien zur Stärkung der Verfahrensrechte (Mindestmaß) des Beschuldigten oder Angeklagten in Strafsachen, Strafo 2011, S. 293–298.

(zit.: Gatzweiler, Strafo 2011)

Gerson, Oliver Harry, Die elektronische Akte als kognitive Herausforderung für das Strafverfahren, StraFo 2017 S. 402–408.

(zit.: Gerson, StraFo 2017)

Grünwald, Gerald, Gutachten in Verhandlung des 50. Deutschen Juristentages, Band I, S. C6-C92.

(zit.: Grünwald, Verh. 50. DJT, Bd. I)

Grünwald, Gerald, Das Beweisrecht der Strafprozeßordnung, 1. Auflage, 1993.

(zit.: Grünwald, Beweisrecht)

Gubitz, Michael, Praxiskommentar zu BGH, Beschluss vom 09.11.2017 – 1 StR 554/16, NStZ 2018, S. 230–231.

(zit.: Gubitz, NStZ 2018)

Hörnig, Robin/Eyferth, Klaus/Berry, Claus, Egozentrische Inferenz von Objektpositionen beim Lesen und Hören, Zeitschrift für Experimentelle Psychologie, 1999, Vol. 46, S. 140–151.

(zit.: Hörnig, Eyferth, Berry, Egozentrische Inferenz)

Immel, Karl-Albrecht, Regionalnachrichten im Hörfunk – Verständlich schreiben für Radiohörer, 2014.

(zit.: Immel, Hörfunk)

Karlsruher Kommentar zur Strafprozessordnung, 7. Auflage, 2013.

(zit.: KK StPO-Bearbeiter)

Kempf, Eberhard, Opferschutzgesetz und Strafverfahrensänderungsgesetz 1987 – Gegenreform durch Teilgesetze, StV 1987, S. 215–223.

(zit.: Kempf, StV 1987)

Killinger, Iris-Maria, Anmerkung zu OLG Frankfurt, Beschluss vom 11.08.2015 – 3 Ws 438/15, StV 2016 S. 149–152.

(zit.: Killinger, StV 2016)

Kindhäuser, Urs/Neumann, Ulfrid/Paeffgen, Hans-Ulrich, Kommentar zum Strafgesetzbuch, 5. Auflage, 2017.

(zit.: Kindhäuser/Neumann/Paeffgen, StGB, Bearbeiter)

Kirchner, Juliane, Das Selbstleseverfahren – Blackbox der Beweisaufnahme, StraFo 2/2015, S. 52–59.

(zit.: Kirchner, StraFo 2015)

Kleinknecht, Theodor, Strafprozessordnung, Gerichtsverfassungsgesetz, Nebengesetze und ergänzende Bestimmungen, 35. Auflage, 1981.

(zit.: Kleinknecht, StPO)

KMR Kommentar zur Strafprozessordung, Loseblattsammlung, Stand 84. EL., Januar 2018.

(zit.: KMR StPO, Bearbeiter)

Knauer, Christoph/Pretsch, Tobias, Praxiskommentar zu OLG Celle, Beschluss vom 24.07.2015 – 2 Ws 116/15, NStZ 2016, S. 305–308.

(zit.: Praxiskommentar von Knauer und Pretsch zu OLG Celle, Beschluss vom 24.07.2015 – 2 Ws 116/15, NStZ 2016)

Knierim, Thomas, Anmerkungen zu BVerfG, Beschluss vom 17.07.2006 – BvR 1190/06, BeckRS 2007, 21015, FD-StrafR 2007, 213622.

(zit.: Knierim, FD-StrafR 2007, 213622)

Knierim, Thomas/Rettenmaier, Felix, Das Selbstleseverfahren gemäß § 249 Abs. 2 StPO in Wirtschaftsstrafsachen – Verfahrensbeschleunigung der unzulässiger Verstoß gegen das Recht auf ein faires Verfahren, Strafverteidiger 3/2006, S. 155–158.

(zit.: Knierim/Rettenmaier StV 2006)

Kotz, Peter, Anspruch auf Dolmetsch- und Übersetzungsleistungen im Strafverfahren, StV 2012, S. 626–631.

(zit.: Kotz, StV 2012)

Lackner, Karl/Kühl, Kristian, Kommentar zum Strafgesetzbuch, 28. Auflage, 2014.

(zit.: Lackner/Kühl, StGB, Bearbeiter)

Leipold, Klaus, Form und Umfang des Erklärungsrechts nach § 257 StPO und seine Auswirkungen auf die Widerspruchslösung des Bundesgerichtshofes, StraFo 2001, S. 300–303.

(zit.: Leipold, StraFo 2001)

Lindemann, Michael, Anmerkung zu BGH, Beschluss vom 14.12.2010 - 1 StR 422/10, StV 2011, S. 458–462.

(zit.: Lindemann, StV 2011)

Lilie-Hutz, Astrid, Akteneinsichtsrecht für Schöffen – Insbesondere bei Verständigungen in Umfangsverfahren, 2016.

(zit.: Lilie-Hutz, Akteneinsichtsrecht für Schöffen)

Löwe-Rosenberg, Kommentar zur StPO, 24. Auflage, 1984–1986.

(zit.: Löwe-Rosenberg, StPO, Bearbeiter, 24. Auflage)

Löwe-Rosenberg, Kommentar zur StPO, 26. Auflage, 2009.

(zit.: Löwe-Rosenberg, StPO, Bearbeiter, 26. Auflage)

Lunnebach, Edith, Anmerkung zu BGH Urteil vom 26.03.1997 - 3 StR 421/96, StV 1997, S. 452–454.

(zit.: Lunnebach, StV 1997)

Mayer, Hans-Jochem/Kroiß, Ludwig, Rechtsanwaltsvergütungsgesetz mit Streitwertkommentar und Tabellen, Handkommentar, 6. Auflage, 2013.

(zit.: Mayer/Kroiß, RVG, Bearbeiter)

Meier, Bernd-Dieter/Rössner, Dieter/Trüg, Gerson/Wulf, Rüdiger, Jugendgerichtsgesetz: JGG, Handkommentar, 2. Auflage, 2014.

(zit.: Meier/Rösner/Trüg/Wulf, JGG, Bearbeiter)

Mertens/Stuff/Mück, Verteidigervergütung, 2., Auflage, 2016.

(zit.: Mertens/Stuff/Mück, Verteidigervergütung)

Meyer-Goßner, Lutz/Schmitt, Betram, Kommentar zur Strafprozessordnung, 60. Auflage, 2017.
(zit.: Meyer-Goßner/Schmitt, StPO, Bearbeiter)

Meyer-Lohkamp, Jes, Beweisaufnahme short to go – Überlegungen zum Selbstleseverfahren, Strafverteidiger 2/2014, S. 121–123.
(zit.: Meyer-Lohkamp, StV 2014)

Meyer-Mews, Hans, Anmerkung zu OLG Karlsruhe, Beschluss vom 29.05.2012 - 2 Ws 146/12, NJW 2012, S. 2742–2744.
(zit.: Meyer-Mews, NJW 2012)

Mosbacher, Andreas, Ist das Unterlassen einer Widerspruchsbescheidung nach § 249 II 2 StPO revisibel? - Zugleich Besprechung von BGH, Beschl. V. 28.8.2012 - 5 StR 251/12, NStZ 2013, S. 199–203.
(zit.: Mosbacher, NStZ 2013)

Mosbacher, Andreas, Zur Zulässigkeit vernehmungsergänzender Verlesung, NStZ 2014, S. 1–9.
(zit.: Mosbacher, NStZ 2014)

MünchnerAnwaltsHandbuch, Strafverteidigung, 2. Auflage 2014, Hrsg.: Widmaier, Gunter.
(zit.: MAH, Strafvereidigung, Bearbeiter)

Münchner Kommentar zum Bürgerlichen Gesetzbuch, 7. Auflage 2017.
(zit.: MüKo, BGB, Bearbeiter)

Münchner Kommentar zur Strafprozessordnung, 2016.
(zit.: MüKo, StPO, Bearbeiter)

Münchner Kommentar zum Strafgesetzbuch, 2. Auflage, 2014.
(zit.: MüKo, StGB, Bearbeiter)

Palandt Kommentar zum Bürgerlichen Gesetzbuch, 77. Auflage, 2018.
(zit.: Palandt-Bearbeiter)

Pfeiffer, Gerd, Kommentar zur Strafprozessordung, 5. Auflage, 2005.
(zit.: Pfeiffer, StPO)

Radtke, Henning/Hohmann, Olaf, Strafprozessordnung Kommentar, 2011.
(zit.: Radtke/Hohmann, Bearbeiter)

Redeker, Helmut, Geschäftsabwicklung mit externen Rechnern im Bildschirmtextdienst, NJW 1984, S. 2390–2394.
(zit.: Redeker, NJW 1984)

Sättele, Alexander, Zur Inbegriffsrüge bei fehlerhaften Anordnungen und fehlerhaftem Abschluss des Selbstleseverfahrens – ein kurzer Beitrag zu BGH NJW 2010, 3382, WiJ Ausgabe 2.2012, S. 120–124.

(zit.: Sättele, WiJ 2010)

Schlothauer, Reinhold/Weider, Hans-Joachim, Verteidigung im Revisionsverfahren, 3. Auflage, 2017.

(zit.: Schlothauer/Weider)

Schneider, Anne, Der Anspruch des Beschuldigten auf schriftliche Übersetzung wesentlicher Unterlagen, StV 2015, S. 379–386.

(zit.: Schneider, StV 2015)

Schönke/Schröder, Kommentar zum Strafgesetzbuch, 29. Auflage, 2014.

(zit.: Schönke/Schröder, StGB, Bearbeiter)

Schrader, Josef, Lerntypen bei Erwachsenen – Empirische Analysen zum Lernen und Lehren in der beruflichen Weiterbildung, 2. Auflage, 2008.

(zit.: Schrader, Lerntypen bei Erwachsenen)

Schwer, Christian, Die Stellung der Erziehungsberechtigten und gesetzlichen Vertreter im Jugendstrafverfahren, 2004.

(zit.: Schwer)

Sorge, Christoph/Krüger, Jochen, E-Akte, elektronischer Rechtsverkehr und Barrierefreiheit, NJW 2015, S. 2764–2767.

(zit.: Sorge/Krüger, NJW 2015)

Stetten von, Anette, Die elektronische Akte in Strafsachen: Segen oder Fluch?, ZRP 2015, S. 138–141.

(zit.: von Stetten, ZRP 2015)

Systematischer Kommentar zur Strafprozessordnung, Loseblattsammlung, Stand 84. Lfg, Februar 2018.

(zit.: SK-StPO, Bearbeiter)

Teubel, Joachim/Scheungrab, Karin, Münchener Anwaltshandbuch, Vergütungsrecht, 2011.

(zit.: Teubel/Scheungrab, Vergütungsrecht, Bearbeiter)

Tepperwien, Ingeborg, Beschleunigung über alles? – Das Beschleunigungsgebot im Straf- und Ordnungswidrigkeitenverfahren, NStZ 2009, S. 1–7.

(zit.: Tepperwien, NStZ 2009)

Trüg, Gerson, Anmerkung zu BGH, Beschluss vom 22.09.2015 – 4 StR 355/15, StV 2016, S. 343–345.

(zit.: Trüg, StV 2016)

Ventzke, Hans-Ulrich, Neues vom Selbstleseverfahren (§ 249 Abs. 2 StPO) – Ein Blick auf neuere Tendenzen der BGH-Rechtsprechung, Strafverteidiger 2/2014, S. 114–121.

(zit.: Ventzke, StV 2014)

Volk, Klaus/Engländer, Armin, Grundkurs StPO, 8. Auflage, 2013.

(zit.: Volk/Engländer, StPO)

Weidenmann, Bernd, Online-Lernen – Handbuch für Wissenschaft und Praxis, Hrsg. Klimsa, Paul und Issing, Ludwig J., 2. Auflage, 2011.

(zit.: Weidenmann, Online-Lernen)

Welti, Felix/Groskreutz, Henning/Hlava, Daniel/Rambausek, Tonia/Ramm, Diana/Wenckebach, Johanna, Evaluation des Behindertengleichstellungsgesetzes im Auftrag des Bundesministeriums für Arbeit und Soziales Fachgebiet Sozialrecht der Rehabilitation und Recht der behinderten – Abschlussbericht – Kassel, 31. Mai 2014.

(zit.: Welti u.a., Evaluation des Behindertengleichstellungsgesetzes)

Wesemann, Horst/Mehmeti, Donika, Anmerkung zu OLG Nürnberg, Beschluss vom 11.02.2015 - 2 Ws 8/15, StV 2015 S. 104–107.

(zit.: Wesemann/Mehmeti, StV 2015)

Wettley, Susann/Nöding, Torlaf, Akteneinsicht in Telekommunikationsdaten, NStZ 2016, S. 633–639.

(zit.: Wettley/Nöding, NStZ 2016)

Criminalia

Abhandlungen aus den gesamten Strafrechtswissenschaften

Der Herausgeber der Reihe war bis zu seiner Emeritierung Vorstand des "Instituts für die gesamten Strafrechtswissenschaften" der Universität München. Das Programm der Reihe ist im Untertitel genannt. In ihr werden veröffentlicht Schriften zum Strafrecht und Strafverfahrensrecht, zu Kriminologie und Kriminalpolitik, zu den rechtstheoretischen und rechtssoziologischen Grundlagen des Strafrechts und zu seiner Geschichte. Die Reihe läßt deutsche und ausländische Wissenschaftler zu Wort kommen und will dazu einladen, an der Fortentwicklung aller Bereiche des Strafrechts über die Grenzen hinaus mitzuwirken.

Criminalia

Herausgegeben von Klaus Volk

Band 1 Ulrich Schroth: Vorsatz als Aneignung der unrechtskonstituierenden Merkmale. 1994.

Band 2 Torsten Poeck: Wartepflicht und Wartedauer des § 142 Abs. 1 Nr. 2 StGB. Ein Vorschlag zur Bestimmung der Wartelänge anhand rechtsprechungsanalytischer und empirischer Überlegungen. 1994.

Band 3 Tobias Schmid: Die Vergabe von Wirtschaftssubventionen und strafrechtliche Verantwortlichkeit gem. § 264 StGB (Subventionsbetrug). 1994.

Band 4 Erwin Lohner: Der Tatverdacht im Ermittlungsverfahren. Begriff, rechtliche Ausgestaltung, praktische Handhabung und Kontrolle am Beispiel der polizeilichen Verdachtsfeststellung. 1994.

Band 5 Gunther Lehleiter: Der rechtswidrige verbindliche Befehl. Strafrechtsdogmatische Untersuchung, demonstriert am Beispiel des militärischen Befehls. 1995.

Band 6 Dirk Steiner: Das Fairneßprinzip im Strafprozeß. 1995.

Band 7 Isabell Schwegler: Der Subsumtionsirrtum. 1995.

Band 8 Klaus Andreas Fischer: Die strafrechtliche Beurteilung von Werken der Kunst. 1995.

Band 9 Johannes Fredrikus Nijboer: Beweisprobleme und Strafrechtssysteme / Proof and Criminal Justice Systems. Rechtsvergleichende Aufsätze / Comparative Essays. 1995. 2. Auflage 1997.

Band 10 Winfried Hassemer / Karin Matussek: Das Opfer als Verfolger. Ermittlungen des Verletzten im Strafverfahren. 1996.

Band 11 Bettina Grunst: Steuerhinterziehung durch Unterlassen. 1996.

Band 12 Hans-Jörg Schwab: Täterschaft und Teilnahme bei Unterlassungen. 1996.

Band 13 Christos Mylonopoulos: Komparative und Dispositionsbegriffe im Strafrecht. 1998.

Band 14 Christina Erfurth: Verdeckte Ermittlungen. Problemlösung durch das OrgKG? 1997.

Band 15 Stephan Weber: Überstellung in den Heimatstaat. Ein internationales Konzept wider den Strafvollzug in der Fremde. Zugleich ein Beitrag zum Recht der internationalen Vollstreckungshilfe in Strafsachen. 1997.

Band 16 Bert Götting: Gesetzliche Strafrahmen und Strafzumessungspraxis. Eine empirische Untersuchung anhand der Strafverfolgungsstatistik für die Jahre 1987 bis 1991. 1997.

Band 17 Lars Otte: Der durch Menschen ausgelöste Defensivnotstand. 1998.

Band 18 Gregor Rieger: Die mutmaßliche Einwilligung in den Behandlungsabbruch. 1998.

Band 19 Yu-hsiung Lin: Richtervorbehalt und Rechtsschutz gegen strafprozessuale Grundrechtseingriffe. 1998.

Band 20 Sandra Pellkofer: Sockelverteidigung und Strafvereitelung. 1999.

Band 21 Christine Ferschl: Das Problem des unmittelbaren Zusammenhangs beim erfolgsqualifizierten Delikt. 1999.

Band 22 Peter König: Strafbarer Organhandel. 1999.

Band 23 Stefan Stauder: Die allgemeinen defenses des New York Penal Law. Eine rechtsvergleichende Untersuchung. 1999.

Band 24 Malte Merz: "Bewußte Selbstschädigung" und die Betrugsstrafbarkeit nach § 263 StGB. Zugleich ein Beitrag zur Zweckverfehlungslehre. 1999.

Band 25 Marc Tully: Poena sine Culpa? *Strict-Liability*-Sanktionen und Europäisches Gemeinschaftsrecht. 2000.

Band 26 Susanne Götting: Beweisverwertungsverbote in Fällen gesetzlich nicht geregelter Ermittlungstätigkeit. Durch V-Leute, Scheinaufkäufer und Privatleute. 2001.

Band 27 Christiane Hölscher: Der Rechtsschutz und die Mitteilungspflichten bei heimlichen strafprozessualen Zwangsmaßnahmen. 2001.

Band 28 Tobias Windhorst: Der Rechtsbegriff der "schweren Gesundheitsschädigung". Zugleich ein Beitrag zum 6. StrRG. 2001.

Band 29 Andrea Schmucker: Die "Dogmatik" einer strafrechtlichen Produktverantwortung. Das fahrlässige Unterlassen als Institut der Produktkriminalität. 2001.

Band 30 Stephan Beukelmann: Prävention von Computerkriminalität. Sicherheit in der Informationstechnologie. 2001.

Band 31 Markus B. Alder: Die Strafzumessungsrichtlinie der USA in ihrem Kontext mit Plea Bargaining. 2001.

Band 32 Tobias Brandis: Beweisverbote als Belastungsverbote aus Sicht des Beschuldigten? 2001.

Band 33 Britta Wolff: Begünstigung, Strafvereitelung und Hehlerei. Geschichtliche Entwicklung und Abgrenzung zur Beihilfe. 2002.

Band 34 Angelika Laitenberger: Die Strafbarkeit der Verbreitung rassistischer, rechtsextremistischer und neonazistischer Inhalte. Unter besonderer Berücksichtigung der Verbreitung über Netzwerke. Ein Rechtsvergleich. 2003.

Band 35 Antonia Seitz: *Die Todesstrafe ist keine Strafe*. Von der Beteiligung bedeutender Mediziner an Fragestellungen um Verbrechen und Strafe, unter besonderer Berücksichtigung der Todesstrafe 1865 bis 1933 im deutsch-italienischen Vergleich. 2003.

Band 36 Ro-Seop Park: Die Wahrheitsfindung im Ermittlungsverfahren. 2003.

Band 37 Ingo Jeckel: Schadenswiedergutmachung gem. § 46a Nr. 2 StGB über anwaltliche Schlichtungsstellen. Schlichtungsablauf und Auswirkungen auf das Strafverfahren. 2003.

Band 38 Katja Kassing: Ehrverletzende Personalsatire in Deutschland, Österreich, der Schweiz und England. 2004.

Band 39 Stefan Poller: Verbandsgeldbuße und Steueranspruch. 2004.

Band 40 Anna Trüstedt: Das Verbot von Börsenkursmanipulationen. 2004.

Band 41 Marialena Papachristou: Die strafrechtliche Behandlung von Börsen- und Marktpreismanipulationen. 2006.

Band 42 Verena Käbisch: Markenschutz im Strafrecht. Die Rechtslage in Deutschland und den USA. 2006.

Band 43 Dominik Härtl: Wahlstraftaten. Die §§ 107 ff. StGB im System des Rechts. 2006.

Band 44 Erick Gatgens: Ermessen und Willkür im Straf- und Strafverfahrensrecht. Eine dogmatische und rechtstheoretische Untersuchung zu den Grundlagen strafjuristischer Entscheidungsfindung. 2007.

Band 45 Christian A. Sirch: Die Strafbarkeit der Parteispendenakquisition. Ein Beitrag zum Tatbestand der Vorteilsannahme. 2008.

Band 46 Brigitte Bauer: Untreue durch Cash-Pooling im Konzern. 2008.

Band 47 Meng Yang: Die Strafbarkeit der Vorbereitungshandlung des Delikts nach dem deutschen und chinesischen StGB. 2009.

Band 48 Martin Patz: Die Effektivität der Strafrechtspflege. 2009.

Band 49 Maren Stölting: Das Tatbestandsmerkmal des fremden Vermögens bei der Untreue zum Nachteil von Personengesellschaften am Beispiel der GmbH & Co. KG. 2010.

Band 50 Seong Jin Choi: Patientenverfügung und Patientenautonomie zwischen Rechtsdogmatik und Rechtswirklichkeit. 2010.

Band 51 Nikolaus Föbus: Die Insuffizienz des strafrechtlichen Schutzes von Geschäfts- und Betriebsgeheimnissen nach § 17 UWG. 2011.

Band 52 Maximilian Heiß: Bestechung und Bestechlichkeit im geschäftlichen Verkehr. Die strafrechtliche Erfassung in Deutschland und England. Ein Vergleich. 2011.

Band 53 Lea Staudt: Medizinische Richt- und Leitlinien im Strafrecht. Eine Untersuchung zur Möglichkeit der Bestimmung der unerlaubten Handlung beim Fahrlässigkeitsdelikt mit Hilfe medizinischer Richt- und Leitlinien. 2012.

Band 54 Petr Kottek: Die Kooperation von deutschen Unternehmen mit der US-amerikanischen Börsenaufsicht SEC. Grenzen der strafprozessualen Verwertbarkeit unternehmensinterner Ermittlungen. 2012.

Band 55 Dong Lyoul Kim: Grundlagen der strafrechtlichen Aufarbeitung von DDR-Unrecht und Möglichkeiten ihrer Übertragung auf die Bewältigung nordkoreanischen Systemunrechts. 2012.

Band 56 Katharina Hermannstaller: Die Mehrlingsreduktion aus strafrechtlicher Sicht. 2014.

Band 57 Benjamin Kertai: Sicherheit, Risiko und Opferschutz. Anlässe der Strafgesetzgebung und Möglichkeiten wissenschaftlicher Einflussnahme. 2014.

Band 58 Claudia Karl: Die Bedeutung der Abgrenzung von Tat- und Rechtsfrage in der strafprozessualen Revision. Vor dem Hintergrund der neueren obergerichtlichen Rechtsprechung. 2016.

Band 59 Martina Oberhofer: Aberglaube und Unverstand in der Lehre von Versuch und Rücktritt. 2016.

Band 60 Maximilian Heim: Strafrechtlicher Vertrauensschutz durch Absicherung unternehmerischer Entscheidungen. Zugleich ein Vorschlag zur Bestimmung der untreuerelevanten Pflichtwidrigkeit bei Vorstandsentscheidungen einer Aktiengesellschaft. 2017.

Band 61 Manuela Schlund: Das Selbstleseverfahren – Grund und Grenzen. Unter besonderer Berücksichtigung der Perspektive der Strafverteidigung. 2018.

www.peterlang.com

www.ingramcontent.com/pod-product-compliance
Ingram Content Group UK Ltd.
Pitfield, Milton Keynes, MK11 3LW, UK
UKHW021838290926
8980IPUK00004B/529

9 783631 769973